THINKING AND ARGUING ABOUT
CROSS-CULTURAL RESEARCH

在跨文化边界思索与争辩

周宪 主编 陈勇 副主编

IAS 励学文丛

商务印书馆
The Commercial Press

2017年·北京

图书在版编目(CIP)数据

在跨文化边界思索与争辩/周宪主编.—北京：
商务印书馆，2018
(IAS励学文丛)
ISBN 978-7-100-15598-4

Ⅰ.①在… Ⅱ.①周… Ⅲ.①社会科学-文集 Ⅳ.
①C53

中国版本图书馆CIP数据核字(2017)第296555号

权利保留，侵权必究。

在跨文化边界思索与争辩
周 宪 主编 陈 勇 副主编

商 务 印 书 馆 出 版
(北京王府井大街36号 邮政编码100710)
商 务 印 书 馆 发 行
山 东 临 沂 新 华 印 刷 物 流
集 团 有 限 责 任 公 司 印 刷
ISBN 978-7-100-15598-4

2018年1月第1版　　开本640×960　1/16
2018年1月第1次印刷　印张34.25
定价：98.00元

主编的话

高研院作为高等院校科研体制创新的产物,在中国已经走过了十多个年头。南京大学高研院率先在人文学科和社会科学领域尝试,已经历了十多年的风风雨雨。去年十月下旬,我先是奔赴武汉,参加了在华中师范大学召开的全国高校高研院联盟年会,十多家国内顶尖高校的高研院院长们济济一堂,分享各自成功的经验。尔后,我又飞往台湾地区参加台湾大学高研院十年庆,结识了一批来自欧、美、日、韩的不同国度的高研院同仁。这两个活动几乎同时,谈论的话题都是一个:高研院的未来。

在台湾大学参会时,我注意到,黄俊杰院长以《红楼梦》中的"十年辛苦不寻常"作为主题词,来描述高研院所走过的艰辛历程。我想,用这句话来说明任何一家高研院都是适合的。南京大学高研院在过往的12年中,从跨学科研究团队的组建,到国际化学术交流的推展,再到配合学校中心工作所做许多颇有创意的计划,可谓形式多样、成果丰硕,收录在此的各方专家的演讲文章,就是一个明证。这些文章既包含了过去两三年间来本院访问的国外学者的演讲,也包括在本院做驻院演讲的学者们的讲座。毋庸置疑,高研院的高质量的演讲是南京大学校园学术文化中一道亮丽的风景线。从创院以来,南京大学高研院已经举办了"名家讲坛"206场,"学术前沿讲座"299

场。我猜想自己大概是南京大学主持演讲最多的人了,或至少是最多的人之一,实在记不清自己主持过多少演讲了。主持演讲虽然不是个容易的活儿,却也给我提供了一些难得的机会,近距离接触国内外知名学者,目睹他们迥然异趣的风采,体悟他们不同想法的价值和意义。

收录在本书中的诸篇什来自各位演讲嘉宾,他们的专业背景殊异,研究专长各有不同,所讲议题更是丰富多彩。编辑此书倒是给我出了一个难题,如何将这些专业不同、议题各异的文章加以归类。我只有根据演讲的主体,大致将这些演讲区分为七个部分,分别是"技术、价值与治理""法律、经济与社会""语言、符号与场所""文本、历史与阐释""美学、美育与艺术难题""文学批评与比较文学",以及"古典艺术与现代艺术"。其实,这些议题不同的演讲,仿佛是一首交响乐,形成了不同的和声与旋律,给人以多方面的启迪。

在我看来,虽然这些演讲有所不同,但也存在着一些鲜明的共性。首先,这些演讲多是问题导向型的,以特定的问题为出发点,无论是历史问题还是当下现实问题,这些问题牢牢地吸引了演讲者的注意力,也吸引了听众的注意力。更有趣的是,每位演讲者都想通过一两个小时的演讲,对所涉及的问题给出一些新的富有创造性的解答。其次,这些演讲的论题大小不一,有些是关乎人类重大问题的宏大叙事,有些则是对一些特定历史文本的深入解读,但演讲者多从跨学科或多学科的广阔角度加以审视,或小中见大,或大中见深,富有启发性。第三,这些演讲虽各有其明显的学理性和学术意义,却不同程度地包含了学者们或学术共同体的鲜明伦理关怀,几乎每一篇演讲都彰显出对人类社会、对国族、对历史和文化的深情关切。学术乃天下之公器,旨在通过求知使人类社会更加美好。

除了25篇演讲录之外，本书还收录了一些颇有特点的学术讨论或对谈。一个是高研院已经坚持了十多年的工作午餐的学术讨论，其形式是由一位驻院学者做主题发言，然后由参与者进行集体讨论。此活动不拘一格，参与者不但有驻院学者，而且有高研院驻院计划的一些本科生。大家不论辈分和专业，共同参与一个专题的讨论，常常是脑洞大开，不同想法相互激荡，使到会者获益良多。另一个是高研院十年庆系列活动中推出的一个特别节目，我们选了四对南京大学高研院特聘教授或驻院学者伉俪，登台对谈自己的学术人生。本期遴选了高研院特聘教授张伯伟伉俪的对谈。

本书的出版得到了商务印书馆的鼎力相助。作为本书的主编，作为南京大学高研院院长，我真心希望读者们喜欢本书。虽然读者可能远在天南海北，没有机会坐在南京大学高研院演讲厅聆听各路学术英豪高谈阔论，但是这部书的出版却提供了另一种可能性，那就是通过阅读来了解演讲者的思绪或想法，通过阅读来进入南京大学高研院的演讲现场。不消说，各位读者也是高研院演讲的听众，读完本书一定会有自己的想法和问题。我们期待着您的反馈和建议。

周　宪

2017 年 1 月 15 日于香港岭南大学

目 录

技术、价值与治理

3　逃离人类纪　//　［法］贝尔纳·斯蒂格勒

20　价值实现、危机与日常生活的转变　//　［美］大卫·哈维

39　从社会控制到社会管理：中国治理模式的转型　//　郭苏建

法律、经济与社会

51　反垄断法对国有企业的适用　//　方小敏

61　德国抗制药品安全犯罪：现状与未来　//　［德］邢安德

语言、符号与场所

83　生命形式：表现语言的转换　//　［英］斯科特·拉什

99　维特根斯坦、词语的创造力和艺术风格的拓展　//　［美］加里·哈格伯格

136　元语言冲突与阐释漩涡　//　赵毅衡

152 背道而驰的妇女解放与性别平等——中国女民兵

宣传画（1958—1978）的图像政治分析 // 王海洲

182 "场所精神"的回归——《南都繁会图卷》

与"老城南保卫战" // 胡 恒

文本、历史与阐释

197 孟子民本思想与内生现代性叙事——以宋代孟学王道思想

与东洋近世说为讨论中心 // 许育嘉

212 读者还是观众——石刻景观与中国中古政治 // 仇鹿鸣

219 中国经学史研究的传统与门径 // [美]韩大伟

228 "陈寅恪对对子说"别解——兼论陈寅恪的文史之学 // 陆 扬

261 朝鲜实学派文人的中国观 // [韩]宋载邵

美学、美育与艺术难题

279 中西美学与艺术比较 // 曾繁仁

297 论中国现代美学与儒家心性之学的内在联系 // 杜 卫

320 艺术的定义及其意义 // 高建平

文学批评与比较文学

333　文学批评的兴起　//　［法］弗朗西斯·马关

342　但丁与我们的生命之旅　//　［美］李诺·佩尔蒂莱

358　比较诗学、认知诗学与世界诗学的建构　//　王　宁

370　世界华文文学：跨区域、跨文化存在的文学共同体　//　刘　俊

古典艺术与现代艺术

389　抽象艺术的过去与未来：历史、实践与问题　//　［加］马克·齐森

411　赞助人的回报：文艺复兴时期的艺术与委托　//　［美］乔纳森·纳尔逊

427　被误读的经典——从拉斐尔的《雅典学园》

　　　透视意大利文艺复兴时代艺术与宗教之关系　//　韩伟华

高研院学术午餐会

477　"后9·11"中政治与文学的互读——从"占领华尔街"

　　　到《抄写员巴特尔比》　//　但汉松等

509　重新发现传播学——从海德格尔的技术哲学说起　//　胡翼青等

学人伉俪说学术

529　书斋名的变迁与进德修业　//　张伯伟　曹　虹

技术、价值与治理

逃离人类纪[*]

法国蓬皮杜国家艺术文化中心
贝尔纳·斯蒂格勒（Bernard Stiegler）

一 自动化和负熵

本文的核心命题基于我最近的一本名为《自动化社会》(*La société automatique*)的著作的结论，那本书关注了数字时代的来临所伴随的彻底而普遍的自动化问题。我在那里论证了算法的自动化已经导致了雇佣劳动和就业的衰落，因此也导致了重新分配生产利润的凯恩斯模式的即将消失，凯恩斯模式至今仍是宏观经济体系能够保持无债的基础。

---

[*] 本文为贝尔纳·斯蒂格勒教授 2016 年 4 月 13 日在高研院名家讲坛第 195 期的演讲，法文讲稿由演讲者本人提供，中文译稿由周宪教授提供。贝尔纳·斯蒂格勒为著名现代技术哲学家，现为法国蓬皮杜国家艺术文化中心发展部主任，其研究涉及技术、时间、个体化、消费主义、技术趋同、数码化、政治与人类的未来等众多领域。

在卡尔·波兰尼（Karl Polanyi）1944 年描述的"大转型"——它产生了我们现在所谓的"人类纪"（Anthropocene）——之后，一个巨大的转型如今正在发生，它为我们呈现了一个或此或彼的选择：

1. 要么我们继续沿着超无产阶级化（hyper-proletarianization）的方向，以一种自动驾驶的普遍化形式前行，它将引发结构性的破产和熵（entropy）的不稳定增长；

2. 要么我们让我们自己脱离 250 年来工业资本主义让我们身陷其中的普遍的无产阶级化进程。这第二个选项要求负熵（negentropy）能够通过一种网状的理性政治获得大规模的广泛发展；网状的理性政治让一切类型的自动装置、自动化体系服务于个体和集体的去自动化（dis-automatization）能力，也就是，服务于负熵分岔的生产。当前所经历之转变的巨大既是因为其效应的速度，也是因为这些效应在全球范围内运行的事实。所谓的"大数据"（big data）就是这一巨大转变的关键例子，它导致了全球消费主义对一切知识形式（savoir vivre, savoir faire, savoir conceptualiser，关于如何生存、如何行事和如何思考的知识）的清除。

我们如此写下的人类纪，是一个"熵世纪"（Entropocene），也就是，熵因一个事实而得到了大规模生产的时代，这个事实就是知识的清除和自动化。所以，问题其实根本不再是知识，而毋宁是封闭的体系，即熵的体系。知识是一个开放的体系：它总包含一种产生负熵的去自动化的能力。当克里斯·安德森（Chris Anderson）宣布，在大数据时代，也就是，在他所谓的"数据泛滥"（data deluge）时代，理论终结了的时候，他犯了一个严重的错误，因为他忽视了一个事实，即对一个开放体系的关闭以一种系统化的方式导致了它的消失。

既然是以无产阶级化和知识的毁灭为基础，那么通过雇佣来重新分配生产利润的模式本身就难逃厄运。我们必须构想并实施另一种重新分配的模式，如果我们要在数字自动化的时代确保宏观经济之偿付能力的话。如今必须采取的重新分配的标准再也不能以劳动生产力为基础。今天的生产力是一个机器的问题，而今天的数字机器不再需要任何的劳动或雇佣。

黑格尔用雇佣劳动（Knecht）的观念讨论的、产生负熵和知识的体力劳动，在19世纪被无产阶级化的雇佣取代，也就是，被无产阶级强迫服从机器，而机器是熵的，这不只是因为它对矿物燃料的消耗，更是因为操作顺序的标准化及其导致的被雇佣者知识的丧失。这种知识的丧失今天已变得如此广泛，以至于美联储前主席艾伦·格林斯潘（Alan Greenspan）也概莫能外，就像我在《自动化社会》里表明的，也像他自己在2008年10月23日宣称的。

人类纪是难以为继的：它是一个在全球范围内运行的大规模高速毁灭的过程，其当前的方向必须被颠倒过来。所以，人类纪的问题和挑战是"负人类纪"（Neganthropocene），也就是，找到一条道路能够使我们逃离这个宇宙维度的困境——这要求一种紧随怀特海（Whitehead）的新的思辨宇宙论。

为了在负人类纪的经济中组织重新分配，新的标准必须被实施，并且这些标准必须以去自动化的能力为基础，而它的复苏就取决于我们。这必然包含阿马蒂亚·森（Amartya Sen）所谓的各种能力的复苏，而他把这些能力置于人之发展的基础上，也就是，置于人类个体化的基础上。

二　知识、自由和行动力

阿马蒂亚·森把"能力"和自由的发展联系了起来，他把自由定义为既是个体的，也是集体的，"我们不得不把自由视为一种社会的委任"[1]。

通过这种方式，森仍然忠实于康德和苏格拉底的视角。能力建构了经济活力和发展的基础，并且是如自由一般实现的——在这样的途径里，自由的扩展可被同时视为发展的主要目的和主要手段。所以，自由，按照森的定义，是行动力（agency）——行动的权力的一种形式。森关于消费主义的无能化效果的比较性例子（也就是，用他的话说，富足的指示物）众所周知：美国哈林区的黑人居民有着比孟加拉国人民更低的生活期望，而这恰恰是其"行动力"的问题。

这里的自由是知识的问题，因为它作为一种能力同时是个体的和集体的——这意味着：在精神和集体方面被个体化了。在此基础上，森设想了人的发展指数，以与经济增长指数相对照。

我要通过一种不同的分析来拓展森的命题，这种分析得出了其他的问题。为了在一个已经大规模自动化并且倾向于封闭的工业和经济体系内实现个体的和集体的分岔，尤其要考虑精神的和集体的个体能够和自动装置达成什么样的关系。

人类纪，就它是一个"熵世纪"而言，等同于一种完成了的虚无主义：它产生了一切价值的一种难以维持的平均化，如此的平均化要求跃向一种能够产生乔治·巴塔耶（Georges Bataille）意义上"普遍经济"（general economy）的"重估"——而我已试着在别处表明，巴塔耶的作品包含了一种对力比多经济（libidinal economy）的重新思考。

我在这里描述的运动无疑不是一种严格的尼采意义上的重估。它毋宁是邀请我们就"失序"（disorder）和"秩序"（order）的问题来重读尼

---

[1] 阿马蒂亚·森：《作为自由的发展》（*Development as Freedom*），New York：Alfred A. Knopf，2000，p.7。

采,而失序和秩序会在下面用"生成"和"未来"的观念来理解。

三　生成和未来

如果有一个未来,而不只是一个生成(becoming),那么,明天的价值会取决于负人类纪之"到来经济"(economy-to-come)的构成性负熵。

对这样一种经济而言,生成和未来之间的实践的和功能的差别必须形成其重估的标准——唯有如此,才有可能克服人类纪所表现出的系统化的熵。这样的经济要求一种从人类纪到负人类纪的转变,其中后者是基于我所谓的"普遍器官学"(general oranology)和一种药物学(pharmacology):药(pharmakon)乃人工制品,因此也是人化的条件,人化即人造器官和组织的器官形成,但它总产生熵和负熵,由此总危及人化。

这样一种关于未来的视角所提出的问题是知道如何评估或度量负熵。负熵,它被埃尔温·薛定谔(Erwin Schrödinger)称为"否定的熵",被弗朗西斯·巴伊(Francis Bailly)和朱塞佩·隆戈(Giuseppe Longo)称为"反熵",总是相对于一个观察者得到定义[1],也就是说,总是相对于一个它自身产生的,并在一个或多或少同质的空间内与之有别的位置,进而得到描述(这就是为什么,负人类学〔neganthropology〕总是一种地理学)。从一个角度看是熵的东西,从另一个角度看是负熵的。

知识——作为应变之道(savoir faire,即知道要做什么才不至于让自己崩溃或陷入混沌),作为生存之道(savoir vivre,即知道如何让我们所生活的社会组织变得丰富并使之个体化而不摧毁它),作为概念知识

---

[1] 参见亨利·阿特朗(Henri Atlan)和埃德加·莫兰(Edgar Morin)的著作。

（savoir conceptualiser，对这种知识的继承只能通过其转变来实现，并且，它只能在苏格拉底所谓的"记忆"[anamnesis]的过程中通过重新激活来完成转变，而在西方，记忆的过程结构性地超出了它的位置）——以这一切形式呈现的知识，总是一种在人类生存的这个或那个领域中定义负熵之物的方式。

我们所谓的"非人"（inhuman）是对人之负熵可能性的一种否认，即对其理性自由的一种否认，因此，是对其行动力的一种否认。森所描述的自由和能力必须从这个宇宙的视角和怀特海的"思辨宇宙论"联系起来，被视为建构了一种负熵的潜能，即被视为一个定位了的体系的敞开的潜能；而那个体系，总会因为我们所谓的"人"的存在而再次变得封闭，或者，用怀特海的话说，人总会再次堕落，退化为更加简单的形式，也就是，成为非人。[1] 这只是因为，人类学（anthropos）既是超熵的，也是负熵的：人类学是器官学的，也就是药物学的，或者，就像让-皮埃尔·韦尔南（Jean-Pierre Vernant）所说，构成性地含糊的。

四 据列维-斯特劳斯所言作为熵类学的人类学及其超越

除了是根本的、局部的，一个开放的、负熵的体系也以其相对的可持续性为特征，换言之，以其有限性为特征。负熵的东西——不管是习语、工具、建制、市场还是欲望，等等——总处在了其不可避免的衰落

---

1 怀特海：《理性的功能》(*The Function of Reason*), Princeton: Princeton University Press, 1929, pp.18-19。

的过程中。

我所谓的"习性文本"（idiotext），正如我试着在我（尚未发表的）论文的最后一部分中定义的那样，是一个开放的位置，它处在另一个更大的位置内，或处在我所描述的，像内嵌螺旋一样，通过精神个体化，共同产生了集体个体化过程的东西内。这和埃德加·莫兰在《自然的自然》(*The Nature of Nature*) 中提出的问题不无共鸣。但莫兰，和阿特朗一样，忽视了本质的东西，即人类学之负熵特征的器官学维度（也就是，技术的和人工的维度）。这意味着，它还是药物学的，也就是说，既是熵的，也是负熵的，它由此要求持续的仲裁—协商，即要求作为治疗和治疗学的知识运作。

一个习性文本由诸旨趣构成，这些旨趣是高度药物学的，也就是说，既是熵的，也是负熵的。由此，它们建构了一种动力学，其中出现的形象和动机是前摄（protention），也就是，把未来和生成区别开来并由此允许这种区别永远持续下去的差异。通过这些动机和形象，知识被编织为一代人内部和几代人之间形成的跨个体化（transindividuation）的回路。

自 21 世纪初以来，作为我音乐学之旅的一个结果，我在音乐与声学协调研究所（IRCAM）将诸旨趣的这一构成呈现为身心有机体（精神的个体）、人造器官（技术的个体）和社会组织（集体的个体化）之间协商的结果。正是通过这一协商的复杂性，普遍器官学的原则被形式化为一种药物学戏剧，也就是，被形式化为一个反复更新并被一再提出的从负熵征服到熵浪费的衰落的问题。

这个观点与克劳德·列维-斯特劳斯（Claude Lévi-Strauss）在《忧郁的热带》(*Tristes Tropiques*) 结尾得出的结论截然相反。在《忧郁的热带》的结尾，列维-斯特劳斯想到"这个世界开始的时候，人类并不存在，这个世界结束的时候，人类也不会存在"，并且人类自己"似乎成为整个世界事物秩序瓦解过程最强有力的催化剂,在急速的促使越来越强有力的事物进入惰性不动的状态,一种有一天将会导致终极的惰性不动的状态"。他补充说:"从人类开始呼吸、开始进食的时候起,经过发现和使用火,一直到目前原子与热核的装置发明为止,除了生儿育女以外,人类所做的一切事情,就是不断地破坏数以亿万计的结构,把那些结构肢解分裂到无法重新整合的地步。"[1]

由此,列维-斯特劳斯以一种少有的激进性,提出了无存在之生成(becoming without being)的问题,即宇宙整体的不可避免之短暂性的问题,以及从中通过负熵进程形成的位置的问题,而负熵进程本身总是熵加速的因素。

如果我们要从字面上理解列维-斯特劳斯的这个极度虚无主义的论断(例如,他写道"人类所做的一切事情,就是不断地破坏数以亿万计的结构,把那些结构肢解分裂到无法重新整合的地步"),那么,我们会被迫假定,几乎没有什么时间把我们和"终结的时代"分开。我们会被迫把这样的时间还原为无,被迫消灭它,并在短暂之存在的基础上贬低负熵:我们将不得不把未来消解为生成,并把它评定为无和空虚,评定为绝不到来,也就是,评定为最终绝不发生,即无未来的产物——无未来的生成。我们会被迫得出结论,即:短暂之物,因其短暂,只是虚无。

这就是人类学家所言的字面意思。我把自己定义为一个负人类学家。我对列维-斯特劳斯有两个反驳:

一方面,理性被理解为(德勒兹意义上)一种准因果(quasi-causal)的权力,它制造分岔,也就是,在事实的混乱中,产生一个形成法则的

---

[1] 参见列维-斯特劳斯:《忧郁的热带》,王志明译,中国人民大学出版社,2009年,第520页。

必要秩序。这种理性的问题总是"配得上我们所遇之事"[1]的问题，它以另一种方式，把理性的功能，像怀特海定义的那样，描述为那使生活变得美好的东西，和那使生活变得更加美好的东西，也就是，一种反对静态幸存的斗争，静态的幸存不过是一切生命的熵化趋势而已。

另一方面，列维-斯特劳斯的苦涩而幻灭的诡辩严重地忽视了两点：

首先，一般的生命，作为"否定的熵"，即作为负熵，总是从熵中被生产出来，并且不可避免地回到了熵。这是一种迂回，就像弗洛伊德在《超越快乐原则》(Beyond the Pleasure Principle)和布朗肖（Blanchot）在《无尽的谈话》(The Infinite Conversation)里说的。

其次，技术的生命，是负熵的一种增强了的、夸张的形式，也就是一种组织的形式。这种组织不只是器官的，更是器官学的，但它产生了一种同样夸张的熵，并且像所有的生物一样，回到了熵；只是这样的返回是通过加快那种迂回所体现的区分和非区分的速度，那么，这里的速度就构成了一个局部的宇宙的因素。技术生命所体现的这种迂回乃是作为无限之权力的欲望。

列维-斯特劳斯在这里给出了一种误导性的印象，即人具有一种熵的本质并且他摧毁了某种相反的、具有负熵之本质的"创造"和"自然"——鲜活的、丰富的、多产的动植物。动植物的确极度不大可能是惰性物质的有机排序（如一切的负熵），但所有的生命展开并且只是通过自身成功地增强了熵的进程：动植物本身只是生成当中一个太过短暂、最终无用的迂回。

通过消耗并由此分解列维-斯特劳斯所谓的"结构"，一切生物都参与了熵的一种局部的增长并同时局部地产生了一种负熵的秩序。德里达

---

[1] 德勒兹：《意义的逻辑》(Logic of Sense)，New York: Columbia University Press，1990，p.149。

所谓的"延异"（différance），如果我们的确可以把它和负熵联系起来，那么，它首先是经济和迂回的问题。如果延异的确是滞留（retention）和前摄（protention）的一种布置，就像德里达在《论文字学》（*Of Grammatology*）中指出的；如果对我们称之为人的那些存在者，即技术的和理性的存在者而言，滞留和前摄的布置的确是由第三记忆（tertiary retention）变形而成；那么，我们就应能够，在"延异"这个概念的基础上，重新定义经济和欲望（把它们定义为通过这些弯道和螺旋的迂回而形成的回路的形构）。

不像纯粹有机的存在者，那些被称为"人"的存在者是器官学的，也就是，在两个层面上是负熵（和熵）的：既是作为生物，也就是，作为有机存在者，通过繁衍产生了进化源头处存在的"细微差异"，这种差异因而也处在薛定谔所谓"否定的熵"的源头处，所以，列维-斯特劳斯说，人"只在生儿育女的时候"不是熵的——也是作为人造的（artificial）存在者，也就是，作为器官学的存在者，产生了区分，这种区分不再是我们所谓的物种的区分，而是这里作为人的那"类"区分——这是西蒙多（Simondon）所谓的精神的和集体的个体化进程。

巧计（arfice）总是迂回，这种迂回或多或少总是短暂的（ephemeral），就像名为"蜉蝣"（ephemera）的这类昆虫；又和那些玫瑰一样"没有缘由"，迂回本身就是本质的、人为的。

但这些巧计，由于它们产生了艺术和作品，还有各种各样的艺术作品和科学，可以将自身无限化，并将其接收者无限化，使他们超越其自身，即超越其自身的终结，把他们投射到一个总是尚未到来的允诺的无限前摄当中，只有那个允诺能够洞穿无区别之生成的视域。

人们会反驳说：我自己对列维-斯特劳斯的反驳——即器官学的负熵不只是器官的，而且构成了我所描述的负人类学——只能意味着，器官学的东西不过是熵化的一个催化剂,它加快了终结并从这个角度缩短了最终本质性的东西,意即那种延异的时间。但这恰恰误解了我试图说的意思。

同热力物理学以及生物学和动物学有关的速度的问题,无疑是一个关键的问题。但这里的问题是,关于一种速度的政治学,其中存在着截然相对的可能性;并且,关键是要知道:为了定义人类演化的动力学,即勒鲁瓦-高汉(Leroi-Gorhan)所谓的"时空的征服",什么东西,以何种方式,在哪里,在什么样的层面上,用了多长时间,来增加或降低熵。我一直使用的"习性文本"的概念,其构想恰恰是为了把某种东西不仅理解为一个问题,而且理解为德勒兹所说的一个难题。

在一个如人类纪这样例外的、难以为继的情境里,只有果断地承担器官学的境况,也就是,采取那种指向负熵增长的器官学境况,才能转变当前运行的技术矢量的速度——在今天的世界里,数码达到了每秒20万公里的速度,或三分之二的光速,这比神经冲动的速度要快400万倍。只有这样一种对器官学境况的果断的采纳或承担,才会允许我们,在一种真正的意义上,拯救时间,也就是,拯救区分;因为对工业经济的一种重估恰恰可以让我们投身并参与负人类纪,脱离人类纪。

如果器官的器官学生成所体现的夸张的负熵创立了一种加快(熵和负熵之)生成的负人类学,那么,它无论如何也能把这样的加速转变为一个未来,而那个未来让如此的生成发生了别异和延宕——这是德里达在"延异"(différance)一词中所动用的différer一词的两个意思。由此,一个(负熵的和负人类学的)未来可以从前摄的这一无限化形式中得到确立,而前摄的这一无限化形式就是作为(精神的、社会的和技术的)个体化和整合之因素的欲望之对象,不然,延异将仍只是形式的。

正是鉴于列维-斯特劳斯的《忧郁的热带》所抹除了的这些问

题——列维-斯特劳斯的悲伤、阴郁的言辞抹除了未来在生成之或然性重负下的不确定性——我们今天必须重新阐释斯宾诺莎（Spinoza）。

五　理性的间歇和宇宙的"夸富宴"

器官学的存在者能够有目的地组织负熵的和器官学的工作，即我们所说的负人类学的工作，取决于他们如何实施这种既是精神的也是社会的组织，取决于他们如何关心或不关心其行为所体现的人类的和负人类的权力；他们或可以无差别地加快熵的释放，或可以相反地使之发生别异和延宕——由此构成了一种延异，西蒙多称之为"个体化"并像怀特海一样视之为一个过程。

我们自身赞成一种负人类学的计划，它被视为一种关照和该意义上的一种经济。这种关照的经济不只是一种人类学上（作为"自然的主宰和拥有者"）改造世界的权力。它是一种药物学的知识，它构成了一种服务于负人类纪的负人类学，某种程度上类似于康吉莱姆（Canguilhem）对生物学功能作为技术生命当中生命知识的看法，也类似于怀特海对思辨宇宙论当中理性功能的看法。

毋庸多言，我们必须认同并描述人类化所生成的"负人类学"在"人类化"环境中传播的那些"否定的外在性"。但问题不是取消负人类学，相反，毋宁是通过培养一种和生命一样短暂的肯定的药物学，从人类化转向负人类化；那种药物学，恰如宇宙中"存在"的一切，是在生成过程中实现的——负人类学就体现为如此的关照，而列维-斯特劳斯通过忽视并谨慎地审查勒鲁瓦-高汉的思想，已经忽视了它。

如此之情境源于一个事实，即列维-斯特劳斯的人类学是基于对勒鲁瓦-高汉所关注的器官学事实的压抑,并且忽视了一切人类学之外流行的负人类学的问题。对器官学的这种压抑可以和乔治·巴塔耶设想的"耗费"(dépense)的观念联系起来:"某种讨论的意义每次都取决于'有用的'这一词的基本价值,换句话说,触及人类社会生活的问题只要一被提出来……就可以肯定,辩论必定会走样,而基本问题也就被回避了。事实上……人们无法确定什么东西对他是有用的。"[1]

这里的关键是那些"所谓非生产性的耗费",它们总和献祭有关,也就是,和"一种由丧失的运作构成的……神圣事物的生产"有关。每一次丧失都牺牲、祭献并圣化了一个比任何存在都要古老的存在之缺陷(这就是我如何阅读列维纳斯[Levinas]的)。在原始缺陷的这一进程中,"理性的间歇"(noetic intermittence)得以建构起来,并且只能在一个负人类学的、构想的宇宙整体里将自身思辨性地规划为如此之整体,即规划为在熵内部创造分岔的知识和权力。

一切理性的分岔,也就是,准因果的分岔,源于一种宇宙的"夸富宴"(cosmic potlatch)。这种夸富宴诚然摧毁了极大数量的差异和秩序,但其方式是在另一个层面上规划一种极为巨大的差异,即建构另一种反对生成性宇宙之混乱的"庞大秩序",没有这种对未知的、尚未到来者的规划,那个生成中的宇宙会被还原为一个无独一性的世界。

这样,耗费,即便它可能是一种社会功能,它也直接地导致一种竞技性的分隔行为和明显的反社会的分隔行为。富人消费穷人献出的产品,把穷人纳入卑微的范畴之中并对之进行羞辱,进而使他们成为奴隶。现在,很明显的是,通过奢华世界的世代相传,现代世界已然接受了奴隶,

---

[1] 参见巴塔耶:《耗费的观念》,汪民安编:《色情、耗费与普遍经济——乔治·巴塔耶文选》,吉林人民出版社,2011年,第21页。

为无产阶级保留了这一位置。[1] 在这个无产阶级化的世界里,"富人"的耗费无论如何变得贫乏起来:

> 资本家为了援助无产阶级并给予他们爬上社会阶梯的机会而从事的耗费,只能证明他们(由于耗费)无力实施一个彻头彻尾的奢华过程。一旦穷人的缺失实现了,富人的快感就一点一点地掏空了、被中和了,它让位于某种冷漠的淡然。[2]

当知识的自动生成构成了经济的中心,并且冒险通过采取一种非理论的计算形式来否认自身时,我会在一本题为《知识的未来》(*L'avenir du savoir*)的新书中,从认识和认识论的视角,返回到这个计划上来。我会在那里表明:

(1)知识之未来的问题与工作之未来的问题密不可分;

(2)它必须被转译为另一种工业政治,这种工业政治把法国和欧洲在生成当中的位置——作为从这生成到诸未来的转变——给予了法国和欧洲。

六 未来、生成和负人类学

就未来无法溶解于生成而言,我们的问题是未来:工作的未来,知识的未来,以及这些所引发并产生的所有东西的未来,即一切的未来。

---

[1] 巴塔耶:《耗费的观念》,《色情、耗费与普遍经济——乔治·巴塔耶文选》,第31页。
[2] 同上书,第32页。

不可溶只意味着一个事实，即它不可消解和解决，除非这样的消解也是它的消失，也就是，我们的消失。这可能的消解事实上不可能有任何的法则：我们无权仅仅接受这个并服从它。

列维-斯特劳斯无法设想那（因其严格地并且构成性地未必可能而）保持根本的不可确定，保持尚未到来的东西，和那最有可能，因此在统计上可以确定的东西之间的这一区分。如果列维-斯特劳斯明显没有意识到，从哲学中浮现的诸多话语肯定了自由——因此还有意志——在自然当中和自然之前的超因果性，那么，他最终只在里头看见一种熵的权力，这权力加快了世界的没落，远离了能够诞生新差异的任何延异。当他这么做的时候，列维-斯特劳斯接受了虚无主义的视角，而尼采早在70年前就预先宣布了它的来临。

我们无法接受列维-斯特劳斯的视角。我们无法并且不需要下决心把自己消解为生成。我们无法，是因为这么做就是不再向我们的后代允诺任何可能的未来，一个到来的未来；我们不需要，是因为列维-斯特劳斯的论证建立在哲学从一开始就通过压抑理性灵魂和我们所谓"人类"的负人类学维度而体现的东西之上，也就是，建立在这个灵魂和存在所体现的从器官到器官学的转变之上。

列维-斯特劳斯提出，人类学要被理解为熵类学（entropology）。但他没有解释康吉莱姆描述的生命形式所生成的负熵，即具有理性灵魂之特征的那类熵——其间歇的产物就是灵魂的理智（它产生了列维-斯特劳斯所说的人的"作品"）。

任何理性的作品，作为理智的间歇之成果，在生成中产生了一个分岔和一个独一的、不可还原为其法则的差异（未必可能的，准因果的，在此意义上自由的——作为思想的自由、伦理的自由和审美的自由）。这里有必要阅读谢林。但这样一件理性的作品由此产生了一种能够转而反对其自身之姿势的药物学——所以，启蒙（Aufklärung）可以导致其反面，也就是，导致阿多诺、霍克海姆和哈贝马斯继韦伯之后描述的理性化。

在列维-斯特劳斯之前，瓦莱里、弗洛伊德和胡塞尔都把注意力投向了精神的这种双重性，对悲剧时代的希腊人而言，这种双重性就是其普罗米修斯、厄庇墨透斯和赫尔墨斯的命运。但不同于列维-斯特劳斯，悲剧时代的人、瓦莱里、弗洛伊德和胡塞尔都没有否认理智及其器官学境况的负人类学生育力，那样的否认具有虚无主义的特征。而忍受此虚无主义的人无法设想绝对计算的资本主义所实施的虚无主义，也就是一种已然失去了心智和灵魂的资本主义——这不仅要感谢它同宗教本源的决裂，感谢信仰消解为可计算的信托式的信任，还要感谢它通过相互关系的意识形态对一切理论施加的毁灭，而相互关系的意识形态的基础，就是"大数据"对超级计算的运用。

资本主义精神的丧失导致了心灵本身的完全的无产阶级化。为恢复一种法理的状态而反抗这一事实的状态，就是为那种让这一事实状态得以可能的数字药物（digital pharmakon）规定一种承认这一药物学境况的新的法理状态，而那新的法理状态会规定治疗和治疗学，以便形成一个新的知识时代。

列维-斯特劳斯的话语是极其虚无主义的，真正绝望的，并且从根本上让人绝望的——因此，它既不明晰（富有启发），也不理性。理性不服从生成，而这里就有自由的多样维度的统一，也就是未必可能之物的多样维度的统一，它在一个我们所谓"一致性"之阐释层面的"目的王国"内，建构了一切名副其实的诸目的的不被确定的视域。而在怀特海所指示的如下意义上，"一致性"并不存在："理性是经验中的一个因素，它指导和批评要达到一个目的的那种强烈欲望，这个目的实现于想象而非事实。"[1]

理性是一个器官，就像怀特海所说，并且这个器官组织了从事实到法理的转变，即法理在事实中的实现，法理成为新的东西，也就是，负熵："理性是强调新颖性的一种官能。理性提供了判断，观念的实现因为理性判断而得到强调，并因这种强调进入到对目的的实现之中，最终成为实现了的事实。"[2]

一致性乃是允诺——它是内在且未必可能的，因此，它让一种总是到来的，即未必可能的负人类学，变得可以欲求。如此的未必可能性是在世界没落的冬日一再返回的春天，世界处在了这个有人居住的地球上，地球是两种主要的趋势的所在："与这种难于察觉的必然性相一致，自然活力在退化，活动的源泉逐渐地枯竭，其物质资源被损耗。另一种趋势则通过每年春天的自然更新和生物的进化过程得以显示……理性是对历史中那种创造力元素的自律。"[3] 如此的自律就是列维-斯特劳斯及其熵类学所缺失的东西。

---

[1] 怀特海:《理性的功能》,《教育与科学·理性的功能》,黄铭译,大象出版社,2010年,第133页。
[2] 同上书,第139页。
[3] 同上书,第130页。

价值实现、危机与日常生活的转变*

美国纽约城市大学研究生院　大卫·哈维（David Harvey）

一

我想从一个简单的事实开始讲起，这一事实一直令我很震惊。中国从 2011 到 2013 年消耗了 65 亿吨的水泥。印度及其他一些地方也在大量消耗着水泥。现在，水泥正以前所未有的规模在扩散。你可以想象一下，这会造成什么样的后果。所以我想问的问题是：这样的事情为什么会发生？

在这之前，我想对当前的社会科学研究提出一点温和的意见。当我

---

* 本文为大卫·哈维教授 2016 年 6 月 7 日在高研院名家讲坛第 198 期的演讲，英文讲稿由演讲者本人提供，中文译稿由南京大学哲学系博士生鲁宝翻译，外国语学院郭加宾校订。大卫·哈维教授是国际著名地理学家，现为美国纽约城市大学特聘教授、杰出教授，研究涉及人文地理学、城市社会学、建筑与城市规划、政治经济学、社会哲学等众多领域。

刚开始踏入社会科学领域时，老师教我们要多问几个为什么。为此，我们在这样的问题上花了很多时间，并提出一些非常华丽的建议，尽管这些建议没有被证实是否可行，但我们是这样做的。

从20世纪70年代起，这样的问题意识逐渐消失。越来越少的人会问"为什么"，他们问的问题是"怎么样"。我认为，这样的提问帮助解释了很多复杂的问题，结果就是你不再谈论阶级斗争的推动力量或一些类似的问题。相反，你谈论开发商如何与律师和建筑公司勾结在一起，并制造混乱，或者通过一个大型工程来消耗大量的水泥。

然而，我感觉我们已经在这条路上走得太远。因为每当我问一个沉浸于这种问题的人："这件事为什么会发生？"答案经常是："这是一个复杂的问题。"

我会说，对，我知道这非常复杂，但是你必须告诉我为什么会这样。你之所以不能，是因为你完全陷入于"怎么样"这一复杂的漩涡之中不能自拔。慢慢的，我对这样的现象变得很不耐烦。

所以，我想问的是为什么那些水泥会四处蔓延？当然，水泥被用于环境建筑、城市化和基础设施建设。除了中国，大量的水泥也在其他地方蔓延。

但是建筑材料不仅仅是水泥，如果你把目光转向钢铁工业，那你就会突然发现近些年中国以及其他一些地方的钢铁生产量在大规模地扩大。此外，你还需要铜和各种其他矿物质，如果你走出国门，你会看到世界各地生产的大量的原材料都被运往中国，当然这些原材料价格相对较高。采矿活动正在世界各地加速进行，从印度到拉丁美洲，为了寻找矿藏整座山都被翻了个底朝天。所以，我的问题是：为什么中国会卷入到如此巨大的城市化建设和基础设施投资的扩张中来？对此，我们又可以讨论哪些问题？

谈到这一点,我必须稍微退后到 2007 至 2008 年,那时美国发生了金融危机。由于发生在美国,这一危机被定义为一场全球性的危机,还有,比如 1997—1998 年发生在东南亚的危机,它被定义为一场区域危机。但是,就像美国在棒球领域拥有世界职业联赛一样,其危机也必然是世界性的。实际上,2007 至 2008 年的危机完全是本土化的,它起源于美国南部和西南部地区,且主要集中在这些地区的房地产市场的投机活动中。

当投机性房地产泡沫破灭时便出现了房屋贷款的"止赎"(即丧失抵押品的赎回权)危机。房地产价值暴跌,许多人失去了家园,紧接着就是大面积的失业。那些失去工作和抵押品赎回权的人们不出去消费。这导致美国的消费市场崩溃,而其主要供应商是中国。此时,中国突然发现自己的出口行业也开始崩溃。但是在某种程度上,2008 至 2009 年出口市场的崩溃使中国丧失了 3 000 万个工作岗位,这是一个巨大的损失。中国政府似乎对潜在的动荡感到非常紧张,要安置 3 000 万个失业人员,这的确是一个非常艰难的处境。

截至 2009 年年底,国际货币基金组织和国际劳工组织的联合报道中谈到了裁员危机。在此期间,美国遭受了最大的净失业。我当时就预测中国会产生巨大的净失业,然而实际上,这个数字只有约 300 万。这表明中国在大约一年的时间里,通过某种方式在劳动力市场上吸纳了 2 700 万人。中国的劳动力市场的表现也是惊人的、前所未有的。

中国是怎样做到的呢?看起来,是中央政府鼓励所有人去贷款,并且创造尽可能多的项目和大型工程。中国动用了地方和国家的所有资源来应对这场危机。

所以,中国以更加强大的方式开展庞大的城市化计划和基础设施发展规划,建设崭新的城市,整合国内经济空间,连接南北市场,发展中国内陆地区，使得沿海和内陆更加平衡。这使我联想到美国在"二战"结束之后的做法。刚从20世纪30年代的大萧条中走出又要面对"二战"期间生产力剧增的问题，美国面临着一个非常严峻的局面：我们如何不再退回到萧条？我们究竟如何吸收这些产能从而在获得利润的同时又满足庞大的复员军人的需求？如果退伍军人重新面临大萧条的境地时会发生什么可怕的后果？

一般的回答就是，我们必须发展美国的经济。很多人会提到美国的帝国主义，这的确是起到了一定作用。同时，也有很多人会谈到冷战和军国主义，这的确也发挥了一定作用。

然而，美国所做的更重要的事是推进郊区化，创造巨大的投资机会。各州间的高速公路系统把美国西海岸和南部连接起来，这在空间上整合了美国经济。大都市区全部配备了运输和高速公路系统、汽车以及郊区，并创造出了一种全新的郊区生活方式（就像著名的电视喜剧）。当然，20世纪五六十年代是美国资本积累的黄金时期，美国经济拥有非常高的增长率，那是一个令人满意的状况。因此，中国效仿了美国在"二战"之后的做法，但是中国做得更快、效率更高。我以前就见过这种利用城市化来解决经济和政治问题的做法。

我最欣赏的一个案例是第二帝国时期的巴黎。在1848年革命之后，资本大量剩余，劳动力大量失业，此时豪斯曼被任命重建巴黎城。这其实是吸收剩余资本和剩余劳动力的一种有效方式。称帝之后的拿破仑之所以能够高枕无忧，是因为经济运转良好，资本和劳动力都被用来创造了利润，巴黎的日常生活正在转化为消费主义的城市之光。由此，积累过剩的危机被解除了。

但是，问题的解决也必须付出一定的代价。无论是巴黎，还是二战后的美国以及此时的中国，它们付出的代价都是背上了沉重的债务。所以中国人所做的一个重要事情就是债务融资。但是与希腊和其他地方不同的是，中国人并没有用美元或欧元来进行债务融资，他们没有向美国借钱，他们有充足的美元外汇储备，所以他们用自己的货币借贷。这样做的一个巨大的好处就是，可以通过通货膨胀和银行体系的资本重组（像20世纪90年代末那样）来摆脱债务危机。中国GDP中的债务额比例刚开始相对较低，在六年间，伴随着巨大的城市化建设和激增的基础设施投资，债务额在GDP中的占比增加了两倍。

这是中国在2007至2008年金融危机最严重的时候给出的应对办法。但是并不是只有中国会这样做，其他国家也做了同样的事情。比如，土耳其同样通过大规模的城市化建设渡过了2001年的危机，之后，其经济获得了高速发展，增长率仅次于2008年后的中国。

那些为中国供应原材料（比如铜、钢铁等）的国家很好地走出了危机。大多数拉丁美洲国家拥有丰富的原材料（包括大豆），他们在2007至2008年经济危机爆发后恢复得相对较快。为了和中国进行贸易，拉丁美洲把自己变成了一个巨大的大豆种植园。他们将贸易合作方向转向了太平洋和亚洲地区。危机主要影响了美国以及其他地区，拉丁美洲并未受到那么严重的影响，就算有也是比较轻微的。矿产资源丰富的澳大利亚同样繁荣兴旺。

在巴西，除了拥有大量的原材料，他们还效仿了中国的做法。当危机来袭时，总统卢拉说："我们要为低收入的穷人建造一百万幢房屋。"那个节目《我的家我的生命》成为巴西应对2007至2008年经济危机的一部分。不幸的是，巴西人只是把钱投给建筑公司，却没有要求他们合理地进行城市化建设。所以建筑公司把劣质的住房建造在环境恶劣、基础设施匮乏的地方。他们根本不是在建设城市，也不是在搞城市化。他们仅仅是在造房子，之后就随手一扔。当然，这一过程本身吸收了资本与劳动力,但它并没有为人们创造一个优雅舒适的居住环境。

所以,你要从整体上去看世界。中国城市化的巨大扩张仍在继续,并且对世界各地产生影响。在美国与欧洲,由于意识形态的一些原因,我们发现一种紧缩的政策。在某些地区,新自由主义传统在危机期间得到了进一步的强化。与此形成鲜明对比的是"凯恩斯模式"在中国的扩张。世界被分为两个阵营,中国的阵营在扩大,西方的阵营在收缩,公共政策和政治也随之变动。中国阵营通过大规模的城市化建设有力地把自己从巨大的危机和萧条中拯救出来。中国的 GDP 的四分之一来自房地产业。再加上所有的基础设施建设项目,中国大约有一半的经济是投资在生产性消费的建筑环境上了。

但是就像 1867 年的豪斯曼和美国 20 世纪 60 年代末的郊区化浪潮,所有的好事都会终结。因此,在中国有越来越多的迹象表明,这种方案并不是一劳永逸的,中国再也不可能沿着这条道路(1968 年后的美国和 1867 年后的巴黎)走下去了。

突然之间一切事物都变了。两三年以前,如果你在巴西,所有人都东奔西跑,赚得盆满钵盈。现在如果你再去,那里乱作一团,因为资本干涸了,政治上也四分五裂。我在厄瓜多尔待了一段时间,他们做得相当好,那里到处在修建高速公路以及其他各种东西,但我无法想象建设"美好生活"(Buen Vivir)这一新的伟大理念实际上是通过建设高速公路、购物中心和郊区住房来实现的。尽管如此,这就是他们正在做的事情。但是在最近两年,这样的情况在大部分拉丁美洲国家都不复存在,很大一部分原因是因为中国市场不如以往那么繁盛了。

二

危机在四处移动。我一直关心的一个理论问题是：危机为什么会以它独有的方式移动？它在地理上从世界的一个地方转移到另一个地方，它从一个部门到另一个部门，在这个过程中产生了住房危机，然后造成金融危机，最后又导致主权债务危机，而这种主权债务危机恰恰是人民的危机。

突然间希腊就发生了主权债务危机。那么你会问，为什么会发生在希腊？之后就是迪拜代表的阿拉伯世界破产了，海湾国家陷入疯狂之中，就像陷入建筑狂潮的中国与土耳其。那么它们会崩溃吗？在危机转移的过程中，我们可以发现各种不同的诱因。在希腊危机中，与德国人的摩擦之所以会发生，是因为德国人认为希腊人"懒惰"。这种简单化的解释非常常见，例如，危机是由于移民（在欧洲和美国很常见的主题）或者福利欺诈和不公平的国际竞争。除了资本主义，一切都成了替罪羊，一切都会被问责。

最近我的主要工作不仅仅是研究危机是如何转移的，而且研究危机是如何被植入资本积累的结构之中。我有一个很有趣的想法，当然还没有时间去详细研究。这个想法源于我对马克思的价值理论的重新思考。回到马克思，如我经常做的那样，也许是第99次，我发现马克思感兴趣的不仅是价值，而且还包括"反-价值"（anti-value）。实际上，在马克思的思想中，这两者占据同等重要的地位。"反-价值"的想法很简单，资本家投资生产商品，并且商品都具有一种潜在价值。但是，如果没有人需要、渴求这个商品，那么它就没有价值。这有点像社会的必要劳动时间成为社会的不必要劳动时间。

这样的发现令我很兴奋。物理学家能够解释宇宙的物质和反-物质的冲突，同样的，马克思也能够解释价值创造（价值）与价值破坏（反-价值）之间的动态关系。资本的繁殖依靠"反-价值"，它生产"反-价值"的目的是为了获得价值。这是马克思理论中一个非常有趣的部分，但是很多人没有真正予以重视。"反-价值"是价值的基础，是不可或缺的。我未来的计划之一就是把它们整合在一起。

2007 至 2008 年的经济危机的祸根早在 2001 年的危机中就埋下了，那时美国的网络经济崩溃，很多资金流出股票市场。没有人知道该把他们的资金投往哪里。美联储的主席艾伦·格林斯潘把利率下调，房地产投资看起来非常具有诱惑力，因此所有的要素都流向了房地产市场。尽管听上去令人惊讶，但"反-价值"的形式之一便是债务。债务就意味着你现在必须创造价值来赎回大量的欠款，否则你就会破产。信贷和债务是你在未来的价值生产中取消抵押品赎回权的方式之一。

这对于资本来说极其重要，因为如果有一个开放的环境允许我们为所欲为，我们反而会束手束脚，甚至会南辕北辙。资本不会像圣经一样免除我们所欠下的债，相反，它只会要求我们通过价值生产来完成救赎。未来已经逃不出抵债的宿命。我们把自己捆绑在价值生产的结构中，因为我们已经许诺要承担债务。

这就很容易理解，在 20 世纪 30 年代，为什么所有的改革都出现在美国的抵押市场中。30 年期的抵押贷款使购房者拥有了房屋。债务缠身的房主不去罢工，那么好吧，在"二战"后，美国的债务很可能拖累许多房主。但是，那时他们仍旧不去罢工，他们必须支持资本主义制度来偿还自己的债务。此外，我们把房主赶往郊区，在那里，革命很难被提上议事日程。然后，我们给他车，给他一个漂亮的房子，给他游泳池。我们突然发现，在环境重建和城市化进程中形成的政治主体在社会稳定中扮演着一个非常非常重要的作用。

人们对此有一套符码话语。例如,世界银行和国际货币基金组织不停地在强调居者有其屋可以带来社会稳定。然而人们丧失了抵押品赎回权会产生什么后果?郊区化带来的环境灾难又该如何处理?

突然,那些丧失赎回权的房主和那些感受到威胁的人做着各种疯狂的政治举动,无论是左派还是右派。每个人都震惊了。为什么?你让他们背上无法偿还的沉重债务,所有的人都看不到未来(希腊的处境非常相似)。

我住在巴尔的摩很多年,当去年巴尔的摩上演惯常的骚乱时,我想起了1968年我刚到巴尔的摩时的情景。马丁·路德·金刚刚被暗杀,所有的骚乱仍在继续,巴尔的摩陷入一片火海之中。这么长时间之后,在这里,一切又重新上演。但是,当你看到取消抵押品赎回权的数据的时候,你知道,实际上,巴尔的摩曾经的经历——特别是在非裔美国人口中建立的稳定性被破坏了,最后在抵押品赎回危机中被破坏殆尽。现在,美国的社会处于不稳定状态。我们会想,如何对此做出系统的回应?在什么方面做出回应?

这就引出了一个有趣的问题,中国人面对这些困难时会怎么做?我有另一个自己很喜欢的理论,我称之为"空间定位"(spatial fix);也就是说当一个地区出现过剩的资本和劳动力时,资本家会在其他地方将其消化。

这就是从19世纪中叶开始的经济帝国主义。剩余资本和劳动力从大英帝国到美国,或者到澳大利亚和阿根廷等其他地区。剩余的货币资本向这些国家倾斜,使它们有能力建设铁路和基础设施,而这些建设反过来又需要英国产能过剩的钢铁和机车。这使得世界各地的资本主义经济体系得以建立,尤其在美国。这也是英国帝国主义经济创造性的一面。

我想,大英帝国在其他方面表现得则很消极。英国人一直想垄断印度的市场，但是这并不能帮助他们解决资本和劳动力过度积累的问题，因为印度市场的需求并不是很大。印度人被迫去生产各种各样的东西，包括鸦片，他们卖给中国以换回白银，随后这些白银被运回英国本土。英国人极力从印度和中国掠夺财富，但是并没能帮他们创造财富。

但是英国无法控制美国，英国的剩余资本和劳动力来到美国，在这里建立了另外一个资本主义发展的中心。这样就带来了需求，消化了英国的商品。相比于剥削印度的财富，这种方式更好地解决了英国积累过剩的问题。唯一的问题是美国变得比英国更强，它也因此产生了剩余资本——如何处理它们变得令人头疼。

现在中国也面临着大量的剩余资本，这让我特别担心；资本能够以货币的形式出现，它也能以物质生产的形式出现。中国的过剩问题主要是钢铁和水泥的产能过剩，那么这一问题如何解决呢？我听说已经有很多努力去降低这些部门的产能。与此同时，中国也在寻找机会去转移这些钢铁和水泥，已经想出许多办法，其中一个就是内部消化。我不知道这是否可信，但是《金融时报》已经报道了一些相关情况，中国现在倡议在北京周边建设一个可容纳1.3亿人口的大城市，这相当于英国和法国的人口总和。这里的一切都将是高速的，而且会消耗大量的钢筋和混凝土。试想一下，这样巨大的城市中的日常生活会是什么样的？

但还不只这些，中国在向外四处投资，要把水泥带到其他地方。在东非建设铁路和高速公路，这里使用的都是中国的水泥和钢铁，包括大量的中国劳动力，尽管这里已经有大量的来自其他地区的劳动力。

中国人在拉丁美洲做着同样的事情，横贯东西大陆的铁路运行线从太平洋到大西洋，这样你就可以在一天半的时间里从秘鲁的一个港口到圣保罗，在安第斯山脉上方和另一边售卖商品。以前就有人提过这样的建议，但没有人认真对待，直到中国人来了，说，嘿，我们有充足的水泥和钢铁，我们甚至可以借钱给你们去建设。他们接受了。我也读到一些关于中国的其他的报道，我了解到中国将重建丝绸之路，你可以坐上高铁，从上海通过中亚进入欧洲，到达伊斯坦布尔。事实上，已经有些中亚城市正在经历着建筑业的繁荣。突然间，这一计划转变成一个巨大的城市化进程。

但是这时的转移有一些不一样，如果你仔细分析豪斯曼改造巴黎的工程规模，它是城市层面的；如果你认真观察"二战"以后美国的做法，它是大都市的区域水平。从豪斯曼到罗伯特·摩西[1]，你会发现，我一开始谈到的现象则是另外一种层面和规模。这个问题非常严重，为此我深感忧虑。我们需要回到最开始的问题：为什么会发生这样的事？它又为什么是必要的？为何它是不可避免的？为什么我们没有说，不，不，不，我们不想如此？为什么我们不能做一些不同的事情？

三

答案与资本的积累本质有很大的关系。资本积累当然是扩张性的，它关心的是增长。之所以总是与增长有关，一个很简单的原因是，资本家以一定数量的资金开始一天的生产，首先进入市场购买劳动力和生产资料，之后生产商品，并在这一天结束时把商品卖掉，以赚取更多的钱。也就是说，价值必须增加。

在健全的资本主义经济中，所有的资本家都会在一天结束的时候增加其价值。所以，当你回溯资本积累的历史的时候，你看到了什

---

1 美国著名建筑师，曾任纽约市建设部长。——译者注

么？你看到它不断地提高复合增长率。这种积累过程服务于复合增长（compound growth）的系统，这造就了指数式增长的曲线。这一曲线开始是缓慢的，之后突然飞速达到警戒线。当它向上席卷的时候存在着一个拐点，这就像那个著名的故事，一个小伙子，他发明了象棋，去向国王请赏，他在第一个方格上放了一粒米，每个方格翻一番，当你达到第64个方格的时候，世界上所有的大米都用完了，但你如何到达64个方格？没有人告诉你。

这就是复合增长的本质。与它相关的还有一些有趣的故事。在积极的意义上，18世纪是一个迷恋复合增长的世纪，马克思花费大量的时间谈论18世纪的人物。事实上，查尔斯·狄更斯，英国著名的小说家，以非常有趣的方式讲述了那段时期的故事。如果你熟悉《荒凉山庄》这部小说，其中有一个诉讼案件"詹狄士诉詹狄士"（Jarndyce versus Jarndyce）在后来不断地重新上演。实际上，这是一起发生于1785年的真实的诉讼案，一个拥有60万英镑的人说这笔钱应该以7%的复合增长率投资，时间要持续100年。

麻烦的是，当人们开始真正地计算100年后的价值时，他们发现它要比英国经济的规模大了好几倍。所以他们制定了一项法律，说这样的事情不能再继续下去了，你不能让一个遗产持续超过30年。然而，这些提议者的子女们对此提出质疑。在法庭上也为此争论不休。最后在1857年才确定下来，这正是狄更斯写作《荒凉山庄》的时候。在那个时候这成为镇上的大笑话，因为大家还记得在《荒凉山庄》中——这也是现实中发生的事——当这项法律被确定下来时，这些人已经没有剩余的钱了，所有钱都消耗在了法律诉讼上。

复合增长内化进资本主义的积累过程之中，然而却没有法律去阻止它。我们所有人都被卷入都市化的进程之中，因为我们知道获得增长会给我们带来好处。我们想要获得增长。但是为什么呢？为什么我们特别想要复合增长，即使我们知道它有可能会失去控制而化成泡沫？

从现在开始增长不是一件好事了。我们都处在全球积累的拐点上。实际上，如果在三十年内再投入两倍或者三倍的水泥，如果这就是复合增长所固有的需求，那么你们的孩子将生活在一片水泥森林之中。这不是一个可行的计划。现在，环境问题已经非常严重，我们必须停止追求这种非理性的增长。讽刺的是，欧洲和美国有很低的增长率，但是这对环境来说是有益的。

现在我认为，在此时此刻，我们有必要想办法降低增速，当然也不是要求零增长。根据安格斯·麦迪逊花费多年调查得来的数据，从1780年以来，复合增长率大约是2.25%。在1780年，2.25%的复合增长率并不是什么大问题，就算到了1900年，它仍旧不是一个真正的大问题，世界上大部分地区仍未被纳入资本积累的过程中。但是，看看自1970年以来发生了什么。中国成为资本积累系统的一部分，苏联轰然倒塌，也成了资本主义全球经济的一部分，印度和印度尼西亚与资本积累的关系更加紧密。从现在起，我们谈论的就是3%的复合增长率了。所有这些国家都有一个非常有趣的模式：把城市化当成经济增长的一部分。

我之前提到过中国在北京的计划，土耳其人在伊斯坦布尔也有着类似的计划，他们想要打造一个4 500万人口的城市，为此，他们征服整个北部的博斯普鲁斯海峡。他们在北部建了一座新的大桥，而且想在那里建造一个机场，这是一个宏大的城市化工程。但是，土耳其人需要借钱，无论是美元还是欧元，这都不是一件容易的事。所以土耳其的经济开始出现紊乱，他们开始意识到自身没有能力去偿还这些国家债务，国际投资者也开始担心起来。从长远考虑，很多事情我们都必须严肃认真地思考了。我们必须考虑如何更好地发展经济而不是单纯地追求增长。

现在像厄瓜多尔这些国家也在建设"美好生活"之类的东西。事实证明，这只是一些豪言壮语。这些问题可能不严重，也可能非常严重。

这就是复合增长的一切，我们必须深入地思考如何去应对。此外，还有其他一些事情与此有关。当你仔细考察城市化进程的性质的时候，增长发挥了什么作用？在很多情况下，增长创造了投资的可能性。但是，它不是去创造一个宜居的城市生活。我前面提到了巴西，他们在建设中滋生利益链，甚至把劳动力和资本都投资入到城市建设中。它不是去创造一个舒适的城市环境，这一过程不能带来任何美好的承诺，它只不过是吸收过剩的资本和劳动力而已。

现在令人惊讶的是，我们建造城市好像不是为了让人民居住。当我说"人民"的时候，我指的是所有人。我们建设城市的目的只是为了投资。为什么会这样？为什么我在拉姆安拉（Ramallah）、土耳其、纽约、伦敦以及其他地方见到的都是如此？如果你有多余的资本，你就想为自己和家庭的未来而存款——这就诞生了个人主义。考虑到这些，你会把你的钱放在哪里？哪里会是一个安全的地方？你会把它投入股市吗？你会用剩下的钱购买货币工具，比如债券吗？或者投入到固定资产中？当然，从1970年以来很多资本都涌向了固定资产。住宅市场和房地产市场在2007至2008年遭遇了危机，但是你猜怎么着？很多人开始投资房地产与土地，因为他们认为这比其他商品更加安全。当然，黄金也在投资计划当中。我在土耳其和巴勒斯坦就见识过这等情形。巴勒斯坦的情形尤其不可思议，在拉姆安拉，他们正在建高层住宅楼。你会问，由谁来建造？他们正是那些在巴勒斯坦权力机构工作的人，这是赤裸裸的腐败。那些人把他们的钱都投到房地产中，因为他们觉得这比较安全。

有证据表明，纽约地产的主要买家之一就是中国人，他们通过各种途径将钱转移到其他地方来购买房产。他们在伦敦也是如此，并不仅仅是那些亿万富翁会这样干，实际上正是那些中产阶级中的富裕群体在购买土地，因为后者是一种财产。他们在拉丁美洲也如此操作。我们看到的是资本之流的重新定向，他们不再为大众创造宜居的环境，而是去为那些千方百计想要保证财富安全的人创造投资机会。他们必须确保手头拥有资金。当然如果你在叙利亚这样做，你将会输得很惨。但是在世界别的地方，这仍旧被认为是投资的主要形式。

现在，如果你是城市设计师，你会怎么做？你想把所有的时间都花在为中上层阶级创造投资机会，使他们只管投资却不一定生活在其中吗？抑或是走另外一条能够满足人们需求的城市化道路？如果是后者，又该如何实现它？

四

我认为，都市化过程中存在着严重的异化，这完全在我的意料之中，在过去的15年中，世界各地出现的暴动其实都是关于都市问题的。盖齐（Gezi）公园是哪种情况？它不是工人的暴动，它是一种对城市生活质量、集权主义和民主匮乏不满的文化性反抗。那些天美国发生了各种各样疯狂的事情，在我看来，很多是因为人们在抵押贷款危机和经济失控期间普遍感到无能为力。

人们失去了安全感，他们失去了他们的房屋，他们愤怒了，他们需要一些人来指责以发泄怒气。伯尼·桑德尔的伟大之处就在于，他使社会主义受到部分人的尊敬——特别是35岁以下的人。他对这些年轻人说，我们应该取消学生的债务，高等教育应该是免费的。他们会说，好吧，这个主意听起来不错。为什么不呢？如果这就是社会主义。

这是一种非常疯狂的情况，但这也是我们必须思考的问题，为什么会这样？很简单，这植根于资本的本质。正如马克思指出的，为积累而积累是资本的核心。你可以为你的余生积累更多的资本——在这种情况下，祝你好运，因为你的双脚将会生活在水泥之中，直到水泥漫过你的腰部。或者你可以选择离开，好吧，我们已经受够了！

我崇拜资本所创造的各种东西，马克思也是。但我认为我们完全可以用很多不同的方式去使用它们。为了应对这一问题，我们必须跳出意识形态的枷锁。现实的情况是，有些事情可以说，有些事情是不能说的，这些界限牢牢地扎根于大学内部，在其他地方也同样如此。

我这里还有更可怕的事情。我现在谈论的问题没有以合适的方式在合适的场合进行讨论和辩论。因为美国和其他地方的大学已经变得公司化和新自由主义化了。抵抗的声音还在，仍然是开放性的，但是这样的声音太微弱了。我们必须做点什么。

仍然有很多不满的情绪存在于另外一个不同的阶级结构之中。它正在从一个不同的角度去回答这个问题。就此，我与马克思主义大学生联合会在理论上产生了很大的分歧，因为它们更像是一个行刑队，而不是一个真正的联合会。

众所周知，马克思讨论了很多关于生产的问题。《资本论》第一卷主要讨论了价值与剩余价值的生产，第二卷主要谈论的是价值与剩余价值的实现。在《大纲》还有别的地方，马克思清楚地指出，为了理解资本，还必须理解生产与价值实现之间的矛盾统一关系。现在《资本论》的第一卷在马克思主义的学术圈内是非常受人尊敬的，它是一部伟大的著作；但是第二卷却鲜有人读，因为它有些艰深晦涩。但是如果你不去读，你就无法理解资本是怎么回事。不幸的是，很多马克思主义者都没有理解资本。

在《资本论》第一卷第一部分第一章,马克思的分析非常精彩,那就是如果价值不能在市场上实现,那么它就没有价值。这里就出现了"反-价值"。这就意味着围绕实现过程经常发生冲突。马克思提出,在资本积累的历史上,价值的实现需要新需求和新欲望的生产,但前提是消费者有足够的支付能力。这种生产的政治已经变成扭曲的、耐人寻味的历史,其中充斥着各种各样的社会斗争,它们甚至还没引起人注意就已经消失。然而,如果没有这种对需求和欲望的生产,资本早就崩塌了。紧接着问题就出现了,我们必须得不间断地增强这种需求和欲望,尽管人们没有支付能力。在这种情况下,他们无论如何都不会得到满足,因为一旦他们满足,资本积累就会终结。

此外,资本能够从价值实现过程和生产过程中榨取财富。工人可能挣得更多,但他们的生活并没有因此变好,因为他们回到家里要支付更高的房租和生活成本。他们在工厂所获得的工资,被资本家上涨的房租吞噬回去。他们以工资的形式得到的财富又以租金的形式失去了。

如果你问别人在美国经历的主要剥削方式是什么,他们会说是信用卡公司。也许还有房东、租金和房地产投机者。他们会提到电话公司会收取各种奇怪的费用,他们会说你又产生了一些压根就不存在的漫游费。你会想到健康保险公司、地方税收、运输成本,等等。人们觉得无论走到哪里都像是被抢劫了一样。欺诈横行,越来越多的财富榨取发生在价值实现的过程,有时候甚至发生在城市的街道上。大多数暴动(像2013年发生于巴西和土耳其的)都是价值实现领域的政治而非生产领域的。这就是很多当代政治问题的根源所在。

因为一些特殊的原因,斗争很难组织起来。首先,通过价值实现进行财富榨取的阶级结构和生产领域的阶级结构是完全不同的。在实现过程中,不是资本与劳动的对立,而是资本与所有人的对立。如果我对纽约的一个小餐馆的老板说:"嘿,你怎么给你的工人那么少的工资?"得到的回答是:"你不明白,我正在严重地剥削自己,我早上6点起床,直到晚上10点才回家,我拼命地工作,支付的工资怎么能比我赚的还多呢?"我说:"那么你赚的钱都去了哪?银行、房东,当然也包括税务局。"如果我说:"嘿,伙计,让我们联合起来共同反抗银行、房地产商和收税员吧!"我想他的回答肯定是:"好啊,这真是个好主意。"

在特朗普和"茶党"等人的一些谈论中,你可以看到同样的挫败感。我们需要表达这种强烈的不满,我们不能忽视这些争论。我们需要搞清楚为什么那些争论会发展成现在这个样子,不仅如此,我们还需要将其转变成一项致力于建设宜居城市的政治运动,我们并不想建设一个只适合投资的城市。我们不仅要创造一个非增长的城市,而且它还要在社会存在的层面更具有创造性。

在我看来,马克思从黑格尔那里发展出一个有趣的观点。黑格尔区分了"善的无限性"(good infinity)和"恶的无限性"(bad infinity)。前者可以无限地自我生产,它就像数学上的圆周。然而,当圆周变成一种螺旋的时候,问题也就产生了。事物就在这种上升的螺旋中失控,资本就是这种失控的螺旋。事实是,这种无限性无法得到控制,它只会变得越来越糟。数字系统是一种恶的无限性,你总能在最大的数字之上再次累加。它会一直持续下去,你永远不知道它的终点,因为它永远不会终结。这就像另一个方向的圆周率,你能在它的上面放置多少小数点?

这个恶的无限就是资本,而我们必须回到善的无限,马克思对此理解得很透彻。他对再生产的性质、社会秩序的再生产以及我们如何看待再生产等问题看得非常清楚。在《资本论》的第一、二卷中,他详细描述了简单再生产带来的无尽的好处。然而问题正是从扩大规模的再生产中产生的。我们必须重新思考善的无限，抵抗由失控导致的恶的无限。我认为"螺旋失控"这一比喻对于描述当下发生的全球性和地方性问题非常有意义。除非我们能控制这种无休止的积累，否则我们很难找到好的办法来解决巨大的宏观经济问题。

从社会控制到社会管理：中国治理模式的转型[*]

复旦大学社会科学高级研究院　郭苏建

中共十八届三中全会提出的全面深化改革的重大问题，包括解放和增强社会活力，推进国家治理体系和治理能力的现代化，健全人民民主以及加快形成科学有效的社会治理体系，确保社会既充满活力又和谐有序。十八届四中全会提出了"依法治国"和"依宪治国"的目标，把强化权力运行的制约和监督体系，建立立法、行政、司法、守法全方位的法治体系，作为国家治理体系现代化的重要内容。国家治理的实质就是协调和解决社会冲突与矛盾，推动社会良性有序发展，推动民主政治的发展，法治是国家有效发挥其上述治理职能的基础和保障。

---

[*] 本文为郭苏建教授2015年5月15日在南京大学高研院名家讲坛第173期的演讲，讲稿由演讲者本人提供。郭苏建现为复旦大学社会科学高级研究院教授，主要从事政治学、国际政治等领域的研究。

一 "治理"的概念

任何一个问题的研究总是从一些基本概念的界定开始的。什么是"治理"？治理的概念与统治的概念不同，治理的英文词是 governance，词源来自希腊语，其意思是"steer"（steering a boat，操舵方向盘），即政府发挥掌舵人的作用。所以，"治理"与"政府"（government）密切相关，即在治理实践中扮演"掌舵人""协调人"角色。治理的主体，不是单一的，而是多元的，包括政府，但主要不是政府，而是社会各个阶层的利益主体，即"利益攸关者"，这些利益攸关者包括政府、各类非政府组织、居民等。国家统治强调的是"国家利益"，作为公共权力，它代表整个政治共同体做出对全社会及其成员具有强制性约束力的决定、法律、法规等。现代政府管理或公共管理（public administration）的目标是提高政府效能和服务质量，这与社会治理的目标也有所不同。治理强调的是公共利益，作为社会各利益群体、公共部门和私人部门之间横向的协商、合作、管理、决策机制，做出涉及公共领域某些公共利益的集体决定，其性质是一种社会契约，不是统治、控制、管控的意思。因此，现代社会治理包含了各个公共和私人部门、社会治理机构和组织之间横向的、彼此独立又相互联系的、民主法治基础上的互动关系，政府是其中一个行为者，扮演自己的角色。正如俞可平教授指出的，从维护国家利益走向维护公共利益是人类政治进步的发展趋势。

因此，在治理中，政府只不过是个掌舵人，真正划桨的并不是政府。就像在球场上，裁判员是政府，但是运动员并不是政府。然而，在治理缺失的政治环境里，中国政府现在扮演了双重角色——既是掌舵人，又是运动员。裁判员通过运动员来掌控整个球场，不仅制定规则，而且执行规则。相反，在"治理"这一概念之下，除了政府是行为者之外，社会治理的主体包括其他社会组织,如非政府组织、私营部门、社区、公民及其组织,以及其他公共部门。它们之间是一种横向的利益关系,政府与各主体之间具有相对独立性,并非一种行政隶属关系。这种基于民主法治基础之上的协调关系是一种互动的、网状的关系,政府在这当中所起到的作用就是协调者的作用,是一个合作者(partnership)。换句话说,政府的行为不是简单地做出一个决定,让其他行为主体来服从它。行政管控无论怎么创新,在手段上创新也好,在方式上创新也罢,在观念上创新也罢,实际上目的就在于控制、维稳。总之,government 和 governance 的概念有很大差别。

如果从治理的角度来看,在过去二三十年中,西方治理理论有哪些新的发展呢?

(1)现代治理理论认为,治理是没有"统治"的治理(governance without government),强调政府掌舵者的角色,政府是在宏观上引导社会,而不是在管控(control)这个社会。这一理念强调政府需要转变职能,推动社会独立和自治,这就是 self-governed 或 self-government,形成包括公共部门、私营部门、非政府组织、社区等在内的自治组织网络。强调"独立"和"自治",不仅意味着自治的自由,也意味着自我责任。社会自治表明这些行为者之间达成一种协作,它们在划桨、在行动,而不是让政府来代替它们行动。政府对社会要非管制化,从具体社会事务中撤离,并在宏观上掌舵、引导、监督和服务。这就意味着政府应减少直接管制和控制,这样才能培养社会自治和自主性。治理是由政府和社会自治组织共同参与集体决策的社会管理和协调机制。在现代治理背景下,政府功能是管理和协调这个公共治理网络(managing and coordinating the network),也就是在各个行为者之间搭建公共治理网络,并在民主和法治的基础上管理这个网络。这样一套治理理论翻译为英文就是 social governance。但是，在此过程中应该看不到政府的不当干预，也看不到行政管控社会，它通过制定法律、规则、社会政策来调节、引导社会各个行为者有秩序地参与社会政策制定和社会治理。

（2）政府的公共管理以及公共服务部门不断地市场化。一方面，公共部门引进私营企业的管理方法。其原因就是公共服务部门效率低，并易滋生官僚、浪费、腐败等问题，因此，引进私营企业的管理方法来强调角色的定位和责任制，实行我们常说的公司治理（cooperate governance）。"政府特许"（PPP 模式，即 public-private partnership）就是一个典型模式，比如，"垃圾焚烧厂"实行 PPP 模式。另一方面，社会服务（social service）项目开始市场化。政府社会服务项目引进了市场竞争，政府只是做出决定，指导和监督这些社会项目或者公共服务项目，其主要职能是起到掌舵人的作用，强调更多的治理、较少的统治（more governance，less government）。简单来说，就是政府将公共服务项目通过一定的契约方式分包给社会，强调消费者的选择和服务提供者彼此之间的竞争，在竞争当中向消费者提供最优的服务。这样，公共服务提供者的角色开始变化，不仅是政府，还包括通过契约方式承担公共服务职能的私营部门、社会组织、社区等。

（3）强调"善治"（good governance）的概念。俞可平教授是中国研究"善治"最著名的学者，他很早就在中央党校等的期刊上发表了一系列文章，就"善治"进行了探讨。在西方，"善治"涉及以下几个方面制度要素：首先，提供有效的公共服务。其次，要有一个独立和有效的司法审判体系，要有一个可以落实和履行的契约以及履行契约的法律框架。"善治"的实现需要良好的法律基础。第三，要建立独立的公共审计部门和审计制度。公共项目都需要进行严格的审计，而这个审计部门不是政府部门，是依法成立并受到监督的独立审计公司。这样就不会出现政府部门互相包庇的情形，独立审计公司要对这些政府项目、经费或基金进行审计，形成一套严密的监督体系。第四，各级政府部门都要依法办事、尊重法律、尊重公民权利。第五，要有多元化的制度结构，而不是一元化的制度结构。最后，就是要有新闻自由，能够有效地监督政府和这些公共服务项目的运行。总之，整个过程要形成这样一套体系，才能真正达到善治。因此，"善治"包含制度、政治和管理三个层面。从制度的层面讨论善治，就是分权化；也可以从政治的层面看，就是民主合法性；还可以从行政的层面看，就是服务型政府。此外，需要强调的是各行为者之间（政府仅仅是行为者之一）要形成横向的协调机制，在协调各个"利益攸关者"之间的相互博弈中寻求利益平衡，达到社会共治。在这一机制中，治理和公共政策是各参与者共同互动的结果，并不是单方面做出的，如果社会的各个组织能够参与社会政策的制定，它们就会自愿服从这样的决定，因为这是它们参与制定的。

比如，业主在小区拥有一处房产，所有的业主可以组成业主委员会，业主委员会召开大会通过一些章程，然后选举出一个理事会，聘请物业管理公司对物业按民主协商通过的章程进行管理。业主们以自愿的方式参与投票，同意维持小区包括建筑等各个方面的干净卫生，政府在这里起到的就是一个规则制定者的角色，而其他主体不仅是规则的执行者，还可以一起参加到规则的制定中。这种治理方式的优点在于，可以有效地减少社会冲突，维护社会秩序，而且如果有社会冲突的话，它们能够通过相互之间的协商予以解决。一旦爆发矛盾，矛头便不会指向政府。相反，如果政府无所不在、什么都要管，对一切都大包大揽，什么事情都管，又做不好，公民当然会对政府产生意见。

（4）各行为者之间的横向协调机制。一是治理和公共政策是各个参与者互动的共同结果，不是政府单方面行动和决策；强调横向协调、共治、分享，而非垂直的上下隶属关系。政府实际上就起到一个合作者（collaborator）的角色，强调政府就是一个掌舵者，以此来达到共享的目标，而这个共享目标是由各个利益攸关者之间的协调、协商、讨价还价而最后达成一定的协议，或者以协议的方式，或者以规章制度的方式，或者以某种协商的形式，或者以某种社会政策的方式出现；各个社会组织能够自愿地服从这样一个对各方都有益并为各方接受的规则，当然它也是有法律约束力的，违反规则者就会受到惩罚。因此，治理就是对自治组织的横向关系网进行宏观上的掌舵和引导，以实现各自治组织协商达成的共享的目标，增强政府的合法性和治理能力，并增强公民参与的权利，使公民能够在规范的程序中有序地参与集体行动。自治网络组织成员的互动是在由它们自己协商并通过的游戏规则下进行的。由此，它们彼此之间是基于互利原则不断调整、协商、协调、互相妥协的动态关系。它们共同解决社会中面临的各种问题、冲突以及应对各种各样的挑战，包括经济、社会、安全和环境等层面的挑战。

从治理理论的发展角度来看，"政府"的作用和功能跟"治理"是不一样的，政府的功能是制订、出台政策或相应法规。而治理包含了各个社会治理机构和组织之间横向的、彼此独立又相互联系的、在民主法治基础上的关系。这跟政府不是一个概念。全球治理也是这样，它并不是由联合国一个机构来做的；对于涉及全球范围的一些重要问题，国家仅仅是一个参与者，还有各种非政府机构在参加治理。诸如政策治理、公共治理、社会治理、社区治理、非政府组织治理、公司治理，等等，各种各样不同的治理有不同的主体和参与者。也就是说，社会治理的主体不是政府而是社会，而公共管理、行政管理的主体是政府。社会治理中政府的主要功能是制定符合法律的行政命令和政策。

二 中国治理模式转型的根本目标及新型治理模式的特点

中共十八届三中全会把"民主"和"法治"加入社会主义核心价值观念,并提出了推进国家治理体系和治理能力现代化的目标,即提出"治理"新概念,而不是"管理"。这并不是简单的词语的变化,而是一种观念的突破性变化,表明习近平总书记的执政新理念。十八届四中全会更进一步提出"依宪治国、依法治国、依法执政"等新理念,标志着新时代的开始——一个建设"法治中国""法治社会"的新时代的开始。要在这个民主法治的基础上推进国家治理体系和治理能力的现代化实践。

那么,中国治理模式转型条件下的"社会治理"的根本目标是什么?这个目标就是要从社会管控(social control)走向民主法治基础上的社会治理(social governance)。现代政府管理或公共管理的目标是提高政府效能和服务质量。社会治理的根本目标和出发点是建立一个开放、自由、民主、公正、平等、和谐的现代社会,使每一个公民(不是少数人)在这样的社会里有充分的自由和权利去追求幸福以及实现这种幸福的机会。社会治理的根本目标和出发点不是"社会控制"或"维稳",而是鼓励和信任人民群众,以及激发起其对社会及公共事务的责任感,进而培育人民及社会的公共意识、公民意识,增进公民与社会的公共行为,并提升人民及社会对国家和政府的信任及合作。也就是说,把人民及社会的积极性调动起来,把创新思想、社会活力发挥出来,纳入公共合作的网络内,提升人民群众对中国共产党的支持、信任与合作,来推动公民和社会参与公共事务治理,从而增强国家的治理能力。另一方面,政府依法治国,依靠法律来规范权力运行、公共秩序、社会参与治理;也就是在民主、法治基础上建立一整套规范的国家、社会、市场体系,提高国家的治理能力,提供更好的、有效的公共服务,培育和提高社会自治能力，从而达成中国这样一个大国的国家与社会的长治久安。社会治理的根本目标和出发点决定了我们会怎么思考问题、怎么提出问题、怎么解决问题、获得什么成果。

治理创新必须放在中国转型社会的时代背景下来理解。中国改革开放三十多年来发生了"三大转型"：政治上，中国共产党从革命党向执政党转型；经济上，从传统的计划经济向市场经济转型；社会上，从传统的"社会管控"（social control）向新的"社会治理"（social governance）转型。这就要求中国共产党和政府改变传统的"社会管控"的观念和思维方式，改变陈旧的社会管控方式和手段，不断思考和创新社会管理理念、制度和方式，特别是推进社会管理的法制化和规范化，扩大和保障公民参与政治和社会政策制定的知情权、参与权、表达权和监督权。这是社会治理的实质性内容。

在当下中国，还处于从"社会管控"到"社会管理"的过渡阶段，"治理体系现代化"和"治理"的概念是在中共十八届三中全会上才正式提出来。在中国的治理模式上，目前主要还是以"政府主导型"的"社会管理"模式为主，以市场管理模式、社会自治管理模式为辅，特别是社会自治管理模式最为薄弱。但我认为，新的"社会治理"的发展趋势就是逐步向以社区组织为主体、以社会自主管理为核心的自治管理模式转型。政府的主要职能不是行政干预和管制、以政府代替社会行动、政府包办，而是运用法律、法规、民主协商、社会政策来规范、引导、支持、服务社会自主管理，简单地说，就是靠民主法治，合理、有效地整合社会资源，协调、化解社会各种矛盾、冲突和问题，科学、有效地应对社会风险，保障公民的各种合法权益和公民权利，即"四权"。

为什么在国家治理体系现代化条件下的中国治理模式转型应该以社会自治模式为目标？在一个现代社会里，社区是社会的细胞和基本单位，自治组织是实现自我管理、自我服务、自我监督、自我教育的主体。因此，在管理主体上，必然要从以政府为主体向以社会自治为主体转变。我们需要认真思考：怎样才能建立民主参与机制和程序？怎样建立一个法律体系和规范体系？怎样才能培育良好的市民文化？怎样鼓励和培育市民的自治，让他们自我管理、自我教育、自我负责？这既是目标，但又必须具有可操作性，就是我们必须付诸行动。

当然中国还处于转型阶段，还需要兼顾"政府管理社会"和"社会自治管理"。但是，只有不断地推进和加强社会治理创新，才会有序地向社会自主管理转化。不能强调社会治理能力差，一放就乱，因而不鼓励发展。社会治理能力，就像"市场机制"一样，是需要培育的，但必须给它发展的机会。虽然不能一步到位，但是可以像经济改革一样，采取渐进主义方式逐步推进。从改革开放之初的一个经济特区到四个经济特区，再到十四个沿海城市的开放，以及到最后内陆城市全方位开放，中国经历了三十多年的改革发展过程。这样一种在中国共产党领导下的经济改革，采取的正是长期、有序和渐进的方式。

政府对社会事务的管理，主要是使社会管理规范化、法治化、民主化，从宏观上对社会自治组织进行引导、促进、监督并提供服务，而不是对其设置路障，对其实行直接的行政干预，更不应采取革命时期和改革前历次运动的动员方式搞社会管理。政府的宏观管理要转变目标和功能，要以促进社区自治、自我管理为目标，保证社区事务的全部参与者的行为都依法行事。

社会自我管理有利于政府真正转变自己的职能，节约行政管理成本，提高效率，有利于"小政府、大社会"的政府管理体制的形成，有助于政府职能转变，有益于现代治理体系下服务型政府的形成。这也符合中共十七大提出的关于"发展基层民主，保障人民享有更多更切实的民主权利"的发展方向："人民依法直接行使民主权利，管理基层公共事务和公益事业，实行自我管理、自我服务、自我教育、自我监督……是人民当家做主最有效、最广泛的途径，必须作为发展社会主义民主政治的基础性工程重点推进。"

最后，中国应建立的新型社会治理模式应具有哪些特点？概括起来讲，首先，治理是政府与社会的集体决策，是政府掌舵和引导（steer），而不是政府管控或控制（control）社会。其次，治理包含了各个公共治理机构之间和组织之间横向的、彼此独立又相互联系的、在民主法治基础上的关系，政府是其中一个行为者。第三，"国家治理体系现代化"必须以实现社会主义民主和法治的政治制度为目标。第四，政府的功能和作用是制定出台政策或相应法规，把社会的功能和作用还给社会，把市场的功能和作用还给市场。第五，各个社会治理机构和组织实现自主管理，即自治，形成社会自治组织网络。最后，政府与社会合作、民主协商、利益协调，共同应对社会、经济、文化、环境、政治生活中存在的各种矛盾和挑战。

法律、经济与社会

反垄断法对国有企业的适用[*]

南京大学法学院 方小敏

一 问题的提出

反垄断法适用于国有企业并非新鲜事物。德国《反限制竞争法》第130条、《欧盟运行条约》第106条就明确规定反垄断法同样适用于国有企业反竞争行为。反垄断法平等适用于国有企业和私有企业,为各类经济主体自由、公平竞争提供法律保障,是市场经济的基本要求。但是处在计划经济向市场经济转型过程中的中国,反垄断法平等适用于国有企业和非国有企业并非理所当然。中国反垄断法中没有像欧盟法、德国法中将反垄断法适用于调整国有企业的明确规定。中国反垄断法专门针对

---

[*] 本文为方小敏教授2016年6月22日在高研院工作午餐会上的发言,本文由演讲者本人提供。方小敏现为南京大学法学院教授、中德法学研究所所长、高研院兼职研究员,主要从事经济法学、比较法学等领域的研究。

公有经济的第 7 条规定就曾被部分人误读为是反垄断法对关键行业公有经济的适用除外条款。[1] 所幸中国反垄断法律实践已经有力批驳了对第 7 条规定的歪曲理解。反垄断法实施五年多来，积累了针对国有企业涉嫌垄断行为依法开展调查、处以罚款的一批案例。但是，仍有不少涉及国有企业的反垄断案件不了了之，得不到公正裁判。

反垄断法如何有效适用于国有企业已经成为中国反垄断法实施的重大难题和攻坚任务。那么，在中国反垄断法适用于国有企业有没有法律依据和理论基础？实践中国有企业阻碍反垄断法实施的原因何在？能否克服？从反垄断制度建设角度如何铲除障碍，使反垄断法真正平等适用于国有企业和非国有企业？本文将逐一讨论这些问题。

二 反垄断法适用于国有企业的宪法依据

1. 宪法确定的社会主义市场经济体制是反垄断法适用于国有企业的基础性制度保障

1982 年宪法经过 1988 年、1993 年、1999 年和 2004 年四次修订，确立并不断强化市场经济体制是中国的基本经济体制，从而为各类市场主体自由、公平地开展市场竞争及其所要求的财产权保护、契约自由、营业自由等提供了基础性制度保障。[2] 与中国宪法不同的是，德国基本法对德国的经济体制刻意不做任何规定以保持其经济体制的中立性。[3] 但德国基本法明确保护财产权、契约自由、营业自由等基本权利，为经济主

---

1 相关分析参见拙文《论反垄断法对国有经济的适用性》，《南大法律评论》2009 年春季号。
2 苏永钦：《民事立法与公私法的接轨》，北京大学出版社，2005 年，第 8 页。
3 Investitionshilfe-Entscheidung vom 20. Juli 1954, BVerfGE 50, 290.

体展开自由公平的竞争提供了直接的、具体的、可诉的宪法保障。中国宪法对与自由公平竞争紧密相关的财产权、契约自由和营业自由等个体的经济权利尚无集中的、直接的规定,未明确承认其基本权利地位。[1]但是从法律的整体性解释角度,可以从宪法明确规定的市场经济体制中推出,保护非公有制经济,赋予各类市场主体财产权、契约自由、营业自由等是国家的一项法律义务,因为它体现了维护国家基本经济制度的核心要求。[2]并由此进一步得出结论,以维护自由公平的市场竞争秩序为宗旨的反垄断法具有普遍适用性。这意味着,立法机关在经济立法工作中应当贯彻自由公平的市场竞争原则,行政和司法机关在经济行政和经济司法中也必须贯彻同等适用反垄断法的原则,确保对公有制经济和非公有制经济的市场经济活动给予平等保护。

2. 公有经济和私有经济的平等地位不明朗阻碍反垄断法的同等适用

从公有经济与私有经济宪法地位平等的角度可以直接得出反垄断法应对两者同等适用、平等保护的结论。但是,宪法对公有经济和私有经济地位的规定比较含糊、复杂。一方面,通过对宪法第11条的多次修改,非公有制经济的宪法地位不断提高。尤其是1999年宪法将个体经济和私营经济等非公有制经济从公有经济的"补充"提升为市场经济的"重要组成部分",非公有制经济被认为"在法律上同公有经济处于平等地位,

---

[1] 吴越:《经济宪法学导论》,法律出版社,2007年,第130页;韩大元:《非公有制经济的平等保护》,《法学家》2005年第3期;王文杰:《嬗变中之中国大陆法制》,交大出版社,2005年,第243页。

[2] 苏永钦:《民事立法与公私法的接轨》,第8页;韩大元:《非公有制经济的平等保护》,《法学家》2005年第3期。

平等参与市场经济的发展"。[1] 2004 年修宪时,私有经济地位得到进一步提升,不再只是保护和管理的对象,而是"国家鼓励、支持和引导非公有制经济的发展"。另一方面,宪法明确规定在社会主义国家,公有经济"是国民经济中的主导力量"(第 7 条),是"社会主义经济制度的基础"(第 6 条)。相对于公有经济的主导地位,非公有经济似乎就是非主导力量,其平等地位受到质疑。为此,需要运用宪法解释制度完成宪法规范的具体化任务,才能使公有制经济和私有制经济平等的原则得以有效实现。[2]

值得注意的是,宪法第 7 条"公有经济是国民经济中主导力量"和第 6 条"社会主义经济制度的基础是生产资料的社会主义公有制"的定位,指向的是社会主义一般状态下的特征,或者说是社会主义成熟阶段的特征。然而宪法确认,当今中国"正处于社会主义初级阶段"[3],并"将长期处于社会主义初级阶段"[4]。1999 年修宪时引入第 6 条第 2 款明确规定:"国家在社会主义初级阶段,坚持公有制为主体、多种所有制经济共同发展的基本经济制度。"这一规定淡化了社会主义初级阶段公有制的导向作用,"公有制为主体"作为对公有制经济是经济的主要组成部分的客观状态的描述,与强调多种所有制经济在动态发展过程中的自主性、平等性的市场经济要求并不矛盾。[5] 这里的关键是,如何解释"公有制为主体"。一种理解是先设定经济活动的结果是"公有制为主体",即在确保未来公有制经济主体地位的前提下,允许各种所有制经济共同发展;另一种理解是承认过去公有制经济已经获得的主体地位(物权法保护),主

---

[1] 韩大元:《非公有制经济的平等保护》,《法学家》2005 年第 3 期。
[2] 同上。
[3] 1993 年宪法修订时序言第七自然段。
[4] 同上。
[5] 《辞海》中"主导"有很强的价值导向性,是指"主要的并且引导其他事物向某方面发展的事物";"主体"则仅仅是客观状态的描述,指"事物的主要部分"。

张未来各种所有制经济作为平等主体参与市场竞争，在公平竞争中实现共同发展。前一种解释以人为设定好的经济结果为导向，为了实现人定的结果就可以干预、干扰市场机制，将干预置于市场之上，忽视市场选择和配置资源的决定性作用，是违背社会主义市场经济体制基本要求的。后一种解释则是立足于现实既存的静态权利结构（物权），在承认以前经济发展成果的基础上，关注未来财富创造的公平和效率，主张各类主体通过公平自由的竞争影响和决定资源的流向，实现自身利益的最大化和全社会资源的最佳配置，使各种所有制经济得以共同发展。

各种所有制经济通过自由公平的竞争实现共同发展，与宪法规定的社会主义初级阶段基本经济制度的要求相符。在社会主义初级阶段，公有经济和私有经济都是市场经济的重要组成部分。市场竞争有效配置资源的功能并不因为企业所有制形式的不同而有差异，所以它也是国有企业保持和提高创新能力、生产效率，增强公有经济竞争力、控制力和影响力，实现公有资产保值、增值的最重要的途径和手段。

各种所有制经济通过自由公平的竞争实现共同发展，也与中国经济体制改革的特征相符。中国三十多年的改革开放就是逐步引入市场竞争的过程，也是公有经济和私有经济的法律地位日趋平等的过程。公有经济因为历史原因在很多领域事实上仍然是经济的主要部分（主体），发展社会主义市场经济的目的不是要改变公有经济的主体地位，而是要在承认过去经济发展成果的基础上，赋予各种所有制经济享有平等参与、公平竞争的权利和机会，实现全社会生产力的提高。

2012年《中共中央关于全面深化改革若干重大问题的决定》要求"保证各种所有制经济依法平等使用生产要素、公平参与市场竞争、同等受到法律保护"。因此，对公有经济和非公有经济的平等保护也是与国家的大政方针相吻合的。

三 反垄断法适用于国有企业的现状及其评价

中国反垄断法实施五年多，针对国有企业开展反垄断审查已成常规，积累了不少案例。自 2008 年 8 月至 2013 年 6 月商务部审结经营者集中案件 643 件。虽然其中依法向社会公布的禁止的 1 件案件、附条件批准的 18 件案件[1]，基本上都与国有企业无关，而多涉及国外跨国公司，然而这个数字本身显然并不能表明经营者集中审查实践对国有企业有偏袒。从 2012 年第四季度以来商务部开始向公众公开无条件批准的所有经营者集中案件中，就可以看到针对上海宝钢、广西玉柴机器集团有限公司、包头北奔重型汽车有限公司、广西柳工机械股份有限公司、国药控股股份有限公司等大型国有企业的企业集中审查案件。发改委及其所属省级机构立案调查的反垄断案件虽然数量有限，但是据发改委 2012 年针对巨型国有企业中国电信和中国联通涉嫌滥用市场支配地位行为展开的调查，2013 年 3 月针对知名国有企业茅台、五粮液纵向垄断协议的认定和处罚，2013 年 8 月针对上海黄金饰品协会垄断协议的处罚等大案、要案，显示了发改委系统敢"打老虎"的反垄断魄力。国家工商总局至 2013 年 7 月为止办结的反垄断案件共 12 件[2]，数量较少，但其中多个案件涉及地方国有企业。过去五年多的实施情况表明，反垄断法适用于国有企业已经是反垄断执法机构明确肯定的、不争的事实。

但是，反垄断法适用于国有企业特别是巨型国有企业、中央直属国有企业、关键领域的国有企业，仍然受到传统经济观念和体制约束的严重阻碍，集中表现为对这些国有企业垄断行为的反垄断执法的不足和低

---

[1] 尚明：《中国合并控制执法经验》，《中国竞争政策论坛报告集》2013 年 8 月 1 日。
[2] http://www.saic.gov.cn/zwgk/gggs/jzzf/，查阅时间：2013 年 12 月 10 日。

效，导致市场机制对这些企业的经济活动难以发挥作用。例如，在 2008 年电信行业重组过程中，国有企业中国网通和中国联通的合并、中国铁通与中国移动的合并、中国电信收购中国联通部分资产的行为，依法属于反垄断审查范围，商务部却未能立案审查。[1] 2009 年中国民航信息网络股份有限公司代表的国内多家航空公司联手抬高票价，涉嫌构成违法的价格卡特尔，国家发改委已着手进行调查，但最终不了了之。[2] 2011 年 11 月国家发改委披露就宽带接入问题对中国电信和中国联通展开反垄断调查，最后以垄断企业做出承诺匆匆结案，执法机构没有对承诺是否足以弥补垄断损害、恢复市场有效竞争进行详细论证和说明。[3] 在这些案件中，涉嫌垄断行为限制竞争、破坏经济的违法性明显，但反垄断执法机构无一例外地采取了"不作为"策略。

反垄断法实施在大型国有企业层面受到阻碍，究其原因，一方面表明完善的市场经济体制在中国尚未建成，另一方面也充分暴露了市场经济体制的法治基础还相当薄弱。

首先，反垄断法不能有效适用于国有企业，深层次的原因是中国目前所处的半计划、半市场的过渡性经济体制的惯性制约。[4] 在这种过渡性体制中，传统计划经济体制遗留下来的行政权力扩张和国有企业特权的体制特征仍然具有很强势力，扰乱了市场公平竞争秩序，严重阻碍中国经济继续良性发展。[5] 代表新兴市场经济力量的反垄断法适用于国有企业，

---

[1] 王毕强：《联通网通合并涉嫌违法》，《经济观察报》2009 年 4 月 30 日。
[2] 王毕强、刘伟勋：《中航信涉嫌操纵机票涨价遭发改委调查》，《经济观察报》2009 年 5 月 16 日。
[3] 《发改委称电信联通承诺降低上网费》，《新京报》2012 年 3 月 15 日。
[4] 吴敬琏：《中国经济的未来方向》，中国改革网.http://www.chinareform.net/html/zhuanlan/20130809/1063.html，查阅时间：2013 年 8 月 20 日。
[5] 吴敬琏：《发展转型：成败系于改革的进展》，《读书》2011 年第 5 期。

使之成为与其他所有制经济同样的市场主体,平等竞争,意味着对国有企业特权的剥夺,触动了既得利益者,必然受到抵制。

其次,市场竞争法制建设本身存在缺陷和不足,直接导致反垄断法实施中国有企业有空子可钻,成为市场上的特权阶层。虽然从宪法确立的社会主义市场经济体制的基本要求可以推出反垄断法普遍适用于国有企业和私有企业的结论,但是这毕竟只是一项间接、不具体、不可诉的宪法解释和推论。加之有关市场竞争原则和规则的具体制度也还没有设计完成,表现为既缺乏对经济立法和执法提出竞争中立的一般要求,也没有在反垄断法中明确规定该法同等适用于国有企业。为此,反垄断法及其所代表的自由公平的市场竞争原则对国有企业的适用与否和适用程度,基本上取决于实施机构的自由裁量。而这项裁量权的行使显然又缺乏实体法和程序法的制约。

四 问题的解决

既然阻碍反垄断法有效适用于国有企业的因素主要来自过渡性经济体制的制约和市场经济法治基础的薄弱,解决问题的对策相应就是,建立成熟市场经济体制,为实施反垄断法提供体制性保障;另外,确立法治经济观念,完善竞争法律体系,加强竞争执法能力,才能实现反垄断法的平等适用。

中国宪法虽然没有正面直接规定企业的基本经济权利,加之中国宪法规范的非诉性使其不可以在个案中直接适用,但是宪法确立的社会主义市场经济基本经济制度为其他法律、法规对市场竞争问题的具体化规定及其解释提供了依据,构成对相关问题理解和解释、立法和执法的体系约束。当然，经济体制改革和市场竞争秩序维护光有体系性约束是远远不够的，必须依靠明确具体的法律规范和约束，论证和倡导市场经济的基本原则和规则，从而作为体制改革的标准和工具。就中国反垄断法普遍适用于国有企业和其他企业以确保自由公平的市场竞争秩序来说，至少可以从以下四个方面开展具体、有益的法治建设工作。

首先，执政者、立法者、执法者和社会公众应当确立竞争优先、竞争中立的基本理念，这是社会主义市场经济的内在要求。竞争优先是针对市场竞争和政府干预的关系而言的。据此，经济立法应当以尊重市场竞争机制为基础；经济执法应当以市场导向型干预为主体，审慎适用行政命令式的干预措施。竞争中立（Competitive Neutrality）则明确要求国有企业与其他企业适用相同的竞争规则，平等竞争。[1]

其次，在反垄断法中明确规定该法同样适用于国有企业。反垄断法同样适用于公有经济，在中国是具有比较充分的宪法依据和政策基础的。但是反垄断法没有对此作明文规定，加之缺乏相关具体制度的约束，实际上留给执法机构过大的裁量权，使得反垄断实践中对国有企业和私有企业区别对待的做法不能依法得到及时有效的纠正。

再次，在配套制度制定和实施中贯彻公私企业平等竞争的理念和文化。可以引入立法优先咨询制度和执法竞争评估制度，明确对经济立法和经济执法活动进行竞争性评价的普遍义务。立法优先咨询制度（Prior Statutory Consultation）[2]，要求立法者在制定涉及竞争问题的法律和政策时，事前咨询竞争主管机构，听取意见，防范反竞争规则的生成。这对处于经济转型期的中国尤其重要。因为如果没有一个明确的主导思想和

---

[1] OECD paper on "Competitive Neutrality and State-Owned Enterprises: Challenges and policy options" in 2011.

[2] OECD paper "Annul Report on competition policy developments in Korea" in 2009.

原则，将会导致传统体制主导的法律法规和市场经济主导的法律法规混杂在一起，为不公平竞争提供可乘之机。对行政机关行使行政权的行为进行竞争评估，则有利于在执法阶段明确国家干预经济的界限：贯彻国有企业与私有企业平等竞争原则的市场导向型干预优先；非市场导向的命令性干预，如给予国有企业特权和倾斜性保护的干预，则需要进行正当性论证并符合比例原则。

最后，增强反垄断执法机构的执法能力。中国目前的反垄断执法机构主要是三家司局级行政部门——商务部反垄断局、发改委价格监督检查与反垄断局和国家工商行政管理总局反垄断与反不正当竞争执法局，执法权分散化、低级别，要调查追究实力强大、负责人多为部级或副部级干部的国有大企业的反竞争行为，常常会受到很大阻力。所以，成立统一、独立、权威的反垄断执法机构，明确赋予它对包括国有企业反竞争行为和行政机关滥用行政权力限制竞争行为等在内的各种反竞争行为进行执法的权力，可以增强反垄断执法能力，促进反垄断机构针对国有企业和特权企业的反垄断执法。

德国抗制药品安全犯罪：现状与未来[*]

德国奥斯纳布吕克大学法学院　邢安德（Arndt Sinn）

"关于本药品的风险与副作用请参见包装内附说明书或询问您的医生或药店工作人员。"这是德国电视广告上最常见的句子。它是所有药品广告在最后的补充说明，适用于所有药品说明书。这句众所周知的提示试图提醒消费者注意所有在使用"药品"这种特殊产品过程中所可能产生的风险。这句警示同时还告诉消费者谁能够清楚地解释这些危险并降低它们，也就是医生或是药店工作人员。这句话还反映了人们通常从什么样的渠道获取药品：他们先去看医生，在那里检查诊断，医生给出建议，在必要的时候出具药方；随后他们来到药店，店员在简要介绍所开的药之后就会把药交给消费者。人们通过选择使用不同的方式或是同时使用

---

[*] 本文为邢安德教授2015年11月12日在高研院名家讲坛第189期的演讲，德文讲稿由演讲者本人提供，中文译稿由南京大学中德法学研究所翻译，高研院校对。邢安德现为德国奥斯纳布吕克大学法学院院长、法学教授，研究领域为刑法学、国际法学、有组织犯罪等。

多种方式来降低药品交易中所可能产生的危险。在面对面进行药品交付时，这些机制仍然是有效的。然而一旦药品在网上出售，这种控制风险的机制似乎就会失灵。因为网上药店这种新型销售方式的出现，使得药品交易这一领域对于犯罪而言变得十分有吸引力，无论是真药还是假药。

一　药品犯罪的现状

1. 药品伪造的概念

要评估药品犯罪的现状并不容易。这首先是因为关于药品犯罪的数据资料十分稀缺。而现有的数据对于研究而言，也没有得到充分的建构、系统化和透明化。要避免这一缺陷，必须进行许多学科内的、跨学科的甚至是跨国的法律比较研究，然而这些研究的成本都非常高。如何获得可靠的数据资料并不单单是一个资源的问题。如何定义和限定"药品犯罪"的范围，本身就使获取数据变得更加困难了。

首先需要明确，《德国药品法》（AMG）中对药品的非法处置以及与之相关的犯罪构成要件的规定是非常不明确的。但如果只是这样的话，对于药品犯罪的理解还并不困难。需要注意的是，要根据不同形式的药品犯罪所具有的潜在危险性进行区分：

首先是彻底的药品伪造（Totalfälschung）。在这种彻底的伪造之中还可以进一步区分：一种是伪造的药剂成分本身对消费者具有危险性；另一种是虽然没有掺杂对身体健康有害的成分，但是其中缺少必要的有效成分，从而不利于恢复健康。第一种情况在处方药和非处方药中都可能存在，而后一种情况则主要存在于处方药中。其次是药品的成分以及配方都与正版药品完全一致，却不是由（有资质的）生产者生产的。这种情况危害的并不是消费者的身体健康，而是生产企业的经济利益。最后还有一种情况是，药品虽然是由具备资质的生产者生产的，却经由非法的销售渠道投放市场。这种情况通常涉及的是规避处方药品的管理。这也会危及消费者的身体健康。当然在现实中，上述几类药品犯罪的情况通常不会单独出现。

虽然可以从现象上对药品犯罪进行描述，但在国际层面仍然缺少"药品伪造"的统一定义。世界卫生组织对于药品伪造的定义一直在发生变化。现在他们将药品伪造定义为"故意地或以欺骗性目的对药品的质地（Indentität）及产地（Herkunft）做了错误的描述"，具体包括以下几种情况：

——成分正确，但剂量错误（过量或不足）
——与所声称的有效成分不同
——存在其他的有效成分
——缺少有效成分
——更改产品的包装
——过期时间延长
——伪造的产品外包装或内附说明书
——伪造的吸塑包装

在2011年6月8日欧洲议会与欧洲委员会发布了欧盟2011年第62号指令之后，欧盟对于药品伪造也有了自己的定义。该指令将伪造的药品与其他不合法的药品以及侵犯知识产权的药品在定义上进行了区分。另外，因为在生产和销售过程中的过错而出现质量缺陷的药品，也应当与伪造的药品相区分。

在刑事追诉实践中，药品伪造案件因为媒体的报道和放大而变得尤为引人注目。尤其是海关的收缴量更加确证了这一点。海关负有对从国外进口的产品进行监管的职责，这也表明，在药品犯罪中会涉及监管犯罪。因为刑事追诉机关或是行政当局的监管，这些犯罪变得非常引人注意，因此很显然，监管的加强能够更好地让药品犯罪曝光。

2. 海关的收缴数据

法兰克福机场海关所缴获的产品集中为抗生素、止痛剂、抗抑郁药物、避孕药以及性功能药物。这些药品来自印度、东南亚、土耳其、美国以及东欧。2014 年，法兰克福海关共在 9 349 份包裹中查获了 160 万份片剂与注射剂（2012 年在 18 533 件包裹中查获了 170 万份片剂与注射剂，2013 年则在 11 529 件包裹中查获了 110 万片剂与注射剂）。海关部分的年度数据显示，2014 年在商标与产品造假领域共查获 537 件案件，缴获物品 118 967 份。海关刑事局也确认，海外的罪犯通过互联网进行药品非法交易的数量一直在增加。

3. 欧盟的收缴数据

欧盟的数据也表明追查药品伪造案件的紧迫性。2006 至 2009 年间，欧盟边境所缴获的药品从 750 万份起增加了三倍。2011 年缴获的药品达到了 2 750 万份，占到所有缴获商品总数的 23.93%（表 1）。

不过这些数据还需要进一步区分。在 2012 年的数据中，药品并不属于缴获比重最高的六类产品之一，但在 2013 年则又占到了总收缴量的 10.10%（表 2）。

值得注意的是，尤其是受到各种大规模行动的影响，收缴量会产生较大的波动——比如在国际范围内定期进行的旨在打击药品犯罪的"盘

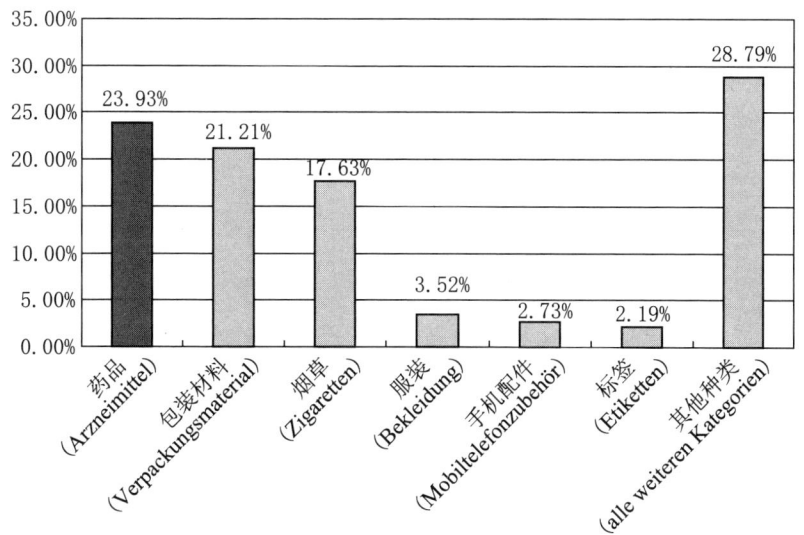

表 1　2011 年欧洲边境收缴的违禁货物种类及其数量比例
（欧洲委员会译，2011 年）

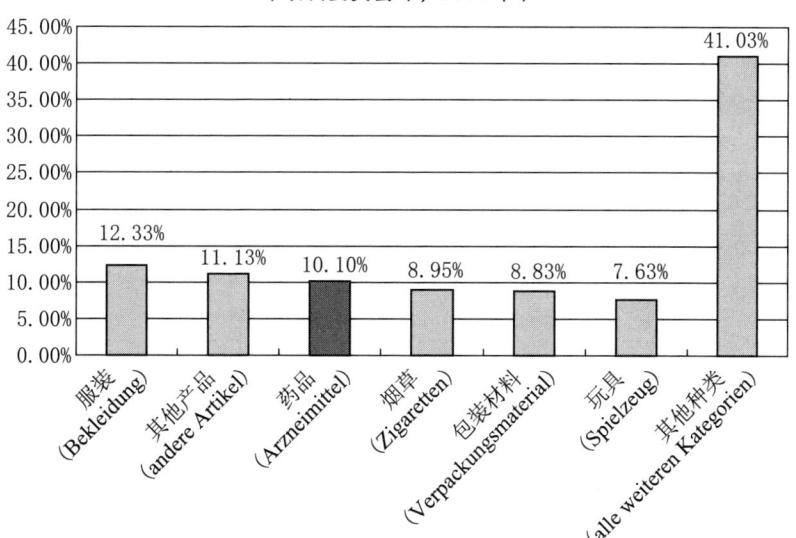

表 2　2011 年欧洲边境收缴的违禁货物种类及其数量比例
（欧洲委员会译，2014 年）

古行动"(Pangea Operation)。此外，因为药品伪造本身具有监管犯罪的特性，具体成员国在欧盟边境上的监管力度也会直接对收缴药品的总量产生影响。

另外我们还需要对进入欧盟的进口渠道进行区分。2012年从旅客随身行李中缴获的药品只占到了总查获量的3.63%，而在2014年这一点则完全没有被单独罗列出来。与此相反，通过邮寄包裹进入欧盟的药品在2012年占到了23.48%，而在2013年占到19.14%（表3），都属于所占比重最大的渠道。尽管从邮政渠道中查获的药品数量很高，但就邮寄包裹截获的案件数量来看，它并没有排进前6位。从中可以推知，每一次缴获的药品量是比较大的。这也再一次表明，缴获量的波动幅度在很大程度上与药品犯罪作为监管犯罪的特性有关，而不能认为通过邮寄包裹实施的药品犯罪在这段时期内曾经发生过下降。

表3 2013年欧洲边境收缴的通过邮政快递寄往欧洲境内的违禁货物种类及数量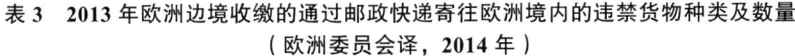
（欧洲委员会译，2014年）

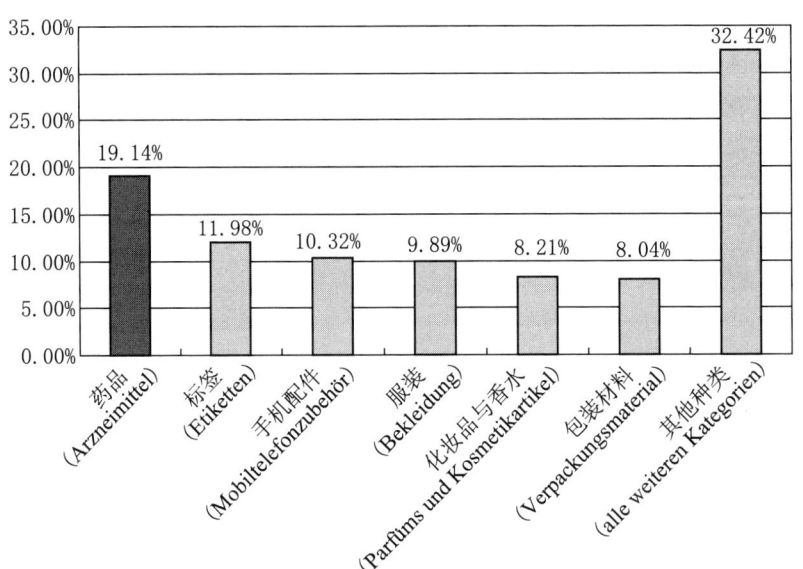

在随后的一个季度中，药品在被缴获的小件商品中占到了第一位。欧洲委员会认为，在因为对人体健康和安全具有特殊危险性而被收缴的物品中，药品从 2012 年的 12.7% 上升到 2013 年的 25.2%，翻了一番还多。

4. 2014 年德国警方的犯罪数据

德国警方去年和今年给出的犯罪数据很少能准确地反映当前药品犯罪的实际规模。2014 年共发生了 3 750 起构成《德国药品法》第 95 条构成要件的案件（而在前一年则有 3 838 起）。相比去年，这个数量下降了 3.1%。其中只有 331 起（去年为 315 起）中有威胁的药品被带入了流通（与 2013 年相比增加了 5.1%）。不被允许地交易、交付以及订购处方药的案件有 1 194 件（前一年为 1 342 件，减少了 11%）。药品伪造的案件只有 3 件。销售伪造药品的案件只有 8 件（前一年为 16 件）。数据如此有限有多方面的原因。一方面从犯罪现象来看药品犯罪有着庞大的黑数。如前所述，药品犯罪具有监管犯罪的属性，追究犯罪的压力一直很小，因此发案率也比较低。除此之外，消费者也很难辨别药品是否是伪造的，只有当身体健康受到损害时，才有可能追查到产品及其销售链条上。但是，即便如此，服用药物与具体出现的身体健康损害之间的因果关系也很难查明。除此之外，消费者是否愿意报案也取决于药品的不同种类。如果只是服用了无效的药物，消费者一般并不愿意去警局报案。当然，统计方法上也是有缺陷的，德国警方的犯罪数据中并不包括海关的数据，反过来也是如此。这样一来德国就存在两个平行且互相不沟通的数据来源。因此，对于海关提交的数据完全不同于警方这一点也就没什么值得惊讶的了。这使得登记在册的犯罪数据很难说明问题，而海关数据的不透明也导致评价变得困难。根据这些数据是无法对药品犯罪的来源国进行准确的说明的，因为这一问题存在于所有货物的走私活动之中，不仅包括药品，也包括太阳镜、烟草以及服装。

5. 犯罪黑数

不容忽视的是，犯罪黑数的研究亟待加强，只有这样我们才能对药品犯罪做更多的解读和阐释。目前关于药品的在线非法销售的研究主要来自两份在德国发表的成果。这些研究至少让人们初步了解了过去一直没有受到重视的在药品在线交易过程中发生的犯罪。研究者从24家网上药店订购了"保法止"（Propecia），这些网上药店都被怀疑进行了伪造药品的销售。这是一种用于治疗因内分泌失调引起的脱发的处方药。其中有19家药店在没有有效处方的情况下就确认了订单，14家药店发出了货，而有6家发出的是假药。但根据这项研究并不能就此推断，这24家网上药店为有组织的犯罪提供了平台，或者它们本身就是个别的犯罪嫌疑人或是犯罪团伙。因为网上药店的一般商业条款（AGB）所存在的缺陷也有可能仅仅是因为疏忽导致的。不过在43%的交易中，始终有充分的证据证明这些网上药店销售了假药。

另一份研究则选取了10家网上药店订购了需要处方才能够获取的"伟哥"（Viagra）。在10份货物中有4份是包含了100%有效药物的伪造药品，而另外6份中有效成分则缺少了50%～60%。

6. 世界卫生组织的数据

根据世界卫生组织2000年报告，伪造药品可以分为以下几种：

——没有有效成分的产品（32.1%）
——产品的有效成分过高或者过低（20.2%）

——产品中含有虚假成分（21.4%）

——产品中的成分正确但包装是伪造的（15.6%）

——对真品的复制（1%）

——产品受到了严重的污染（8.5%）

世卫组织也认为，有嫌疑的以及网上药店所出售的药品有50%是伪造的。这个数据表明，伪造药品的主要来源渠道是网上药店。

由国际刑警组织发起的"盘古行动"也表明，假药在线销售的现状非常猖獗，足以对德国的犯罪数据产生影响。2014年在113个成员国的参与下，国际刑警组织与世界海关组织、欧洲刑警组织、药品生产行业、跨国的支付服务公司和物流服务公司合作，展开了最近一次的"盘古行动"。德国海关刑事局（ZKA）与联邦刑事局（BKA）也参与了此次行动。海关刑事局将打击重点放在了邮政和快递服务商上，境外的销售者利用这一系统将物品运进德国境内。其调查锁定了一些日益专业化的网上药店，它们在网页上提供了德国消费者所需要的药品，而这些网页的幕后操控者身处德国境外。在2013年6月进行的第六次"盘古行动"中，德国警方一共立案139起，其中有106家网站来源于境外的销售者，他们通过互联网销售在德国不被允许的、对身体健康具有威胁的药品。通过2014年第七次"盘古行动"，德国警方又查处了53起案件。

二　药品犯罪中存在的风险

"药品犯罪"这种现象中存在的风险有多种产生原因，在结构上可以

区分为不同层面的风险,在这些层面中,不同的要素累积性地共同发生作用:

1. 行为人层面

根据现有的知识来看,销售不法药品组织的成员来源于多个国家。这是近来有组织犯罪引人注目的发展新趋势。多国性意味着多个国家对该犯罪拥有管辖权。各国关于刑事管辖权的规定并不协调,司法协助程序耗时长,甚至会出现并行的调查程序或是跨国的刑事追诉。跨国的犯罪组织还具有高度的灵活性以及高度的分工合作,这些都给犯罪的调查带来困难。

有组织犯罪的特征之一是逐利性,但并不是所有的有组织犯罪者会在经济犯罪中衡量各种事实上的、法律上的以及经济上的风险,因此在过去几年中,欧洲范围内药品犯罪的数量有所下降也并不奇怪。这并不是因为有组织犯罪的数量事实上减少了,而是因为犯罪者包括有组织犯罪者总是在寻找更有利可图的,也更隐蔽、风险更小的活动领域。欧洲刑警组织在顾问团队的听证中也多次指出,要对这一现象多加注意。

药品在社会中有着重要的地位。身体健康以及对健康问题的防范是一项重要的利益,社会对此有着庞大的需求,因此药品涉及的是刚性的利益。由于研发成本与获得许可的成本增加,药品的价格也相应上涨。与之相应,非法的药品的生产成本则相对较低。此外,制造彻底的假药所需要的原料也非常简单,所需要的仅仅是可压制的粉末、用来压制粉末的机器以及一些空的包装。没有包装的胶囊或药片缺少特殊的防伪标识,因而非常容易伪造。

通过药品非法交易所获得的收益率也远高于毒品。一千克可卡因的原料成本大约在1 000欧元左右;而伟哥中的有效成分西地那非

（Sildenafil）每千克则只需要 50 欧元。每千克可卡因的收益约为 65 000 欧元，因此销售可卡因的收益率大约在 6 500%，当然，其中根据所销售的可卡因纯度以及市场的状况会有所浮动。而每千克伟哥的销售可以获得 90 000 欧元的收益，因此其收益率——不过还要根据具体的市场状况和计算成本进行区分——大约为 180 000%。还需要注意的是，伪造药品并不需要加入有效成分，这样一来收益还可能再翻一番。此外，无效的成分完全可以通过正规的渠道从市场中获得（比如面粉、葡萄糖）。这意味着，伪造药品的生产是无法通过对原料成分的监管而得到规制的。这使得生产假药的过程并不像某些毒品的生产那样容易引起注意。因此所有产品伪造者的核心在于获取高额的利润。世卫组织的报告称，能够获取高额利润的药品包括了治疗亚健康（Lifestyle-Medikament）、癌症、艾滋病、糖尿病以及疟疾的药物。

即便"盘古行动"展示了针对药品犯罪展开国际联合行动的打击力度和决心，但药品犯罪被发现的风险仍然非常低。生产假药所需要的基本原料以不显眼的方式就可以获得。原料的成本非常低，通过互联网就算身处国外也能进行匿名的销售，这使得行为人与刑事追诉机构之间保持了必需的"安全距离"。行为人的行为地所在国缺少相关的法律规定，更是大大降低了行为人面临的风险。

2. 消费者、被害人层面

在欧洲关于药品犯罪的被害人的信息，我们知之甚少。引起轰动的案件所牵涉的被害人数量规模非常大。其中不应当忽视的是，并不是只有身体健康受到损害的人才是这类犯罪的被害人，购买了伪造产品的人也是被害人（德国刑法典第 263 条诈骗罪）。健康损害与财产损害的风险在所有假药案件中都是存在的。即便假药中包含与真品药物完全相同的成分，该药品在没有处方的情况下，也就是在以非法的方式交给消费者时，上述风险也同样是存在的。

关于被害人数量规模缺少相关的数据信息，在很大程度上是与产品以及被害人是否愿意报案密切相关的。很显然，比起一个服用了伪造的抗疟药物的人，一个服用了伪造的性功能药物的人更倾向于向警察隐瞒自己被害的经历。如果两人都明知药物是需要处方的，却在不需要处方的销售商那里买药，那么他们出于自我保护的考虑也不会愿意向警方报案。有的销售者会以很低的价格出售性功能药物（比如伟哥的价格为每片 0.69 欧分），这就会刺激消费者"占便宜的心理"，同时也就使他们更加甘冒风险。而且低廉的价格也导致消费者因为没有受到什么损害而放弃报案。只有在所遭受的经济损失比较重大，甚至是出现了对身体健康的损害时，消费者们才愿意向警方报案。

3. 行为实施方式与手段层面：互联网销售

在网上销售非法药品或是通过非法渠道销售合法药品，为药品犯罪提供了有利的平台。越来越多的人选择在网上订购商品。许多家庭开始用电脑订购商品而非阅读商品名录。由于品牌的全球化、欧盟统一市场的形成以及欧洲法院的多克·莫里斯案判决等因素的作用，药品可以在网上进行销售。网上订购药品对于消费者和病人而言，不仅节省时间，而且也较为隐蔽。如果是非处方药，消费者还能够在价格上获得一定的实惠，如果他知道自己想要买什么，那么他也并不需要咨询店员才能做出决定。即便是处方药，网上订购药品对于消费者而言也是有意义的，有可能他不想从当地的药店购买药物，比如说他在当地非常有名，他不想让人知道自己与药物之间的关系，或者他不想浪费时间走去药店买药。在这种情况下，消费者通常并不想去咨询店员，因为他已经从自己的医生那里获得相关的建议。

联邦网上药店协会（BVDVA）2013年的一份调查显示，在过去的三年中有35%的德国居民（14岁及以上）至少有一次通过网上药店购买药物。有意思的是，其中60岁以上的用户占到了32%，而且有36%的用户在网上订购了10次以上。有一半以上的用户在网上药店兑现他们的处方。欧洲刑警组织也预言，居民年龄的增大以及这些人越来越多地使用互联网进行药品的订购，都给对犯罪的追诉带来了新的挑战。尤其是健康市场会成为重要的新兴行业，这同时也极大地吸引着各种有组织犯罪。

对于实施犯罪的网上销售商而言，"药品消费者"这一群体具有极大的吸引力。他可以将自己的网上药店的网页布置得让人难以发现那是一个实施犯罪的平台，从而增加自己商品的可信度。他和他的被害人之间缺少私人的联络，交易的进行完全是匿名的。他也可以赋予被害人匿名性，而这在线下交易中是不可能的。他还能以微妙的方式为消费者提供一些药店店员无法提供的东西。他可以巧舌如簧、搬弄是非地告诉消费者处方并不是必要的。消费者则可能会认为，在网上药店所在国的法律规定中处方是不必要的，因而他会对销售者的话深信不疑。消费者认为自己是从国外订购药品，因此他可以相信这里适用的是其他国家的法律。订购者常常并不具有违法意识。在出现药物伪造的案件中，网上药店的经营者也并不需要担心是否会面临刑事上的处罚，因为他自己几乎是匿名的，而服用了伪造的性功能药物的用户也几乎没有报案的意愿。试图深入调查这些网上药店背后的经营者究竟是什么人或组织的努力，会因为网上药店的这种跨国性而变得极其困难。最后还应当看到的是，如果只涉及诈骗罪的可罚性的话，针对药品的犯罪本身也并非一定会受到调查。在这类案件中，可能会因为《德国刑事诉讼法》第154条的规定而终止追诉程序。

消费者在网购药品时往往无法辨别合法与非法的药物供应商。在德国与欧盟境内关于经营网上药店需要哪些资质上当然有着十分详细的规定，但是消费者并不能注意到法律所规定的各种安全特征。它取决于网上药店所在国的法律规定以及在德国境内所存在的对于邮寄包裹安全性的相关规定。只有在对相关国家国内的以及跨国的法律规定进行系统的分析之后，才可能根据网上药店具体所在国对合法和非法的药品销售进行界定。这就出现了非常矛盾的现象：网上药店所具有的各种确保安全性的特征不够透明对于消费者而言当然十分不利，因为他只能毫无例外地相信所售药品的可信度，但这种信息的缺失却给非法销售者提供了便利。一旦消费者知道法律规定了哪些特征是用以确保安全性的，他们在购物时就会对这些特征特别加以注意，即便这些特征可能是伪造的。对于那些来自德国境外的非法销售者而言，要消除这些特征的不透明性是很困难的。安全特征的复杂性和不透明性也可以用在刑事追诉过程中，特别是当有关这些特征的知识具有系统性的时候。阿尔法研究项目致力于对这些安全性要素进行分析、体系化，并与弗朗霍夫生产技术研究所（位于达姆施塔特）一起寻找技术上的解决方案，从而使今后的刑事追诉变得容易。因此本文在这里无法进一步讨论其中的细节，以防将这种只在例外情况下才出现的信息优势被缩小。但是，不透明性的副作用也有其积极的一面，也就是，知识上的优势。

在德国，人们也认识到安全性要素存在的问题。目前在德国，网上药店如果获得了销售许可，那么它们可以在网页上打上安全标识（DIMDI标识）。获得许可的药店会被录入网上药店名录之中。通过点击安全标识，人们就可以看到这个名录并在浏览器检查跳转到的网页是否对应着正确的链接。但这原则上只适用于所在地在德国的网上药店。特定的情况下（符合《德国药品法》第 74 条第 1 款第 1a 项的规定）也可以适用于与欧盟和欧洲经济区的其他国家进行的交易。这使得情况变得复杂，因为这些境外的药店理所当然地是根据本国的法律进行设置的。除此之外，如果它们与德国的消费者接触的话，那么它们也必须满足《药店法》第 11 条 a 项所规定的各种安全标准。德国联邦健康部（BMG）负责对安全性标准进行校准，会定期地公布在欧盟和欧洲经济区范围内的成员国名单，在这些国家中对于药品的网络销售存在着与德国相似的规定。

虽然通过增加安全标识可以增加安全性，但安全标识在网页上往往并没有醒目到让消费者能够一眼就看到。而且最新的名录还是 2011 年的。要定期且及时地将这些安全标准与其他欧盟及欧洲经济区国家进行校准需要花费极高的成本。

2015 年 6 月 26 日，欧洲范围内开始采用统一的安全标准，它将取代原有的 DIMDI 标识，并在各成员国所允许的网上药店网页上做出醒目的标识。在技术上，它和原有的 DIMDI 标识是一样的：标识可以链接到国内所有取得资质的网上药店名单。所有的欧盟成员国都有义务从 2015 年 6 月 26 日开始使用这一名单。标识本身以及对标识图像的准确说明被规定在欧盟 2014 年第 699 号执行规程的附录当中。但通过这个标识，人们不再能够知道某家网上药店是否拥有某个欧盟国家的网上经营许可。使用这个标识仅仅表明网站的经营者根据其所在国的法律获得经营网上药店的许可，但它不表示该网站满足了前面所提到的德国的安全标准。由于各国的安全标准未能得到协调统一，因此这里仍然存在着两级的验证体系，就像德国联邦健康部在运作《药品法》第 73 条第 1 款第 3 项时所做的那样。这一情况表明，在欧盟境内，药品的安全标准亟待进行统一和协调。

4. 法律层面

(1) 国内法层面

法律毫无争议的功能之一就在于确保安定。刑法的功能则在于对法律的遵从者的违法行为代表国家做出反应。法的安定性所受到的损害通过对侵扰法安定性者进行回应而被消除。法律因此而得到重新的确证。理解法律是钻法律空子的当然前提。法律的适用者（法官、检察官还有警察）也必须能够理解法律。法律层面上的风险和消极副作用正体现在这里。

在药品追诉中出现的问题不仅一言难尽，而且还会涉及违宪的问题，因为目前的立法状况并不能满足基本法的明确性原则要求。因此个人与企业主无法清楚地知道，哪些行为方式是被禁止的。而将某项生活事实归为被禁止的内容对于刑事追诉机关而言也是非常困难的，因为警察并不是法律人。即便案件递交到检察官的手上，检察官也会因为提交的案件过多而按照更为明确的规则对起诉进行限制（《德国刑事诉讼法》第154条）。法官的负担也不轻，因为他在适用某个犯罪构成要件时总会碰到与之相冲突的药品法或是欧盟法的规定。"法无明文规定不为罪"，药品法的立法者们似乎忘记了刑法的这条基本原则以及罪刑法定原则的核心——交谈。法律是通过议会的立法程序制定的。只有当法律是可理解的时候，法律才能够被遵守和适用。罪刑法定原则所要确保的是平等的公民就刑法上的权利和义务所进行的交谈，它使立法者和司法者都受制于在法律中所体现的意志。如果法律文本本身是难以理解的，那么法律中所体现的意志就无法传达，交谈也就无从谈起了。

从表面上看，药品法只包含了两个刑罚条文，立法者所认定的一切值得处罚的、与药品相关的不好的行为方式都被打包放了进去，但它们不过是两个空罐子。因此《德国药品法》第 95 条第 1 款中就包含了 20 多条刑罚条文。且这个数量还要再翻一番，因为过失的行为也是可罚的。然而这还不够，《德国药品法》第 96 条除了其本来包含的各种选项之外还包含了 29 个构成要件。如果人们能够容忍《德国药品法》第 95 条和第 96 条这种毫无头绪的安排，那么规范的具体设置也就完全不需要了。这就是空白的犯罪构成要件。这种立法技术的特征在于，犯罪构成要件中并没有详细地描述被禁止的内容，被禁止的内容究竟是什么只有在结合空白构成要件与填补该空白的规范之后才能够得到明确。德国联邦宪法法院曾就这种立法技术多次做出过判决。它认为这种立法技术本身原则上并不违反《基本法》第 103 条第 2 款的规定，但如何指引填补空白条款的规范内容在技术上则需要明确的界限。

只有在指引的内容本身足够明确且是形式性法律的时候，一般性的指引才是被允许的。如果指引的内容是授权行政机关制定法律，那么在立法的授权中就必须对可罚性的条件进行明确。德国联邦宪法法院所设定的上述界限，不仅确保了德国国家法在刑事立法上的立法保留原则（《基本法》第 103 条第 2 款与第 104 条），也确保了法律所禁止的内容的可认识性。这种可认识性因为空白构成要件中的指引条款的存在而变得困难了。

但是当像《德国药品法》第 95 条第 1 款第 2 项和第 96 条第 2 项那样指引了一个本身也是空白条款的条文（《德国药品法》第 6 条）时，上述界限就被打破了，因为《德国药品法》第 6 条指向的是德国联邦健康部所制定的规章，这些规章没有全部出台，而且内容也十分灵活。

这些构成要件之所以危险还因为，根据条文的字面规定，行为的可罚性还取决于条文所指引的规章是否又反过来指向这个空白条款本身。这显然违反了"法无明文规定不为罪"的原则，因为能够作为刑罚基础的法律显然只能是德国议会制定的法律。而在规章反向指引的情况下，决定行为是否可罚的显然不是德国议会的立法者，他们只是行政权力的一部分，而是行政规章的制定者。混乱还进一步升级，直至打消了维系明确性原则的最后一丝希望：立法者在同一个条款中多次使用这种指引技术，从而形成了阶梯式的指引。

（2）欧盟层面

在欧盟层面存在着大量与药品相关的规定，它们涉及药品的生产、销售许可以及监管，但这些规定通常并不涉及刑法领域。虽然欧洲统一市场的建立理所当然也会对刑法发生影响，但事实是，在欧盟范围内并不存在协调一致的药品刑法。在药品法的领域中，虽然存在着大量的国际性规定，但只有少数规定涉及网上交易的协调问题。由于各国的刑法规定缺少协调，欧盟成员国不仅采用了截然不同的立法技术，而且对于药品领域究竟应当对哪些行为加以禁止的问题也存在不同的认识。如果药品犯罪并非跨国实施的时候，这些固然不成为问题。但是一旦经由互联网实施药品犯罪成为常态，那么跨国犯罪就会给法律适用和司法协助带来问题。药品能否经由网上交易进行销售，这一问题本身在欧盟内部就存在不同的声音，更不用说是否允许在网上销售处方药的问题。这一现象非常奇怪，因为自从欧洲法院做出多克·莫里斯案判决之后，出于保障商品流通自由的目的，在欧盟境内应当允许通过互联网销售非处方药。但在对爱尔兰、卢森堡、马耳他以及罗马尼亚等国进行考察之后就会发现，欧洲法院的判决在这些国家并没有得到执行。

不过欧盟原本是有可能对成员国法律进行协调的。根据《欧盟工作方式条约》（*AEUV*）第 83 条第 2 款的规定，欧盟可以以附录的方式通过指令（Richtlinien）对各成员国的刑法就已经达成协调的政治领域进行再协调。在这一方面，欧盟在公民健康事务尤其是药品法方面已经采取了大量的协调措施（《欧盟工作方式条约》第 168 条）。欧盟立法过程中遇到的门槛主要是协调各成员国刑法对于执行欧盟的共同政策所具有的"必要性"。此外，还可以考虑通过《欧盟工作方式条约》第 83 条第 1 款的规定进行刑法规定的协调，因为药品犯罪具有跨国性，而各种犯罪组织也长期觊觎着这块回报丰厚的领域。

欧盟成员国中存在着不同的法规系统，而且成员国之间的法律也没能得到很好的协调，这使得跨境的刑事追诉几乎是不可能的。欧盟最近通过的欧洲侦查命令也无法改变这一点，因为司法协助程序中要求满足双重犯罪原则，因为从国内的刑事程序法中衍生出来的刑事执行界限，要求对行为在司法协助双方国家内的可罚性进行检验。在欧盟之外，这也是一项有效的原则。

三　结　论

我想以这样的话来作结尾："关于药品犯罪的风险与副作用，请阅读本文并向警察和法学家咨询。"不过这还是太短了点。这是因为，一方面许多问题长期以来都没有得到讨论；另一方面，在德国，就算是法学家也不能完全弄清楚药品犯罪方面的法律规定。欧盟成员国之间关于药品犯罪法律的不协调使得跨境的刑事追诉无法有效展开。"药品犯罪"这一现象也令人捉摸不透，因此它还需要更多的研究，从而能够获得妥善的行为建议。

语言、符号与场所

生命形式：表现语言的转换[*]

英国伦敦大学哥德斯密学院　斯科特·拉什（Scott Lash）

一　生命的政治形式

在吉乔奥·阿甘本（Giorgio Agamben）最初以及其后经过多次确认的构想中，他关于生命形式的构想与亚里士多德的《尼各马可伦理学》很一致，因此按照城邦的原则，生命形式构成政治。阿甘本将主权与治理区分开来，以对应城邦和家的区分，因此，治理外在于政治，治理为家政。这就是卡尔·施密特的政治神学中的神学。城邦和统治所对应的

---

[*] 本文为斯科特·拉什教授2015年12月15日在高研院名家讲坛第194期的演讲"生命形式：文学、社会、生物政治学"，英文讲稿由演讲者本人提供，中文译稿由南京大学哲学系欧阳玉倩、孟振华翻译，南京大学哲学系蓝江校对。斯科特·拉什是国际著名社会学家和文化研究专家，现为英国伦敦大学哥德斯密学院教授，研究涉及社会学、现代哲学、文化研究、身份认同、现代化等众多领域。

问题是正义,但与治理相对的则是法律。在正义的问题上,我们看到亚里士多德与瓦尔特·本雅明(Walter Benjamin)的《暴力批判》观点一致,并且都是对柏拉图观点的反对。"人"在此处指的都是亚里士多德所说的政治性的人,阿甘本称作政治生命(bios),与生物性的人或赤裸生命(zoe)相对。神圣人(homo sacer)或赤裸生命是如此赤裸,连俄狄浦斯和安提戈涅这样的人都不仅遭到城邦的排斥,而且也被家族排斥。在罗马帝国,由于实施了广泛的法治,政治已经被治理和推理所取代。而在未实施法治的希腊城邦,法律首先(如阿伦特所言)是在空间上区分居民区的方式。杀掉神圣人可以不受惩罚,亦不可充当牺牲,这标志着在城邦和家族中都排斥了他。他不可牺牲,代表着他在集体性再现、城邦的神圣性中遭到排斥;而他可以被屠戮,杀害他的凶手无须受到治理性法律的制裁。

这些是什么生命形式呢?和本雅明一样,阿甘本认为所讨论的政治不是通向一种目的的手段,也不是一种纯粹的目的,而是一种作为纯粹手段的政治。因此与柏拉图和马克思主义的无产阶级专政的设计相对立,我们又一次回到了亚里士多德关于实践(praxis)问题的讨论。生命的形式与实践有很大关系:无疑与柏拉图的范式无关,与前者那里追寻外在目的的技艺(techne)无关,而是那些居住于城邦中的人们要求拥有政治技艺的人所做的事情。实践必须蕴含它本身的目的,不生产任何外在于其自身的东西。因此保罗·维尔诺(Paolo Virno)谈到艺术大师,那位从未被记载的女歌手;因此王子很乐意被别人看到自己在明尼阿波利斯所住的社区附近骑自行车,却不愿意被任何人用手机偷拍下来。又一次,这里所讨论的对于亚里士多德来说是道德问题,对阿甘本(其背景是汉娜·阿伦特)来说则是纯粹手段的政治。

不过阿伦特从来不是一个纯粹主义者,并且她认为,政治和政治世界的生育体制从来就不是纯粹的。但她不想将她的政治学和关于公众的观点（像哈贝马斯那样）建立在康德的第二批判上，而是建立在第三批判，即美学（和目的论的）判断上。正是在这里，康德区分了作为一种手段的第一批判和作为纯粹目的的（Endzweck）第二批判，以及与这两大批判不同的第三批判，也就是"无目的的合目的性"（Zweckmassigkeit ohne Zweck）。没有永恒的目的——因此，无论是指向目的的工具性手段，还是道德上的纯粹目的，都是不可能的——最终剩下的又是纯粹手段的理性。阿伦特正是在这里转向亚里士多德的实践。她的行动观念——即政治活动是实践的一种——因此没有外在的目的。因此，它从来不是一种道德。这与《理想国》的蓝图中柏拉图的认识型（episteme）相悖，对于阿伦特来说，《理想国》中的思考是与行动相对立的。

在《理想国》的开篇，柏拉图提出了什么是正义城邦、什么是正义之人的问题。正义的城邦看似先于正义之人的问题。在正义问题上亚里士多德将正义的定义看作是第二位的。他不会用柏拉图的方式问什么是善，他问的是什么是好的生活？他甚至没有柏拉图那么爱问问题。他对于辩证法不是那么感兴趣。他也没兴趣找出善之真理。在他的问题——什么是好的生活中，他在私下考虑的是生命形式。因此实体是形式和质料。如果说今天的生命形式是将形式加于生物性或信息性的质料，那么对于亚里士多德来说就是将一些质料加于形式，将一些生命加于形式。什么是好的生活呢？幸福是怎么回事？对于个人和城邦来说，这个问题无疑关乎美德，在其中，正义——与勇气、节制和理性或智慧一起——只是四个最常被提及的德性的一种。但是不同于从普遍到特殊的思辨认识型，道德和政治在实践中的推论和判断都是从特殊到普遍。因此我们逐渐开始理解亚里士多德和政治的生命形式，与柏拉图不同，这是后天经验性的生命形式。

让我们在语言和形式的规则下看看这个问题。对于亚里士多德来说，人的特殊差异在于其语言和思想。在语言中关键是什么？又一次，阿伦特和亚里士多德共同反对柏拉图，并且这看起来很像哈贝马斯。阿伦特和亚里士多德都看到了修辞的重要性。阿兰·巴迪欧（Alain Badiou）和柏拉图当然与哈贝马斯不同。辩证法对于苏格拉底和柏拉图来说是两个人之间的对话，但是修辞为其带来多样性。修辞不是虚假的，只是智者学派用来说服的手段。对于亚里士多德和阿伦特来说，尤其是政治性的修辞，阿伦特的例子是伯里克利（Pericles）和阿喀琉斯（Achilles）——修辞经常包含着重要的事实。是的，你必须说服你的听众，也许这并不是阿伦特式的英雄的重点——但是通常听众们都很擅于从你的语言内容中发掘出真理。不同于哈贝马斯的理想言说以及柏拉图的辩证法中的纯粹论争，最重要的是你是谁、讲话人是谁。作为奥巴马或马丁·路德·金讲话和作为唐纳德·特朗普讲话一样可发表，作为维尔诺讲话和其讲话内容同等重要，所以幕后故事和讲话人的身份皆具有重要性。因此一个非白人穆斯林女性被选为英国国家学生联合会主席，她关于伯明翰的犹太组织的言论，即她说的内容，是修辞和政治中很重要的一部分。你大可尽力争论，但若要有一场朝向正义的城邦和正义之人的运动，你仍然需要说服别人。

因此我们将修辞学作为辩证法的对立项。辩证法是关于两个人，其中一个掌握真理，而另一个不断向其靠近，在不断的论争过程中，后者的观念会被改变，转向真理。但是因为关涉的并不是两方，而是多数或是多样性，辩证法还假定所有人都会到达普遍概念，然后再将特殊归纳进去。但是政治的生命形式预设的不是普遍性，也不是特殊性，而是独特性。如果普遍规律包含了原子体系的特殊性，那么我们就回到了"家"的概念。但是事实上，我们有的是一系列的独特性。这一系列独特性是阿伦特的包含着多元及任何有关政治的民主想法的视角集合。的确，柏拉图的形式是永恒的、全在的。亚里士多德的形式及实质是特殊的，每个个体都不同于其他，形式作为本质被与质料相连。因此，政治的生命形式是一个在很大程度上从修辞上组成的独特性的集合。

二 生命的社会形式

阿伦特猛烈抨击"社会"，这一概念被她用来均衡"政治"。社会对她来说是家政（oikos）、治理和如今将政治独特性吸纳为思辨普遍性。她也应该如此，因为这里的社会被理解为实证主义。但究竟是什么样的社会，这关键在于维特根斯坦的经验，他给予我们生命形式（Lebensforme）的观念。亚里士多德从来没有从他使用的生命，甚至生命的物质性来谈生命形式。但维特根斯坦的确会使用"生命形式"这个术语：在他的《哲学研究》前20页出现了两次。用他的话来说，在那两种情况中都被归入一般性的"语言游戏"问题。

但是让我们先看一下这个。我们所讨论的不只是生命的形式，而且是经验，正是现代性赋予了我们经验。的确，在福柯（Foucault）的《生命政治的诞生》中是，苏格兰启蒙运动的现代性，大卫·休谟（David Hume）和亚当·斯密（Adam Smith）的现代性——基于经验的现代性，以及经验主义的、物质的和后天的推理。在柏拉图看来，经验并不重要，知识并不来源于感官数据，而是来自回忆起你已经知道的。柏拉图的演绎认识型意味着知识从不与物质材料综合，而是一直保持纯粹分析的特性。亚里士多德的政治，与阿伦特一样源于特殊，是后天的、基于经验的。但是这里受影响的是什么？与亚里士多德不同，阿伦特和维特根斯坦是现代人,并因此是后康德的。与柏拉图不同,康德在第一批判中用普遍吸纳了特殊,给予我们一种经验的观念。因此他为我们提供了一个先验的、综合的判断,而不是一个先验的、分析性的判断。公理作为一种先验的知识被一种经验的可能性的情况替代,这与知识的可能性的情况相同。休谟将康德从他的形而上的沉睡中唤醒,或者说休谟和牛顿一起唤醒了康德。这一点对我们来说很重要,因为它帮助我们区别古代和现代的生命形式。本文暂不详细讨论中国的生命形式,但是在文章结尾我会做出一些猜想。因此在这里,康德不仅与笛卡尔、莱布尼茨和斯宾诺莎的形而上学和理性主义决裂,更是可能主要是与柏拉图和亚里士多德的形而上学决裂。这一分裂考虑了经验主义和物质:总之,现代人需要经验。这里休谟和康德——的确是苏格兰和德国的启蒙运动——是朝向现代的分水岭。康德在这里不仅仅只是一个理性主义者,而且事实上他不是一个理性主义者。你需要经验,对形而上学的批判就是通过经验进行的,所以古典主义(柏拉图/亚里士多德)和理性主义、笛卡尔先验的分析性判断被休谟后验的综合判断取代。所以,没有经验,就没有启蒙运动,就没有像样的现代。

但是康德接下来在走向经验、走向物质时陷入了困境,知识变得飘忽不定,但并非完全不可能。它使得知识变得不可能,因为它让谈论因果关系变得不可能。对于康德来说,像对于很多人一样,如果有知识的话,那它一定是在牛顿力学和伽利略的假设里的相关知识。尤其是在牛顿那里,因为知识是这一切的核心。这也无疑意味着打破了亚里士多德形而上学"四因说"的框架。因此,如果原因消失了,知识也变得不再可能。我们能有的就只是连续事件的重复。因此,他带回了先验的概念使知识成为可能。但这不是欧几里得(Euclid)或柏拉图演绎推理知识中的先验的公理(priori axioms),而是当知识需要以经验为依据时使知识在总体上成为可能。因此它比先验的欧几里得公理证明更加物质。这些公理都不是可能性之条件，都不是超验的，也没有必要超验——除非你准备将怀疑主义置于经验主义之上。所以，这就是在现代。考验不仅仅在于要成为可能性的情况，还在于先验。它也是存在上的超验——康德自己也承认——形而上的，是实证的形而上。它也改写了新的将经验纳入形而上和因果关系等的范例。这些都对我们非常重要，因为它改变了古代的生命形式。它将导向康德式的道德，以及第一批判所基于的功利主义和自然科学的模式。这是此后150年社会科学实证主义的基础，这种实证主义至今还在世界范围内处于统治地位。社会科学实证主义从很多方面来看都是对古典或是古代生命形式的一种反映，现代（或多或少维特根斯坦式的）生命形式本身就是一种反映。现代生命形式作为对实证主义的批判，每一种批判理论——从阿多诺、本雅明，经由德里达（Derrida）、福柯和德勒兹（Deleuze）——都是对实证主义的批判。但是我们将会看到，现代生命形式的主要人物还是维特根斯坦。他的构想在他的《哲学研究》一书中，而这本书则是对他自己的《逻辑哲学论》实证主义的批判。

康德通过原因和其他类别——方式、数目、关系等——将形而上学带回可能性的情况中，发生在古典或古代的基础转变为黑格尔《精神现象学》中的关键因素。对于现代生命形式黑格尔已经有了（不详的）预感。在《精神现象学》中他没有从主客体开始，而是从意识和表象开始。即黑格尔没有从普遍的主体和特殊的客体开始，而是从独一的意识和它所遭遇的表象开始。主客体的分离则是它的派生，是一种变形，是意识可以遭遇表象的一种方式。

在亚里士多德的《形而上学》中，知识是关于事物本源的四个原因以及物质范畴的断言。但在现代，在康德那里，是主体在做断言，知识是关于物质（matter）的，不是构成的物质——那是实质——而是物质和运动的原因。现代形式或任何形式的有可能的等价物都被移到主体（subject）上。这个主体在现代性的古典二元论中——更多是康德和笛卡尔的主体。我们会知道问题在于实体消失了，形式变成了主体，而物质变成了客体。主体的形式和论断的权利是自然科学知识的基础，也可以进一步说是实证主义的基础。维特根斯坦所做的就是将形式放回到生命中：形式成为生命形式。至于主体，它不再是客观的，而是将自身置于生命形式之中。自然科学的论断以及推而广之的人文科学——或许在社会学、经济学和哲学中更甚，成为语言游戏中的自然语言以及生命形式。或者对于维特根斯坦来说，语言游戏就是生命形式。而论断、主观陈述、逻辑实证主义的主体以及分析哲学，都成为众多语言游戏中的一种。生命形式得以恢复，但是是以一种与古典生命形式完全不同的方式。

休谟对于来自纯粹的经验和物质知识的怀疑论，被经验的条件和形而上的知识所取代。希腊人——从未遭遇过休谟——从未提出过关于知识的可能性的条件问题。形而上的、范畴的与经验的、物质的、数据和事实相整合，像物理学或几何学的检测数据那样，这些是客观的判断。处境堪忧的是客观的知识和稍后出现在社会科学里的实证主义。这当然是经验（Erfahrung）。第三批判中的康德以及其后的阿伦特，都通过美学上的主观经验和目的论判断来与之决裂。审美判断在这个意义上同时也是目的论的判断。康德的目的论判断为我们提供了纯粹手段的正当理由，而它的美学则坚持从特殊出发，并且是主观地而不是客观地。

第二种经验（Erlebnis）是主观的，并且始于特殊，按照从狄尔泰（Wilhelm Dilthey）开始的定义，的确有一种活力论者的成分。因此海德格尔在其早期现象学中还不是一个反活力论者。但是需要注意的是一种关于社会——或许是关于生命形式——的非常不同的想法，比实证主义更加现象学。柏拉图的知识与主客体无关，因为其判断纯粹是分析性的，

– 语言、符号与场所 –

没有与物质的客体相综合。的确,当时主体尚未存在于哲学——阿伦特所说的沉思——而仅仅主要是实体。正如我们所说,是康德为我们带来了客观的、基于物理学的、随后成为社会科学实证主义的主客体的思考。现象学中的经验与康德的经验,即实证主义的经验,有着极大的不同。现象学沿袭了康德在第三批判中所开始的行动,与第一批判中的主客体思考决裂。通过将普遍-特殊的主客体关系替代为独一而实现,如今是独一在经历。通过作为一种没有目的的手段,其后在黑格尔和现象学中作为意识而实现。因此在某种意义上,胡塞尔重复了黑格尔用意识-表象替代主观-客观的行为,正式从这一"更原始的"意识-表象关系中衍生了主客观分叉(bifurcation),因此,实证主义中的主客观经历被现象学里的意识-表象经历取代。维特根斯坦实际上所做的和现象学、社会学更明确地所做的,就是用生命形式替代意识。阿伦特作为一个现象学家,用她自己的方式来实现这一转变——不是用生命形式而是用政治,因此阿伦特式的政治要先于主客体分歧。对于威廉·詹姆斯(William James)来说甚至更早——在胡塞尔之前——在他的关于经验的概念中可看到这一点,因此,论述相对不清晰的狄尔泰是詹姆斯和胡塞尔的崇拜者。

这里詹姆斯和杜威一起致力于公众的和政治的宪法,他们的实用主义像阿伦特的一样,始于特殊并在推理上朝向普遍,即朝向公众和政治。海德格尔将胡塞尔的超验意识作为此在(Dasein)置于世界中。胡塞尔的意识总是对某物的意识、对某些现象或表象的意识。海德格尔的此在则总是在那里,已经处于世界之中。在阿伦特的概念里,这是个政治的世界。我们目前这个世界还没到那里。我们必须以一种后天的方式在多元性中构建它。海德格尔和阿伦特所谈论的主要并不是经历——像胡塞尔那样——而是存在。对于海德格尔来说,这是一种本真的存在,与其相关的世界、筹划、被抛和其他生存质(existentiale)是存在的先决条件。阿伦特和实用主义者则认为我们必须基于经验构建这个政治世界。

不过维特根斯坦的生命形式没那么政治,而是更社会的、文化的,它们也早于主客体分歧。生命形式也不是客观的而是主观的,同样也不是普遍-特殊的而是独一的。《哲学研究》中最引人注目的也许就是引用奥古斯丁《忏悔录》中的一段话作为全书的开篇,其中奥古斯丁回忆起了童年早期:

> 当他们(我的长辈们)说出某个对象的名称,并相应地走近某物时,我把这看在眼里,并寻思,这样东西就是他们想要指明它时所发出的声音所称谓的。他们的意向由他们的身体移动表现出来,所有人的自然语言仿佛都是如此:面部表情,眼睛的眨动,表达我们在寻找、拥有、拒绝或避开某物时的心境的声调。于是,在我听到词语在不同句子中被反复用在适当的地方时,我渐渐弄懂它们指代什么对象;而在我的口齿练得足以发出这些记号之后,我便用它们来表达我自己的愿望。

《哲学研究》以一种亚里士多德式的修辞和逻辑坚持了《逻辑哲学论》。逻辑是实质和论断,因此效仿了《逻辑哲学论》中的命题形式,尽管《逻辑哲学论》是用来了解外在世界的,《修辞学》而不是《哲学研究》是关于政治的。生命形式则不同。关于形式,亚里士多德所想的是"什么"。关于"四因",差不多是实体的四个组成部分——质料、动力、形式和目的,其中形式因是主导。但正是回答这个问题,这个"是什么"的问题,才使得那个东西得以成为它所是。维特根斯坦的形式是关于"怎样"。这不是道德上我们应该怎样生活的那个"怎样",而是更加事实的、社会的或者说文化上的"怎样":怎样由文化——不那么政治的文化——而不是个体引导我们的生命。这些"怎样"包括了怎样做事、怎样吃饭、怎样睡觉、怎样讲故事。这就是《哲学研究》怎样定义语言,这就是对于维特根斯坦来说我们怎样区别于动物。维特根斯坦写道:

> 说动物们不交谈是因为缺少心智能力并不那么重要。它们仅仅只是不交谈,或者说它们不使用语言,发号施令、提出问题、讲述故事、聊会儿天之类的,就和走路、吃饭、喝水和玩耍一样,是我们自然历史的一部分。

和吃饭、喝水、讲故事、闲聊、命令、叫喊、感到愉悦一样,语言也是做事情的一种方式。它是实现这些"怎样"的手段。在这个意义上,它是一种——像本雅明论语言的那篇文章一样——纯粹手段的语言。但是本雅明和后期的海德格尔一样,考虑的是文学和诗的语言。维特根斯坦考虑的则是日常使用的语言。维特根斯坦一直在谈论语言在训练中和使用中的"实指/明示"(ostensive [hinweisend])。Hinweisend 意思是指出、指示。指示某物意味着与其共存于一个世界之中。与之相对,关于某物的声明则预设了一个"两个世界"的模型。《逻辑哲学论》的第七个命题是"对于不能说的,我们保持沉默"。在这里展示或指示都并不是在言说。

维特根斯坦说将上述这些语言的用法与弗雷格(Frege)那样的逻辑学家以及青年维特根斯坦理解语言的结构相比较。弗雷格认为直陈句有"真正的价值"。说语言是我们自然历史的一部分,维特根斯坦实则是在说语言与其他生活方式没有区别,因此语言并不是在描述生活,语言就是生活。这与索绪尔(Saussurean)对语言的看法大不相同。本雅明关于符号学语言的批评在于认为它是工具语言——一如法律语言、论断、通用的名词和判断——因而他提出工具语言对立于纯粹手段的语言。维特根斯坦并没有讨论目的和手段。但是很明显索绪尔的语言是与生活分离的。含义存在于能指（signifier）的不同关系之间。语言从生活中抽离。索绪尔所指称的事物（referent）之间的关系肯定是有问题的，但是在维特根斯坦第一本著作那里，所指并不重要，因为语言和生活位于同一层面。

在这种意义上我们看到弗雷格、维特根斯坦第一本著作、索绪尔以及甚至涂尔干（Durkheim）之间的共性，涂尔干对宗教生活的看法与索绪尔在语言上的看法有一致性。所有这些例子中都有一种源于康德的、先验的、综合的、判断的实证主义。维特根斯坦第二本著作与之发生了分裂，像现象学一样。维特根斯坦的第二本著作像阿伦特一样，更多是后验的、反对空论的。那么对维特根斯坦第二本著作来说什么是有意义的呢？那些像句子的表达，它们从来就不是命题或论断，但它们是句子。句子由什么构成呢？它们得像是语言游戏中的步数。在语言游戏中只有走一步才有意义，只是其中的一步是论断、一步是哲学中或社会学中实证主义研究问题的逻辑结构。

对于维特根斯坦来说，句子的意义，哪怕那个句子只是一个指示，也只有当它是语言游戏中的一步时才有可能成立。他写道："想象一种语言，就是想象一种生活方式。"谈论一种语言就是"一个活动、一种生命形式的一部分"，在这里，是语言游戏而不是单个句子成为最重要的。维特根斯坦写道："指物定义（ostensive definition，解释和使用）一个单词的含义只有当那个单词在语言游戏中扮演的角色明确时才是可能的。"你必须预先已经了解到一些关于游戏的知识，就如"在你问象棋里的国王叫什么之前"就已经对象棋有所了解。只有当某人"知道怎样玩游戏"，"他去问某物叫什么才有意义"。这还是将生命形式优先于句子或事物的名字。生命形式是一个背景、一个意义、一个物的使用的情境。反实证主义的生命形式、现代生命形式与亚里士多德式的古代生命形式的区别在于对很多事物的社会理解发生了变化，如背景、知识储备、未明说的假定等通常都不很清晰。像维特根斯坦第二本著作所说，哪怕知道怎么下象棋，你也通常不能清楚地说出它的游戏规则。

首当其冲的是何种经验呢？这种维特根斯坦式的、社会学的、现象学的生活方式取代了胡塞尔的意识。温奇（Winch）和其他一些社会学家承认了这一点。那么在这里，意识和现象分别被什么替代了呢？嗯，生命形式把两个都替代了。生命形式无疑在于经验，通过它们的过去、它们的历史，等等。什么是生命经验的形式呢？自然和社会的现象。社会现象本身就在又一次经历生命形式，它们和生命形式紧密连接在一起。

三　生命的传播形式

但是处于全球化威胁之下的当代生命形式又是怎样呢？一种生命形式通常总会与另一种生命形式相联系，就像是面对病毒时的免疫反应一样。在我们这样一个重要的后人类、信息化时代，也许更多的沟通由信息、数据而不是语言构成，情况又是怎样呢？我们的生命形式充斥着大量信息，从基因经由资讯设备，到社会科学本身，比如经济学，对赫伯特·西蒙（Herbert Simon）、冯·诺伊曼（von Neuman）和哈耶克（Hayek）等分析家来说，信息问题已经取代了稀缺资源的分配问题。如果是知识，或是亚里士多德时期所说的"episteme"，是由演绎的知识以及柏拉图和欧几里得的逻辑论证主导，在现代就是与自然或是康德的范畴中的材料以及牛顿的物理学相综合。每种情形的生命形式都形成于认识论（episteme）的对立面，不管是从柏拉图还是福柯（康德式）的意义上来看。这两种情况里的生命形式都与认识论相对。在古代,反知识的事件和技艺的结合为我们带来了政治形式的生命——工艺和实践在修辞上结合。每一次知识的力量和认识——最初作为纯粹的知识,其次作为自然和实证主义的综合——都与生命形式相反。

在通信时代里可以想见的事情发生了。如今新自由主义力量坚持自己在资讯模型上的权利。经济学再也不建立在认为每个人都是理性的新古典主义"经济人"的假设上,该假设始于边沁的功利主义,后因密尔(J. S. Mill)首次使用术语"经济人"(homo economicus)——掌握所有信息的无限的理性——而被抬上神坛。如今西蒙和哈耶克,以及冯·诺伊曼的博弈论的信息模型取代了牛顿的模型;指挥自动化技术系统实现了自我组织,将指挥、控制、通信和情报各分系统紧密联在一起(C3I);如今大数据和数据库——它们本身是非线性的自组织数据系统——成为新自由主义的王牌;如今的新自由主义不再由奄奄一息的金融资本所驱动。自2008年金融危机以来,典型的生命传播形式是数字资本——如苹果、谷歌、脸书、亚马逊、爱彼迎和优步——掌握了主导地位。原先我们有"经济人"的充分的理性,而如今我们仅有西蒙经济学中的有限理性,以及算法仿真。伴随着"经济人"理论的式微,市场不再是一个分配稀缺资源的机制,而是一个信息处理机制。

与这种赛博化的模式相对立的是什么呢?——不是反应网络(actor networks)或无人物质(matter free of humans),我们并没有新的唯物主义,有的却是生化电子人(cyborg)经历、技术,以及米罗斯基(Mirowski)、斯蒂格勒(Stiegler)、西蒙顿(Simondon)等人的政治学。如今生命形式成为十分技术性的:现象学变成了机器现象学;传统的政治联系以及现代的社会纽带被技术形式生命的通信联系所取代;最早的修辞和其后的语言游戏沦落为社交媒体中单薄的交流;修辞被视觉修辞所取代；电视明星成为政客。在我们致力于解决后验模式的政治抵抗时，经验本身变成了技术性的。新自由主义力量披上一种新的、先验的外衣，在变形的技术-社会经历的后验中进行抵抗。

　　古典的修辞学——如亚里士多德所说——始于仪式，始于礼仪，最初在仪式礼节中，后来在法律里，最后到政治中，正是仪式最初确保了社会关系。马歇尔·莫斯（Marcel Mauss）在《礼物》里将最初的社会关系构建为仪式的，列维-斯特劳斯（Claude Lévi-Strauss）认为家族之间以女性为交换条件互相联系，社会化的亲属结构也因此建立起来，同时建立的还有一种恰当的象征性。但是当我们进入到传播形式的生命时，这种连接社会的、有象征意味的、良知的集合会发生什么变化呢？

　　这种象征开始依赖于喧嚣，依赖于一种歪曲了海德格尔和香农（Shannon）的喋喋不休。是这噪声本身，脸书上或微信上七八个或10个人之间没完没了的无意义的信息、图像和声音交换：这噪声为我们带来一种交流上的团结一致感，其浅薄可以由其广阔所弥补，并且可以形成一种抵制通信时代技术和实践的基础。

　　在通信或信息化的生命形式中发生了什么呢？这种形式意味着控制论革命，从牛顿的到控制论的、图灵式的知识。在图灵的诸多成就中，其作为算法的发明者尤其突出，正是算法促进了通信和技术的生命形式的形成。他做了两件事，第一是在他的集合论数学中操作哥德尔最重要的逻辑实证主义扩充。这里插一句，维特根斯坦从未说过哥德尔之所为是杜撰的，他只是说那不现实，而至于这位数学家的创造力，年轻的维特根斯坦本不应那么说的。图灵，在当时广为人知受到过哥德尔的影响，一如传说里那样，他以算法的视角研究哥德尔的成果。哥德尔的不可判定性定理称：在一个相容的公理系统中，一些命题不可证，全部命题只有在不相容的公理系统中才可证。图灵将这一逻辑学中的想法转换到算法（递归论）的领域内。图灵最终的语言转换也始于哥德尔，即使是数学的和集合论的。在这里，哥德尔的预言变成图灵的行动声明和他的算法指令。而这最终的非命题语言的转换——从修辞到语言游戏到现在的算法——变成了我们当今生命的传播形式的基础。

维特根斯坦、词语的创造力和艺术风格的拓展[*]

美国巴德学院 加里·哈格伯格(Garry L. Hagberg)

一

维特根斯坦以奥古斯丁《忏悔录》[1]中著名的一节作为他《哲学研究》

---

[*] 本文为哈格伯格教授2016年10月31日在南京大学高研院学术前沿讲座第294期的演讲,英文讲稿由演讲者本人提供,中文稿由南京大学哲学系焦一达、杨乔喻翻译。哈格伯格是当代艺术哲学领域的专家,现为美国巴德学院(Bard College)的詹姆斯·奥塔维(James H. Ottaway)哲学与美学教授。他的研究兴趣主要集中在艺术哲学、美学思想史和20世纪以来的语言哲学等,此外还涉及文学、音乐、电影、实用主义以及20世纪哲学史等众多领域。

[1] Augustine, *Confessions*, trans. R. S. Pine-Coffin, Harmondsworth: Penguin, 1961. 这段是:"当成年人称谓某个对象,同时转向这个对象的时候,我会对此有所察觉,并明了当他们要指向这个对象的时候,他们就发出声音,通过这声音来指称它。而他们要指向这个对象,这一点我是从他们的姿态上了解到的;这些姿态是所有种族的自然语言,这种语言通过表情和眼神的变化,通过肢体动作和声调口气来展示心灵的种种感受,例如心灵或欲求某物或守护某物或拒绝某事或逃避某事。就这样,我一再听到人们在不同句子中的特定位置上说出这些语词,从而渐渐学会了去理解这些语词指涉的是哪些对象。后来我的口舌也会自如地吐出这些音符,我也就通过这些符号来表达自己的愿望了。"

的开篇：

> 在我看来，我们在上面这段话里得到的是人类语言本质的一幅特定图画，即语言中的词语是对象的——句子是这样一些名称的联系。在语言的这幅图画里，我们发现了以下观念的根源：每个词都有一个含义；含义与词语一一对应；含义即语词所代表的对象。

这一段经常被拿出来简单地当作维特根斯坦对语言的"命名理论"的背离。但是，更仔细地考察维特根斯坦的话将能抽取出更多的内容。奥古斯丁的话不仅给予了人类的语言以"图示"，而且甚至是语言的本质的图示。所以一开始让我们先来大概地考察一下这里的（1）图示和（2）本质这两个概念。

通过维特根斯坦对于哲学方法意义深远的评论[1]，我们了解到，一个图像不能从其表面来理解，也不能被当成解读对象的可靠向导或忠实表象。这对维特根斯坦来说毋宁是概念混淆的制造者，依照图示盲目地过分简单化，导致任何不适合此图示的细节都被判为不相关的、无意义的、不必要的。正如维特根斯坦的作品所显示的，哲学中有大量诸如此类的图示案例。在审美上，人们也可以通过图示的内容于预先设想的内容里看到这种情形：这里的意思是，在一个显著的二元图示下，脑力艺术家的意图通过物质作品具体化了，这意味着作品的意义内容就是意图设想的内容。这一设想/作品模板，首先被反思的第一阶段接受了，但随之而来的是它系统性地阻碍我们去探究复杂的细节；而如果我们更深入一

---

[1] 参见《哲学研究》第109—133节。对于这段材料以及维特根斯坦关于哲学方法的近来讨论，参见 Paul Horwich, *Wittgenstein's Metaphilosophy*, Oxford: Oxford University Press, 2012。

些，这些复杂的细节将会向我们展现具体文本无穷无尽而富有教育意义的庞杂性，后者又将向我们展现人类的意图如何在艺术创造的世界里真切而多样地发挥作用。[1] 维特根斯坦在奥古斯丁那里所发现的图示其中心作用是为对象命名，但应注意到，这只告诉了我们人们使用一个单词的句子命名对象的情形[2]（"命名"本身的概念必须在语词与东西的联系可以开始之前就已然存在，所以图示不能算作对语言起源的解释，甚至都不是对命名的解释，但我将把这一主题留到他时再论）。所以维特根斯坦毫不犹豫地加上了直接命名图示的推论，也就是，"句子是这样一些名称的联系"。

因而，图示并不仅仅意味着语词像名称一样发挥功能（因此语词的意义在于它所指涉的事物——我们一会儿将回到这里），而且意味着一贯的句子是这些单词的串联（隐含着句法结构）。这一景象与原子论关系紧密：一个有意义的句子是由分离且独立的成分（语言原子）所组成的复合的语言统一体，这些成分拥有自身独立的内容，以加法模型的方式组成复合的整体。如我们将要看到的，这是个决定性的步骤——句子的意义内容，作为语词的意义内容的扩大版，被描绘为在其自身之内具有意义：在这一

---

[1] 对艺术意图在实践中的复杂性的阐明，参见 Michael Baxandall, *Patterns of Intention: On the Historical Explanation of Pictures*, New Haven: Yale University Press, 1985。关于我们谈论意图以及它在决定艺术效果意义时的角色方面的阐释，参见 Paisley Livingston, *Art and Intention: A Philosophical Study*, Oxford: Oxford University Press, 2005。

[2] 维特根斯坦在《哲学研究》第 2 节用他那被广泛讨论的"方石、柱石、板石、条石"事例仔细地呈现了这一观点；与这一事例相关的内容请参见 Rush Rhees, "Wittgenstein's Builders", in his *Discussions of Wittgenstein*, London: Routledge & Kegan Paul, 1970, pp.71-84; Norman Malcolm, "Language Game（2）", in D. Z. Phillips and P. Winch, eds., *Wittgenstein: Attention to Particulars*, London: Macmillan, 1989; Raimond Gaita, "Language and Conversation: Wittgenstein's Builders", in A. Phillips Griffiths, *Wittgenstein Centenary Essays*, Cambridge: Cambridge University Press, 1992, pp.101-115。

图示之下，句子之间以内在意义内容相区别。这是一个在表面上明确地拒绝了语词与语句意义理论之后能很好地发挥影响的图示——正如维特根斯坦对于这一术语在特殊意义上的使用。这一影响可以通过对于意义的界限给出严格而永恒固定的边界的方法论信念加以显示，这些边界被不断地巡视，词语的创造力或表达的可能性拓展被视作越过边界进入无意义之地的异数。甚至，一个过于僵硬并且事实上以有趣方式不可理解的日常语言哲学概念，已经彰显出超越明确批判之外的影响：一种日常语言哲学方法论的过于简化图示的存在本身便说明，如果在普通用法中我们没能立即认识某一句子，这一句子因此，也正因为这一原因而是不可理解的。[1]

在维特根斯坦《哲学研究》里前两个由他自己写下的句子中的另一个主要概念是"本质"。抓住语言的本质就是抓住语言的核心，这个核心：（a）定义它的中心作用；（b）确定特质以便证明包含在"语言"种类里的成员的合法性，并排除不包含此特质的候选成员；（c）显示出种类成员所共同拥有的东西。本质能使我们将"信号"和"杂音"区别开来，也就是说，它使我们精准地确定语言分析中的合适关注点——它将告诉我们从哪里开始建立一个支配一切的或普遍的理论——然后合理地忽视剩下的，即所有在上下文里出现，但是无法符合图示指示的语言用法的细节。在这个图示里，本质是明示的语词-客体关系；然后移动到语句的程度，它是明示且再现的语句-世界关系。但是对维特根斯坦来说，

---

[1] 任何熟悉这一传统（包括 Austin、[parts of] Strawson、Wisdom、Bambrough、Ebersole、Cavell 以及其他人）中最上乘作品的人会将此视为贫乏的讽刺，更进一步有所帮助的讨论请参见 Avner Baz, *When Words Are Called For: A Defense of Ordinary Language Philosophy*, Harvard University Press, 2012; Timothy Gould, *Hearing Things: Voice and Method in the Writing of Stanley Cavell*, University of Chicago Press, 1998; and Don Levi, "Ebersole's Philosophical Treasure Hunt", *Philosophy* 79（2）, pp.299-318。

这将不可逆转地导致他第三句话里的想法，即在这一图示里我们发现了信念的根基——通常难以清晰表达的假定——每个语词内在地占有其固定且特定的意义。

意义，正如所描绘的，与语词有关。"关联"这一概念被要求分别辨识，甚至是分离存在的实体，它们彼此联系而形成关联。概念模板、图式、图示是简单的——非常简单（我们在下文将会见到语言被创造性地使用、在即兴鲜活中被真切地说出，真诚地相互交流则不然）。所描画出的意义与语词的关系之简单恰恰是因为我们错误地描绘——简单化地、图式化地想象——刚才所瞥见的艺术设想与作品之间的平行关系。但是现在，这一切都已在我们身后，维特根斯坦在开篇最重要的评论是："含义即语词所代表的对象。"这里所呈现的思想很简单，但是从这一思想发源的潜流却并不如此。语词与客体之间的关系在命名功能作为清晰指示的行为中是直接的。但是，名称所指向的那个客体在直觉上是稳固的、固定的物理客体，而并非可塑的、无定形的、可变的、可替换的。由于语词的意义被视作那个客体，因而意义也是固定的、可塑的，像物理客体一样坚实稳固。这里概述一下我们关于意义的思考：被指涉的语词，现在像它所相关的稳固的指涉对象一样被推测为也是不变的。图示是强有力的。

上面我已经提到，维特根斯坦的图示概念包括蒙蔽我们的力量，这使我们无法看到变形、文本的细微差别、有益的差异。接着刚才的评论，他写道：

> 奥古斯丁没有讲到词类的区别。我以为，这样来描述语言学习的人，首先想到的是"桌子""椅子""面包"以及人名之类的名词，其次才会想到某些活动和属性的名称以及其他词类，仿佛其他词类自会各就其位。

在这里就能发现，语词意义的图示在稍微反思一下就会被很自然地挑战，因为有一些事物的名称并不是"物"：我们为诸如希望、恐惧、愿望、抱负、想象的未来、记忆、再思、解释之类命名——尽管指涉对象并非稳固的客体，这些语词依旧有清晰的意义。但是值得注意的事实是，图示在这里经常压倒我们对于差异的感知，引诱我们去相信，这些心理事件如果不是物理客体的话，也不过是偶然发生的插曲，这些插曲在存在论上被视作像物理客体一样是始终如一的、稳固的、确定的、有界限的，而且是可以观察到的过程。[1] 简单说来，在图示的影响下，我们像维特根斯坦所诊断的那样行事：我们将图示引领的统一的模板强加到现象之上，用模板所给予的总称来描述它，然后将任何与模板不一致的细节作为与本质不相关的"杂音"排除在考虑之外。所有不合适的情况，我们都可以置之不理而不会有任何损失。

任何细心的读者都会发现维特根斯坦慢慢地、小心翼翼地、精心地远离本质论的预设，并且去发掘它的种种动机和支撑它的概念基础，而且他近乎苛刻地去确证那些预设的影响。然而，人们需要牢记于心的是，在一定程度上他称他的书为"可以一同思考的器具"，他把很多工作都留给了他的读者。考虑到哲学主流的方法论传统，剪裁他的工作，从中得到统一的启迪，然后将概括后的命题运用于一般的形式，这并不困难。从《哲学研究》开篇部分可以提取和一般化的启示是：命名并不是语词唯一的功能，甚至都不是主要的功能（"主要"功能的想法是可以怀疑

---

[1] 我对维特根斯坦进行的一项研究进行了讨论，即将心灵事件的各种不同点都压进一个有统一边界程序的模板。参见 Describing Ourselves, *Wittgenstein and Autobiographical Consciousness*（Oxford: Oxford University Press, 2008）, Chapter 4: "The Self, Thinking", pp.119-153, and "Wittgenstein's Voice: Reading, Self-Understanding, and the Genre of Philosophical Investigations", *Poetics Today* 28: 3（Fall 2007）, pp.499-526。

的），因此并不构成语言的本质。但是，与每项工作都相关的基础假设部分有它相关联的意义，在这里，这两个二元的实体有着相异质化的存在论，却（借用维特根斯坦的比喻）像蛋壳般黏结在同一教训之下。图示依旧保持着它的影响，语词意义的一般模型依旧指引着对意义问题的探究。因此维特根斯坦在《哲学研究》第 5 节中写道：

> 看看第 1 节的例子（"五个红苹果"的例子），也许就能想到，语词含义的通常概念形成了多浓的一团雾气，使我们无法看清楚语言是怎样起作用的。

如果这一"语词加意义"的二元论图示依旧或显或隐地跟随我们，如果这导致预设语词意义自行地就是每个词的用法，我们就会断绝语词的"意义"与上下文的联系；而正是在上下文中对语词的使用有了意义，在其中语词被需要，在其中语词发挥它的作用。（维特根斯坦在第 1 节总结道："——'五'这个词的含义是什么呢？——刚才根本不是在谈什么含义；谈的只是'五'这个词是怎样使用的。"）文本中的位置让我们决定——如果真有这样的问题——意义的界限在哪里。而且这一边界不应该是永不褪色的墨水画出的精确无比的细线。

二

上文我提到在有意义和无意义的边界上视察、巡逻的行为：这得以可能源于一个幻觉——指涉物的固定性和与之相关的意义的固定性。如果这些是固定的，而且如果由这些成分组成的句子也像上文提及的那样是固定的或者说是意义有限的，我们就可以脱离时空限制而说一个句子是否有意义。但是，如维特根斯坦在广阔的领域中向我们展示的，这样的预先判断或划界是不可能的：只有具体问题具体分析的推理和就事论事的解释才能使我们做出有意义／无意义的区分，它们自己则不可能在时间和文本中固定下来。需要的是可以被称作具体问题具体分析的语境化处理。什么样的进路能在这里提供必要的角度（挣脱蛋壳的那种）？维特根斯坦在第 7 节写道：

> 我们还可以设想，第 2 节里使用话语（建筑师傅仅仅使用"方石""柱石""板石""条石"这些词）的整个过程是孩子们借以学习母语的诸种游戏之一。我将把这些游戏称为"语言游戏"；我有时说到某种原始语言，也把它称作语言游戏。

接下来他附道：

> 我还将把语言和活动——那些语言编织成一片的活动——所组成的整体称作"语言游戏"。

"语言游戏"这一概念及其意义十分复杂[1]，但是就目前的目的来说，维特根斯坦只是为了：（a）将这一事态置于显处——语言的使用是一种活动，而非对于指示的句子的惰性的、机械的复述；（b）为了进入语言，

---

[1] 我做过的更为完整的讨论参见 "Language-Games and Artistic Styles", *Meaning and Interpretation: Wittgenstein, Henry James, and Literary Knowledge*, Ithaca: Cornell University Press, 1994, pp.9-44。

强调理解什么是语言、什么是学习语言的重要性（关于这种学习的事实往往与图示所暗示的存在明显的冲突——我一会儿将回到这一点）；（c）用编织和交织的隐喻取代命名的图示。这三点都在第9节里提及：

  "到那里"和"这个"也是用指物方式来教的吗？——设想一下我们会怎样来教别人用这些语词！你会指着地点和东西——不过在这里，我们不单单在学习使用这些语词的时候会做出指的动作，而且在实际使用这些词的时候也会。

  就像他经常做的，维特根斯坦通过能导致调整方向的质问来挑战、削弱图示：如果我们依旧使用图示，"那里"和"这个"将能意味着所有的东西，或者什么都不能——决定意义的指涉对象，如果是一个牢固确定的东西，将不得不使所有地方都是"那里"，所有东西都是"这个"。再调整的能力来源于我们关于这些语词如何在具体的文本中工作、如何真正发挥作用、如何行使它们角色的背景知识，以及它们在参与的语言游戏中所临时产生的意义。如果我们考虑一下如何教授"那里"这个词，根据图示和它的预设，我们会对小孩说，"这里"意味着"这里"，同时手还指着这里。根据我们通常对语言的理解，人们会想说：这与我们对"那里""这个"所做的相去甚远，一点也不像我们对这些词的用法。如果固守图示的人坚持问道：好，那你告诉我，什么是语词"这个"的意义呢？我会回复他，语词的用法总是交织进语言游戏中的，它（为了进一步使用隐喻）浸于其中并被特定的文本改变：在其中，而且只有在其中，我们才能知晓我们所意味的。我们最好反问：这里有"意义"的问题吗？告诉我文本的语境、告诉我这是谁的问题，然后我基本就知晓该怎样回答它。而且，我将会知道这个问题是否有意义。图示和其预设所制造的幻觉之一就是意义的问题总是可以被有意义地问及——图示使我们思考：如果有一个语词，就会有与之相联的含义，所以总会有、总可以有关于这个含义的问题，无论其用法归属于意义边界的哪一边。但也只是由于语词的通常意义的想法造成的"薄雾"，使边界的巡逻兵得以存在。正是这"薄雾"导致不可能有清晰的视野。那清晰的视野——独有的、情境的、细节的——会承认、体现、将注意的焦点对准真实语言互动的创造性一面。

但是怎样能说抓住了——我们应怎样理解——语言使用的创造性这一被图示及其预设系统地封闭起来的维度呢？维特根斯坦使用游戏的意象来再次确定他对语言的思考的方向，因为我们刚才见到的显在的活动、真实的交互学习和相互结合的特性。维特根斯坦对于"游戏"这一概念的两种用法传统上认为是不同的：一种情况下，如我们所见到的他对"语言游戏"这一概念的引进；另一种情况下，它使用"游戏"来说明家族相似性的概念，尽管连贯一致，这一概念却没有一个特性上单一的本质来使游戏被包括进"游戏"的种类并使"非游戏"被排除。但是这两种用法并不像看上去那样是截然分离的。在《哲学研究》第75节，他写道：

> 知道什么是游戏意味着什么？知道却说不出来又意味着什么？知道在这里相当于没有道出的定义吗？那么，它一经道出，我就能认出它，认为它表达了我所知道的？难道我关于游戏的知识、关于游戏的概念在我所能给予的解释里不曾完整表达出来了吗？即当我描述各式各样游戏的例子；当我指出可以怎样比照这些游戏用各种方式构造出另外一些游戏；当我说这种、那种活动恐怕不应该还称作游戏了；诸如此类。

在这一评论里，我们看到了图示的影响与我们在使用基础上获得的知识之间的战争。我们或许很好地知晓游戏是什么（用法），却仍不能"说出它"，也就是说，无法给出一个命题来定义"游戏"（图示）一词的意义本质。当场合需要时，当我们关于什么是、什么不是游戏的知识被挑战时，当我们被告知我们并不知道这只是场游戏时，当使这一短语有用的任何提示出现，然而我们在此有权称为完美的知识却又是不完美的，即它并不产生一个语词在不同文本中本质不变的含义时，我们确实可以说："我当然知道游戏是什么！"这是一个未经系统阐述的概念吗？图示的回答是：是的。我们创造性的用法的回答是：没那个必要——谁在问？在此语境中被描述为未经系统阐述的东西，以及植根于语境中的、作为我们所有衡量标准的"被阐释的"理解又是什么？如果提供一种本质主义的定义，我们将会立即认出这就是我们想说而说不出的东西吗？图示会回复：是的。我们的用法则会回复：或许是的——但这取决于我们现在不知道什么，也就是说，是什么情况致使需要一个统一的定义；或许不是——这可能就像教授"那里"，我们说什么在我们面前，与语词/含义模板加之于我们的并无相似。表述的完整性（比如表述什么是游戏）在不同的情况下并不是统一和不变的——为什么，他问，我们给出的解释不应该算作一个详尽完整的解释。（谁想要一个完整的解释，也就是说，"对于游戏是什么你还想说什么吗？"）接下来：这是一种什么解释？这里就是维特根斯坦对于"游戏"的两种用法交汇之处，这超越了通常对之的判断，他在想的解释体现在他的文字里，"我对各种游戏的描述显示出其他所有种类的游戏可以与之类似地被构造出来，这说明我很难称这个或那个为游戏"。"语言游戏"这一术语并不拥有一个固定的、专门的指涉对象；毋宁说，它更像是这样一种解释，他在这里设想了通过讨论一系列情况，从而让某人感觉到一种语词"游戏"的含义。然后，创造性地发明的游戏的情况通过类比也得到讨论,这一切是通过我们基本不会称之为游戏(语境中的问题出现,例如"传球是游戏吗?")的状况,或者我们有意地以灵活的方式拓宽术语范围,或者尽管我们还并不确定,但是我们有直觉认为这个给定的情况就是游戏等诸如此类的状况得到识别的。

当我们与图示及其预设步调一致地思考时,我们简单地以为一定是这条路;当我们在智识转向后再回答,我们当然会认为是另一条路。维特根斯坦在《哲学研究》第112节描述了表象与真实的抵触:

> 被我们语言形式吸收的某个譬喻造成一种假象,这种假象使我们不安。"不是这样的!"——我们说。"但它只能是这样!"

其在第113节接着说:

> "它就是这样的——"我一遍一遍对自己说。我觉得只要能目不转睛地盯准这个事实,把它集中在焦点上,我就一定会抓住事情的本质。

如果我们想一下语言的创造性使用,想一下多姿多彩的表达,想一下比喻的使用,想一下使事物、行为、思想或姿态焕然一新的隐喻[1],想一下语言的乐事,想一下诙谐的新词或者处心积虑的冗余,这些都被视

---

[1] 我对这一进程尤其是自我理解语境的思考,参见 "In a New Light: Wittgenstein, Aspect-Perception, and Retrospective Change in Autobiographical Understanding", in *Seeing Wittgenstein Anew*, ed. W. Day and V. Krebs, Cambridge University Press, 2010, pp.101-119。

作第二位的，不值得被包含进我们的语言哲学。我们被严肃的意象占据，它使想象力枯竭。（这就像如果一个音乐批评家宣称只有西欧古典传统成文配乐的表演是真正的，而世界其他所有地方的音乐实践与之相比都是二流的、下等的，人们会想说：是有这个，而且还有更多其他的。）如果我们想一下俏皮地改编一个已经使用的隐喻，想一下仅仅是偏离所指而不那么真实的转喻，想一下作为本质上持续不完整的所指的提喻，想一下一个依靠从另一个独立自存的主题那里借来的意义创造性地拓展和发展的主题，我们就会错误地期望能将信号与杂音区别开，将本质与偶然区别开。通过维特根斯坦一生的工作，如果我们想确定一个本质，那么所有这些东西，并且可能更多——如果没有被还原的话——都是本质。

通过提及隐喻和比喻的使用，我们可以关注维特根斯坦语言游戏的另一个方法论目的。很显然他并不认为会有一种理想语言成真的可能性（一个逻辑完美的分析，与伯兰特·罗素对于日常使用的混乱的真实语言相对）：那种意义上的可能性对他来说只是我们刚才考虑过的误导性的图示所生出的幻觉。但是如果语言游戏不是被用来作为对语言完美分析的出发点这一目的，那我们可以说它的哲学目的何在呢？在《哲学研究》第130节，维特根斯坦写道：

> 我们的清楚简单的语言游戏并不是为将来给语言制定规则所做的预备性研究——仿佛它们是向充分的规则走出的第一步，暂不考虑摩擦和空气阻力。毋宁说这些语言游戏立在那里作为参照物，它们将通过相似性以及不相似性来帮助我们领会我们的语言是怎样一种情形。

这是复杂而重要的。复杂，因为被着重强调的表述"参照物"并不是自明的，而且维特根斯坦在这里并没有怎么帮助他的读者。他并不是指仅仅比较一下 A 和 B，用探究中的"比较和对比"模式来标出相似和不同。毋宁说（他更多地通过展示而非说），他的意思是有一种我们能看到差异的比较形式[1]，在其中，之前没有被把握到的差异在某种程度上显示出来，这种程度则依赖于我们如何不知不觉地依据 A 来思考 B——就像思考心灵事件，如果被命名，就不得不像客体一样被束缚，因为心灵事件所模仿的物理客体是被物质束缚的。接着思考一下，由于意图是心理事件，它将会牢固地被其物理对象束缚，而且可以通过其实现具体化，物理的艺术制品就是其物质实现。这当然建基于如下的模型，即一个语词是一个东西，意义是另一个，这两个分离的实体之间的关系是附属或者一致。这个信息非常重要，因为它直接表述了一种特别的路径，在其中语言游戏（例如，流体动力学的语言和弗洛伊德式的诠释；动物刺激-反应机能的语言和行为主义的语言；原因-效果关系的语言和决定论的语言；建筑的语言和认识论的语言；就色彩和饱和度做出色彩区分的语言和在旋律优美的演奏中做出音调和音色区分的语言；诸如此类）本身的比较就作为一种开显新义的隐喻。温斯顿·丘吉尔用一种极其紧凑的形式讲出了很多："墨索里尼是个器具。"[2] 然而，就像我们在上面看到维特根斯坦所说的，我们可以毫无困难地识别出其中的含义，而不必在缺乏句子的精确内容的情况下清晰、简洁、完整地表达出来。这是一个创造

---

[1] 他将《李尔王》中的"我将向你展示差异"作为他的书的箴言。

[2] 参见 Ted Cohen, *Thinking of Others: On the Talent for Metaphor*, Princeton: Princeton University Press, 2008；我讨论过将隐喻和比喻的语言算入语言哲学在哲学上的益处，参见对 Cohen 的 *Mind* 书评（119: 476 [October 2010], pp.1145-1151），以及"隐喻"的艺术中隐喻的角色（*Routledge Companion to Aesthetics*, 3rd Ed., ed. B. Gaut and D. Lopes, Routledge, 2013, pp.351-361）。

性的用法,而且是才华横溢的描述,以这种方式命名的图示和它相关联的有意义的语词的二元论就不再合适。(那些将这一情况作为反对创造性隐喻的哲学意义的论据而非反对图示的人,正巧展示了图示坚固而有误导性的力量。)

　　语言游戏开启新义的对比(我将会在下文讨论艺术时再次谈及)可以向我们展示逃离(或者,通过不断对比,逐渐地逃离)图示驱使的预设后我们所真正看到的,以及通过不同语言游戏的无意合并或者跨文本影响的到位的预设。维特根斯坦对于语言形式在他自己思考进程中所施加的影响保持着持续的警觉,然而,还是(并且已经是)容易以错误的眼光来看待语言游戏,即以蛋壳般黏着于其上的命名图示野心的方式。图示的一部分吸引力来源于它承诺阐明语言的起源;命名的第一步,在词语物、名字与被命名者之间建立联系,将是人类进入语言意义急速展开的世界的第一步。因此,人们可能会以为拥有上文(a)(b)(c)特点的语言游戏,仍旧是语言起源的替代品。使用维特根斯坦上面讨论语词"游戏"的学习的例子,我们可以想象语词,或者像它一样的语词,语言符号是被共同地建立的,因而是语言交流的最先的、相互的活动。但是来考虑一下光——光照进思考,穿过被更重要的差异替代的最初感知到的相似的错误。维特根斯坦的学生,也是他的遗著保护人拉什·瑞斯,明确阐述了这一比较的视野。瑞斯写道:

　　　　如果我们考虑"说",尤其,这里有一些特定的方式,在其中对于"游戏"的解释的类比是很难使用的。我猜你或许会通过向他描述各种游戏来告诉一个人什么是游戏。(你必须得出他从没玩过游戏的结论。)我们接着就能说他通过这种方式知晓了"游戏"意味着什么,或者他开始理解游戏是什么了。但是如果你试图向某人解释

"说"意味着什么,情况就不可能像刚刚那样。如果你认为他从未玩过游戏,你从描述各种游戏开始;但是如果你认为他从没学过说话,你就不能从描述它如何进行开始。

他不可能理解什么是"说",除非它理解什么被说出。如果他理解什么被说出,那解释又是来做什么的呢(外国人如何学习英语单词"说"这一问题与此无关)?[1]

与"游戏"的情况(尽管像瑞斯观察到的,我们必须想象出一种状况,在其中一个通晓语言的人从未玩过任何游戏,尽管这种想象的化约经常在哲学中被假定,但实际上却并不容易实现,而且我们也不能把这种状况当作被给予的)相反,听者很快就知道了很多关于单词"说"的。因此这个(在虚幻的真理)"解释",用维特根斯坦的隐喻,是无所支撑的杠杆。对于游戏,我们从描述各种情况开始。在探讨语言时哪里是这种相似的出发点呢?(尽管在这篇论文之外,有人开始观察到为什么维特根斯坦不断地称语言为"生活形式"[2]——并不是在这种事上这种解释可以适用。)瑞斯在这里的附加说明是有力的:我们的拼写也会经常受到学习一门语言和学习另一门语言之间误导性的类比的影响——我们在这里意识到我们确信 A 在某种意义上(并非有意的、未被审查的语法相似性)是受到 B 影响的。学习第二种语言在这种程度上是可以通过记忆词汇单开始的——通常是名词命名事物,图示及其预设看起来(如果仅仅

---

[1] Rush Rhees, *Discussions of Wittgenstein*, London: Routledge & Kegan Paul, 1970, pp.71-72. 进一步的讨论参见 Rush Rhees, Part Two, "Games and Language", *Wittgenstein and the Possibility of Discourse*, 2nd. Ed., ed. D. Z. Phillips, Malden: Blackwell, 2006, pp.63-94。

[2] 我检查这一概念与艺术意义的联系,参见 Chapter 2: "Forms of Life and Artistic Practices", *Meaning and Interpretation: Wittgenstein, Henry James, and Literary Knowledge*, pp.45-83。

是在第二语言学习的非常开始的阶段）是合适的。但是瑞斯的洞察是很清晰的，这作为部分合并、部分还原与把握语言的本质或定义语言的中心功能是完全不同的。瑞斯继续写道：

> "你或许经常玩游戏却从没想要说出究竟什么是游戏。你或许已经说话了很多年却从未想过说出究竟什么是说本身。"但这两种情况并不是平行的。如果你试图说出什么是玩游戏，你是在试图展示当人们在玩游戏时他们一般在做什么：你描述足够多的事例来表现它，然后说"诸如此类"。但是尽管"人们在玩游戏时是在做什么呢"在这里是正确的，对于人们在说话时究竟是在做什么的描述，却并不如"说是什么"的阐释一样发挥作用。[1]

"当人们玩游戏时他们在做什么"和"人们在说话时他们在做什么"是完美的平行构造，但是正如瑞斯所言，远非"真正的平行"。在这种情况下，明显的相似性是误导的，被挖掘出的差异性才给人们启示。

三

弗兰兹·卡夫卡在《变形记》[2]的开头就立即通过描述一个事件来告知我们是在他语汇创造出的虚构世界中。凭借那个句子，他打开了语言

---

[1] Rhees, p.72.

[2] Franz Kafka, "The Metamorphosis", in *The Metamorphosis*, *The Penal Colony*, *and Other Stories*, trans. Willa and Edwin Muir, New York: Schocken, 1975.

创造性的新世界。这是迈向创造性的语言游戏的最初一步。那个句子是：

> 一天早晨，格里高尔·萨姆沙从不安的睡梦中醒来，发现自己躺在床上变成了一只巨大的甲虫。[1]

这使得现在可以对于这个世界、对于目前的情况、对于格里高尔·萨姆沙的想法谈论得更多一些。即使我们能很轻易地把握其含义（在某种程度上这里是有意义的问题），但如果没有这个开头的话，第二句话就会显得不合逻辑。第二个句子是：

> 他仰卧着，那坚硬的像铁甲一般的背贴着床，他稍稍抬了抬头，便看见自己那穹顶似的棕色肚子分成了好多块弧形的硬片，被子几乎盖不住肚子尖，都快滑下来了。[2]

这里之所以显得连贯，是因为我们立即意识到了开篇的那句话是想象的、虚构的，它用虚幻的语言游戏里的不足20个单词开启了对全篇的暗示[3]，而它事实上是对我们已知的两种语言游戏深思熟虑的创造性融合：一个人起床的语言游戏和描述一只昆虫的语言游戏。我们被引导着去思考直觉地带的某处，尽管这种情形不可能发生，但并不是不可以体会，

---

[1] Kafka，p.67.

[2] Ibid.

[3] 我的关于这一主题的更为详细的讨论参见 "Implication in Interpretation: Wittgenstein, Artistic Content, and 'The Field of a Word'", *Mind, Language, and Action: Proceedings of the 36th International Wittgenstein Symposium*, ed. Daniele Moyal-Sharrock, Volker Munz, and Annalisa Coliva, De Gruyter, 2015, pp.45-63。

或者被引着去体会，而那昆虫或许是隐喻的字面化（所以它的意义是从两种层面上来讲的，并不能还原为语词-意义或者任何合并理论）。被视作隐喻，我们现在就处于一个更能认同主人公的位置，这个主人公本身就被理解为不能还原为语词之严格意义的语言形式。在不断展开的创造性的交互意义世界中，凭着对正在发展中的语言游戏的综合，我们准备好了迎接下一个句子：

比起偌大的身躯来，他那许多只腿真是细得可怜，都在他眼前无可奈何地舞动着。[1]

卡夫卡简短地交代他听到从阴郁的天空洒下的雨滴溅落的声音"使他感到忧郁"[2]。这个游戏中的这一步是惊人而有力的：它说阴郁的天空和雨的声音令他忧郁，但同时他对于发现自己变形的反应也荒诞地是真实的；它告诉我们，并不是我们这些活生生的人醒来并发现自己变成了个大甲虫。要是发生在我们身上的话，除了天气给情绪带来的忧郁的波动，这将会导致难以想象的惊恐、迷失方向、摧毁精神的悲痛，然后疯狂地确认自己是不是在做梦，产生幻觉、妄想诸如此类的任何反应。这种反应绝不会发生在我们自己身上，并且这一情形将格里高尔·萨姆沙更加置于他自己的世界，我们由这个句子发现我们面对的是一个与我们极其不同的虚构的心灵。这就是这个句子传达的内容的一部分，这就是这个句子行使的工作的一部分。如果我们现在问："这是这个句子的意义的一部分吗？"我们就是在问一个导致困惑的问题，而这个问题的提出是

1　Kafka, p.67.

2　Ibid., p.68.

由维特根斯坦称之为"语词意义的一般概念"及其附加的语句推论激发的。如果一个批评家问道:"这些句子的语词真的有这些意义吗?"这或许就是在挑战我呈现语句功能的方式,这些语句暗示了萨姆沙与我们的距离;单个的语词意义的总和在句子中作为统一的存在是没问题的。(甚至,我们不得不已经置身于创造的虚构语言游戏中,以至于连批评家的问题都无法理解;依照瑞斯上面的观点,我们不能在这种意义上提出问题。)另外,萨姆沙从床上的醒来在故事的别处也得到了描写,这些描写内在地包含语句吗?有人想说:不会比音乐主题上的独立变奏更为真正的独立——它们深深地依赖于之前的变奏以及它们最初的内容,看它们包含什么就是去看它们与其他旋律的关系。

就像作为语言游戏中相关步骤的卡夫卡相互关联的句子,就像主题和变奏结构中内容的创造性互动,我们在言语互动的世界中创造的意义并不会化约为语言原子——将命名视作必要功能,以为能够拥有完整的意义的虚像。我们真实的语言并不那样发挥作用。概念的联系十分丰富;主题的交互作用积极地改变我们在演讲中即兴创作的多种多样关系的措辞;我们所创造的丰富的指涉不能被指涉的对象死死地束缚;暗示和比喻不能像 T. S. 艾略特所说的那样"僵立不动"——如果是这样的话,语言不会成为生活形式。甚至,像约翰·厄普代克敏锐地观察到的,单词和组成它们的字母可以通过某种方式和谐地摇摆,产生一个微观世界,维特根斯坦将其描述为相关的语言游戏的对比互动。厄普代克用这样一个才华横溢的段落开始了他的故事《博物馆和女人》:

并置而列,这两个单词看起来似乎是彼此透明的;E 和 M 相混合——M 对结构的衬托和约束为创造物中的中心 M 提供了共鸣和有趣的形式分量，如插上疾驰音节翅膀的黑色内核般将其控制。[1]

如果我们提出一个预设了维特根斯坦称之为"语言意义的一般概念"的问题并且带着这种认知框架进入对这个问题的探讨，我们就是在——用维特根斯坦的另一个比喻——自己为自己结网。这里的语言在感受性上的特殊品质，这种苦心营造的语言智慧，绝不可能被那种态度把握，创造性的语言感受超越了它所能把握的。如果有人想听到对"那非常好，但是我们是对意义问题感兴趣，而非文学感知力"的答复，人们就可以反问道，为什么有人会觉得在任何探讨之前就从方法论上排除后者是有道理的？他们声称要研究前者，但后者大概才是人类储藏意义的最丰产的矿藏。

在我们转向我认为应该是同样有益的艺术的类似状况前（例如，我希望被并置而列的语言游戏间有益的比较不仅能阐明我们语言的特征，也能阐明我们的艺术的特征），这里还有一个语言用法的要素我们至少要接触一下。在语言的使用中遵循规则已经被广泛地讨论，但是有一个维特根斯坦指出的有趣的误解与这里联系紧密。

虽然我们接受了更广阔意义上的感觉，而且我们将对意义的兴趣拓展并超越了命名图示及其关联所指示的，于是我们能够（a）轻易地思考在一定程度上作为固定的、精确的和可预测的遵循规则会允许对感觉边界的审查优先于（b）任何特殊情况——创造性的、无法预测的、需要我们回到语境中的、去琢磨的、去再虑的、去更精致地思考的语言。（a）和（b）之间的冲突描述了至少从现代主义出现以来就在诗歌发展中存在的批评性争论。传统主义者和审美上的保守派经常以为（a）是自明

---

1 John Updike, *Museums and Women and Other Stories*, New York: Knopf, 1972, p.3.

的；艺术中的进步主义者和革命人士经常以为（b）更胜一筹。但是关于是否应该遵循已经建立起来的规则的争论，建基于如下这个共同的预设，即我们必须首先弄明白"遵循规则"在最根本上意味着什么。规则，如果是确定而稳固的，如果被遵循将产生一致性，如果被打破将产生非一致性，或者说，打破规则后有另一种连贯性。两边可能都犯了有趣的错误。看一下维特根斯坦在《哲学研究》第143节说的：

> 现在我们来考察下面这样一种语言游戏：B应根据A的命令按照某种特定的规律写下一系列符号。其中的第一个系列，是十进位自然数的系列。——他是怎样学会理解这个进位法的？——先把这个数目系列给他写下来，督促他跟着写。（无须担心"数目系列"这个说法，它用在这里没什么错。）学生在这里已经会有正常的和不正常的反应。——起初我们可以手把手教他抄写从0至9的系列；但惟当他独立地写下去，才可能说他的理解和我们的一致。——我们现在可以设想，他的确独立地抄写着这些数目，但写的次序不对，一会儿这样一会儿那样没个规律。这样就不再有理解的一致性。——他也可能在排列次序上（大致正确但时而）"出错"。——这种情形和第一种情形的区别当然是频率的区别。——或者，他犯的是系统的错误；例如，他抄写下隔位的数字，或把0，1，2，3，4，5……这个系列抄写成：1，0，3，2，5，4……这时我们几乎想说他把我们理解错了。
>
> 但请注意：无规律的错误和系统的错误并没有鲜明的区别。即，你倾向于成为"无规律的错误"和"系统的错误"的两种情况没有鲜明的区别。

需要指出的第一点是，维特根斯坦把规则这一构造本身也称作语言游戏,所以我们或许应该抛下不变的、固定性的直觉,规则构造本身所显示出来的就是我们之前讨论的语言游戏的特点。第二,是交流,是交流的可能性,在这里被强调——这将超越个人的交流放在了注意力的中心。交流在规则的提供者和遵循者之间开辟了一种解释的空间:它开辟了一种空间,在其中规则的涵义被从不同方面解释、强调、忽视。第三,它确定了有人期望的谬误的意义:当遵循者不按套路出牌。第四,维特根斯坦保留了系统性错误(在这里事情变得有趣)的可能,一种继续的方式,一种包含理解但却是错误理解的方式。这是有趣的,因为它显示从一条规则出发可以有不同的路走,它们都基于这条规则,超越它,不同于它。严格地说,这并不是遵循或打破一条规则,毕竟它们在自己的道路上是源于规则、被规则支配的行动。接着,出于对平等的兴趣,维特根斯坦指出这里没有一般的或者支配一切的标准,在我们称之为系统的错误和无规律的错误之间并没有清楚、清晰、脱离语境的界线。在它们之间有个灰色地带,一会儿覆盖这边、一会儿覆盖那边。考虑到拥有不同趣味的不同语境,规则并不能在遵循的和不遵循的之间做出鲜明的区隔。通过简单地联系一下艺术的进展就能发现,那样为创造性的探究和拓展开辟了空间。所以回过头来看一下(a)和(b)的较量,两者错在了一点上,也就是它们在争论中共享的"在或不在"遵循规则的概要图示。在艺术上完全严格地、精准地遵循规则只会生产出刻板的、重复的、非原创的作品,或者学生水平的作品,就像通过准确的遵循规则练习学习作曲对位法那样。另一个极端是,完全地摧毁所有规则,或者无论如何也不与规则建立联系,只会生产出一种与历史上所有先行者[1]都相

---

[1] 对于这类历史关系在艺术品的形成中所扮演的角色,进一步的讨论参见 Jerrold Levinson, "Defining Art Historically" and "Refining Art Historically", in *Music, Art, and Metaphysics*, 2nd ed., Oxford: Oxford University Press, 2011, pp.3-25 and 37-62 respectively。

异的作品，故而它对于这种类型的艺术的意义和贡献都是无法理解的。维特根斯坦指出，是有弹性的大片的中间地带，是理解了规则的地带，吸引着他们，但是接着就创造性地超越他们确切规定好的东西，与此同时仍旧保持着若即若离的关系。这与挣脱表达的暗示是类似的，超越可以称之为是直接和断然的说明。

四

诗人（想想在他们自己时代的艾略特和艾施百瑞）和小说家（想想在他们自己时代的乔伊斯、穆齐尔、卡夫卡）在语言的领域劳作，在其中，语词自身是材料，作曲家和即兴作曲者在音乐领域做着同样的事（想想在他们自己时代的杰苏阿尔多、韦伯恩、查理·帕克）。但是现在我想根据前面已有的铺垫来谈论一下视觉艺术的一些工作。

艺术史家柯克·瓦内多[1]明确地表述了使现代艺术现代的一些特征，正如他作品的副标题所显示的。他的标题——"好的漠视"——则将他的研究置于有关遵循规则的那有趣的灰色地带。那个标题，就像他在引言中解释的，源自一个匾，这个匾是为了纪念英式橄榄球在英格兰北部的拉格比学校而被创造，或者说，出现。那个匾上印着："这个石头是在纪念威廉·艾利斯（William Webb Ellis），他漠视他的时代的足球规则，第一个将球拿在手上然后带着它跑，从而创始了英式橄榄球独特的风格。公元1832年。"[2] 好的——意识到的、留心的、聪明的、能理解意涵的、

1　Kirk Varnedoe, *A Fine Disregard: What Makes Modern Art Modern*, New York: Abrams, 1990.
2　Varnedoe, p.9.

能感觉到的——漠视作为瓦内多研究的支配性隐喻,很多现代艺术的意义用这种方式开显。但在这里我要关注的是他在现代艺术空中视角的显著发展中发现的、相似的、创造性的规则屈服和再形成。瓦内多将现代艺术出现的源头定位于艺术之内,他写道:"使现代艺术得以产生的并不是什么隐秘的社会力量的短暂的共同作用,也不是西方文化轴心的破坏性转换,更不是什么相异势力的打击。"[1] 毋宁说——这里我们将含蓄但深入地与语言游戏的拓展的见解联系起来——"核心的创新主要地形成于我们的传统内在的资源,通过个体在可选择的选项之间行动"。明确地考虑规则在艺术的创造和发展中扮演的角色,他还补充说:"它需要有人理解这些规则要怎样改变,使用并且转换这些规则。"然而,尽管必要,但单单如此并不足以支持体裁上的重大进展,瓦内多又写道:"仍旧需要有人作为旁观者来重视这些创新,而非贬低、打压它们。现代艺术的产生需要各式各样的观众——艺术家同行、一些收藏者、批评家,甚至大众——决定不将这些脱离常轨的演员扔出游戏,而是看他们的恶作剧如何重新定义游戏的玩法。用语言方面的情况来对比一下不难看出,封闭的个体意识做不了这个。像语言一样,它需要一个相互作用的共同体,在其中新的有意义的行动会出现。"

瓦内多知道这些情境中的例子不应该仅仅作为对预先已经有的观点的说明,它们应该作为论证的一部分发挥有力的作用——就像隐喻性的语词,意象应该相互作用并且予以启示。居斯塔夫·卡耶博特(Gustave Caillebotte)1880年的《从上方看林荫大道》(*Boulevard Seen From Above*),视角是空中的位置,没有阳台或者扶手,或者任何别的指示来说明这对于人的身体来说是个安全的高位。我们从上面看到了树、长椅和人行道,

---

[1] Varnedoe,p.217.

但最重要的是我们看到了四个人，和下面的人群一起被按透视法缩短进帽子里，四肢从中轻轻伸出。有人会说，这不是"标准视图"，而我要说这里有更多的东西，它展示了在语言的成长和创造性使用以及艺术风格的演变之间深层的相似。瓦内多提到了一个挪威的画家兼批评家，他一看到卡耶博特的画就谴责它破坏了视觉意义的不变规则："这种东西基本上是无意义的，仅仅是因为这幅画不得不放在地上而非垂直地悬挂起来时，才能正常工作。"[1] "不得不"和"正常工作"这两个说法很好地阐明了什么是过于简化的图示（再一次是维特根斯坦意义上的）和它的推论。为了绘画正常工作而感觉到"不得不"直接源于瓦内多下面概括的：

> 通常的窗式视野绘画，甚至是那个批评者之前或许看过的莫奈或塞尚的激进的绘画，是他自身空间的延续，在那个空间里，他所站立的大地和他在绘画中看到的地平线间有一个完整的、直接的联系之轴，这个联系之轴将构想的运动请入绘画之中。在卡耶博特的绘画中，那个轴断了。[2]

在相关的图示引导的预设里，观赏它的唯一方式就是置于地面（即使这样，它的意义内容仍是值得怀疑的）。但是与语词-意义的命名图示以及与其一致的决定意义的指涉-对象相对比，这里的绘画是什么呢？(a) 视觉的界限被区分了；(b) 这些界限符合和我们站在同一平面上向我们呈现的视觉感知；而且——在这里与一致的语句的附加图示平

1　Varnedoe, p.220.

2　Ibid.

行——（c）在场景中个别的从而各自被感知的成分会被作品内在有界限的框架连贯地安排起来。什么是推论的预设？没影点视角，就像为造句的句法规则保证一致性，将同样地保证视觉的一致性。瓦内多富有洞察地讨论了这一点，他正确地看到了它在这里的基础角色，但是我想用一个相关但略有不同的方向来讨论这个，通过强调人们曾看到的在艺术的和语言状况间浮现的显著的平行性。

没影点透视是一项技术（在阿尔布雷特·丢勒［Albrecht Durer］的《测绘员画一个女人》里得到了极好的阐明，瓦内多使用过这个），使用这项技术画家可以在二维的平面上画出三维效果，因此在一定程度上能在一块帆布上创造出对于深度的貌似真实的错觉——我们因此不仅仅是看到了帆布上，我们也看进了帆布里。这一发现的力量，正像每位艺术史的学生都知晓的，实在是太伟大了，以至于被认为是对绘画本质的发现，而且谈及技术时，之前的绘画史都被看作是奋力地想要抵达这个重点。（在语言领域与之类似的讨论是足够明显的，那就是被置于逻辑原子主义之上的科学或者实证主义结果所书写的期望。）因此，宣称卡耶博特的画只有放在地上才能正常工作，是强行把差异塞进对相同的塑造中，而这里的相同是异化于它本身的。通过强行将它塞入已经确立的预设中，它努力地去——就像在一个有灵感的时刻不带着球跑——创造性地超越，它系统地错过了它的新意义内容。与语言的状况基本一致，将视觉意义与视觉杂音分开的、监察边界的，是个产生于误导性的图示及其相关预设的虚假概念。

关于空中视角，瓦内多写道："在视野中形状的游移消除了地平线。"对地平线的消除有效地改变了我们的位置，将我们从描绘的图景的正前方挪走，并因此赶走了关于艺术可能性的盲目期望。我想说，这在某种意义上是一种句法的方向调整创造的可能性。瓦内多继续道："在一个向下看的视野中，视觉的'重力'——它将重的、向着地面的事物置于帆布下部，并且将离观看者近的描绘得更大——所熟悉的景观格式被否定掉了。场景的元素可以不顾及重力和后退而分散。"[1] 当然，两者都被用来保证意义作为描绘的假定的本质的一部分。

这种看的方式，这种呈现世界的方式，在现代艺术的情境中将我们从庸常带入新奇，它们向我们展示了世界里的事物在我们以为它们是什么样的之外还能怎样被观看。我想说明的是，这很像是在语言中彻底的、有包容性的、使人感兴趣的调查研究以及说话者对它做的其他富于变化的事，正好与我们提前以为的它必须是的——维特根斯坦所谓的"它一定是那样的！"——相反。

但是我上面所说的编码进这些作品中的看的方式，尽管具有创造性，但并不是无中生有：像是拉格比，也像说话时即兴涌现的转喻，必有所依。瓦内多强调，尽管完全按透视法缩短的空中视角或许是全新的，但语言游戏的演进，或者看待某人的方式的急转，抑或编码进小说隐喻中的事物，尽管是创新，但它们必须来自某处。如瓦内多所正确地强调的，卡耶博特的视角可以溯源至上帝眼光的原始意象。[2] 但是空中定向和没影点的结合却是强烈地具有创新性的，这种结合为卡耶博特，也为其他人开启了新的大门。卡耶博特的很多绘画都在探索这扇门后面有什么，例如，他 1880 年的《奥斯曼大街》(并没有被瓦内多讨论，但是这一作品与他更广泛的观点相符)，但是瓦内多在一代人之后的摄影中所看到的，在目前的语境中更好地得到了证明。拉兹洛·莫霍利·纳吉（Laszlo Moholy-Nagy）1928 年的《柏林无线电视塔上看到的

---

[1] Varnedoe, p.221.
[2] Ibid., pp.225-226.

风景》(*View From the Berlin Wireless Tower*)，如瓦内多所表示的，像是对卡耶博特的《从上方看林荫大道》的一种视觉分析，而纳吉 1932 年的《无题》(从柏林无线电视塔向下望)像是卡耶博特绘画同一主题的变奏。

瓦内多将这一联系表述得很好。我想说，我们能由于视觉游戏的彼此联系很精确地看到它们，也就是说，联系或者可感的关系，它们是由于游戏的最初的创造性结合和混合地创造了接下来的发展才成为可能的。就像它们在艺术作品中所显示的，这种联系和关系为未来可能的发展画下了界线。它们不再像在语言中那样在艺术的事先决定方式中成为固定的和不可渗透的。这并不是说这些创造性突破的时刻不会出现在绝对无法接受的决裂或者对本质的违背上——在另一方面，必须适当地理解维特根斯坦在语言方面的疑问，也就是说，以不变的范畴和固定的本质这些概念来看游戏中一个起初建立新的规则的步骤。确实，艺术史的批评家总是来捍卫他们构想的边界，强行将我们或许会称之为未区分的意义与无意义相分离，将艺术与非艺术相分离——一个在两种情况下都决定种类所属的本质主义图示。事例有很多：贝多芬晚期的四重奏被称为不连贯的垃圾；斯特拉文斯基的《春之祭》被贴上了冒犯音乐艺术这一标签，并且在首演时遭到了观众的退席抗议；惠斯勒在公众面前公然抛扔颜料桶；对印象派最初的接受；芝加哥艺术团在自由集体即兴创作上的戏剧性改进；波洛克的滴画（他们自己在自己的创造物中行动并且在他们的视野中呈现一种几近空中的视角）……有数不尽的其他例子。但是它们在大量与众不同的情形下都显示的是——有时像语言游戏那样的稳步进展，有时像瓦内多所说的威廉·艾利斯那样的灵光乍现——根据文本划界，期待能增多可能性的创造性再造的规则，以及连贯性——经常是相关的理解和新感知到的功能交织且联系——并不在一开始时就显示出来。[1]

在结束前，在瓦内多的讨论里还有一个因素——一个相当有启迪作用的因素——我将拿来考虑语言与艺术的相关性。瓦内多回想起是欧文·潘诺夫斯基（Erwin Panofsky）[2]第一个在没影点视角的绘画实践中发现了内在的张力。角度，一方面来看——或者我在这里会说，在这一语境中科学精确性的例子和被表现的客体情况相同的例子被置于前列——是一种技术，它向它的使用者承诺它具有独立于个人知觉蒙蔽、偏见、歪曲而如其所是地表现世界的能力。保真度，在科学地模仿的相似状况里，屈服于真理。但是从另一个角度看（通过另一些不同的事例和与其平行的状况），没影点视角恰恰是完全并且不可避免地保有主观角度的再现系统，通过主观的透镜过滤经验内容的特定位置是不可能被取消的。瓦内多写道："这两种冲力之间的拉力，为了合理化和具体化这个世界，与此同时为了使之适应我们的主观感知，都被融进透视法的表现之中。"[3] 我刚才提到的，也是我现在想关注的这一张力的角度是，没影点视角不可能被合理地用这两者中的任何一种来看待：它或许可以作为一系列连贯的实践而不从属于已有的语言游戏的任何一方。但是在更大程度上（并且考虑到目前所有被讨论过的），我想关注的是：现代艺术——在绘画和摄影中，将这一张力极大缓解，并通过对这一张力的明确认知和面对而开启的创造性可能中发挥作用，是两种看起来不相容的

---

1 正因为这样，困难本身作为审美的特点已经在对艺术和文学的现代主义内容展开的批判分析中变成一个独特的主题，有用的介绍和导引参见 Marina Van Zuylen, "Aesthetics of Difficulty", in Michael Kelly, ed., *Encyclopedia of Aesthetics*, Vol. 2, Oxford: Oxford University Press, 1998, pp.43–47。

2 Erwin Panofsky, *Perspective as Symbolic Form*, trans. Christopher S. Wood, New York: Zone Books, 1991.

3 Varnedoe, p.225.

题材的语言游戏被带入一种新的有生产力的连贯性的作用的结果。凭借图解的概念，"图示"——之前被置于关于这件事的之下的直觉亚领域，我们将会发现自己在争论的是，没影点技术的本质究竟是客观主义的胜利抑或是不可避免地渗透了人类主观性的无法驳倒的明证？这一事态的真实状况，通常都伴随着根深蒂固的狡辩，比任何一种极端所把握到的都更有趣。

五

尽管瓦内多简要地讨论了奥托·阿姆波尔（Otto Umbehr，Umbo）1928年的摄影《险恶之街》(*Sinister Street*)[1]，依照陌生化（以及观赏者不得不承担的额外工作，以达到对于所描绘的元素的固定的认识——用大块石头铺砌的人行道，镶嵌的薄片铺路石，路边，街道，带着男孩的女人，拿着扫帚的男人，公路工人，建筑灰尘），我想从前面的观点来探讨这一杰出作品更进一步的特点。这里的物质现实——刚才所罗列的所有描写的元素，是从空中视角看到的。之前对卡耶博特的讨论以及他的作品所开启的可能性为我们准备了这个，而且我们做出了这一贡献意义的联系：摄影是在已经建立起的游戏里活动。与此相似，这个人的视角是空中的，明显的仿佛借助伸展实现透视原理缩小后的结块；我们在之前也已经看到了我们视之为那个主题的变奏。但这里也有差异：我们另外也看到并且很快认出来自人的阴影。这并不像它看起来那么直接，它展示了两个一开始不相容但是现在创造性地结合起来的视觉语言游戏是

---

1 Varnedoe, p.231.

如何一起使这幅摄影成为潘诺夫斯基张力的微妙说明的。这里，我们所认为的"事物存在于世的真正方式"——身着连衣裙的女性拉着穿着短裤的小男孩的手一起走，拿着扫帚的男人——并不是从被拍摄的物理事物（也就是那些占据了一定的空间并且反射光线进入相机镜头的广大的实体）那里得来的，毋宁说是来自那些并不是在此物质意义上出现的东西。我们认出他们是由于他们的影子[1]，它们表现在照片里就是构造上富于变化的背景上黑色的轮廓。我们在这里对世界的所知完全依赖于人的立场，依赖于观看者主体的位置，依赖于实际上并不存在的大量假象。这个照片是一个通过转化我们是否将知道关于世界的真相以及它存在的方式的预期而开启了更多可能性的作品，就像创造性的拼接和为即兴的、别出心裁的、难以预测的、运用规则或者改变规则的语言交流打开大门。将客观与主观相分离的根深蒂固的图示太简单、太概要了，以至于无法满足艺术的成就；阿姆波尔向我们提供了一个能把握住潘诺夫斯基张力的作品，把它放入创造性的游戏中，创造性地颠倒它传统的两极，将我们留在了一个比我们最初想象的更复杂的感知世界中。这就很像维特根斯坦在他的《哲学研究》中对语言所做的。

考虑到作品，考虑到与这里的议题直接的相关性，斯坦利·卡维尔（Stanley Cavell）写道：

他所带来的思想是否应该被称为"语言哲学"取决于人们想从语言哲学里获得什么。维特根斯坦关于意义、理解、符号、交流、

---

[1] 对于影子及其在传递知识方面的角色的概念以及有趣的讨论，参见 Michael Baxandall, *Shadows and Enlightenment*, New Haven: Yale University Press, 1995, Chapter III: "Shadow and Information", pp.32-75。

命题、语词的使用都有相当确切的想法；无论在何种情况下，这些都是语言哲学所乐于讨论的。但是维特根斯坦对于意图、意志、思考、信仰、隐私、疑问、教育、疼痛、怜悯、确信、必然这些话题的兴趣也不比前面的多些或少些。在这些话题中，心灵使自己变得吸引人并且显示自身，所以对自己的或对他人的心灵研究，不得不研究这些话题以及这些兴趣以知晓它们通常在哪里显示自身。他对语言感兴趣是因为哲学活动或多或少地被它纠缠着。但是如果有人对为语言建立一套理论或科学感兴趣，维特根斯坦的评论一定看起来过于随意了。而且只要一种语言哲学，在哲学上常见的那种标准的意义上的，将要或者应该部分地存在一种尤其是对于科学的语言的解释、改造或分析，那么维特根斯坦看起来就丝毫没有语言哲学。他最好被当作希望为哲学提供一种关于语言理论的攻击来读——作为想要攻击哲学的人的手段，或作为对物理学或心理学的仿造，作为理解怀疑主义的问题的手段，也就是说，作为避免它的方法。[1]

卡维尔在这里清楚表达的语言概念和与其一致的哲学作品关于语言的概念，我想说，是我们关于艺术中意义的最有用、最合适的概念。的确，像卡维尔描述的那样，与维特根斯坦的立场相平行的，是艺术家和他们的作品与哲学要为艺术提供一个支配一切的、模仿科学的、还原为单一的定义的连接。想象一下艺术世界里的威廉·艾利斯。千真万确的是，如果一个人对于制造一个关于艺术的理论或科学很有兴趣——与此平行的是这篇文章开篇提到的关于语言的梦想的或科学的理论——维特

---

[1] Stanley Cavell, *The Claim of Reason: Wittgenstein, Skepticism, Morality, and Tragedy*, New York: Oxford University Press, 1979, p.15.

根斯坦的进路看起来确实是太随意了。但问题是，正如卡维尔对语言所说的，人们对于艺术哲学期望些什么。我想补充的是，人们在进入研究前就具有的图示以及那种图示所具有的预设的推论，并不会暗中或明白地决定之后的解释将如何进行。我想补充的是，人们在进入研究前就具有的图示以及那种图示所具有的预设新推论，并不会或间接或直白地决定之后的解释将如何进行。我们还在受到某些类比的影响但从未自觉，心灵需要借助语言的触发才得以显现。卡维尔所看到的也正是维特根斯坦的洞见，即我们对于意图、意志、思考、信念的认知如何在细究事物特殊性的过程中更好地发挥作用——这也正是各类心灵活动现象所栖身的地方。（这就是文学为何对哲学有如此深远的影响。）如果心灵在艺术中也像在语言中那样使其触发并显示自身，那么我们将借鉴维特根斯坦对于语言的研究而在美学里做得更好。

所以，最后，在这种探寻过程中，尤其是在事关依据于语言意义的艺术意义的探寻中，我们应该把什么有效地留在心里呢？没有列表看起来是详尽的（没有列表能是详尽的），但是考虑到前述的所有，我们应该记在心里的是下述内容。（a）贡献意义的细节可能会被轻易地忽视，或从视野中模糊，如果它从一开始并未显得是一个一般理论的具体化或概要的图示，或表现我们期待的连贯组织的语法的话。（b）相似的，一个关于意义的（关于名称——客体的，或关于意向——物质实现的）简化的二元论模型，尽管隐秘，但仍会误导我们关于意义内容的概念。（c）作为简单物和结合的语句的图示，可以钝化我们对于材料相互作用的"活着"的性质的批判感。我们还可以看到：（d）言语感觉的界限，同样还有艺术意义的界限，在一定程度上可以表现为事先决定的，以错误承担边界治理责任的方式。（e）在语言和艺术中，意义的本质的概念会导致我们过于轻易地认为在意义内容中做出"信号"和"杂音"之间的区别是可行的。(f)语言，不是名称组成的呆板的体系，而是像即兴创作那样活着的（维特根斯坦的"生活形式"），如果我们依照语言来考虑我们对艺术的观点，这将会改变我们的出发点（如维特根斯坦所言，一切都会随之改变）。(g)一个语词所指涉的指示物的图示被固定，导致推论出来的概念"语词意义"也被固定，这进一步创造了"心灵"客体的概念作为我们心灵词汇的固定指涉物，这回过头来又强化了艺术作品的艺术意图与心灵内容的图示。无论怎样，最终都需要回到最初对意义的概念的考量。但是同样，回到最初对意义的概念的考量：(h)命名绝不可能脱离更大的语言而被想象，命名在那种更大的语言中产生（因而它并不能回答关于语言起源的问题），所以如果命名不是语言的本质或者首要功能，我们应该问问自己，对于在同一平面上对客体的视觉经历的刻画和表现（命名的视觉版本），能够作为艺术的本质、起源或者首要功能吗？(i)看守有意义和无意义之间不可改变的边界的想法之所以貌似可信，是因为认为有一条永不褪色的墨线隔离开了无可救药的不清晰性的观点为其提供了支撑，但是只有就事论事的论证，通过相似和不同的情况的类推和比较以及先例的论证，才能够使我们做出有意义-无意义的区别。(j)用交织着意义的隐喻来取代名称和客体的图示，将会显示出我们未看到过的意义产生的一面。(k)将语言视作行动的复杂网络，而不是用于描述的形式系统，带来与艺术的相似视野平等的力量。回想维特根斯坦的观察：(l)这里的薄雾使关于真实使用的语言的清晰洞见被遮蔽，这薄雾产生于关于世界的意义的一般概念——直接与作品的一般意义这一无用的概念相平行。与这一点直接相联系的是，(m)我们语言使用中无穷无尽、自然发生的创造性本质使得每次考虑到意义问题时都不得不问道：这是谁的问题？在什么情况下？在哪种语言游戏中产生？对于意义的理解总是具体文本中的理解——就像"那里"的意义；艺术意义的问题也是如此。(n)在不同的文本中自然地浮现的标准,呼唤将比喻的、别出心裁的、幽默的、创造性的元素也囊括进语言的本质,它们经常是作为真正意义的装饰或附加的扭曲而出现。(o)像维特根斯坦这样的哲学家无论是内在的还是外在的,对其思想的影响都高度敏锐,不断地警觉于那些指挥他思考的暗流。艺术家也能精确地展示出这种敏锐和内在的警觉。(想一下年轻毕加索吸收题材方向和技术技能的异常能力,这都显示出了一条创造性的通向它们的路,并在某种意义上超越它们;如果艺术家活得更久或在那一方向上工作得更多,所有这些都成为他风格的内在影响。)对于这些影响、这些心灵表现的意识,在哲学和艺术语言中都有所表现。我们前面看到了(p)对于学习一门语言和学习第二门语言的错误类比。在一个已经成型的风格中,作为学生去学习绘画或作曲的过程,例如学习早期立体主义或18世纪英国肖像画的风格,或者用相同的形式学习对位法或古典音乐,并不是最初在其中就有一个能产生音乐和美术的模型。这很重要,因为为了能够理解一种语言或一种艺术形式,需要我们已经处在一个语言游戏或艺术风格的自由行动网络中。(维特根斯坦说理解一个句子就是理解一种语言)。与此相近,(q)由于意义不能被化约为孤立意义的相加,是语言游戏中移动的相互关系产生了语境中独一无二的特定意义,这使得在对于艺术形式或活动的意义内容的一般表述中,失去的比把握到的更多。(r)对语言使用或艺术创造中规则的角色的错误设定或以偏概全,造成了看起来相似的重大差别,它使我们看不到它们多种多样的功能,它也造成了这样的错误信念,即语言和艺术中的严格规则可以通过这种方式提前规定,不连贯可以在上下文使用或给出一个特定游戏的特定一步之前就区别出来。正如我们所见,规则并不能如此,它们也不在这种方式上限制。

再次明确,并不存在这种详尽的列表,但是这种列表确实或许能让我们聚焦于一点。如果还有什么要阐明的，就是这个：语言如果得到正确的理解，可以向我们展示很多关于艺术的本质和它的创造性成长。另外也是正确的是，艺术如果被正确地理解，可以向我们展示——通过去除"图示盲人"因而能使我们面前具有教育意义的复杂性——语言的很多东西。回想维特根斯坦写的，"被吸收进我们语言形式的比喻产生了错误的假象"，当我们说艺术就像语言时，这就会发生，在这里比喻依靠语言的过于简单的模型或者概念图示。真相是，伴随着到处都有的比喻和即兴创作，维特根斯坦的语言概念是除了业已决定的界限限制内的无生命力的、被束缚的、永久受限的之外的一切。在一个笔记本的开篇他写道——或许可以把我们在这里所看到的打包进这一个句子里——"是的，关于语言有一件奇妙的事——我们可以做我们还没学的东西"。这句话将创造力置于我们对语言的形式和实际方面的理解的中心。平行点对艺术而言确实如此。

元语言冲突与阐释漩涡[*]

四川大学文学与新闻学院　赵毅衡

一　元语言与意义

元语言是文本完成意义表达的关键：意义就是"可翻译性"，意义的存在条件就是可以用别的语言解释。而任何"翻译"，不管是翻译成外语，还是翻译成"解释语言"，都必须靠各种元语言。因此，元语言就是能使文本在阐释活动中显现为意义的一套规则集合。

阐释者使用不同的元语言集合，就会得出不同的意义，反过来说，阐释者得出不同理解，原因就在于使用不同的元语言集合。一方面，不同的阐释者完全可以采用不同的元语言集合，这就是为什么同一文本能

---

[*] 本文为赵毅衡教授2015年12月9日在南京大学高研院名家讲坛第193期的演讲，讲稿由演讲者本人提供。赵毅衡现为四川大学文学与新闻学院比较文学专业教授，主要从事符号学、传媒学、比较符号学等领域的研究。

产生无穷的歧出意义；另一方面，同一个阐释者也可以前后使用不同的元语言集合，这样他的理解就会先后不同，他改变了对文本原先的理解。

这些元语言产生的歧义，是元语言的题中应有之义，本来每次阐释所用的元语言集合，构成可以很不同。但是本文要讨论的，是一种特殊情况：在同一个阐释主体的同一次阐释努力中，使用了两套以上不同的元语言集合，那时候会出现什么情况？尤其是，当两套元语言集合产生完全相反的意义，会不会一个意义取消另一个意义？如果两套元语言集合同样有效，两个冲突意义并立，文本将如何在阐释中立足？这就是本文标题所说的元语言冲突，或称"阐释漩涡"。

本文将仔细讨论这种元语言冲突的符号学发生机制，探讨它在文化运作中起什么作用，尤其是在意识形态对社会文化的调控中起什么作用。实际上元语言冲突造成的阐释漩涡，在当代文化中极为普遍，只是学界没有注意。迄今为止，无论是在文化学、语言学实践中，还是在符号学学理上，不仅中国学界没有讨论过这个问题，世界符号学界也没有人论及这个问题。

自从20世纪初语言学界、符号学界提出"元语言"概念，至今关于元语言的文献已经汗牛充栋，但是从来没有人谈到过元语言冲突。其原因是，至今学界认为不同元语言分布在不同层次上，上一层元语言的产生，目的是为了消除、解决下一层语言（该元语言的对象语言）中出现的矛盾冲突。这样一来，元语言之间，从分布位置上，从功能定义上，就排除了冲突的可能。因此，本文对同层次元语言集合冲突的讨论，虽然是探索性的，却是必要的。

二 "断无不可解之理"

本文认为，元语言不仅是意义实现的先决条件，也是意义存在的先决条件；面对一个文本，任何阐释努力背后必须有元语言集合，这样文本才必定有意义可供阐释；文本并不具有独立的本体存在，文本面对阐释才存在。

那么，阐释者怎么知道某个文本必定有意义？怎么知道他的阐释努力必定能取得一种意义？因为阐释者总有一个元语言集合可用，而元语言集合产生的目的就是从文本中推压出意义。此言听来似乎是因果循环，实际上却是人类符号表意中的一个根本性悖论：不是信息要求相应的元语言来阐释它，而是元语言强迫信息产生可解的意义。

钱锺书先生在《管锥编》中曾经指出过，用语音拟声与拟意，是两种完全不同的文本方式。语音拟声，是正常的语言功能；语音拟意，却非常特殊。钱先生称之为"拟声达意"："象物之声，而即若传物之意，达意正亦拟声，声意相宣（the sound as echo to the sense），斯始难能见巧。"[1]

钱先生是在讨论《诗经》时提出这个概念的。《诗经》用于形容"忧心"的叠字很多，摘抄部分如下：

> 我心惨惨（《大雅·抑》）；忧心炳炳（《小雅·颊弁》）；忧心奕奕（《小雅·颊弁》）；忧心殷殷（《小雅·正月》）；忧心钦钦（《秦

---

[1]《钱锺书集·管锥编》，第一册上卷，生活·读书·新知三联书店，2002年，第230—231页。以下讨论引钱锺书语，均出自此文。"拟声达意"此语的英文，在《管锥篇》（1979年版）为"sound an echo to the sense"，1986年版同。在2002年生活·读书·新知三联书店版《钱锺书集·管锥编》中改为"sound as echo to the sense"。2002年版才是正确的。

风·晨风》);劳心博博兮(《桧风·素冠》);忧心惙惙(《召南·草虫》);忧心忡忡(《召南·草虫》)。

《尔雅·释训》认为"殷殷、惸惸、忉忉、博博、钦钦、京京、忡忡、惙惙、炳炳、奕奕",都是一个意思,"忧也"。但是其中只有很少一部分(惨惨,忡忡)在后世获得形容心情的固定意义,其余只是对"忧心"的一种"拟音",实际上任何字音都可以用得。如果要问无意义的词如何能表现"忧心"?原因很简单,文本已经指出了它们用来表达"忧心",上下文的压力迫使它们不可能有别的意义。

同样,"香稻啄余鹦鹉粒"为什么必须是通顺的诗句?因为诗歌解释的元语言迫使其混乱的词序重构到可理解的程度。乔姆斯基在1957年造出来挑战语法概率论模式的句子"无色的绿思狂暴地沉睡"[1]究竟为什么有意义?赵元任在他的名文《从胡说中寻找意义》证明,在释义压力下它必须有意义,不然信息无法完成表意过程。[2]《爱丽丝奇遇记》中爱丽丝在国王房间中发现的那首胡诌诗("Twas brillig, and the slithy toves...")整篇音韵铿锵,煞有介事,却无一有意义的词,为什么批评家R. P. 布莱克穆尔盛赞此诗是"艺术中成为达达主义和超现实主义的整个运动的先驱"[3]?徐冰的《天书》2 000字中,没有一个能认出的汉语字,为什么有70多篇论文讨论其意义?因为艺术文本本身改造了阐释元语言集合,使它对这个传统上认为无意义的文本施加了强制性压力,迫使它们不得不产生意义。徐冰自己对《天书》的解说很有力地证明了意义的

---

1 Noam Chomsky, *Syntactic Structures*. The Hague & Paris: Mouton, 1957, p.15.
2 Yuen Ren Chao, "Making Sense out of Nonsense", *The Sesquipedalian*, Vol. VII, No. 32(June 12, 1997).
3 R. P. Blackmur, *Language as Gesture: Essays in Poetry*, New York: Harcourt, 1952, p.41.

确是阐释压力的产物:"当你认真地假戏真做到了一定程度时……当那书做得很漂亮,就像圣书那样,这么漂亮,这么郑重其事的书,怎么可能读不出内容?……刚一进展厅,他(参观者)会以为这些字都是错的,但时间长了,当他发现到处都是错字的时候,这使他就会有一种倒错感,他会对自己有所怀疑。"[1]

因此,当阐释面对一个"无法理解"的文本,阐释者会从各个方向收集元语言元素,直到借此生成的元语言集合对文本产生足够的压力,迫使它产生意义。谢榛《四溟诗话》说:"诗有可解,不可解,不必解,若水月镜花,勿泥其迹也。"何文焕在《历代诗话索考》一文中评注说:"解诗不可泥……而断无不可解之理。""泥"就是纠缠于不可解的、表面上不通的文字,实际上各种元语言因素的效应,完全能使阐释摆脱字面意义的纠缠。元语言因素积累达到足够的压力,就不存在"不可解"的文本。这也就是说,在阐释之前,在文本出现时,意义的存在已经前定,因为合适的元语言集合总能形成,只不过意义的实现必须有待元语言集合完成阐释活动之后。

虽然在信息发出与传达的过程中,意义必须缺场,以保证信息传播流向的阐释,但是只要有相应的元语言,就不可能有无意义信息。在文本生成与传播过程中,意义是缺场的,但是意义的存在却是事先确定的:元语言不允许一个文本没有意义。哪怕是确实不可解的文本(例如徐冰的《天书》),阐释者也能得出一个"近解"。正解本来就是任何阐释无法达到的理想,任何偏解只是偏的程度问题,元语言的任务是推出一个意义,而不是取得唯一正确的意义。

在一个元语言集合的压力之下产生的意义,是不是正解、有效解或

---

[1] 徐冰:《让知识分子不舒服》,《南方周末》2002年11月29日。

误解？这些价值判断不是元语言本身能解决的，探讨这个问题需要进入更高层次的元语言。但是任何解释都是阐释努力的结果，都使意义有了一个表述方式，使表意过程得以暂时告一段落。

阿尔都塞派的马克思主义文论家马歇雷声称："艺术用使用意识形态来挑战意识形态。"[1] 意识形态，按本文最后一节提出的理解，就是一个社会的文化元语言。为什么艺术能挑战它？因为任何真正的艺术作品，都包含一些按先前解释陈式看来不可解的成分，艺术在定义上就是强迫文化元语言解释它原本无法解释的东西。在对付艺术文本的不可解性时，阐释活动不得不不断调适更新元语言集合，以保证意义的生成。

三　传播各环节参与元语言建构

既然每一次阐释努力，背后都有一个由各种因素组成的释义元语言集合在支撑，那么，组成这个元语言集合的因素来自何处？它们怎么会组成形形色色的、因文本而异的、变化无穷的元语言集合？这些因素的源头来自很多方面。实际上表意过程的所有环节，都为阐释提供各种元语言因素，参与构筑阐释需要的元语言集合。可以把这些元语言因素大致上分成三类：（文本本身的）自携元语言、（社会文化的）语境元语言、（阐释主体的）能力元语言。

语境元语言，是元语言因素的最主要来源，可以称为语义学性的元语言，即文本与社会发生的诸种关系，引出文化约定的对信息的处理方式。例如一个"走"字，作为军官对士兵下的命令，作为父母对子女的

---

[1] Pierre Macherey, *A Theory of Literary Production*, London: Henley, 1976, p.60.

规劝,作为警察逮捕犯人后的训词,哪怕语气一样,即文本风格相同,意义也可以完全不一样。语境是意义生成的外部条件。

能力元语言来自阐释者的社会性成长经历:他的记忆积累形成的文化修养、他过去的所有阐释活动经验积累、他阅读相关文本的记忆,都参与构成能力元语言。弗洛伊德和拉康强调的幼儿成长经验,马克思主义强调的阶级地位和社会实践,布尔迪厄所说的习性(habitus)与素质(disposition),都与此有关。也有一些因素与生俱来,与学习经验无关,例如孟子等伦理学家说明的人性道德能力(恻隐之心等)、康德强调的人的先验范畴,以及心理学阐明的人脑先天能力(例如格式塔心理构筑能力)。所有这些,都汇集到阐释主体的元语言储备中来。面对需要阐释的文本,有关因素会参与进来,聚合成适当的元语言组合。

本文要强调说明的是文本"自携元语言":文本是阐释的对象,但是文本作为传达的环节,也参与构筑阐释自身所需要的元语言集合,为此提供的元语言成分实际上相当多。例如,文本标明的自身所属体裁,是元语言集合中的一个重大因素。而体裁只是文本互文性中的一环,整个互文性的巨大网络都参与制造元语言。"香稻啄余鹦鹉粒"的阐释,其根据相当大程度来自体裁:七言诗中联必然有对偶格局,此句的读法必须与下联"碧梧栖老凤凰枝"对应。故事片中的恐怖场面,与纪录片或电视"现场直播"中的血腥暴力场面,虽然文本表现一致,体裁的压力却推动两种完全不同的阐释;情歌中的求爱语言,与口头说出的求爱,词句可以相同,得出的意义完全不同。如道士的符箓、巫师的念咒,体裁决定了它们无须一一用字句解释的重要意义。实际上每一种体裁对阅读方式各有要求,甚至同样的文本,例如《水经注》,当作文学读,与当作地理读，体裁决定的意义阐释完全不同。[1]

各种文本自携元语言，经常是由文本（措辞方式）与准文本（标题、分行、作者名、书名等）的各种标记设定的。在任何文本中，这些元语言标记设定处处可见。就拿最常见的修辞格比喻来说，比喻的比较意义实际上是自我设定。

比喻研究中有所谓反喻（antimetaphor，或称"类逻辑比喻"[paralogical metaphor]，即实际上非逻辑的比喻），是很难找到相似点的比喻，是"无可奈何的让步"。承认系辞的力量，即形态的"同一性"，可以克服符义学的困难，在符用层面上得到整合。例如说："我是一天的烟头"（我一天到晚筋疲力尽烟都不冒）；"杯子是我心脏的直径"（贪杯使我心室肥大）；"时间的柠檬吝惜它的泪水"（浪费生命无人同情再说也无用）；"沙发是房间里的飞行路线"（此人只会躺在那里无所事事地幻想）。句子是各种书里找来的，多是现代诗的句子，括弧里是我本人的猜想，不一定是作者的想法，但是作者不一定自己有个解释，更可能他的意图就是让接受者好好猜想，从而欣赏他的妙句。

英国诗人肯宁汉姆有句曰"两只黄蜂冷得像树皮"[2]，为什么黄蜂会冷，而且冷得像树皮？这是因为这个"像"字是文本元语言标记，它既然在那里，就必须起作用：比喻的两边不像也必须像。理法泰尔在《诗歌符号学》的封内引用了艾吕雅的两句诗，更加风趣地说明了这个问题：地球蓝得像个橘子。没错。词儿从不撒谎。

---

[1] 卡勒在《结构诗学》中提出的四种诗的阐释中的"阅读期待"，即"节奏期待""意义期待""非指称期待""完整期待"，大部分不适用于小说，几乎全部不适用于散文。Jonathan Culler, *Structuralist Poetics*, London & New York: Routledge, 2002.

[2] V. S. Cunningham, *Some Salt: Poems and Epigrams*, Perishable Press: Mount Horeb, WI, 1967, p.43.

许多符号学家讨论比喻时，实际上犯了一种"相似性谬见"：比喻立足于两造的部分相似，这只是一种文本元语言设立的假定而已。利科在《为相似性辩护》一文中指出，相似性"不仅是隐喻陈述所建构的东西，而且是指导和产生这种陈述的东西……，应当成为谓词的归属特征，而不是名词的替代特征"[1]。他说的"谓词归属"，就是"像"或"是"的元语言标记的强制性，而他说的"指导和产生"陈述，就是元语言对阐释的作用。比喻两者之间的相似性，实际上是文本自携元语言对阐释的压力造成的。因此，支持每一次阐释努力的元语言集合，构成非常复杂，本文限于篇幅，无法一一列举这些元语言因素，但是文本自携的元语言因素，相当具体，并非不可捉摸。

四　同层次元语言冲突

　　在以上讨论的基础上，本文就可以进入关键点：这些元语言集合是处于不同层次，还是处于同一层次？也就是说，它们之间的关系是分布性的（distributive）还是层控性（hierarchical）的？

　　先前的元语言理论，只谈到元语言之间的层控性关系。1920年罗素给维特根斯坦《逻辑哲学论》写的序言，是元语言观念在现代的第一次明确描述，却划定了元语言之间的层控关系："每种语言，对自身的结构不可言说，但是可以有一种语言处理前一种语言的结构，且自身又有一种新的结构。"[2] 这样，元语言就可以分成多层，每一层元语言的结构不得

---

[1] 保罗·利科：《活的隐喻》，上海译文出版社，2004年，第266—267页。

[2] Bertrant Russell, *Introduction*, in Ludwig Wittgenstein, *Tractatus Logico-Philosophicus*, London: Routledge, 1987, p.7.

不靠上一层元语言才能描述。而上一层元语言，按塔斯基的说法，比下一层的对象语言本质上更丰富（essentially richer）[1]，既然没有一个结构本身能完全自洽，元语言结构的诸种不完整之处，各种矛盾、模糊、冲突、悖论，靠再上一层的元元语言来解决。如此理解之下，元语言之间就不会有冲突：它们并不处于同一层次，而且它们本来就是为解决下一层语言中可能的意义冲突而生成的。

许多双关语、字谜、幽默，包含了对象语与元语言的对立。辛弃疾词句"如今识得愁滋味，欲说还休，欲说还休，却道天凉好个秋"；骂人话"你还知道'羞耻'两个字怎么写吗？"，都从对象语突然跳入元语言。但是这里没有阐释漩涡，因为两者不在一个层次上，实际上并不冲突，文本只是利用元语言形成一个异层次委婉语。

阐释漩涡也不是"此亦一是非，彼亦一是非"造成的，不同的阐释主体坚持各自的立场，不会发生元语言冲突。只有当两套是非标准出现在同一个阐释行为之中，出现在同一个（同一批）阐释者心里，才会产生阐释漩涡。

即使在同一阐释活动中，上文讨论的诸种元语言因素合成一个集合时，很有可能协同产生一个意义。例如：作者名"杜甫"，让阐释者将《秋兴八首》放在杜诗总体风格中来阐释，这是极为重要的准文本元语言标记；此诗收于《唐诗三百首》，是文学史承认的经典集合，是语境元语言标记；而阐释者由于家学渊源熟读唐诗，本人文学史知识丰富，崇拜杜甫，构成了恰当的能力元语言。在阐释时，这几种元语言因素相辅相成，合为一套元语言集合，使阐释者把"香稻啄余鹦鹉粒"读成杜甫特

---

[1] Alfred Tarski, "The Semantical Concept of Truth and the Foundations of Semantics", *Philosophy and Phenomenological Research*, 1944, 4: 347.

殊的文辞典范，意味无穷的绝代妙句。

但是，如果由于元语言因素不可能配合，也就是说，在同一个阐释努力中，在同一层次上，出现几种冲突的元语言集合，它们就可能推出不同的意义解读。例如，假定阐释者找到旁证根据，开始怀疑《秋兴八首》非杜甫所作，而是后人伪托窜入王洙、王琪本《杜工部集》，此时他的唐诗语境元语言因素，就给文本定位造成困难，阐释者的文史修养就无法起作用。有关读杜诗的元语言集合被撕开，文本元语言（诗句的文字风格）与语境元语言（文本的文学史地位）、主观元语言（阐释者的修养）直接冲突，使阐释无所适从。此时的元语言，是否还如塔斯基所说"本质上丰富"？恐怕不然，一旦元语言无法协同，对象文本中原先似乎并不存在的混乱，就可能因为阐释元语言的对立，产生出冲突的意义。

五　元语言冲突造成阐释漩涡

向阐释敞开的文本，只可能提供文本自携元语言因素，并且呼唤其他元语言因素，文本不可能将这些元语言因素拆分成几个组合。元语言因素的集合和分化，是阐释行为形成的。不同的元语言集合之间的协同或冲突，发生在阐释中，而不是发生在文本中。

理想的情况是，在阐释中各种元语言因素协同，形成一个互相促进的集合，例如电影的音和画，例如图像与文字说明，互相配合以催生比较明确的意义。即使它们之间有不一致的地方，甚至表面上看在推动相反的解释，阐释活动最后也会达到一个暂时稳定的解读。例如阐释奈克尔立方体（Necker Cube），即把平面的立方图像视作立体时，格式塔心理学指出，一旦我们看到凸出的方块，就不可能看到凹入的方块。我们采用一种阐释，就排除了另一种阐释；如果承认《秋兴八首》是伪托杜诗，就排除了其为杜诗杰作的可能。

不同的元语言集合也可能形成"反讽"式的协同：表面义与意图义相反，在阐释中相反相成。在这种情况下，冲突的元语言集合会重新协同。例如你的上司说"放心，我这个人不容易生气"，这可能是安慰，也可能是威胁。如果是后一种情况，此话的表面义与意图义有可能不合，有效的阐释就应当能够从各种元语言因素（例如场合、表情、此人一贯的行事风格）中解读出有效的意义。但是"安慰"与"威胁"两个解读不可能并存。阐释者根据他使用元语言的能力，在阐释后只能采用其中一义，实际上也只有一义具有真价值。

但是我们可能观察到更加复杂的元语言冲突。维特根斯坦用他的《鸭-兔》画为简明例子，说明了任何一种阐释不可能完全取消元语言的冲突；并非看到鸭就不可能看到兔，看到兔就不可能看到鸭，他认为鸭兔实际上并存。[1] 荷兰木刻家艾歇（M.C. Escher）似乎基于奈克尔立方体效果的木刻，例如题为《相对》(Relativity)、《上下》(Up and Down)的那几幅，也让阐释者看到平面翻成的两种立体可以同时并存。艾歇大量背景与前景互换的画，例如《鸟与鱼》(Birds and Fish)，也是让两种元语言同时起作用。这时就出现了冲突元语言集合造成的"阐释漩涡"：两套元语言组合互不退让，同时起作用，两种意义同样有效，永远无法确定；两种阐释悖论性地共存，但是并不相互取消。而这恰恰是艾歇作品的魅力所在：冲突造成的双义并存，阐释无所适从，正是我们着迷的原因。

最常见的阐释漩涡出现在戏剧、电影等表演艺术中：为什么历史人物有一张熟悉的明星脸？为什么亨利五世长得像劳伦斯·奥利维埃？为

---

[1] Ludwig Wittegenstein, *Philosophical Investigation*, London: Blackwell Publishers, 2001, p.45.

什么慈禧太后长得像斯琴高娃？因为观看演出的程式化解读，观众对此没有任何疑惑。实际上人们对演出"文本"的阐释，一直在演出与被演出之间滑动。应当说，对于名演员过去演出的记忆，会影响演出场景的"真实感"，但是此种意义游移是演出阐释的常规，阐释漩涡并不总是对阐释起干扰破坏作用：没有人会对历史人物有一张名演员脸觉得奇怪，从而觉得历史失真。表现与被表现的含混，正是表演性艺术的魅力所在。

这个原则可以扩大到所有的艺术。表意痕迹（例如小说的"虚构"，绘画的平面或变形）与所表现的对象，在表意一头，可以说是形式与内容（演出与被演出）两个不同层次；在接受这一头，却很难把它们隔为两个层次。也就是说，文本元语言因素都是存在的，斯琴高娃与慈禧太后，落到观众的同一个阐释平面上，两者之中谁能主导阐释，要看每个阐释者运用元语言的具体情况而定。实际上这取决于阐释者的能力元语言，比较了解斯琴高娃的人容易注意她的演出，比较了解晚清历史的人容易注意慈禧太后这个人物。据说女性比较容易注意演出者，男性比较容易注意被演出者，这个统计可能有效，但是实际上不是生理性别造成能力元语言差别，而是男人、女人的"社会性别"造成他们的经验记忆差别。但是，与《鸭-兔》画一样，除非阐释者有元语言障碍（例如从来没有注意过斯琴高娃而认不出她，或是完全不了解这段历史），否则让一方取消另一方是不可能的。

超现实主义画家勒内·马格立特（Rene Magritte）的《这不是烟斗》（*Ceci n'est pas une pipe*）之所以引起广泛注意，是因为其图与文的超常一致：画幅上的烟斗，当然不是真的烟斗。这样一种文本元语言，实际上在取消语境元语言（我们面对的是表现，而不是原物），也在推翻能力元语言（观者开始怀疑自己是否具有最起码的元语言常识）。此时出现的悖论是：这幅画的文本如此充分地自我说明，就不需要与能力元语言和语境元语言合成元语言集合。而没有元语言集合，意义就没有来历，没有产生的依据，画的意义就反而落空。为此，阐释者只能设法苦心搜寻一个相反的元语言集合来证明"这不是烟斗"这样简单的文字是假象，而这幅画意义深远得多。

如此形成阐释漩涡，看来非常特殊，所以福柯等后结构主义哲学家见猎心喜，讨论得越来越玄。[1] 实际上中国大量禅宗公案之所以迷人，也就是基于这种"常识否认"。这样的例子俯拾皆是，丹霞天然禅师"于慧林寺遇天大寒，取木佛烧火向。院主诃曰：何得烧我木佛？师以杖子拨灰曰：吾烧取舍利。主曰：木佛何有舍利？师曰：既无舍利，更取两尊烧"[2]。佛像神圣，是因为体现佛性，但是这种体现是在元语言层次上的，佛像为舍利子的转喻。院主不小心做了常识否认，给丹霞禅师这样的聪明阐释者一个制造元语言冲突的好机会。禅宗大师提前一千年为超现实主义艺术和后结构主义哲学铺了路。

六 元语言冲突引发的"评价漩涡"

我们曾把文化定义成"社会相关表意活动的总体"[3]，我们至今坚持这个定义，把文化理解为一个社会的各种文本与其阐释的汇合。这样，意识形态就是把"社会相关表意活动的总体"作为对象语的元元语言，它

---

1 Michel Foucault, *This is Not a Pipe*. tr. James Harkness. Berkeley: University of California Press, 1973. 其中竟然讨论到法文"烟斗"（pipe）一词中，"p"样子像烟斗。
2 《五灯会元》卷五。
3 "文化的定义是：一个社会中所有与社会生活相关的符号活动的总集合。"参见赵毅衡：《文学符号学》，中国文联出版公司，1990年，第89页。

的主要任务是作为文化的评价体系。每个社会性评价活动,也就是元元语言集合支持的一个阐释努力。

上文分析认为元语言集合能够发生冲突,那么元元语言集合也能发生冲突,这时候就出现更高一层的阐释漩涡,可以称为"评价漩涡"。即使用同一个意识形态体系,也会出现评价冲突。儒家伦理难以避免的"忠孝不能两全"的评价漩涡,就是明显例子。

但是文化阐释或评价的主体,往往是集团。在历史维度上,集团阐释评价主体,比个人更为重要、更为常见,也更需要考察。这些集团分别进行阐释活动,就不会产生元元语言冲突。例如"凡是敌人反对的我们就要拥护,凡是敌人拥护的我们就要反对",这条政治原则是典型的评价体系对立,但是并不形成评价漩涡,因为评价主体被截然分割成敌我两个阵营;美国南北对蓄奴制的不同理解严重冲突,主体集团却被地理分割;对历史人物(例如李鸿章)或事件(例如法国大革命)的评价,由于历史元语言一再改变而不得不经常改写,但是理解主体往往被历史时代分开。

但是更经常看到的现象是,一个社会、一个民族,作为集团主体时成分复杂,所用元语言难以一致,暂时的一致也容易被破坏。因此,集团主体进行评价活动时,元语言冲突就成为一种相当普遍的现象,可以说,评价漩涡是意识形态在文化中起作用时几乎难以摆脱的悖论。

现代化进程中的一个重要问题,就是如何处理意识形态冲突。中世纪社会努力维持统一的评价体系,而现代社会不得不面对评价体系冲突这个事实。自从政教分离后,社会集团——例如中产阶级与无产阶级,例如妇女与少数集团——的自我意识都不断增强,他们的评价体系往往对立。当他们合成一个社会、一个民族时,不同的意识形态就形成评价冲突,成为影响社会演化的重大力量。

在现代化进程中，社会不得不承认几套不同意识形态体系都具有合理性。虽然在不断适应变形之后，某种意识形态可以成为社会主导，但是社会演进的基本动力，是绵延不绝的评价漩涡。由此产生了"民主社会主义""福利资本主义"这样的意识形态主张，它们内部各种因素越是对立，这样的综合意识形态越是行得通，其运作阻碍反而减少，因为它们内化了评价漩涡。包含冲突利益的意识形态体系最终成为政治实践的主流，证明评价漩涡是今日世界意识形态运行的常态。

而当今的全球化浪潮，使评价漩涡的规模和影响面更加增大，对每个国家、民族利益与跨民族利益不得不同时起作用，因此出现了"全球本土化"（Glocalization）这样的悖论潮流。在这种时候，不善于利用评价漩涡、不知如何内化冲突、不知变通的民族，就难以适应多元化的世界大潮流。无论哪个世界大国，都不得不走向意识形态多元，摒弃单一评价体系。谁能适应并充分利用评价漩涡，谁就在世界潮流中走在前面。

因此，当今文化的一个特色，是文化表意的各个层面都出现阐释漩涡，想在文化生活中追求阐释元语言的单一化，已经不再可能。文化研究这门学科，无法再忽视元语言的各种复杂冲突形式这个课题。

背道而驰的妇女解放与性别平等
——中国女民兵宣传画（1958—1978）的图像政治分析 *

南京大学政府管理学院　王海洲

在中国妇女问题的理论研究和日常陈述中，"妇女解放"和"性别平等"是两个被广泛使用的概念。西方学者们常基于两者都重视个人权利而将两者视作同义词[1]，因此，虽然 20 世纪 80 年代以来妇女研究对妇女解放或性别平等有着汗牛充栋的讨论，但其差异与关系作为不重要的学术问题而乏人问津。[2] 中国大陆的理论界也由于官方话语将两者视作具有

---

* 本文为王海洲教授 2015 年 4 月 9 日在高研院学术前沿讲座第 245 期的演讲，本文由演讲者本人提供。王海洲现为南京大学政府管理学院教授、高研院兼职研究员，主要从事政治社会学、政治文化研究、政治哲学等领域的研究。

1　Harriet Evans, "The Language of Liberation: Gender and Jiefan in Early Chinese Communist Party Discourse", in *Twentieth-Century China*, Jeffrey N. Wasserstrom ed., New York: Routledge, 2003, pp.193-220.

2　Gail Hershatter, *Women in China's Long Twentieth Century*, Berkeley and Los Angeles, California: University of California Press, 2007, pp.2-3.

连贯性的概念而普遍地混用它们。[1] 这两个概念的等同或混用在理论上导致了学者们在评价毛泽东时代中国妇女的社会地位时分歧重重,更为重要的是在实践意义上,它们所潜藏着的截然相反的政治价值观对毛泽东时代社会性别意识的构建也产生了巨大的影响力。直到今天,中国女性仍没有充分理解这两者的背离意味着什么,由此在改善她们的政治和社会地位的道路上步履维艰。

三十余年来的主流观点认为,中国妇女的解放之路缺乏自我意识,只是被男性霸权话语占统治地位的国家所解放;[2] 她们在现实生活中弱于男性则主要是因为性别平等中存在着诸多问题。[3] 两者被合成了一个看似完整的故事:国家意志引导下的妇女解放自上而下地"塑造了一个男女平等的性别蓝图"[4]。然而,如果国家意志如此强大,那么如何理解基层组织在执行国家政策常有懈怠和违背之举?如果男女平等只是未曾实现的理想,那么如何理解女性权利在一定程度上得以提高的现实?这些问题的解答有赖于对妇女解放和性别平等进行更为精确的分析。21世纪以来不少学者贡献出了堪称经典的研究,大致有两种方向:一是重视女性的自然性别特征在政治变迁中的处境;[5] 二是强调社会性别意识所具有的"中国特色"。

---

1 参见李小江:《告别昨天——新时期妇女运动回顾》,河南人民出版社,1995年,第52—89页。

2 揭爱花:《国家话语与中国妇女解放的话语生产机制》,《浙江大学学报(人文社会科学版)》2008年第4期,第101—108页。

3 Gail Hershatter, *The Gender of Memory*: *Rural Women and China's Collective Past*, University of California Press, 2011, p.5.

4 吴小英:《市场化背景下性别话语的转型》,《中国社会科学》2009年第2期,第163—176页。

5 这种取向在20世纪70年代就已露端倪,参见 Claudie Broyelle, *Women's Liberation in China*, Atlantic Highland, NJ: Humanities Press Inc., 1977, p.138。

白露（Tani Barlow）在系统地分析了历史向度中的中国女性主义后，对毛泽东时代在强制性地解放妇女时背离了自然这一观点表示赞同。[1] 她所谓的"自然"不是"自然权利"，而是以"性"（sex）和"生育"为中心的女性自然特征。金伯利·曼宁（Kimberley Ens Manning）更为准确地指出，女性自然特征的背离是因为男女的生理差异在毛泽东时代的革命伦理的重压下遭到忽视或抹平[2]，"女性的平等、生育健康和家庭和谐等，与民族国家建设的宏大计划联系在一起"[3]。曼宁雄辩地用简单的分类法涵括了毛泽东时代极为复杂的女性问题，但其中存在着很大缺陷，毕竟社会性别的存在是个难以忽视的事实[4]，而且，即便中国女性面对着相似的身体政治情境，她们的感受也千差万别。[5]

　　左际平更加重视社会性别概念。她构想出一种中国式性别平等，即"义务取向的（obligation-oriented）平等"，以区别于西方以个人权利为基础（individual rights-based）的平等。这种平等使得妇女的个人自由让位于国家的整体利益，由此使得男女平等和妇女的个体解放相分离。[6] 基于这个创设的概念，左际平认为社会主义意识形态中的"中国妇女解放"的真正状况是国家需求和个体主动承担的双重义务抑制了对个体权利的

1　Tani Barlow, *The Question of Women in Chinese Feminism*, Duke University Press, 2004, p.295.

2　Kimberley Ens Manning, "The Gendered Politics of Woman-work: Rethinking Radicalism in the Great Leap Forward", *Modern China*, Vol. 32, No. 3, 2006, pp.349-384.

3　Kimberley Ens Manning, "Embodied Activisms: The Case of the Mu Guiying Brigade", *The China Quarterly*, 2010, Vol.204, pp.850-869.

4　Sandra Harding, *The Science Question in Feminism*, Cornell University Press, 1986, pp.17-18.

5　Xueping Zhong, Wang Zheng, and Bai Di, *Some of us: Chinese women growing up in the Mao era*, Rutgers University Press, 2001.

6　Jiping Zuo, "Women's Liberation and Gender Obligation Equality in Urban China: Work/Family Experiences of Married Individuals in the 1950s", *Science & Society*, 2013, Vol. 77, No. 1, pp.98-125.

追求，这是个人及其家庭与中国半殖民地的历史、中华人民共和国的平均主义单位体制以及传统儒家文化之间互动的结果。她比较确切地描述出了当时中国妇女的生活情境，但宽泛而含糊的解释未能触及本质性的原因。受国家控制或诱导的义务其实是一种权力集体化并实体化的表现，相对弱势的个体则以追求个体权利以免于集体权力干涉为旨归，这两者之间的根本冲突造成了左际平所言的个体权利让位于义务的现象。本文也将对这一观点提供更为具体和详细的论证。

中国本土女性主义学者李小江则认为必须承认存在一种"中国式解放"：马克思主义妇女解放观与西方女权主义在政治上是对立的，应对中国的妇女解放理论和实践进行反省，将属于女性的所有特质都从国家和阶级话语中抽离出来还给女性，否则中国的妇女解放道路只是一种乌托邦。李小江揭露出了国家权力和女性权利之间的本质性冲突，但她的解决方案是强调用女性个体的社会行动去解决两性之间的冲突——或者她所言的"性沟"[1]，未意识到在中国情境中还存在另一条更为重要，也更为根本的解决之道：妇女个体和群体的政治参与，尤其是对所有可能与社会性别意识的构建相关的公共政策施加影响。

做出这一判断是因为毛泽东时代中国的妇女解放和性别平等之间存在着难以调和的内在矛盾，并且从政治权力的角度来看，前者完全压制和控制着后者。在此，以赛亚·伯林（Isaiah Berlin）的"积极自由"和"消极自由"理论特别有助于我们厘清和阐明这对概念之间的关系。这一经典理论不仅为辨别政治社会的具体发展方向提供了一个极具可信度和可用性的标尺，而且它始终关注政治生活中的意识形态冲突，对这些冲突的强调同样是毛泽东时代的显著特征。"积极自由"关注"谁具有

---

[1] 李小江：《女性／性别的学术问题》，山东人民出版社，2005年，第56—65页。

统治权","消极自由"则关注"主体在何种情形下自主独立"。[1] 对统治权的终极关怀会使得追求"积极自由的自我"有"膨胀成某种超人的实体——国家、阶级、民族或者历史本身"之虞。而在这种超人实体的"被解放"中，个人的自由会受到极大的限制。[2] 由此，当国家话语在毛泽东时代的性别政治中占据绝对主导权时，妇女解放实际上呈现出的真正状态正是一种妇女被国家所解放的情形。我们也基于此观点，将"积极自由"视作妇女解放的隐含方向。"消极自由"意味着主体拥有一个免于强制的行动领域，它强调的不是主体随心所欲的能力，而是主体只有在这种保护中才能获得自我选择的机会。这种机会在以公共善为目的的民主国家中必须由所有公民平等享有。[3] 在伯林看来，"平等"是能够展现"消极自由"精髓的最明显的例子之一。[4] 据此观点，性别平等强调妇女作为行动主体能够与男性在相同领域内获得自主选择的机会。这种机会如果为国家或阶级所影响甚至掌控，那么它就不再是"消极自由"，而属于"积极自由"的范畴了。综上所述，妇女解放和性别平等隐含着完全不同的政治诉求，甚至是背道而驰的政治原则。这是毛泽东时代性别平等的"不可见性"的根本原因。

为揭示妇女解放与性别平等之间的这种本质冲突，本文以女民兵宣传画为研究对象，探讨性别平等话语如何被复杂的妇女解放话语替代、遮蔽和操控，这是毛泽东时代社会性别意识塑造中的主要特征，其影响力持存至今。本文首先介绍女民兵及其宣传画的基本情况，并简要构建了一种用于分析这些宣传画的图像政治学路径。其次，分析群体女民兵

---

[1] 伯林：《自由论》，胡传胜译，译林出版社，2003年，第189页。
[2] 同上书，第203、231页。
[3] John Rawls, *Political Liberalism: expanded edition*, New York: Columbia University Press, 2005, p.192.
[4] 伯林：《自由论》，第243页。

宣传画，论证她们结成的新姐妹群体旨在通过向革命献身的方式争取解放，而非追求两性之间的权利平等。第三，分析个体女民兵宣传画，论证女民兵身体的男性化和装束的中性化体现出的是妇女解放的国家意志导向和性别平等的异化。最后，阐明男女混合民兵宣传画凸显出的是两性之间的业务关系和阶级关系，而隐藏其中的新性别等级制完全掌控着性别平等的议程设置。

一 研究对象和资料：女民兵及其宣传画

中华全国妇女联合会通常被认为是毛泽东时代规模最大、持续时间最长、影响力最深远的女性组织。[1] 但作为妇女中积极分子和政治领袖的大本营，它的规模有限，在"文革"期间几乎停摆，而且在工厂中的影响力很小。[2] 与之相比，女民兵群体规模庞大，持续活动时间从20世纪20年代直至现今，在几乎所有地方都颇有影响。同时，"组织落实"作为民兵工作的首要原则，从1962年订立以来已经被中共奉为圭臬超过半个世纪。因此，女民兵并不是一个高度松散的群体，其活动具有严格的组织特性。此外，女民兵身份还具有复合型特征，她们不仅是国家的建设者（民）和国家的保卫者（兵），还是国家的领导者。依靠其政治上的先进性，大量女民兵在基层党组织和政府中担任模范和领袖，少量女民兵甚至获得了国家层次的政治地位。规模庞大、地位显赫的女民兵对

---

[1] Hsiung, Ping-Chun. Jaschok, Maria. Milwertz, Cecilia. and Chan, Red. (eds.), *Chinese Women Organizing: Cadres, Feminists, Muslims, Queers*, Oxford and New York: Berg, 2001, p.11.

[2] Jude Howell, "The Struggle for Survival: Prospects for The Women's Federation in Post-Mao China", *World Development*, 1996, Vol. 24, No. 1, pp.129-143.

当时社会性别意识的构建有着举足轻重的影响力，但相关研究少之又少。在为数不多的中国近现代男民兵的研究中对她们缺乏关注。[1]

中国古代的个体女性从事军事活动并不罕见，花木兰和穆桂英等人的故事更是广为流传；女性群体介入战争通常发生在特殊时期，作为战备劳力参与守城诸事，被纳入正规军队建制的情况极为罕见。19世纪中叶的太平天国运动中曾短暂地存在"女营"制度，其主要任务类似于民兵，承担日常劳动和战备工作。[2] 清末民初的妇女解放思潮开始鼓励妇女介入军事领域，从军的妇女甚至被视作未来女性的发展方向。[3] 不过，各种女性军事团体极少直接参与大规模战事，更多的是在地方事务上发挥作用。[4] 中国共产党在1921年成立之后很快开始在城市和农村分别组建工人纠察队和农民自卫军，部分地区开始吸纳女性加入，她们是中共女民兵的真正起源。在抗日战争和解放战争时期，大量女性被毛泽东视作珍贵的人力资源，在妇女解放的旗帜下被动员进民兵和人民自卫军（队）等各种形式的人民武装中。到1945年年底，民兵达220万[5]，人民自卫军

---

1 June Teufel Dreyer, "The Chinese Militia: Citizen-soldiers and Civil-military Relations in the People's Republic of China", *Armed Force and Society*, 1982, Vol.9, No.1, pp.63-82; Jonathan D. Spence, *The Search for Modern China*, W. W. Norton & Company Inc., 1990; Edward A. McCord, "Local Militia and State Power in Nationalist China," *Modern China*, Vol. 25, No. 2（April 1999）: pp.115-141; Elizabeth J. Perry, *Patrolling the Revolution: Worker Militias, Citizenship, and the Modern Chinese State*. Rowman & Littlefield Publishers, Inc., 2006.

2 《中国军事史》编写组:《中国军事史（第三卷）·兵制》，解放军出版社，1987年，第514—515页。

3 Joan Judge, *The Precious Raft of History: The Past, the West, and the Women Question in China*, Stanford University Press, 2008, p.10.

4 Paul John Bailey, *Gender and Education in China: gender discourses and women's schooling in the early twentieth century*, New York: Routledge, 2007, p.74.

5 毛泽东:《抗日战争胜利后的时局和我们的方针（一九四五年八月十三日）》,《毛泽东选集》第4卷，人民出版社，1991年，第1123—1136页。

（队）达 1 200 多万；[1] 到 1949 年年底，民兵则扩展至 550 万，其他形式的群众武装约在 3 000 万～4 000 万左右。[2] 从中华人民共和国成立初期到"文革"结束，女民兵数量的变化起伏极大，最低时只有 100 万左右，而最高时则接近 1 亿。一些年份的数据参见表 1：[3]

表 1　女民兵信息表（1953—1981）

		1953 年	1955 年	1958 年	1962 年	1979 年	1981 年
女民兵	（百万人）	1	2	96	58	80	1
	（百分比）	（5%）	（4%）	（44%）	（30%）	（30%）	（1%）
民兵总数（百万人）		20	45	220	190	270	100

中华人民共和国成立后随着大规模战争的结束以及民兵组织主要征召年满 18～40 岁的男性公民，女民兵的数量急剧下降。中共在 1951 年开始推行普遍民兵制，到 1955 年民兵总数又恢复到 1949 年前期的数量，但女民兵的数量并没有出现显著增长，在 1953 年颁发的《民兵守则》中还特别规定了民兵要"尊重妇女"。1958 年迫于紧张的国际形势，毛泽东发动"全民皆兵"运动[4]，到当年年底，能使用武器的成年女性公民（16～50 岁）几乎都被编入民兵组织。女民兵数量的剧增很快影响到正常的生产工作，这迫使国家做出调整，1960 年举行的"全国民兵代表会议"重新将"积极参加社会主义建设"确定为民兵的首要任务。次

1　傅秋涛主编：《中国民兵》，人民出版社，1983 年，第 247 页。
2　《当代中国》丛书编辑部：《当代中国民兵》，中国社会科学出版社，1988 年，第 10 页。
3　主要数据来源参见《当代中国民兵》，第 78、102、122—123 页。女民兵数量除 1958 年和 1981 年外，1953 年根据 1950 年战斗英雄代表会议中的民兵性别比例测算，1955 年根据 1953 年的比例计算，1962 年根据第二次全国人口普查的年龄段数据估算；1979 年根据 1962 年的比例计算。
4　毛泽东：《关于国际形势问题（1959 年 9 月 5 日、8 日）》，《毛泽东文集》第 1 卷，人民出版社，1999 年，第 407—419 页。

年颁发的《民兵工作条例》将女民兵的年龄上限降低 15 个点,人数估计减少了 40% 左右。在"文革"期间,民兵数量又出现了巨大的反弹,女民兵总数到 1979 年已经占全国人口的 12% 左右。"文革"后很快对民兵数量进行控制,1981 年确定了仅在有需要的情形下才吸纳 18～28 岁的女性公民加入基干民兵,数量占基干民兵总数的 10% 左右,约为 100 万人。中国女民兵的数量从 1958 年巅峰时期占全国总人口的 14% 左右锐降至 0.1% 左右。毛泽东时代女民兵数量的变化直观地反映出妇女和政治动员之间的密切关系,尤其是国家对人力资源的需求成为最主要的自变量。贺萧曾指出,共存于同一个房间中的从事性别研究的学者应摆脱门户之见,尽可能呈现更为新颖和多样化的研究领域。[1] 毫无疑问,女民兵作为国家政治生活中的组成部分之一[2],正是一个还未开启但值得探索的重要领域。

由于重要的女民兵档案主要由军事部门管理,不易获得,而且女民兵的规模极大,分布极广,社会身份复杂,访谈法难以呈现其普遍性特征,因此本文以政治宣传画为主要分析资料。其最大优点在于,不仅能起到"图像证史"的作用[3],还在政治意义上有着特殊的"真实性",从而对观察和分析政治生活极有助益。首先,在政治效用上,宣传画重在准确、直接地传达出具有鼓动性的政治信息。[4] 其次,在政治原则上,画家必须遵从毛泽东关于"文艺服从于政治"和以人民大众语言为学习

---

[1] Gail Hershatter,"Disquiet in the House of Gender", *The Journal of Asian Studies*,Vol.71,Iss.4,2012,pp.873-894.

[2] Sara L. Friedman,*Intimate Politics:marriage, the market, and state power in Southeastern China*,Harvard University Press,2006,p.9.

[3] Peter Burke,*Eyewitnessing:The Uses of Images as Historical Evidence*,Reaktion Book Ltd.,2001.

[4] 夏洪:《怎样画宣传画》,上海人民美术出版社,1959 年。

对象的指示[1]，不仅承担着向普罗大众忠实转译国家话语的责任，而且要反映民众的真实生活状况。[2]第三，在政治影响上，新国家通常都会面临"形象和现实之间存在着的不容忽视的尖锐分歧"的问题[3]，而宣传画的亲民风格有助于消解这种分歧。如现实主义风格展现出实践的真实为受众提供了一种日常政治生活的"可及性"，革命浪漫主义风格则展现出一种想象的真实，让受众"信以为真"。正如皮埃尔·布尔迪厄（Pierre Bourdieu）所言，与那些将艺术表征形式凌驾于被表征的内容之上的知识分子不同，大众只期望支配着他们的艺术表征形式或惯例能够让他们"天真地"相信被表征之物。[4]此外，毛泽东时代是宣传画的高峰期，出版社、政府部门、企事业单位、民间团体甚至个人都广泛地参与到宣传画的创作和发行中，其种类和数量皆如恒河沙数。宣传画是当时传播范围最广、效果最好和影响最大的艺术形式之一，成为催生政治话语和信仰以及相关政治活动的源泉。[5]

女民兵在1958年全民皆兵运动之后逐渐成为宣传画的热门题材之一。毛泽东在1961年发表《为女民兵题照》[6]一诗，1966年革命小说《海岛女民兵》出版[7]，以及1975年由该书改编的电影《海霞》在邓小平

---

1 毛泽东：《在延安文艺座谈会上的讲话》，《毛泽东选集》第3卷，人民出版社，1991年，第847—879页。

2 江丰：《美术工作与提高技术的问题》，《文艺报》1951年第11—12期。

3 Rupert Emerson, "The Problem of Identity, Selfhood, and Image in the New Nations: The Situation in Africa", *Comparative Politics*, 1969, 1（3）, pp.297-312.

4 Pierre Bourdieu, *Distinction: A Social Critique of the Judgment of Taste*, Cambridge, Massachusetts: Harvard University Press, 1984, p.5.

5 Murray Edelman, *From Art to Politics: How Artistic Creations Shape Political Conceptions*, University of Chicago Press, 1995, p.2.

6 毛泽东：《诗词十首·七绝·为女民兵题照（一九六一年二月）》，《人民日报》1964年1月4日，第1版。

7 黎汝清：《海岛女民兵》，人民文学出版社，1966年。后被翻译成英文出版，Li Ruqing, *Island Militia Women*, Beijing: Foreign Languages Press, 1975。

的支持下突破"四人帮"的阻力,获准公映¹,这一系列事件对女民兵宣传画的发行不断起到推波助澜的作用。女民兵宣传画绝大多数集中于这一时期,1958年之前和1978年之后的女民兵宣传画数量较少。"文革"结束之后,大量的宣传画被视作无意义之物而被毁弃。²在改革开放的宏观背景下,政治宣传画作为一系列政治运动的副产品逐渐走向衰落。

目前世界上收藏并研究中国政治宣传画的学术机构主要有三个:中国中央美术学院(Central Academy of Fine Arts,简称CAFA),藏有7 000多种;荷兰国际社会史研究所(International Institute of Social History,简称IISH),收集了5 000种左右;英国威斯敏斯特大学(University of Westminster),藏有800余种。本文以"除女军人之外的携带或使用武器、身着武装带的女性"为女民兵的识别特征,收集整理了160幅女民兵宣传画,其中有125幅来自CAFA,占总数的78%左右,来自IISH的有8幅,其他27幅大多来自各种美术图册,少量来自互联网。此外,本文还搜集了200余幅其他身份的女性宣传画,在必要时作为补充和参照。

表2 女民兵宣传画基本信息表 单位:幅

年代		角色		人员		
1958—1965	1966—1978	主角	配角	女多	女单	男女混合
80（50%）	80（50%）	101（63%）	59（37%）	27（17%）	20（13%）	113（70%）

---

1 Ezra Feivel Vogel, *Deng Xiaoping and the Transformation of China*, Harvard University Press, 2011, p.158.

2 Shengtian Zheng, "Brushes Are Weapons: an Art School and Its Artists", Richard King, ed., *Art in Turmoil: The Chinese Cultural Revolution 1966-1976*. Vancouver: UBC Press, 2010, pp.93-106.

表 2 展现出的是一般性的统计数据。具体到每个年份，1964 年（15 幅）、1965 年（45 幅）和 1975 年（20 幅）较多，其他每年都在 2～9 幅左右。这与女民兵人数的变动之间没有显著的对应性，但"文革"前期和末期的数量较高显示出大规模政治运动的动员和宣传之间有着密切的关联。绘有群体和个体女民兵形象的占到 30% 左右，既显示出当时女性作为一个独立的性别阶层得到了普遍的承认，也有助于我们观察女性的自我意识和群内关系。女民兵作为配角占到了近 40%，更有 70% 左右的画面兼有男女形象，则为分析两性关系提供了丰富的资料。本文也正是按照女性群体、女性个体和男女混合这三种分类，分别探讨其中的社会性别意识建构问题。

二十年来关于中国政治宣传画的研究大多属于艺术研究领域或以介绍性内容为主[1]，罕见基于政治学或社会学角度的分析，与女民兵政治宣传画相关的学术分析更是付之阙如。在毛泽东时代的性别研究中，学者们偏爱的艺术资料是电影和戏剧，以静态图像为分析对象的不多。[2] 与这些艺术形式相比，宣传画在三个方面具有显著的优势：主题更杂，发行量更大，受众更多，遑论其成本低廉，创作迅捷并易于展示。为了有效

---

[1] Julia F. Andrews, *Painters and Politics in the People's Republic of China, 1949-1979*, University of California Press, 1994; Stefan Landsberger, *Chinese Propaganda Posters: From Revolution to Modernization*, Armonk, NY: M.E. Sharpe, 1995; Katie Hill, ed., *The Political Body Posters from the People's Republic of China in the 1960s and 1970s*, London: University of Westminster, 2004; Lincoln Cushing and Ann Tompkins, eds., *Chinese Posters: Art from the Great Proletarian Cultural Revolution*, Chronicle Books, 2007; John Regan, Weijiang Zhang, Kejian Pan, *China: A Moment in Time: Chinese Political Posters and Recollections*, Claremont Graduate University Press, 2008; Stefan Landsberger, Marien van der Heijden, *Chinese Posters: The IISH-Landsberger Collections*, Prestel, 2009.

[2] Wang Zheng, "Creating a Socialist Feminist Cultural Front: Women of China（1949-1966）", *The China Quarterly*, 2010, Vol.204, pp.827-849.

地分析160幅女民兵宣传画，本文在方法论上以图像学（Iconology）和政治学为基础，构建出一条图像政治学的路径。在对艺术作品的政治意义的研究中，一个世纪以来不断发展的图像学具有得天独厚的优势。这一源自阿比·瓦尔堡（Aby Warburg）的研究方法因为从一开始就关注图像与政治的关系而自诩为"政治图像学"。[1] 其研究范式的奠基者潘诺夫斯基（Erwin Panofsky）认为艺术史和政治史的研究可以互相借鉴、彼此验证。[2] 近年来威廉·米切尔（William J. T. Mitchel）和汉斯·贝尔廷（Hans Belting）分别以"图像的政治心理学"和"图像人类学"为标签，细化了他们的政治关怀，强调关注意识形态和政治权力操控下的媒介。[3] 图像政治学路径则与上述各方法都有所区别，它既阐释图像本身的意义，也分析图像中所呈现出来的政治关系的生成和发展，尤其关注对图像的制作、传播和接受起决定作用的政治文化、政治制度和意识形态等。我们将"政治"概念的重心放在权力的性质及其实践之上，尤为关注权力的生产和再生产以及合法性的构建。具体到本文中，我们以女民兵宣传画的统计和描述为基础，结合图像创作的政治社会背景，围绕妇女解放和性别平等的不同政治价值倾向，重新反思女性与国家、女性群体内部以及女性与男性之间的政治关系，并在毛泽东时代的社会性别意识构建中对她们进行重新定位。

---

1 乌韦·弗莱克纳：《政治图像学的历史、现状和未来——汉堡瓦尔堡图书馆的艺术理论研究》，李双志译，《世界美术》2007年第3期。

2 Erwin Panofsky, *Studies in Iconology: Humanistic Themes in the Art of the Renaissance*, Westview Press, 1972, p.16.

3 参见米歇尔：《图像学：形象、文本、意识形态》，陈永国译，北京大学出版社，2012年，第51、192、208页；Hans Belting, "Image, Medium, Body: A New Approach of Iconology", *Critical Inquiry*, 2005, 31（2）, pp.302-319。

二 新姐妹关系：革命大家庭中的独立自主的女民兵

在 27 幅群体女民兵宣传画中，描绘的人数超过 5 人的有 12 幅，占 44%；低于 3 人的只有 6 幅，占 22%。参与群体活动的女民兵们走出了家庭，在公共领域内结成了非亲缘性的新姐妹关系，表明妇女们从宗族制的传统家庭结构转移到奉行集体主义的社会主义大家庭中，或者说一种血缘共同体为一种意识形态共同体所替代。在传统家庭结构中，女性角色由家族和婚姻系统派给（women were the social roles "assigned by the family and marriage system"）[1]，主要负责管理和服务于家庭内部事务。户外活动有损于女性名声[2]，因此"良家妇女从不属于任何户外的同性群体"[3]。女民兵完全违背了传统社会规范，走出家庭从事户外劳动和军事活动。在 27 幅图片中，武装训练和作战等军事题材有 22 幅，超过了 80%。更加强调组织性和纪律性的军事活动显然比生产劳动更加有助于强化新姐妹关系的构建和巩固。生产劳动虽然没有强调她们的协作关系，但通过将她们与国家的革命建设直接联系起来，为其提供了更加广阔的构建好姐妹关系的场所。就此而言，女民兵之间的姐妹关系既与 1949 年之前农村的各种"非血亲群体"不同[4]，也与城市工厂中的"姐妹会"有着本质上的差异：后者作为以保护个体日常生活为首要目标的小规模团体，

---

1 Patricia Buckley Ebrey, *Inner Quarters: Marriage and the Lives of Chinese Women in the Sung Period*. University of California Press, 1993, p.44.

2 Gail Hershatter, "Local meanings of gender and work in rural Shaanxi in the 1950s", in Barbara Entwisle and Gail E. Henderson (eds.), *Re-Drawing Boundaries: Work, Households, and Gender in China*, Berkeley: University of California Press, 2000, pp.79-96.

3 Susan L. Mann, *Gender and Sexuality in Modern Chinese History*. New York: Cambridge University Press, 2011, p.12.

4 Shanshan Du and Ya-chen Chen, (eds.), *Women and Gender in Contemporary Chinese Societies: Beyond Han Patriarchy*, Lexington Books, 2011, p.8.

受限于较小的地域和行业范围,即便在中共的组织下"走向解放",也没有建立起以阶级意识为基础的意识形态。[1]

女民兵们的笑与怒直观地展现出她们对新姐妹关系的态度。代表友善的笑容和展示敌意的怒容与毛泽东关于敌我关系的论述完全吻合,在此意义上,它们是最能展示革命态度的表情。在 27 幅宣传画中,有 20 幅画描绘出女民兵们面带笑容,神色和姿态都非常轻松,展现出她们在新姐妹关系中的自如和喜悦。另有 7 幅描绘了表情严肃的女民兵,她们大多处于对敌状态,怒容营造出一份同仇敌忾的气氛,将这种新姐妹关系升华为一种"命运共同体"。

图 1 《田间休息》

例如在《田间休息》(图 1)中,8 名年轻女子在田间劳作的休息期间比赛投掷手榴弹。无论是观众还是参赛者都笑容满面,劳作和训练的艰苦荡然无存,她们像是一群正在享受游戏欢愉的好姐妹,五颜六色的衣着和脚下的花朵也为愉悦的气氛提供了有力的渲染。[2] 这不能被视作画家制造出的虚假气氛,实际上对于当时的传统女性而言,"在每日的集体劳动和集体政治活动中会有一种欢聚的感受",她们"在劳动强度和身体疲劳也同时增加的前提下"加深了彼此的感情,因此这

---

[1] 艾米莉·洪尼格:《姐妹们与陌生人:上海棉纱厂女工(1919—1949)》,韩慈译,江苏人民出版社,2011 年,第 231—235 页(整个结论部分)。Emily Honig, *Sisters and Strangers: Women in the Shanghai Cotton Mills, 1919—1949*, Stanford University Press, 1986.

[2] 申申:《田间休息》,辽宁美术出版社,1964 年。中央美术学院图书馆索书号:宣 /L4613-653 + 57。

种集体活动有如"革命的庙会",带来了"节日的气氛和开放的感受"。[1]
《女炮兵》(图2)中完全是另外一种情境,7名女民兵正在操作一门大炮,4名露出脸庞的女民兵都神情肃穆,稍显怒色。她们动作连贯而且有条不紊,显示出曾受过长时间艰苦的配合训练。虽然她们的衣着与《田间休息》一样色彩丰富,但其中的红色别有意味。位于画面左下角、红色封面的毛泽东著作,与右上角作为指挥者的红衣女民兵手中的红旗形成了显著的视觉呼应。[2] 正如图中配诗所言,在毛泽东的领导下,这些女性转变为"中华儿女","干革命,搞建设",保卫国家。作为"想象的共同体"的民族国家也正是通过这种集体活动在女民兵心中显露真容,成为一个可被直观感受到的实体。

这27幅宣传画反映出的是女性自我与社会之间的关系,刻画出女性作为一支独立的社会力量在国家生活中发挥着重要的作用。男性作为性别平等的对立者,在这些画中不见踪影。在国家的引导和强制之下,女性从事的建设和斗争与阶级统治的权力归属相关,而这正是解放的焦点所在。实际上妇女并非总是处于"被解放"状态,她们也具有主动解放自身的观念和行动,这通过她们对武器的持有和使用得以表现出来。按照雷金庆(Kam Louie)的解释,"文武"是中国男性的性别特质,尤其是"武",自古以来就与

图2 《女炮兵》

---

[1] 郭于华:《心灵的集体化:陕北骥村农业合作化的女性记忆》,《中国社会科学》2003年第4期,第79—92页。
[2] 李百钧:《女炮兵》,人民美术出版社,1965年。

女性不相容,即便如替父从军、获得战功的花木兰,也必须在与"武"相关的场所中隐匿自己的性别(Mulan "had to concealher femininity while she took part in military exploits")。[1] 社会主义女性观则将这种"武"的特质也赋予了女性。毛泽东曾在1936年写给女作家丁玲的词中赞颂女性从文到武的转变:"昨天文小姐,今日武将军。"[2] 在1962年他又写诗赞扬女民兵:"不爱红装爱武装。"武器作为传统中国男性的专属物成为女性证明和获取独立身份的重要工具。在群体女民兵宣传画中,她们并未用这些武器与男性分庭抗礼,而是展现出她们有能力与敌人争夺统治权力。例如在军事训练题材的宣传画中,弹孔都无一例外集中在靶心上,显示出她们高超的射击技巧;[3] 她们的力量也不容小觑,比如能够轻松地抱起重达40公斤重的炮弹或单手举起5公斤重的步枪射击。拥有和使用武器在新领域中为妇女们提供了独立的机会:依照毛泽东"枪杆子里出政权"的逻辑,这种独立就是政治独立。对于毛泽东时代的绝大多数公民来说,政治独立的解放意味更强,在必要的情形下甚至情愿为之牺牲经济独立的机会。[4]

这种牺牲正意味着女性的消极自由领域遭到了侵袭,新姐妹群体作为国家的缩影在其内部建构了一种积极自由领域,将为群体争取独立自

---

[1] 雷金庆:《男性特质论》,刘婷译,江苏人民出版社,2012年,第66页。Kam Louie and Morris Low, eds., Routledge Curzon, *Asian Masculinities: The meaning and practice of manhood in China and Japan*, 2003, p.4.

[2] 毛泽东:《临江仙:给丁玲同志(一九三六年十二月)》,载蔡清富、黄辉映编著:《毛泽东诗词大观》,四川人民出版社,2009年,第230页。

[3] 白序号、刘瑞兆:《姐姐又得好成绩》,陕西人民出版社,1975年。

[4] 王政:《居委会的故事:社会性别与1950年代上海城市社会的重新组织》,载吕芳上主编:《无声之声(Ⅰ):近代中国的妇女与国家(1600—1950)》,"中央研究院"近代史研究所,2003年,第165—198页。

主的统治权力视作第一目标。从一些女性领袖身上可以明显看到权力导向发挥作用的痕迹。在宣传画中,她们通常具有生理上或社会身份上的优势。她们身材更为高大壮硕,以精干的短发为主,显得比那些梳着发辫的成员要成熟一些。[1] 这种身体的强度和魅力是女性从事革命事业的能力的象征。女工人或女战士经常是群体中的领袖,她们在阶级地位和革命积极性上都要高于女农民,或者说是在政治权力等级上要高于女民兵。宣传画中对妇女领袖的能力和力量的着重描绘,实际上是对群体权利优先于个体权利的强调。在毛泽东时代,的确有一些妇女领袖在有些情形下会在无视"姐妹情谊"的基础上鼓动群体发挥献身精神,这正是积极自由倾向或者国家权力实体化的表现。当然,这并不意味着妇女完全地"被父权制国家愚弄","而是意味着整个革命统治阶层服从于一套共享的启蒙叙事"。[2] 同时,她们也"没有意识到'解放'的过程很可能是另一压抑机制的开始,尽管可能会是一种缓和的形式"[3]。

三 国家意志:个体女民兵的男性化与中性化

个体女民兵宣传画数量较少,仅有 20 幅,这与当时具有浓厚集体主义倾向的意识形态占据统治地位有关。此外,盛行于"文革"期间的"三

---

[1] 周国岩:《钢厂铁姑娘》,上海人民出版社,1975 年;刘生展:《草原女民兵》,河北人民出版社,1973 年。

[2] Manning, Kimberley Ens, "Making a Great Leap Forward? The Politics of Women's Liberation in Maoist China", *Gender & History*, 2006, Vol.18, No.3, pp.574-593.

[3] 刘复生:《记忆与变迁——从红色娘子军看海南女性文化》,《文艺争鸣》2006 年第 3 期,第 143—145 页。

突出"创作原则要求用反面人物和不重要的正面人物来突出最主要的英雄人物,于是画家们往往选择多人场景来迎合这一要求。个体女民兵宣传画并没有挑战主流意识形态和创作原则,而是凸显更加精细的局部特征,增强其感染力。在个体女民兵宣传画中,除了 1 幅肖像画和 3 幅以生产劳动和晚婚晚育为题材的画外,其余 16 幅中的女民兵都在进行训练或直接参战。对军事身份的强调更加彰显出她们的"男性之武"特征:被刻意遮盖起来的胸部、强壮的胳臂、有力的双手和棱角分明的脸庞等。同时,她们普遍穿着单一色彩或蓝灰色系的中性化服装,武装带成为重要的标准配饰。正如琼·斯科特(Joan W. Scott)所言,"揭露那些看上去似乎是中性的分类以及其掩盖妇女被排除的事实,在很多方面对女性主义研究具有重要性"[1]。这些宣传画表明,女民兵的男性化和中性化并非为了证明、也无法证明女性和男性处于平等状态,而是表现出社会主义国家在塑造一种符合其要求的、无性别特征的"标准人"上的强大力量。这表明在当时的性别意识构建中,是个体与国家之间的关系而不是两性之间的关系占据着最为核心的位置。

图 3 《杀陈再道狗头,祭我烈士英灵》

在这 20 幅宣传画中,除一位非洲女民兵外,有 6 位女民兵胸部轮廓不明显,其余 13 位女民兵的胸部则直接被以各种方式遮挡起来,其中抬起的手臂是最为常用的遮挡物,这种情形在当时以成年中国女性为对象的政治宣传画中比比即是。如果说遮掩女性

---

[1] 琼·斯科特:《对社会性别和政治的进一步思考》,载钟雪萍、劳拉·罗斯克主编:《越界的挑战:跨学科女性主义研究》,上海社会科学院出版社,2002 年,第 1—21 页。

特征只是迎合了毛泽东时代禁欲主义的要求[1]，那么对女民兵身体的一些艺术处理，如对她们身体的某些部位进行夸张的描绘，正是为了表现她们的强大力量，由此将她们直接与阶级斗争联系在一起。她们身体上的变化正是为了展现在这些斗争中的坚定立场和巨大力量。在国家的支持下，她们从权力的对象变为权力的主人。在《杀陈再道狗头，祭我烈士英灵》（图3）中，魁梧的身材和相对于所提的头颅显得格外巨大的拳头使得持刀女子极为勇武，再加上浓眉阔鼻，几乎只能依靠发辫来确定其性别。[2] 她与角落中当时武汉军区司令陈再道上将被丑化的面孔形成了强烈的对比，这是在革命的名义下实现的权力翻转，而不是女人对男人的胜利。

女性身体被男性化的宣传画往往因过于脱离现实而无法得到民众的普遍欢迎，人们对风格优美、色彩鲜艳和人物生动的宣传画更有兴趣——从实用主义的角度而言，这些宣传画在很大程度上被他们当作家庭中的装饰品。因此在宣传画中，衣着的中性化——其显著标志是武装带——比身体的男性化更为多见。武装带不仅有助于显露挺拔、威严的身姿，而且也是显示军事人员身份的功能性装备。对于女性而言，它既凸显出了她们的"飒爽英姿"，也将她们识别为比普通人更为进步的"革命者"。例如在《英雄女民兵》（图4）中，一名身穿蓝衣蓝裤、短发浓眉的女民兵正在穿戴武装带，抬起的手臂恰好遮住了胸部。她背后的奖状点出了其"英雄"之名，桌上的笔记本和毛泽东著作表明她"又红又专"，背后窗外的向日葵则隐喻着她永远追随太阳（毛泽东）的方向。[3] 她对镜整理衣装的情形令人想起《木兰诗》中的句子"对镜贴花黄"，但

---

1 李银河：《禁欲主义与中国女性访谈录》，《中国青年研究》1996年第1期，第12—15页。
2 钢工总红艺兵团：《杀陈再道狗头，祭我烈士英灵》，绘画稿印刷，估计为20世纪60年代末到70年代初。
3 吴哲夫：《英雄女民兵》，上海人民美术出版社，1965年。

这位新时代的花木兰非但没有"脱我战时袍,着我旧时裳",反而在"战时袍"外加上武装带。她的微笑表现出与花木兰"回归家庭"完全相反的"走出家门"、融入国家生活的喜悦,这种自我满足的状态来自其特殊的身份以及与革命领袖之间建立起的关联。在妇女解放的意义上,这既是接受国家的支持而被解放,也是心甘情愿地支持国家、服务于解放事业。这种中性化着装并没有任何指向性别平等之意,不仅画面中缺乏作为参照物的男性,而且她作为英雄得以拥有的独立自主也先于和高于与男性之间的权利分配。图中唯一留有印记的男性是毛泽东,但他作为国家的象征显然不同于,也超越了作为一种性别角色的意义。

图 4 《英雄女民兵》

个体女民兵宣传画通过凸显个体的细节强调了这一角色所具有的模范力量。女性模范作为"新秩序的价值、政治和道德象征,是共产党希望取旧有女性形象而代之的新形象",她们之所以被描绘为一副肌肉强健的形象,是因为其"身体形态象征着新中国的力量"。[1] 服装上的同化并没有"夸张地呈现出党对性别平等的承诺"(dramatized the party's commitment to gender equality)[2],反而是对性别议题的隐匿,即性别平等被性别一致所遮掩。因此,毛泽东时代女性身体的男性化和衣着的中性化与其说是以男性为标准,不如说是以一种不考虑性别特质

---

[1] Chen, Tina Mai, "Female Icons, Feminist Iconography? Socialist Rhetoric and Women's Agency in 1950s China", *Gender & History*, 2003, Vol.15, No.2, pp.268-295.

[2] Susan L. Mann, *Gender and Sexuality in Modern Chinese History*. New York: Cambridge University Press, 2011, p.120.

的"国家人"为标准。[1] 这一标准要求女性全面介入国家生活，以在国家与其敌人的权力之争中发挥出应有的作用，这无疑是一种"积极自由"的导向。在此导向下，所有的个人权利都要服从国家权力的安排，因此很多以"为革命实行晚婚和计划生育"为题的宣传画甚至鼓动女性应该乐观地为革命做最大程度的牺牲。

在个体女民兵宣传画中，个体女性既不生活在同性共同体之内，也缺乏与异性个体或群体的交往，她们的存在总是与国家紧密地联系在一起。在革命的名义下通过强大的政治压力锻造出的"国家人"只是国家意志的作用方式之一。在宣传画中更为常见的作用方式是通过个体女性与"祖国"直接关联，塑造出她们是"中华儿女"的意象——社会主义国家中的女性既不是传统时代的"臣民"，也不仅仅是现代政治社会中的"国民"，而是一个全新的民族国家的"子民"。虽然"祖国"经常被赋予父亲或母亲的形象，但在中国，无论是传统家庭中"祖母"的权力，还是新中国的政权，都来源于父权。女性们在国家的引导下将其"女儿的激情转变为政策的支柱"，来自国家的父母之爱被用来"交换她们盲目的支持"。[2] 在女性与国家之间这种全新的关系定位中，女性生理性别特征和社会性别意义上的女性气质向男性转变就不仅是一种性别"同化"，更重要的是两性在国家面前的"儿童化"——这种两性关系的异化既可以通过对国家进行人格化（即父母角色）的形式来实现，也可以通过个体自身的去人格化来实现。如在极为著名的《做一颗红色的种子》中，国家与女性之间的父母-子女关系被转换为一种生态关系：作为土地的国家提供空间让作为植物的女性得以成长，最终结出

---

[1] 谭深：《从"国家的人"到"自主的人"》，《东方》1996 年第 3 期。
[2] 朱丽娅·克里斯蒂娃：《中国妇女》，赵靓译，同济大学出版社，2010 年，第 76、171 页。

果实。[1] 对于这种社会主义生态系统而言，一味追求个体权利的性别平等诉求显然是巨大的威胁，因为拒绝国家的要求就意味着破坏了环境的平衡。

四　两性的社会关系与性别等级制

在 160 幅女民兵宣传画中，有 113 幅绘有男性角色，他们在其中 93 幅中是行动的主要承担者、指挥者或督导者。这种男女失衡的现象似乎揭示出毛泽东时代女性在性别关系上的弱势地位，但是我们通过两条路径来重新反思这种现象。一是准确定位画作中两性之间的社会关系，证明政治权力的归属而非性别权利的分配才是国家最为关心的。二是探讨画作中两性之间的潜在等级差异的根本原因，证明国家权力系统中的父权制文化控制着社会性别意识的形塑，固化着个体权利对集体权力的服从。这两条路径实际上都表明了自上而下的妇女解放与自下而上的性别平等是背道而驰的。

图 5　《练硬功》

在男性作为主角的宣传画中，男性基本上可以分为三种身份：农民民兵、军人和工人民兵。如果群体中只有女民兵和男性农民民兵，那么后者通常承担着具体行动的主要责任，或是通过身体姿态和行为表现出他们能

1　哈琼文:《做一颗红色的种子》，上海人民美术出版社，1963 年。

够承担更为主要的责任。例如在《练硬功》（图5）中，一群男女民兵在果园劳动中的休息时间进行军事训练，画面中间是一位男民兵趴在地上单手托举五块青砖，而旁边蹲着的女民兵则拿着砖块准备往上放。[1] 这显示出女性虽然已经从传统家庭中走到户外，但其作为男性助手的身份并没有得到根本性的变化。虽然她们在内外两种空间中可以通过"当家"和"翻身"两种路径去争取解放，但仍然无法普遍地与男性共享政治领导权。[2] 在经济上也是如此，即便毛泽东一再强调的同工同酬得到普遍执行，也无法在整个社会主义经济体系中实现劳动分工的真正平等。[3] 这种政治和经济利益难以公正分配的直接原因似乎是男女权利失衡，但中国传统父权制政治文化的漫长积淀与当时的生产力结构和水平才是根本原因所在。

如果男女农民民兵的群体中加入了军人的角色，那么军人就会成为其中的指挥者。在民兵最主要的三项任务中，有两项是在军队的领导下进行的，即协助巩固国防和直接参与作战。就此而言，对于这样的女民兵宣传画来说，不能简单地用男性对女性的统治来涵括，因为其中的男性与女性之间的关系不是性别关系，而是职业分工或者说业务关系。这种关系由于民兵系统接受中国共产党和人民解放军的双重领导而变得比较复杂，在具体的历史情境中有所变化。[4]

当男女农民民兵和军人的群体中加入男性工人民兵后，他们的位置

---

[1] 全祝明：《练硬功》，河北人民美术出版社，1965年。

[2] Kimberley Ens Manning, "Embodied Activisms: The Case of the Mu Guiying Brigade", *The China Quarterly*, 2010, Vol.204, pp.850–869.

[3] 李金铮、刘洁：《劳力·平等·性别：集体化时期太行山区的男女"同工同酬"》，《中共党史研究》2012年第7期，第53—61页。

[4] June Teufel Dreyer, "The Chinese Militia: Citizen-soldiers and Civil-military Relations in the People's Republic of China", *Armed Force and Society*, 1982, Vol.9, No.1, pp.63-82.

又会有所变化。在同时出现男性军人、男性工人民兵和女民兵的 15 幅宣传画中，有 11 幅画中的男性工人民兵会站在群体的最中间，在其他几幅画中，他们做出的是指挥前进的手势，或者是手持毛泽东著作这一比军人手中的现实武器更为神圣有力的象征。在这些宣传画中，女性接受男性领导的图像体现出的不是性别关系而是阶级关系，图像的核心旨趣是"工人阶级是无产阶级革命的领导者"。

整体来看，在这 93 幅男性处于中心位置的女民兵宣传画中，男女之间的关系并非旨在呈现社会性别上的差异，图像内容也没有表达性别不平等之意。而另外 20 幅女性为主或与男性平分秋色的女民兵宣传画也与性别平等无关，它们的主题大多是建设和保卫国家，选择两种性别的民兵形象是为了塑造出一个完整的"人民"概念。男性与女性之间的业务关系和阶级关系在实践意义上为当时的女性提供了一条解放的路径，即依靠领导阶级的带领介入整体性的革命事业中，从而得以摆脱政权、族权、神权和夫权这四条绳索的绑缚。

这些宣传画在创作意图上不是为了表达社会性别差异，但可以从中辨别出社会性别意识遗留的痕迹。究其原因在于，1949 年之后新国家权力系统只是迅速填满了四条绳索断裂后留下的权力真空，传统父权制政治文化却没有被消磨殆尽。[1] 在混合性别的女民兵宣传画中，父权制的潜在影响主要体现在新权力系统的四个组成部分中，其主要表现是权力的主导者通常是男性形象，而从属者以女性为主。

首先，传统政权的替代者是建立在阶级斗争基础上的人民民主专政制度。传统社会中垂直的士农工商结构被彻底打乱，在新社会中，工人成为政治上的领导阶级，农民则是工人阶级最大的同盟，两者共同行使

---

[1] Judith Stacey, *Patriarchy and Socialist Revolution in China*, Berkeley: University of California Press, 1983.

领导权。同时，工人作为先进生产力的代表，在经济地位上也优越于农民。工人之于农民的这种政治和经济优势也反映在同时绘有工人和农民形象的 21 幅女民兵宣传画中：76% 的画作呈现的是男性工人和女性农民形象，前者在画面中总是充当着领导者。

其次，族权的替代者是农村中的集体制和城市中的单位制，包括了当时个体所在的绝大多数工作组织，如农村中的生产小组、生产队和合作社，城市中的厂矿企业、事业单位和社会团体等。这些组织同时履行着经济生产功能、社会管理和服务功能，以及政治教化和控制功能，它们往往带有"清晰的父系继嗣偏见"（农村）或家长制风格（城市）。[1] 基层女民兵的管理机构是人民武装部，其管理者均为现役军人。在女民兵宣传画中，军人作为人武部的象征几乎都是男性，充当着女民兵的教导者、指挥者或是监督者。

第三，神权的替代者是中共中央宣传的意识形态。在女民兵宣传画中，常见的意识形态象征是与毛泽东相关的符号，如他的著作、像章、口号或肖像等。毛泽东成为所有女性成员的庇佑者以及她们不可僭越的神圣人物。她们可以与日常生活中的男性展开竞争甚至对抗，但面对毛泽东，除了臣服和崇拜外别无选择。最后，夫权在旧社会中是政权、族权和神权在性别关系中的延伸，在新社会中同样如此。政治制度、集体制和单位体制以及意识形态中占据主导地位的男性，在小家庭之外的"大家"和"国家"中继续扮演男主人的角色。当妇女们走出家庭时，其丈夫便向户外的其他男性成员移交了管理权和奖惩权。这种夫权的转移普遍存在于包括女民兵在内的各种身份妇女的社会生活中。

---

[1] Ellen R. Judd, *Gender and Power in Rural North China*, Palo Alto: Stanford University Press, 1994; Ching Kwan Lee, *Gender and South China Miracle: Two Worlds of Factory Women*, Berkeley: University of California Press, 1998.

我们将社会主义权力系统中的这种隐含着的父权制称作"新性别等级制"。需要注意的是,父权制不能被理解为男权制[1],否则会轻率地得出毛泽东时代的女性是男性世界的从属者的结论。这种解读导致女性错误地将矛头对准实际上难以独立实现的权利平等问题,而忽视了更为重要的对权力系统的警惕和反抗。即便妇女们在性别等级制中获得了部分收益或者拥有了某种自主选择的空间,那也是"积极自由"的福利之一,在妇女们的欢迎之中反而会成为"消极自由"的"不能承受之重"。

五 结 语

在对毛泽东时代的中国妇女的研究中,绝大多数案例是以特殊职业或地域的女性为分析对象,并且都将她们的主要活动区分为户内劳动和户外劳动两种。而女民兵与她们有着显著的差别,不仅涵括所有的女性职业身份,还在从事家庭内外生产劳动的同时承担保家卫国的任务。就此而言,女民兵比大多数职业更适合充当"中国女性"的代表,而且她们与国家之间的关系也比大多数女性群体更紧密。在中共谋求政权和建设国家的近百年历程中,女民兵一直都根据国家的需求而发挥作用,尤其在毛泽东时代,依靠其极为庞大的规模、高度的组织性和政治性,成为影响政治社会发展的重要力量。这主要表现在三个方面:在经济建设中,女民兵不仅积极完成其本职工作,还广泛参与大型工程建设;在政治社会的管理中,女民兵是国家维持社会秩序的重要力量,很多女民兵

---

[1] 朱丽娅·克里斯蒂娃:《中国妇女》,第 70 页。

还担任基层政府组织的领导人；在军事活动中，女民兵更是国防和战备的核心力量之一，尤其在少数民族地区和边疆地区作用显著。

女民兵在国家生活的各个方面如此重要，成为我们观察社会性别意识塑造的最有价值的对象之一。由于难以获取重要的女民兵档案，而访谈法在分析这一庞大群体时有局限性，因此本文聚焦于政治宣传画中的女民兵形象。由于绝大多数正式出版的宣传画需要同时迎合官方意识形态和民间话语的偏好，因此我们可以在一定程度上认为，其中反映出的性别状态和关系与现实相符。图像政治学这一跨学科路径有助于更好地分析这些宣传画，其中图像学负责处理画面的内容，政治学负责解释图像的政治意义。

毛泽东时代的社会性别意识深受妇女解放和性别平等这两种话语的影响，无论是中西方学术界还是中国的官方和民间，要么将两种话语视作没有龃龉的统一系统，要么认为两者之间的差异或分歧只是国强民弱的表现。但是，本文认为这两个概念之间存在不可调和的本质性冲突：妇女解放处理的是阶级斗争中的敌我矛盾，在革命意识形态的指引下获取统治权力是其首要目标。在追求这一目标的实践过程中，以个体权利为基础的性别平等话语并不是妇女解放话语的附属物，而是被其替代、引导和操控，从而成为一种变质的或看不见的平等。这种冲突之所以如此关键，是因为它实际上是最为根本的政治价值层面的冲突，反映出了积极自由和消极自由之间的背离。对于努力提升社会性别地位的中国妇女而言，唯有认识到这一点，才不会在"被解放"中迷失自我，不会因为获得了部分个体权利而向国家权力妥协，也不会再怀有通过个体行动还原女性特质的方式可以实现两性平等的幻想。

在后毛泽东时代，虽然中国的经济、政治和社会等各个方面的体制都发生了巨大的变化，但妇女解放话语的主导地位丝毫没有变化。江泽民于 1995 年在中国承办的联合国第四届世界妇女大会上的致辞中一方面赞同国际社会的共识,即"平等"是妇女解放的首要目标,另一方面依然强调妇女解放必须"同民族的独立和人民的解放联系在一起","妇女也只有积极参加建设自己的国家"才能提高其地位。[1] 近二十年来,这一观点依然未改初衷,就此可以说,威权主义的核心在中国没有丝毫动摇。因此,对于后毛泽东时代的女性来说,如果基于现实挑选一条渐进的解放或平等之路,就必须响应朱迪斯·巴特勒(Judith Butler)回到权力场域中的号召[2],更加重视对国家政治生活广泛深入的介入。简而言之,只有参与"积极自由"的权力战场,才能扩展和维护"消极自由"的权利家园。

从毛泽东时代到后毛泽东时代,在官方、学术和民间三种话语系统中,"性别平等"一直为"妇女解放"所"绑架",两者的混用让女性追求权利之路陷入迷津,削弱了女性在性别意识上进行自我反思的力量,进而增强了国家对女性进行治理和动员的能力、权力。这种"绑架"并不总能对国家利益和集体主义意识形态产生积极作用,对于当前正在大力推进政治民主化改革和维持社会稳定发展的中国而言,也存在着潜在的、不可轻视的消极影响。例如:国家利益和女性的个体权利之间的冲突,可能对女性的国家认同或社会认同构成严重的冲击;[3] 女性将男性而不是父权制文化及其制度设计视作最大的敌人,从而在权力和权利的分

---

[1] 江泽民:《在联合国第四次世界妇女大会欢迎仪式上的讲话》,《人民日报》1995 年 9 月 5 日,第 1 版。

[2] Judith Butler, *Gender Trouble*: *feminism and the subversion of identity*, New York: Routledge, 1999, p.8.

[3] Tamara Jacha, *Rural Women in Urban China*: *Gender Migration*, *and Social Change*, M. E. Sharpe Inc., 2006, p.241.

配中都选择以零和博弈的方式替代协商与合作;[1] 市场主导劳动力分配所营造出的性别平等错觉,会间接地弱化国家影响社会的力量,并为束缚女性的新性别等级制提供新的强大支持。[2] 在一个多元化、碎片化和全球化的社会情境中,这些威胁都已经在中国显露端倪。

---

[1] Susan Stanford Friedman, *Mapping: Feminism and the Cultural Geographies of Encounter*, Princeton University Press, 1998, p.35.

[2] Pun Ngai, *Made in China: women factory workers in a global workplace*, Duke University Press, 2005, p.134.

"场所精神"的回归

——《南都繁会图卷》与"老城南保卫战"*

南京大学建筑与城市规划学院 胡 恒

2005年,南京中华门外,东长干巷旁,秦淮河边,防洪墙上竖立起一道2.4米高、80多米长的青白大理石影壁。壁上刻有一幅浮雕画。画的原型为著名的明代风俗画《南都繁会图卷》[1]。长卷的画面被拆成40多个场景,连续排开,蔚为壮观。石雕的位置很合适,因为手卷所画的正

---

* 本文为胡恒教授2015年4月13日在高研院学术前沿讲座第247期的演讲,本文由演讲者本人提供。胡恒现为南京大学建筑与城市规划学院教授、高研院兼职研究员,主要从事建筑评论、西方建筑史等领域的研究。

[1] 该画卷签署《明人画南都繁会景物图卷》,宽44厘米,长350厘米,绢本设色,现藏于中国历史博物馆。虽然托名仇英,但笔法粗糙,显然不实。吕树芝:《明人绘〈南都繁会图卷〉(部分)》,《历史教学》1985年第8期,第64页。该画卷是现存最早关于明代南京城的风俗画,被视作"南京的《清明上河图》"。三米多长的画幅中绘有群山一组,河流两支,道路五条(一条主干道四条支路),大小船舶十九只,人物一千有余,建筑三十余座。街市作为主体被置于前景,山水为衬托置于中部后侧。画中依"野—市—朝"的空间顺序,由城西南外郊起始,经过城南市区,最终到达东北方的皇城。

是明后期南京城的城南[1]风光，长干巷是其交界（城内外）。也即，画中空间与石雕所处的现实空间正相吻合。石雕对古画的分解与重组，使500年前的南京城变成一套快照，顺次展现于市民眼前。它有个正式的名字——"南都繁会石刻"，"新秦淮八景"之一。

2013年9月28日，秦淮区"老门东"箍桶巷示范街区"开街"。该街区位于南京旧城的最南端（与"南都繁会石刻"只隔一道城墙），是旧城最有代表性的历史街区。[2] 经过四年的改造，街区从一片残破的旧宅区变身为一个古意盎然的传统商业风貌区。当然，它不是一个单纯的空间营造活动——类似的仿古商业街区在当下城市建设中比比皆是。这是一个标志性的社会事件。它意味着，喧嚣十年之久，举国关注的南京旧城改造运动（也称"老城南保卫战"）终于尘埃落定。盛大的"开街"仪式上，各路媒体云集，全城动容。《南都繁会图卷》再度现身。

这一次，图卷不是被凝固为城市雕塑，它升级为另一种图像——符号。首先，图卷被高精度放大，绘制在街区入口牌楼的大门上，成为象征性的"门户"：开街仪式的第一步，就是市、区领导、市民代表在锣鼓喧天中合力推开这扇"南都大门"。其次，大尺度的标志之外，街区里的小纪念物（丝绸手帕、纸伞伞面）上也纷纷印上《南都繁会图卷》的局部图案。它们化整为零，经由市民（更多的是外来游客）之手，散布到四方。最后，在周边尚未完工的工地围墙上，"复兴南都繁会，再现老门

---

1 明代朱元璋定都南京，把45平方千米的老城分为三部分：西北军营，东部皇宫，南部居住。因此老城的南部以夫子庙为核心，东西至城墙，南至中华门，北至白下路，是南京居民最密集的地区，延续至今，称为"老城南"，包括南捕厅、牛市、老门东、老门西等著名地区。老城南是南京城市历史的发源地，被称为南京本地文化的"活化石"。

2 老门东，南京老城南地区的一个古地名。它位于老城最南端，北起长乐路，南抵明城墙，西临内秦淮河，东连江宁路，占地面积两万多平方米。

东熙攮胜景"字样的房产广告招牌与画中图像连片铺开。空间的精神象征、可售的小装饰品、地产开发的宣传主题，图卷的多重符号化无处不在。现在，整个老门东已为《南都繁会图卷》所覆盖。

七年之间，这张手卷两度出现（近在咫尺）。它从一个普通的景观雕塑的设计原型，一跃成为某片历史街区的主导符号，且为整个南京"旧城改造"定下调子——"复兴十朝南都繁会"。[1]

一

那么，是什么原因使得该图卷如此受到现实世界的青睐？毕竟，关于南京城市风物的古代手卷（统称"风俗画"），现留存下来的，除其之外，还有《上元灯彩图》、《康熙南巡图》（卷十、十一）、《乾隆南巡图》（卷十）、《仿宋院本金陵图》等。它们基本都与城南相关，其中不乏名家巨构。在各个方面，《南都繁会图卷》都无特别的过人之处。

就艺术性来说，《康熙南巡图》由清代著名画家、"清初四王"之一的王翚领衔主绘——已是名副其实的国宝。《上元灯彩图》《乾隆南巡图》或细腻雅致，或格局工整。相比之下，《南都繁会图卷》的笔法最为粗糙，并不足观，其绢质也属低劣。按照一些研究者的推断，它的购买者只是坊间"小有余钱人士"，"售价恐怕不及一两，或许几钱即可"。[2] 就所绘的对象来说，《康熙南巡图》等宫廷图对城市结构的准确描摹，对建

---

[1] 参见2013年10月11日《现代快报》的《评南京"老门东"：复兴十朝南都繁会》。这一段时间关于老门东示范街区的新闻报道，多以此句为大标题。

[2] 参见王正华：《过眼繁华：晚明城市图、城市观与文化消费的研究》，李孝悌编著：《中国的城市生活》，北京大学出版社，2013年，第73—74页。

筑、街道、景观、人物的形貌还原，达到照片般的写实程度，画幅规模更是《南都繁会图卷》无法相比（是其十倍）。《上元灯彩图》与《南都繁会图卷》描绘的同是明代中期南京上元灯节盛况，且细节饱满，一笔不苟。《南都繁会图卷》虽然建构宏大，但绘制过于潦草——无论建筑或人物犬马，都只粗有轮廓，近看类似小儿涂鸦。就历史价值来说，《上元灯彩图》在灯节道具上的精雕细琢，《乾隆南巡图》（江宁卷）对清帝大阅兵的全景描绘，《康熙南巡图》对清代南京城市的多重再现（社会、政治、经济），更使它们远远超出绘画的范畴。

就"当代性"来说，这些手卷也各有表现。《上元灯彩图》自2007年面世以来，多受关注。某艺术家以之为主题制作大型装置作品，参加2010年第八届上海双年展。《康熙南巡图》（卷十）在2013年作为南京江宁织造府博物馆开馆的重头戏，被隆重"复活"。它被转制成4D动画电影，在环形巨幕上放映。"寻访千年南京，走康熙南巡路"，是南京旅游路线的新设定。唯独《南都繁会图卷》，在这些文化投射之外[1]，还能直接介入进现实的空间建构。并且，其介入力度在增强：2005年，它只是环境的一个小小点缀（石雕），数年后，它升级为大规模城市空间转型的目标（老门东）。

可见，该画卷与"老门东"之间，存在着某种特殊联系。它的两次现身（2005年、2013年），并非仅只标识着两个独立的空间活动。它们划出的是"老门东"（也可说是城南）500年空间史上的某一特殊段落。七年时间虽然短暂，但这是该空间的第一次彻底的结构转型。本文要考察的，就是该画卷在这一轮城市结构转型中的角色与作用，也即，它与"老城南保卫战"之间的关系——它是这一大型空间事件的见证者、参与者，或是肇始者、推动者？

---

[1] 近几年，在各种文化活动中，多有对《南都繁会图卷》的利用。比如2006年在上海大剧院上演的《1699·桃花扇》昆曲中，该图卷被作为主要背景。

二

门东，南京老城的最南端，明城墙与内秦淮河的相交处。自明代中期以来，这里就是南京商业及居住最发达的地区之一。直到清末，门东都维持着典型江南民居的风格。数百年来（到 20 世纪 80 年代），其街巷与建筑的格局都没有什么变化。

20 世纪 90 年代以来，城南就像无数老城区一样，慢慢融入现实的新需求——"市场化"——之中。[1] 2000 到 2001 年，门东曾经历了两轮"旧城改造规划设计方案"招标。中标方案中，门东 43 公顷的历史街区将全部被推平，建造一个由三种类型组成的商业住宅楼盘（包括几幢小高层）。[2]

2002 年开始启动的"十运会"[3]，使该计划搁浅。计划所推行的旧城整治，是一项打着"文化牌"的庞大的符号系统建构计划（塑造南京的对外形象）。门东的空间定位突然转向：由普通的房产开发对象变为历史文化名城风貌区。这意味着，它暂时从"市场化"的"灭顶之灾"中幸存

1　20 世纪 90 年代开始，门东开始出现在各类"保护规划"或"开发计划"中。1992 年编制的《南京历史文化名城保护规划》里，门东确定为 5 片传统民居保护区之一。1993 年，"老城区改造"大规模推行。1998 年编制完成的《门东门西地区保护与更新综合规划研究》中，门东开始被探讨"开发"的可能性。实际上，十年来，门东的历史街区已被"缝里插针"的改造模式"蚕食"过半。

2　2000 年，受秦淮区委托，南京规划建设委员会组织"门东地区旧城改造规划设计方案"招标。2001 年，"门东地区改造工程"被当作年度"南京旧城改造一号工程"，继续方案投标。在全票通过的方案中，整个门东 43 公顷的历史街区将被彻底推平，换成一个商业住宅楼盘。如无意外，三至四年间，"全地区的旧城改造任务全部完成"。

3　2005 年召开的"第十届全国城市运动会"，引发了南京自 1949 年以来最大的一波城市建设热潮。以此为节点，从 2002 到 2004 年，南京城市开始全面的结构调整：旧城改造与新城建设同步进行，数以千计的大小项目接续动工。

下来，成为城南最后几块较为完整的历史片区之一。并且，它与之前的单线的符号建构模式——以秦淮河为主轴，以名人轶事与历史典故为内容——有所不同。在前期准备（历史资料的整理）的过程中，《南都繁会图卷》被"意外发现"[1]，"南都繁会石刻"由此诞生。

2005年，"十运会"结束。另一个更大规模的城市建设计划"十一五规划"紧随而至。门东发生天翻地覆的变化，迅速成为"老城南保卫战"最炙热的"战场"。

七年间，门东吸引着无数人的目光。一方面，各类"调查研究"（2005年的"南京城南老城区历史街区调查研究［门东地块］"）、"保护规划"（2006年的"南京门东'南门老街'复兴规划"）、"改造计划"（2009年的"危旧房改造"）纷至沓来，各种公示、全民讨论、听证会此起彼伏。另一方面，其间有两次大规模的拆迁活动成为"老城南保卫战"白热化的导火索。2007年，某地产公司拍下南门老街靠内秦淮河的5.9公顷地块，拟建高档别墅群。开发商要求"净地出让"，这致使2006年的有选择的规划式"拆除"，变成"地毯式摧毁"。随后两年，由于中央对城南保护的干预，拆迁趋缓。2009年，"危旧房改造"计划再起波澜。它把老城南剩余的几个历史街区全部列入拆迁计划，并且速度在加快，原计划的两年压缩到一年完成。这一次"市场化运作"再次"惊动"中央。2009年8月，"危旧房改造"中止。

这两次"地毯式摧毁"是"老城南保卫战"发生转折的契机。2010年12月，新一轮保护规划出台，老城保护与更新终于走上法制轨

---

1 实际上，在2004年前，《南都繁会图卷》一直鲜为人知。除去极少几篇社会学、历史学方面的简短研究论文之外（几张粗陋的局部插图），几乎无人关注。在2007年出版的《中国国家博物馆馆藏文物研究丛书绘画卷》（风俗画）后，该手卷的全貌才得以第一次清晰地刊出。

道。[1]"老城南保卫战"艰难取胜。不过,代价很是巨大。此时,门东地面上的旧建筑只剩下一个蒋百万故居。

2013年9月,"老门东"箍桶巷示范街区"开街"。门东遭拆除的民宅肌理被大部分恢复。"开街"仪式上,《南都繁会图卷》隆重登场。

三

此时画卷的出现,并非偶然。它是对该空间事件的性质认定——"复兴十朝南都繁会"。更重要的是,它还是对这份扭转局势的最终方案的诠释——若干消失的事物在此回归。它们有些是在七年中被驱逐的"失败者",几乎就此离开舞台;有些则是早已湮灭的历史故物,在这场风波中被意外地召唤回来。这些"回归者"都刻写在画卷上。

第一种回归者是空间的形态。一直到2005年,门东尚存大体的历史肌理与江南民居的空间形态。在七年中的数度拆迁下,无论是街巷,还是建筑,都被清除干净。即使是法律上受保护的建筑也难以幸免。几处明清文保建筑曾连遭人为纵火。

新的规划中,街巷尺度恢复到百年前的模样。尤其是箍桶巷主街,20世纪90年代因交通需要拓宽至30米,现在按照古地图改回到13米。主街两边伸出的"非"字形的次级街巷,更换上以前的街名,铲掉水泥路面,铺上青石板。重建的那些房子,也恢复到单双层、小尺度的旧有

---

[1] 2010年8月,江苏省人大批准《南京市历史文化名城保护条例》,南京古城必须以"整体保护"为准绳。2010年12月,《南京老城南历史城区保护规划与城市设计》出台,为"老城南保卫战"画上句号。

模式，且在形制上（屋顶、檐口、山墙、窗棂）比原状更有"艺术性"。重建中用到很多老的墙砖、木构件，有的是从城南拆建中保留下来的，有的是从民间、外地收集而来的古建筑材料。它们被用心地融合进古街之中。蒋百万故居等几间较重要的历史建筑都原样修复。[1]

第二种回归者是空间的使用方式。明代中期开始，门东就是"文人集聚，商贾云集之地"[2]。清初之后，南京城一分为二。城东北为清兵驻军，西南为市民居住。城南的密度被进一步压缩。但是商业、居住混杂的传统没有变化。清末之后，城南的商业功能逐渐减弱，基本全为居住。到了 2005 年，门东的老街区还保存有一半左右，都为普通民宅。2006 年的"'南门老街'复兴规划"曾拟将门东打造为一个全开放的"民俗博物馆"——综合性的"商业旅游休闲区"。这是对场地的历史回溯。2007 年，这一规划被弃置，又进入本被禁止的房产开发模式。2010 年的最后一轮规划，使门东重新回到 2006 年的"'南门老街'复兴规划"的公共路线，且民俗色彩更为强烈。不光是南京本地的民俗品牌大量进驻，外地的品牌（德云社）、国外的品牌（星巴克）等也蜂拥而至（"商贾云集"）。另外，几间旧厂房现在改建成金陵书画社、美术馆，也很应和"文人集聚"的古意。

---

[1] 虽然改造后的老门东街区将比例、界面、细节都尽可能恢复到历史的层面，但回归的并非古代的真实模样，而是某种古代想象。它是一次关于历史信息的专业重构，徽式民宅、苏式花园、本地风格相杂处，类似于若干种传统建筑的小规模"会展"。其中还有一幢完整的两层徽派木构民宅。它从某处被整体搬迁过来，放置在东南处的巷子里，作为一个空间节点发生作用。现在的街区确实古意盎然，但却是符号化的"古意"——每一个房子，每一个细部，都指向某种特定的风格、工法。但是，老门东的旧日味道，其平凡本质，以及独特且唯一的空间组合模式都已不存在。

[2] 南京市地方志编纂委员会编：《南京城市规划志》（下），江苏人民出版社，2008 年，第 442 页。

《南都繁会图卷》中，门东就在赛龙舟的外秦淮河的北侧。虽然笔触模糊，但也大致看得出来，沿街店铺林立，游人如织。并且其中有几条"东西两洋货物俱全""京式靴鞋店"的大幅招牌很是显眼，颇有现在的德云社与星巴克比邻而居的味道。

第三种，也是最重要的回归者，是空间的角色。明初永乐迁都之后，城南所代表的市井生活，就与国家权力机制之间形成了一种微妙的消解关系。在《南都繁会图卷》中，这一"消解"关系是其核心——它既作为内在结构来组织图像，还表明城市的主角为谁。"南都大门"昭示的，正是这一"角色"的回归。前两种回归者，只是其物质外壳与形式载体。

图卷中，那些权力元素都被有意无意地淡化。象征着权力中心的皇城置于卷末，它并无什么威严气势。宫阙楼宇为云雾所缭绕，似真似幻，颇似一个尘世之外的仙境。重要的"地标"外城墙消失了（在城市风俗画中，城墙一般都会强有力地出现在画幅两端）。宫城城墙只余几个模糊片段——尺度被缩小，与附近的民宅差不多。府衙被挪到山脚下，仿佛一座香火冷清的庙宇。这与招牌满眼、人头攒动的"街市"形成强烈对比。很明显，城市的政治性（权力结构）在画中已被日常性（世俗生活）所吞没。这很写实。明代中期之后的南京既为"留都"，政治地位逐步下降。皇城并不具有权力职能。它在城市中心，但如同虚设。城中虽设有六部等机构，但官员都不掌握实权，大多"不复事事，既贤者亦多无可述"[1]。所以，画中诸多政务机构都不见踪迹，唯一的一座府衙，也是门前寥落，差役懒散，毫无官家风范。

此消彼长，市井生活变得活跃起来。明初的大移民，使得城南这一空间区域迅速为世俗生活所填充。数百年来，它自然繁衍，形成了某种

---

[1] 范金民等编著：《南京通史·明代卷》，南京出版社，2012年，第258页。

"场所精神"。正是它,产生着对权力机制的"消解"作用。在《南都繁会图卷》中,该作用清晰可见。这一点,也延续到清代的两张官方订制的宫廷图中。

《康熙南巡图》(卷十),描绘的也是南京城。它以康熙南巡的路线为主轴。城南仍是主要部分,占据了全画的四分之一。前朝的皇家印记(皇城)遭清除,旧王府被挤到画幅边缘,像一片废墟。即便是新朝的权力机构如布政司署、江宁织造署等,它们虽然都在巡游路线附近,也没有出现于画中。[1] 唯一的权力元素在卷末。"校场演武"一节替代了皇城,以浩大场面的武力震慑着作为画卷主体的市民生活。这是一种新的"平衡"模式,颇有时代特点。清初的南京是一个政治敏感之地(前朝的"留都"),但在城北全部划给驻军、皇城被拆解殆尽之后,城南还保持着隐秘的活力。这里不仅有市井生活、产业贸易,它还是革命者的据点——反清复明势力的大本营。以政治安抚为目的的《康熙南巡图》,能够轻易地删除新旧两朝的权力表征(官用建筑)以示亲和,但仍对看似平静的日常生活背后的"隐秘活力"大有忌惮。城南的"场所精神"依然如故。

数十年后的《乾隆南巡图》中,江宁卷只剩下"江宁阅兵"的场景。画中,"校场演武"一节被细致地重绘一遍,城区部分则全部砍掉。这更显出缺席之物的强烈存在感。[2]

---

1 在《康熙南巡图》的其他卷中,但凡城市内容,都有若干"政府机构"在其中占据大幅空间。
2 这使南京的"江宁校场"在整套《乾隆南巡图》中显得非常怪异。其他卷中都是按照《康熙南巡图》的常规模式来布局描绘——山水、城市、事件。这或许是因为在乾隆第二次南巡后一年,即在南京成立专事禁书的"江南书局",大兴文字狱。江浙一带的知识分子以及普通民众受荼毒甚深。文字狱祸事牵连极大,两江总督等高级官员多有连坐获罪。此时的南京城,气氛相当紧张。

1949年之后,这一"存在感"逐渐减弱。经过几番城市结构调整,城南不再具有"平衡"权力的作用。现在,它的空间角色回到最初时那样,只是城市里的一片普通居民区。

所以,《南都繁会图卷》在2004年被"意外发现","南都繁会石刻"应运而生是一个信号,它标志着开始于20世纪90年代末的那个以秦淮河为主线、以名人逸事和历史典故为内容的("大文化")符号系统发生巨大变化,一直遭忽视的"日常性"正式进入其中,成为新元素。[1]

但是,"日常性"如同双刃剑。一方面,它的丰富细节为符号系统的扩充、重构提供大量原材料,并以世俗的快乐提高了大众对该系统的共鸣程度。另一方面,"日常性"对原有的符号系统却有着潜在的破坏作用。[2] 而其最大的破坏性在于,它的出现(《图卷》的"石刻"化)将地表之下沉睡已久的"历史角色"唤醒。也即,随着"石刻"回归现实的不只是历史图像,还有蕴含在画中的"场所精神"。它对权力的本能反感,以及对符号化的抗拒,都一并被激起。其强有力的平衡、消解、对抗能力随之进入城南风波。实际上,这场"风波"原本只是"大他者"(借用一个精神分析的概念,即现实的符号秩序)的一次内部纠纷——"文化牌"与"市场化"之间的冲突而已。正如我们所见,如果不是"十

---

[1] 新的"秦淮八景"大多出于历史典故,如"牧童遥指""赏心亭"之类。"南都繁会石刻"是一个异类,唯有它以平凡的市井生活为主题。

[2] "日常性"的符号转向(传奇化、神秘化、文艺化)总是不可能完全实现。实际上,日常生活与文化图景一直相互平行。某些无法符号化的东西,比如日常生活中的低俗之物、直接体验方式、非幻想品质,虽然被一并吸纳进符号系统。但是,它们与之前的符号成分("乌衣巷""秦淮八艳"之类的怀古情调)并不那么协调,甚至还有所冲突。对于符号系统所需达成的最终目的(即营造一个完美的想象空间)来说,这些异质之物无疑是一种隐患:它们使得符号系统不够纯粹,甚至还消解了符号系统与主体之间的距离,而这正是"想象空间"存在的基础。

运会"的突然介入，2001年的"南京旧城改造一号工程"早已使"老"门东无声无息地消失了。

"老城南保卫战"就缘于此。一幅古画的发现，带来一位不速之客（空间的历史角色）。它偶然间闯入"大他者"的领地，扰乱了各方力量关系。它将一场权力间的"内部纠纷"推向公众与媒体，使之成为一个公共事件。在资本强大的运作能力之下（它若干次试图将纷争拉回到"大他者"内部纠纷的轨道，且近乎成功），它还能不断扩大事件的边界，升级其性质："城南保卫战"不仅是"文化保卫战""历史保卫战""空间保卫战"，甚至还成为"人性保卫战"。[1] 七年间，画中的"场所精神"逐步显现出作用力，微妙地推动着事态的发展，转换其方向。正是它，挽救了一场"注定失败的战争"。

四

三种回归者（空间的形态、使用方式、历史角色）已然落地。《南都繁会图卷》的"当代性"也得到证明。正如我们所见的，在2013年箍桶巷"开街"仪式上，《南都繁会图卷》以凯旋的姿态全方位地展示出来。但是，"回归"，其实并不彻底。

这片本属全体市民共享的空间里存在着一处异样之地——内外秦淮

---

[1] 城南的原住民（被拆迁者）本来一直都处于沉默状态，并无多少人关注。2006年以来，他们的状况被各个媒体大量报道，成为城南风波的主要焦点之一，亦是事件诸般转折的决定性因素。在2010年12月发布的具有法律意义的保护规划（《南京老城南历史城区保护规划与城市设计》）中，明确把保护原住民、鼓励回迁居住并停止任何方式的"外迁安置""动迁"行为等条目列入其中。

河间的一块黄金地带，面积是整个门东的四分之一。2007年，"雅居乐"地产集团将之拍下，开发高档别墅区，拟建200多套。一同划归私人所有的还有内秦淮河沿河一带——它本是"秦淮风光带"史上最著名的公共空间"河房区"。虽然2010年的保护规划明确规定停止此类行为，但是"雅居乐"项目令人意外地未受影响。它在2013年与箍桶巷"开街"仪式一同"开盘"。从空间的公共性角度来说，这无疑是一个"刺点"。

不彻底的"回归"，意味着城南之事尚未终结。虽然"保卫战"暂告落幕，但是空间的新旅程才刚开始。到目前为止，最重要的回归者（《南都繁会图卷》中的"场所精神"）只能说初显头角——使"老城南保卫战"局部成功。在老门东历史街区的后续使用过程中（它在很多方面都还需我们密切关注），它还会带来什么新的觉醒之物？它将以什么方式进一步"回归"现实？它将会对这一空间以及更大范围的区域产生什么新作用？这些都还是未知之数。"回归"，还在继续。[1]

---

[1] 2014年10月，"雅居乐"地产集团（香港上市公司）卷入某贪腐案，董事会主席"被控制"。2014年年初，南京市溧水县拟在某度假区内划出18.6公顷、耗资13亿元"再现明代画作《南都繁会图卷》的景致，打造以明文化为主体的'大明城'"，使之"成为外地游客及南京人寻找记忆、触摸南京历史脉络的怀旧之地"。可见，该图像还在以多种方式"回归"。《南都繁会图卷》的"当代性"表现，远未结束。

文本、历史与阐释

孟子民本思想与内生现代性叙事
——以宋代孟学王道思想与东洋近世说为讨论中心*

台湾大学人文社会高等研究院　许育嘉

一　前　言

　　孟子民本思想是中国历代知识分子探索政治制度的一个重要思想资源，从当代思想史的角度看，除了对先秦孟子民本思想本身的研究外，尚有三个涉及民本思想的论域为当代学界重读并获得相关的研究成果，它们分别是宋代孟子思想的复兴与王道政治论、明清之际黄宗羲的《明夷待访录》以及晚清康有为、梁启超的公羊孟子学。从时间来看，四个论域跨越两千多年的中国史，它们之间的关系既是历史连续性的结果，

---

* 本文为许育嘉博士 2016 年 6 月 28 日在高研院学术前沿讲座第 287 期的演讲，中文讲稿由演讲者本人提供。许育嘉现为台湾大学人文社会高等研究院博士后研究员，南京大学高研院 2016 年访问学者，从事经典诠释与诠释学、儒家思想、当代思想、文艺美学等领域的研究。

又存在断代的特点与发展，各自面对完全不同的时代挑战。金耀基先生的《中国民本思想史》把民本思想分为胚胎期、建立期、停滞期、消沉期、发皇期与完成期等六个时期，这是从起源学的角度把民本思想建构在一条线性的历史叙事中。[1] 但是当我们想要进一步探究孟子民本思想的当代意义，特别是它在现代政治思想论述中所遇到的"民本位"与"君本位"的解释之争时[2]，金耀基先生的线性历史叙事或将让人感到理论的不足。主要的原因在于，当代对先秦孟子民本思想的理论判断与价值论述，是现代政治思想的历史发展结果而不是起点。关于孟子民本思想的"民本位"与"君本位"的不同解释立场，如果不是近代西方民权思想的传入所引起的冲击与回应作为前提，那将是不可想象的情况。[3]

本文的目的是从中国现代性起源的论述中检视孟子民本思想的诸议题，以厘清当代孟子民本思想研究中的争议点。所谓中国现代性起源论述乃是指从中国内部寻找"现代性动机"，故而我将这一现象以及相关的观点表述为"内生现代性叙事"。根据汪晖的梳理，伴随19至20世纪欧洲对中国和亚洲其他国家的政治与经济扩张，亚洲的知识分子与政治家兴起一波波以模仿西方为目的而推动的各种改革，也不断地从自身社会内部寻找认同的资源，于是产生了一种在中国或亚洲社会内部寻求现代

---

[1] 金耀基的《中国民本思想史》(台北商务印书馆，1993年）以六期划分，它们分别是"胚胎期"(西周）、"建立期"(春秋战国）、"停滞期"(汉）、"消沉期"(宋）、"发皇期"(明清之际）与"完成期"(清末民初）。

[2] 当代学界中以"民本位"解释孟子民本思想的有萧公权（《中国政治思想史》，台北联经出版社，1982年）、黄俊杰（《孟学思想史论》卷一，台北东大出版社，1991年）等学者，以"君本位"解释的有文崇一（《民党与民主：孟子究竟在想什么?》，《联合报》1989年8月24日）、杨泽波（《西方学术背景下的孟子王道主义：对有关孟子王道主义一种通行理解的批评》，《华东师范大学学报》2005年第4期）等学者。

[3] 晚清张之洞在《劝学篇·正权》中曾写道："考外洋民权之说由来，其间不过曰：'国有议院，民众可以发公论、达众情而已。'"（上海书店出版社，2002年，第20页）

性的努力。[1] 本文认为孟子民本思想进入当代的研究视野，也要被放在这个脉络下来理解。

事实上，当代孟子民本思想研究所关注的议题，并非来自一种相同的现代性论述，而是在多维的视角下形成的一个非线性的、有区别又相互影响的民本思想论域。在这个论域内，民本思想受到包括先秦的政治理性主义、宋代近世说、明清的资本主义萌芽论以及把晚清的中西冲突作为现代化开端等几个观点的拉扯，彼此之间呈现出理论之间的张力，而非简单的线性继承与发展关系。从逻辑的发生顺序而不是从历史的发生时间来看，内生现代性叙事的兴起，恰恰是对晚清以来"把欧洲的介入作为中国现代性开端"这一论述的反动，因此无论是阐明先秦政治思想中的理性化与个体化趋势，还是论证宋代是中世纪向近世转化的完成，甚至是探究资本主义在明清社会的原始积累过程，都是试图从传统中找寻内生现代性，从而这些中国现代性不同的起源点之间构成一种对立的关系。这一对立关系正是当代阐述先秦孟子民本思想之所以形成有所取舍、偏重或争论的内在因素。

另一方面，虽然当代孟子民本思想的论域在不同程度上受到中国现代性起源论述的影响，但是反过来说，借由孟子民本思想的探究也能厘清这些内生现代性叙事中存在的理论困难与相互之间的关系。汪晖便认为，无论是先秦政治理性主义、宋代资本主义，还是明清资本主义的论述，虽然都描述了中国历史中存在现代性因素，但它们最终的论题却在论证中国历史内部的现代性因素的中断，乃是分别受到秦、汉一统体制的压抑以及蒙元与后金（清）的入侵所致。[2] 这些内生现代

---

[1] 汪晖：《现代中国思想的兴起》上卷第一部，生活·读书·新知三联书店，2008年，第4页。
[2] 同上书，第10页。

性叙事所包含的现代因素的终结，自觉或不自觉地解构了中国历史的内在延续性，反而巩固了原本作为敌论的欧洲现代性中心论（19世纪欧洲在亚洲的扩张作为中国现代性开端的叙事）。我们对孟子民本思想的探究也正是一种对欧洲现代性中心论的抵抗，但是这种抵抗既不是对现代性的简单拒绝，也不是对传统思想的简单接受，而是如日本学者竹内好（Teruko Takeuchi，1910—1977）所说，"不是旧的东西变成新的，而是旧的东西就以它旧的面貌而承担新的使命"[1]。这是《诗经》"周虽旧邦，其命维新"的当代表述。竹内好在《何谓近代——以日本与中国为例》一文中指出，通过对欧洲的抵抗，东洋实现了自身的近代化，但是这种抵抗的近代化并不是因为成功地抗拒欧洲的入侵，恰恰相反，它是来自抵抗后的失败，但是这种失败又不是一种完全接受欧洲的失败。为此，竹内好通过鲁迅看到中国近代化过程对失败的二重抵抗——即对于失败的抵抗，与对于不承认失败或忘却失败的抵抗，他认为在这种二重抵抗的前提下，东亚的近代性才能获得主体性。[2]

本文将以宋代孟学兴起所引发的王道政治的讨论为出发点，把这一讨论放入由内藤湖南、宫崎市定等日本京都学派的学者所提出的"东洋的近世"这一内生现代性叙事的背景中考察，并试图回应当代先秦孟子民本思想的"民本位"与"君本位"的争议，说明孟子民本思想在近代中国现代化道路上的作用，以及对内生现代性叙事的意义。

---

[1] 竹内好著，孙歌编：《近代的超克》，李冬木等译，生活·读书·新知三联书店，2005年，第209页。
[2] 同上书，第186—187页。

二　宋代孟子民本思想中的王道政治

从《孟子》一书的诠释史考察，对孟子民本思想深入的阐释，要到宋代才成为可能。宋代之前存世的《孟子》注本只有东汉赵岐的《孟子章句》，他在《孟子题堂》中这样说："孟子既末后，大道遂绌，逮至亡秦，焚灭虐禁，开延道德，孝文皇帝欲广游学之路，《论语》《孝经》《孟子》《尔雅》皆置博士。后罢传记博士，独立五经而已。"孟子思想在秦时遭到严重压抑，《孟子》作为诸子之学勉强保存下来。[1] 西汉文帝时设传记博士，《孟子》位列其中，但武帝时独尊五经，孟子思想被排除在官学之外。虽然当时汉代人的著作中多有征引《孟子》本文，但是根据赵岐的说法"往往摭取而说之，其说又多乖异不同"，因此即便东汉时已历"孟子以来五百余载，传之者亦已众多"，然汉代解《孟子》者仍多不可考。[2]

相对于《孟子》在汉代被排除于官学之外，以及汉代士人以选取（摭取）的方式征引《孟子》，北宋仁嘉祐六年（1061），《孟子》不但列入九经而取得"经"的地位（元代以后列入十三经），其后又被朱子编入"四书"而得到广泛的流传。同时，宋代以来围绕孟子王道政治论而产生的王霸之辨，扩大与深化了孟子民本思想的讨论范围。根据黄俊杰先生的研究，宋代的王霸之辨从宋儒指责孟子"不尊周王"之处展开，非孟一派的参与者有北宋的司马光、李觏等人，而反对非孟派看法的则

---

[1] 赵岐"《孟子》书号诸子得不泯绝"的说法，可参见方俊吉《孟子学说及其在宋代之振兴》第三章第一节"两汉以前孟子学之概况"中引焦循《孟子正义》的相关讨论（台北文史哲出版社，1993年，第114—117页）。
[2] 关于赵岐注解《孟子》的讨论，可参见黄俊杰：《赵岐"孟子题辞"笺释》，《台大历史学报》第18期，1994年12月。

是南宋的余允文与朱熹等人。两派从孟子"不尊周王"的问题纠缠延伸到"王道"与"霸道"的定义和两个人的关系上。非孟派认为春秋霸主受命于天子，目的是为了保存周室，但孟子劝诸侯为天子已属忤逆之举，因此在他们看来"王""霸"关系乃量（君臣关系）的不同而非质（仁与力）的差别；与之相反，尊孟阵营认为孟子游说列国实行仁政的王道政治，其目的是救民于水火，在他们看来春秋战国的霸主实际上是阳尊敬周室而背地以兵强天下。这派的朱熹甚至认为，孔子尊周而孟子不尊周是时代改变下的时措之宜。由此，两派关于王霸之辨的观点可以总结如下：非孟派的王霸同质论乃是伴随着君臣的绝对关系；尊孟派的王霸异质论则多主张君臣的相对关系。[1]关于"王霸同/异质论"与"君臣绝/相对说"的争议之所以在宋代被显题化，黄俊杰先生也提出两个关键性因素，其一是北宋中央集权的政治结构与春秋王霸之学的兴起；其二则是王安石引孟子以为变法之根据。[2]黄先生认为孟子民本思想中的王霸异质论与君臣相对说，和北宋中央集权的政治体制以及尊王的政治思想构成水火之势，故而孟子王霸论对宋代权力结构的潜在威胁性，必然引起非孟与尊孟两派宋儒的激烈争议；其次，王安石变法特别标榜孟子作为精神标杆，使得孟子无形中为王安石新法运动背书，遂不免激起反新法人士的批判。[3]

---

[1] 宋代王霸之辨的争论可参见黄俊杰：《孟学思想史论》卷一《集释篇·第四篇孟子王霸三章集释新诠》（台北东大出版社，1991年）与《孟学思想史论》卷二《第四章宋儒对孟子政治思想的争议及其蕴含的问题》（台北"中研院"文哲所，修订一版，2006年）。

[2] 黄俊杰：《孟学思想史论》（卷二），第145页。

[3] 同上书，第186页。

三 内藤假说与东洋的近世

随着宋代以来孟子民本思想透过王霸之鉴而显题化，宋代的中央集权与君主独裁等命题也成为政治的中心议题。提出宋代东洋近世论的内藤湖南（Naito Konan, 1866—1934）在《概括的唐宋时代观》一文中把贵族政治的式微和君主独裁的出现视为唐宋两个时期最大的差异，也是中国历史上中世的结束与近世的开始。内藤认为，君主在中世虽然居于代表贵族的位置，但到了近世贵族没落，君主不再是贵族团体的私有物，而成为全体臣民的公有物。同时，从近世开始，人民的地位和财产私权相比于贵族时代有所改善。内藤提出唐代租庸调制度的崩坏而改为两税制，以及宋代王安石的新法等措施都是对人民土地所有权的更加确定。[1] 学者宫崎市定（Ichisada Miyazaki, 1901—1995）的《东洋的近世》一文也把东亚的近代和宋王朝的统一天下联系在一起。宫崎在该文中分别从东亚的交通、社会经济、政治、国民主义（民族主义）与文化等面向论述宋代从中世转向近世的现象，他以民族国家的模式说明宋代以后因为形成强烈的国民自觉意识，以至于此后王朝的更迭都不是发生于贵族间的篡夺，而是起因于对立的异族国民主义。宫崎以宋、辽之间的澶渊之盟为例，认为这是近代欧洲国际关系相似的发展首见于东洋，一边是异民族国民主义，另一边则是汉民族国民主义，而在这种时代建立起来的朱子学所包含的攘夷思想则是汉族民族主义意识形态的产物。[2]

---

[1] 刘俊文主编：《日本学者研究中国史论选译》第一卷，黄约瑟译，中华书局，1992年，第10—14页。

[2] 同上书，第159—160、207—210页。

此外，宫崎也论证宋代近世现象的另一个重要证据，从中世纪的均田制过渡到以地主与佃客关系为基础的"富民"土地所有制。他认为宋代以后由于新兴的士大夫阶层一方面既是官僚，一方面又是地主的身份，导致认同土地兼并的富民阶级的兴起。宫崎举了南宋初期叶适的言论，他认为叶适提及的富民阶级作为以天子为中心的政府和小民之间的中间环节，把自己的土地贷与无田者，借钱给无资者让他们从事耕作，乃至以富民阶级为消费基础的都市手工业与提供娱乐的俳优的产生，以及政府极需费用时依赖富民代付的情况，都说明宋代社会作为东洋的近世与唐代的中世存在根本性的差异。[1] 伴随社会上富民阶级的兴起与贵族势力的没落，宫崎也分析了宋代政治上表现为近世现象的君主独裁政治的特点，他认为所谓君主独裁并不是指君主恣意而为，而是在官制上把尽量多的机关置于君主的直接指挥之下。君主独裁的确立与发达也使得政府与军队分离，宋代称为近卫兵的禁军不由政府指挥，而是天子直接掌握，甚至连同科举制度这一带有近世特征的文官资格考试也一并置于天子直接控制之下。[2]

四　宋代中央集权的早期现代性特征

　　尽管宋代近世说被欧美学界称为"内藤假说"（Naito Hypothesis）[3]，若不涉及宋代是中国的中世还是近世的判断，而仅仅就唐宋之际曾经发

1　刘俊文主编：《日本学者研究中国史论选译》第一卷，第177、180—182页。
2　同上书，第191—196页。
3　根据张广达的考证，日本学者宫川尚志最早将内藤的唐宋变革说做了英文提要，并以"内藤假说"作为标题，刊载于美国最重要的亚洲史杂志《远东季刊》1955年8月号上，成为欧美称其为"内藤假说"的张本。参见《内藤湖南的唐宋变革说及其影响》，《唐研究》第11卷，北京大学出版社，2005年，第6—7页。

生重大变革的事实来说，已获学界普遍接受。本文认为，我们从内藤湖南、宫崎市定的论述出发，仍然有值得一提的新意。首先，内藤等人之所以把宋代称为近世，是因为他们认为从唐至宋经过了一个跨代的转变，近世开启了现代化的过程，虽然历史上从唐到宋并不是截然断裂的两个世界，宋代的近世也仍然存在承上启下的过渡性格，但从西方学界将"近世"一词作为"pre-modern"[1]或"earlymodern"[2]（即"现代"或"早期现代"）可知，近世作为早期现代，在自身当中孕育了现代的各种可能因素，近世作为进入现代的预备阶段，能够从中发现各种现代性的原型。从这个角度出发，内藤等人把君主独裁政治作为近世政治的重要特征，在于把君主与平民作为一对范畴置于政治天平的两端，这一君主主义与平民主义并峙的局面，打开了重新思考君主独裁政治与现代性之间关系的讨论空间。换言之，从君主独裁政治（相对于贵族政治）到共和政治的发展不是古代（包括中世纪）与现代的区别，而是开启现代的钥匙。

由此，我们回顾宋代士人对孟子尊不尊周引申而来的君臣关系的辩论，若放在唐宋转变过程的贵族政治式微与君主独裁政治兴起的历史情境中考察，将会看到那些指责孟子不尊周王而强调巩固君臣上下关系的北宋士人，如司马光、李觏等人[3]，主要站在拥护君主独裁政治的立场上；另一方面，作为支持孟子不尊周王而提出君臣相对说的士人，如余允文、朱熹等人则皆为南宋人，他们既不是唐代贵族政治的支持者，也非皇权

---

1 张广达：《内藤湖南的唐宋变革说及其影响》，《唐研究》第 11 卷，第 24 页。
2 例如日本学者榎森进（Emori Susumu）著的《北海道近世史の研究——幕藩体制と虾夷地》被译为 The early modern history of Hokkaido-the bakuhan system and Ezochi，参见 Evelyn S. Rawski，Early Modern 中国和东北亚，Cambridge Univ Pr.，2015，p.277。
3 司马光："夫君臣之义，人之大伦也……余惧后之刃，挟其有以骄其君，无所事而贪禄位者，皆援孟子以自况，故不得不疑。"（《疑文》，《温国文正司马公文集》卷 73，《四部丛刊初编》，影印常熟瞿氏铁琴铜剑楼藏宋绍兴刊本。）

的挑战者。[1] 根据汪晖的研究，朱熹以恢复三代之制为号召的目的，就是要确立以地主士绅为中心的"乡约"与宗法，重建道德、经济和政治相互统一的社会基础。乡约的自治含义是在均田制向私人土地所有制、租庸调制向两税法转变的过程中产生出来的，并试图以"德治"为原则，通过乡约形式与宗族制度建立地方社区秩序，所以它与以皇权为主导的、由上至下的秩序观存在一定的利益冲突与紧张关系。[2] 换言之，宋代尊孟、非孟两派关于君臣关系的争论，并不是贵族政治与君主独裁政治之争，当然也不是君主与反君主之争，而是在宋代具有早期现代意义的以皇权为中心的郡县政治下，新兴的富民阶级对新的社会秩序与政治权利的要求。在前述的意义上，孟子"民贵君轻"的民本思想在宋代的语境中，就表现为宗法地主制与皇权中心的国家体制间如何维持平衡关系的思想资源。

五 夷夏之防的王霸之辨与国民主义

如果说，上述通过援引宋代近世说揭露了宋代士人所谓君臣关系争论的实质内容，那么以下关于宫崎市定以国民主义（民族主义）论证宋代近世现象的命题，恰恰反过来要被宋代孟子民本思想的王霸之辨与夷夏之防否定。宫崎市定是内藤湖南之后对唐宋变革说展开充分论证的嫡

---

[1] 由孟子尊不尊周而引发的君臣关系的争论，发生在北宋士人与南宋士人的隔空（不同时空）交火这一现象上，从思想史的角度支持了美国学者郝若贝（Rober M. Hartwell）与韩明士（Robert P. Hymes）提出的北宋士大夫志在出仕中央、南宋则是地域精英时代的观点（郝、韩两人的观点，参见张广达：《内藤湖南的唐宋变革说及其影响》，《唐研究》第11卷，第50—52页）。

[2] 汪晖：《现代中国思想的兴起》上卷第一部，第284—287页。

传弟子，不但在日本而且也在西方受到肯定，"内藤说"因此也常被称为"内藤—宫崎说"[1]，可见他对宋代近世说的推进贡献。但是以国民主义解释有宋一代与敌国外患相始终的过程，则受到当代一些学者的质疑。孙歌女士便认为，宫崎市定的中国思想史研究虽然进入了中国史的内部，却从来没有离开过欧洲史的分期方式和基本视点。孙歌并且引滨下武志的朝贡体系研究，说明转变期的近代东亚不存在西方意义上的民族国家。[2] 又如汪晖也认为，两宋的春秋学重心是尊王攘夷，尊王是适应着中央集权政治的发展，攘夷则因应两宋时代尖锐的民族冲突。从宋代道学家的立场来看，夷夏之辨的讨论仍然注重如何形成德政、辨别正邪，以至于这种内外的夷夏关系被放置在内部问题之中。这是因为宋代道学家以礼乐正统对抗汉唐制度的过程中隐藏着把汉唐制度视为区别于三代的夷制，提出了汉唐的制度多受到北方夷人的影响，所以他们把夷夏关系建构在以南北关系为中心的正统论述之中。[3]

宋代相对于唐代来说严于夷夏之防应是公认的历史事实，但是夷夏观念的发达是否意味着产生国民主义与民族国家是一个有争议而需要探究的问题：宫崎市定的宋代国民主义，是否也就是否定宋代的近世性，反之，肯定其国民主义是否即肯定其近世性？这一问题需要被厘清。尽管有学者也试着对上述问题提出调和的解释，如葛兆光一方面批评西方近代历史进程中形成的"民族国家"的理论曾被学界不加分别地接受，另一方面他也认为宋代确实也是"中国"意识的诞生期，他以宋代对异民族形成的"边界"意识，排斥异族文明的入侵和渗透，以及宋元易代

---

1 张广达：《内藤湖南的唐宋变革说及其影响》，《唐研究》第 11 卷，第 38 页。
2 孙歌：《历史中的亚洲论述与当下的思想课题》，《把握进入历史的瞬间》，台北人间出版社，2010 年，第 120—124 页。
3 汪晖：《现代中国思想的兴起》上卷第一部，第 246—254 页。

之际知识分子中产生的"遗民"群体和"道统"意识,说明宋代在"外国"的环绕下,也在观念上开始成为一个"国家"。[1] 但是,此处葛先生把宋代的汉族文化视为近世中国民族主义思想的一个渊源,在我看来并没有摆脱他所批评的西方民族国家的论述框架。虽然现代国家的一个重要特征就是国与国之间的"国界",但是反过来说,存在"边界"并不意味着必然存在"民族国家"意义下的"国界"。例如,现代中国与邻国的边界争议,主要原因在于这些地方既有历史上形成的传统习惯线,又有晚清以来列强压迫下形成的条约线,以及不断改变的实际控制线。[2] 又如,台湾从1768年明郑开始,经清代以迄今日本殖民统治中期的1920年为止,设有意在隔离原、汉的"隘制"所形成的隘勇线,此线既是汉人与原住民隔离的边界,也是汉人屯垦屯兵的边界,但始终不是国界。[3] 这些例证都表明要从"边界"过渡到"国界",需要更多的中介条件,两者不存在直接的相关性。

宋代孟子民本思想中的王道政治与霸道政治之别,仍然是两宋政权（汉人）处理与辽（契丹人）、西夏（党项人）、金（女真人）,甚至是元（蒙古人）等异族政权之间夷夏关系的重要思想来源。两宋士人的王霸之辨既是处理内部君臣关系的辩论,也是处理内外夷夏关系的依据。从两宋春秋学的角度考察也是这样的趋势,北宋治春秋的士人偏重尊王并好论内政,南宋治春秋士人则以复仇攘夷之义论御侮。[4] 因此,北宋士人如

---

1 葛兆光:《宅兹中国——重建有关"中国"的历史论述》,中华书局,2011年,第49—65页。
2 沈志华:《冷战年代中国处理陆地边界纠纷的方针》,《二十一世纪》第143期,2014年6月,第25页。
3 相关讨论参见陈选寿:《从异质文化到多元文化:台湾隘制,治安与族群关系的变迁（1768—1920）》,《性别议题与多元文化学术研讨会论文集》,2012年,第16—20页。
4 牟润孙:《两宋春秋学之主流》,《注史斋丛稿》,台北商务印书馆,1990年,第140—141页。

李觏、司马光等人所论述之王霸同质论，与北宋春秋学的尊王抑臣思想合流，服务于中央权力的强化；而南宋士人如朱熹的王霸异质论则与南宋春秋学的攘夷思想结合，形成夷夏关系的理论基础，朱熹就曾这样说过："春秋大旨，其可见者：诛乱臣，讨贼子，内中国，外夷狄，贵王贱伯而已。"[1] 孟子的王道与霸道之别是夷夏关系的基础，这在朱熹评价宋仁宗的政绩时表现得更为清楚："仁宗有意于为治，不肯安于小成，要做极治之事。只是资质慈仁，却不甚通晓用人，骤进骤退，终不曾做得一事。然而百姓戴之如父母。契丹初陵中国，后来却服仁宗之德，也是慈仁之效。缘它至诚恻怛，故能动人如此。"[2] 朱熹惋惜仁宗有"为治"之心，却因用人不当而一事无成，但由于慈仁厚政而得百姓爱戴，甚至"契丹"亦因其"慈仁"而"服"。[3] 此外，朱熹在谈论"夷狄"问题时，曾感叹自己老矣，看不到中原的恢复，有人向朱熹提出当时占据中原地区的金章宗（1168—1208）施行仁政，被民众称为"小尧舜"。朱熹认为若金章宗真能行尧舜之道，甚至做"大尧舜"也无所谓，不过他还是不相信金章宗真能改变"夷狄之风"，所以认定北方政权的施政只是偶然合于"仁政"罢了。[4] 换言之，两宋政权的夷夏关系与夷夏之防并不是民族主义意识下民族国家之间的关系，而是从王道政治与霸道政治的分别来判断夷

---

[1] 黎靖德编：《朱子语类》（六），中华书局，1986年，第2144页。
[2] 黎靖德编：《朱子语类》（八），第3044页。
[3] "（仁宗）在位四十二年之间，吏治若媮惰，而任事蔑残刻之人；刑法似纵弛，而决狱多平允之士。国未尝无弊幸，而不足以累治世之体；朝未尝无小人，而不足以胜善类之气。君臣上下恻怛之心，忠厚之政，有以培壅宋三百余年之基。子孙一矫其所为，驯致于乱。"《传》曰："为人君，止于仁。帝诚无愧焉。"参见《宋史·仁宗本纪》卷十二，本纪第十二。
[4] "先生喟然叹曰：'某要见复中原，今老矣，不及见矣！'或者说：'葛王在位，专行仁政，中原之人呼他为小尧舜。'曰：'他能尊行尧舜之道，要做大尧舜由他。'又曰：'他岂变夷狄之风？恐只是天资高，偶合仁政耳。'"参见《朱子语类》（八），第3196页。

夏关系。就此一角度而言,王霸之辨其实是政权之间的合法性之辨,而合法性的根基则来源于仁政与王道政治的民本思想。

六　结　论

"内藤—宫崎说"提出东洋的近世,从君主中央集权与国民主义两个面向论证宋代政治的早期现代性特征,此一观点为本文讨论孟子民本思想在宋代的开展,提供了新的参照点。首先,以欧洲史为规模而提出的东洋近世史,把君主贵族制与君主独裁制视为中世迈向近世的政治特征,这一论述本身直接挑战了以传统与现代分判君主制与共和制的观点,君主权的发达为平民阶层的崛起创造了历史条件,更具体地说,是为官僚富民阶层取代贵族阶层铺平了道路,而民本思想则是这一历史转折重要的思想资源。因此,对于宋代孟子民本思想的讨论,不仅要看到君主权力与人民权利的对立,还要涉及两者的联系,以及由此产生的新兴官僚富民阶层的崛起。中国早期现代性如何向现代性过渡发展是一个复杂的历史过程,民本思想在当中产生的作用不只是以"民本位"与"君本位"二元论为框框就能够完整概括的。

其次,即便宋代夷夏之防不是京都学派所提出的国民主义兴起下的民族国家关系,我们也不能否定宋代具有早期现代的特征,差别只在于这一特征不是为了指向以欧洲现代中心论所建构的现代性为目的。两宋政权与辽、金、元等异族政权的关系要被有效地说明,必须考虑宋代对夷夏身份的辨别包含了王、霸政治的区别,而这一区别本身涉及政权合法性的判断。因此,夷夏身份不是固定不变的,宋代正统论的兴起恰好说明政权本身存在合法性的危机,而这一危机正是来自同时代异族政权的挑战。[1] 换言之，两宋时代的"列国之势"并不是各自独立而平行的民族国家之间的关系，而是在竞争中原的政权合法性的局势中，形成多元中心、网络重叠的朝贡体系。这或将是现代中国追溯自身现代性来源的一个重要面向。[2]

---

[1] 辽兴宗曾诏令"天下言治道之要"，萧韩家奴针对时弊提出："如欲均济天下，则当知民困之由，而窒其隙……期以数年，则困者可苏，贫者可富矣。盖民者国之本，兵者国之卫……"参见《辽史》卷一〇三《文学传上·萧韩家奴传》。
[2] 如费孝通对"多元一体格局"的理论建构与论述，参见《中华民族多元一体格局》，中央民族大学出版社，1999年。

读者还是观众
——石刻景观与中国中古政治*

复旦大学历史系　仇鹿鸣

李清照《金石录后序》中有一段文字回忆北宋承平时,其与赵明诚一起搜罗赏玩拓本的旧事,"余建中辛巳始归赵氏……赵、李族寒,素贫俭。每朔望谒告出,质衣取半千钱,步入相国寺,市碑文、果实归,相对展玩咀嚼,自谓葛天氏之民也"。《金石录》一书不但是传统金石学的开山之作,更因赵明诚、李清照夫妇在北宋末乱离中的不幸遭际而为一般人所熟知。至于《金石录后序》中所描绘的于相国寺购置拓本归而展读,进而撰著题跋,慢慢集腋成裘,这种研治石刻文献的方法,亦成为传统金石学研究的标准形态。时至今日,我们披览新出石刻的方式,较

---

* 本文为仇鹿鸣副教授 2015 年 12 月 11 日在南京大学高研院学术前沿讲座第 276 期的演讲,讲稿由演讲者本人提供。仇鹿鸣现为复旦大学历史系副教授,主要从事古代中国的国家与社会研究。

之于赵、李当日仍相去不远，只是拜现代印刷技术所赐及受制于文物保护的观念，所能观览者渐次从石刻原拓变为影印的大型图录。因此，对于一千年来的大多数研究者而言，石刻是一种用来"阅读"的文献，特别是清代以来以《金石萃编》为代表录文总集的编纂，以及近代以降《汉魏南北朝墓志集释》《千唐志斋藏志》等大型图录的刊行，使得现代学者可以轻易跨过空间的阻隔，罗致甚至穷尽相关石刻以供研讨。

这种将碑志剥离原来的场域，以拓本作为流通的主要方式，进而化约为一种文本的金石学研究，无疑与重视文字记载的学问传统有密切的关联，因此无论是甲骨、青铜器，还是简帛、碑志、文书，学者多不过视之为文字的不同载体，其中的高下，在于能否订补传世文献之不足。同时，作为石刻的"读者"，其天然的预设无疑要求阅读者具有相当的知识层次，而这样的一群人无论是在古代还是现代无疑都居于人口中的少数，多属于士大夫或所谓研究者之流。尽管清代金石学家中已有不少人开始注重实地访碑，但所关注者依旧集中于文字，总体而言，传统金石学无疑是一门反映出士大夫趣味的"扶手椅"上的学问，特别是学者对于名家撰书碑志拓本的汲汲以求以及邀二三同好观临题跋的论学方式，无疑都是文士书画赏鉴雅集之风的流亚。

当现代史学要求学者努力尝试进入古人生活的情境时，我们难免要追问的一个问题是：这些经历了数百年甚至上千年，至今仍在中国大地大量留存的碑石，对于一般的庶民而言到底意味着什么？"当地人对建筑多半不大感兴趣，当我说我对文物感兴趣时，他们就会带我去看古代的石碑"，梁思成曾对费慰梅如此描述其在华北调查古建筑的经历。如果我们将20世纪30年代山西、河北内陆的乡村仍视为一个停留在"古代"的社会，那么这段梁思成的自述便透露出一个颇具深意的讯息，即在普通的庶民心中，何者才是日常生活中最重要的纪念物，值得向外来的访客展示。联想到华南学派在田野工作中"进村找庙、进庙找碑"的口诀，碑在地方场域中的中心位置便凸显了出来。

但对于一般的庶民而言，他们未必有能力成为碑的"读者"，而更多的只是"观众"，我想，引梁思成去看碑的当地人多半也未必能读懂刻石上的文字。如果我们把视线拉回唐代，便不难发现，一些巨型石碑的规模远远超过实际的需求，如目前存世的规模最大的唐碑"何进滔德政碑"高达12.55米，宽3.04米，厚1.04米。而2000年在河北正定发现的、后经学者考订的"安重荣德政碑"，仅残存的赑屃部分就长8.4米，宽3.2米，高2.5米，若复原全碑，规模尚在"何进滔德政碑"之上。这些巨型的石碑显然不是让人读的，而是作为政治权威的象征物被树立起来，"看"才是它们被塑造时的第一要义。事实上，即使以"昭陵功臣神道碑"约4米的高度而言，根据我个人访碑的经验，也很难看清碑上部的文字。

事实上，古人对于如何塑造碑的"视觉体验"有着高度的自觉，树碑于"大市通衢"，以便更多的往来吏民能注意到这一景观，是选择立碑地点时的通例。另一方面，也会有意识地选择一些对于碑主具有特殊纪念意义的地点，如唐德宗为平定朱泚之乱的首要功臣李晟立纪功碑，就没有选择长安城内，而是"刊石立于东渭桥，与天地悠久"。东渭桥位于长安通往渭北的交通孔道上，不仅是唐人饯别亲友的胜地，也是东南租粟会聚转运之所，四方辐辏，行旅往来，络绎不绝，热闹而繁忙。更具深意的是，李晟本人恰恰是自东渭桥以薄京城，经过一路激战，最终克复长安，建立不世之功。选择于此处立碑，并命皇太子亲自书丹，无疑显示出唐德宗特别的用心。唐玄宗时所立的"杨国忠碑"则另有别致的设计。杨国忠因对铨选制度有所改良，"选人等求媚于时，请立碑于尚书省门，以颂圣主得贤臣之意"，将立碑地点选择在碑主"工作过、战斗过的地方"本是惯常之事，并不足为奇。特殊之处在于，此碑由京兆尹鲜于仲通撰文后，玄宗亲自改易数字，"镌毕，以金填改字处"。这当然不是因为朝廷无力负担另刻新碑的费用，而是特意借助这种人为制造的"土豪金"效果，来彰显皇帝对杨国忠的恩宠。当然在地方上，此类颂德碑立碑地点可选择的余地远不及两京丰富，大约只有大市通衢或节度使、郡守府衙之旁这两类。除此之外，这些位于城市中心的巨碑，往往建有碑楼，如上文提到的"何进滔德政碑"的"碑楼极宏壮，故岁久而字不讹缺"，其碑楼至北宋时犹存。碑楼作为一种大型的公共建筑，在古代城市天际线普遍较低的情况下，无疑强化了石碑作为一种政治景观在城市空间中的地位，构筑起了城市的视觉中心，同时不经意间也降低了碑的"可读性"。

刊石勒铭，永志不朽，碑志因其具有永恒的纪念性而为人所重，但碑在古人的世界中并非只是一个静态恒定的象征物，而是可以借助拓本与传写，化身万千，变成有效的传播媒介。如唐玄宗因生于乙酉岁（685），故以华岳当本命，先天二年（713）七月诛太平公主，独揽朝政后，九月便封华岳神为金天王，华岳信仰遂大兴于世。开元十二年（724）十一月玄宗巡幸东都时途经华州，"命刺史徐知仁与信安王祎，勒石于华岳祠南之通衢，上亲制文及诗"。《开天传信记》云此碑"高五十余尺，阔丈余，厚四五尺，天下碑莫比也。其阴刻扈从太子、王公以下百官名氏。制作壮丽，巧无比伦"。此碑高度折合成公制，约在15米以上，王铚《默记》记此碑原建有碑楼，黄巢入关，有人避于碑楼之上，黄巢大怒，因纵火焚之，故宋时文字仅十存二三，但碑石犹在。或许由于此碑规制巨大，当时甚至找不到整块的碑石，"砌数段为一碑……薄云霄也"，耗时9个月方才落成。玄宗或仍嫌华岳庙位置相对偏远，巨碑磅礴的气势无法为京城士庶所领略，又下令制作拓本，张架立于应天门,供文武百官观览。应天门是洛阳宫城的正南门,其地位与长安的承天门相当,是举行国家重大典礼的礼仪空间,玄宗本人便曾在此接受过献俘。玄宗虽无法移动巨碑这一物质形态本身,但通过拓本复制的方式完成了这一移动,扩展碑文传播的范围,当然其目的是为了塑造自身的政治权威。

敦煌文献中《敕河西节度兵部尚书张公(淮深)德政之碑》则提供了另一个有趣的例子。此碑立碑的地点据荣新江先生的考证位于归义军节度使的使衙,原石今不存,敦煌所存钞本由 P.2762 等六件文书拼合而成。这一钞本的妙处在于是一注释本,在碑的正文之下有双行小字注文,如"盘桓卧龙"下注"卧龙者,蜀将诸葛亮也,字孔明。能行兵,时人号曰卧龙是也",这是标注古典;又"宣阳赐宅,廪实九年之储"下注"司徒宅在左街宣阳坊,天子所赐粮料,可支持九年之实",司徒指的是张淮深,则是在阐发今典,宣扬朝廷对其的礼遇。我推测这一详细注明古典与今典的钞本很可能是为了向归义军中文化程度不高的节将士卒宣讲碑文所用,发挥了类似现今政治学习材料的作用。另北图芥 91《大方等大集经》卷第八写本背面有"敕河西节度兵部尚书张公德政知(之)碑"一行,S.1291 写本上有"(上缺)节度兵部尚书张公德政之碑",均当是学童习书文字,可知张淮深德政碑文曾是敦煌学童习书的资料之一,将政治教化寓于童蒙课业之中。无论是宣讲还是习字,其目的皆是借助各种手段,广泛传播,将其作为一种政治宣传品来使用。

当然我所说的要重视碑的景观作用,倒不是说要转向去研究艺术史,因为历史学训练提供的长处还是在于解读文献,而非分析图像。只是注意到碑本身所具有的政治宣传作用,有助于我们更加深刻地理解碑文的内容及文字背后蕴含的隐曲。过去对于石刻的关注仅仅将其视为保存史料的载体,事实上每一个碑建造的背后都有相关的政治或社会背景。努力将石刻从文献还原到当时的情境中去,挖掘出其中的故事才能丰富我们理解历史的维度。在中国古代的社会环境中,作为政治权威象征物的巨型碑石无疑是政治话语展示与传布的重要媒介,尽管一般不过将此类的政治表述视为堆砌辞藻的具文,但须知在中国漫长的文字书写传统中,早已铸就了一套微言大义的语言符码。如何透过看似格套化的文字与行为,发现言词之外的真意,直到当下都是探究中国政治所必备的"知识炼金术"。因此,对于我们现在看起来的一些"具文",古人并不是这样认为的,比如唐穆宗继位之初,将田弘正从魏博调任至成德,这涉及如何来巩固元和中兴的政治遗产,在当时是非常微妙而关键的政治举措。调任之后唐穆宗打算在魏博给田弘正立一块德政碑,表彰首先奉魏博归附朝廷的功绩,同时也是给河朔的这些骄兵悍将树立一个正面的榜样。因此对于如何写这块碑才能收到预期的效果,君臣之间颇费了一番心思。穆宗特别指定元稹撰文,元稹《进田弘正碑状文》也向皇上详细说明了对于写法的考虑,"臣若苟务文章,广征经典,非唯将吏不会,亦恐(田)弘正未详,虽临四达之衢,难记万人之口",即由于河朔地域沾染胡风,将吏文化程度不高,如果文章堆砌典故、辞藻华丽的话,恐怕达不到想要的宣传效果,所以追求"文虽朴野,事颇彰明",以便让预设的读者能够看得明白,或者至少借助类似《敕河西节度兵部尚书张公德政之碑》这样的"辅导材料"能够理解朝廷的目的所在。

唐末魏博节度使罗弘信为其父罗让所立的神道碑中的一段文字正好提供了一个理解格套化文辞背后隐曲的案例,碑文云:"伏惟国朝故事,我府凡有更替,即除亲王遥统节度使,或逾数月而后,方降恩命。今我仆射以殊功难解,茂略济时,进疏才及于阙庭,幢节已交于道路。"碑文所要强调的是罗弘信深受朝廷信任,因此朝廷没有按照惯例先授予节度留后权知政务或让亲王遥领,而直接授予节度使之位。但我们再来看一下《旧唐书·罗弘信传》的记载,"僖宗闻之,文德元年四月,诏加工部尚书,权知节度留后。七月,复加金紫光禄大夫、检校尚书右仆射,充魏博节度观察处置等使",恰恰是严格遵循了"或逾数月而后,方降恩命"的政治成例。毫无疑问,碑文的记载是捏造的,但我们要追问的是,为何要捏造这样一个不存在的事件。这就和罗弘信初掌魏博后的政治形势有关,由于罗弘信此前只是魏博军中的小校,"掌牧圉之事",不过是类似弼马温的角色,并无太高的声望,因缘际会控制魏博之后,才急需借重朝廷的恩遇抬高自己,稳定局势。细究起来,这段文字还涉及魏博历史上的一个"今典"。"进疏才及于阙庭,幢节已交于道路"所比附的对象是元和七年(812)举魏博六州归朝的田弘正,那次朝廷确实接受了李绛的建议,打破惯例,直接授予了田弘正节度使以表彰他的忠心。罗弘信是想让魏博的将吏相信,朝廷对他的支持与田弘正无二。我们对于石刻史料的解读,有时未必是为了证明或证否传世文献的记载,而更应该关心隐藏文本背后的历史事实。

一般而言,研究石刻文献的学者多重视新出的石刻,"喜新厌旧"的风气所在多是,但事实上大量保存在《文苑英华》或各家文集中的碑文一直没有得到很充分的研究。至少,如果我们转换研究的视角,做更加精细的文本解读,是可以从中获取更多的历史信息的。

中国经学史研究的传统与门径[*]

美国杨百翰大学文学院　韩大伟（David B. Honey）

　　中国经学史所涵盖的领域十分广阔，无法简单概括。虽然我将用三卷的巨大篇幅对它进行仔细审视，然而可能仍然是肤浅和粗略的。为了研究可行，我将聚焦领袖群伦的宗师，呈现举足轻重的先哲，并追踪他们身后的影响，借此概括各个时代的主要潮流，撰写一部有价值的介绍历代经学研究的著作。迄今还没有用任何西方语言写成的这类著作，正是此空白促使我进行勇敢（或者应该说狂妄）的尝试。这也是我在研究中采用西方经学界观念模式的原因。

　　在写《拜占庭的学者》（*Scholars of Byzantium*）时，威尔逊（N. G. Wilson）不情愿地通过"伟人""领袖"来叙述历史，这也是法伊弗

---

[*] 本文为韩大伟教授2015年12月1日在高研院学术前沿讲座第275期的演讲，中文讲稿由演讲者本人提供。韩大伟是美国加州大学伯克利分校文学博士，现为美国杨百翰大学文学院教授，研究领域为西方经学史、中国经学史、中国古文献学等。

（Rudolph Pfeiffer）在写他的经学史时所采用的方法。威尔逊认为，这种方法是有缺陷的，因为在文献记载中有许多空白，许多传世的稿本无法与任何知名作者关联起来。然而中国的情况不同，经学的传承很好地保存在"伟人"的专门传记和集体传记中；集体传记即"儒林传"，它简要记录了伟人和众多成就较小的名人。因此，讲述中国经学史忽略重要人物是不可能的。另外，还要有格拉夫顿（Anthony Grafton）一样开阔的视野。他仅为一位"伟人"斯卡利杰尔（Joseph Scaliger）作传，就用了皇皇两卷。"为了回顾他（斯卡利杰尔）的学术发展，回顾他的同辈和先驱的学术派系"，须花100页从100年前的波利塔诺（Angelo Politiano）讲起。显然，中国经学史如此复杂，要把它呈现得有些令人信服，开阔的历史视野是必需的。

虽然中国经学的传统复杂而丰富，但文献记载也同样丰富，只要一点一点地去揭示，我们就能得到一张完整的图画。呈现中国经学的困难正在于这种丰富性，威尔逊也面临这种困难，他说道："真正的困难在于，对我所探究的这一时期，在某些方面我们了解太多。有许多拜占庭学者能力平庸，却留存有大量著作，这些著作每一部都能令我们牺牲大量时间去为之撰写专著。既然我想在有限的时间内为之做一概览，对那些二流的学者我一般处理得非常简略。"我准备依样画葫芦，而且有时甚至会忽略掉一些小人物；我将主要关注"领袖"，他们不仅为其时代的经学定调，而且开拓新的研究方法，或者对研究方法进行重大改良。我们既需要一部多卷本的中国经学史，同样也迫切需要审视各种研究方法的发展过程。即使在西方经学界后一种需要也很明显，虽然它早已拥有众多论其历史的优秀著作。

本研究之一是对孔子——经学家的原型——的基础研究。它考察了关于孔子的某些传统观点，很大程度上正因为这些观点，后世经学家把孔子视为经学的鼻祖。更重要的是，我还考察了此种认识如何深刻影响后世的经学家，使他们把自己定位为文本校勘者和文字注释者，致力于半道德、半教育的自修，希望为朝廷效命。就我的意图而言，孔子在整理、传承和阐释经书过程中到底做了些什么，没有历代经学家认为他曾做了些什么更重要。实际上，这不是思想史研究，关注的不是孔子的思想，而是原型经学家孔子的方法，以及他所采用的媒介（既包括口语，也包括竹简上的书面文本）。孔子的直接动机有两重：培养他自己和他门徒的道德，把经书的学说运用到礼仪中。由于孔子是历代经学家的鼻祖，研究经学自然要从他的生平和活动开始。

因为孔子是先行者，他为中国经学的历史发展确定了范围和方向。另外，我还仔细研究了他的三位门徒，他们在传承孔子学说过程中的作用非常突出；还有孔子思想的继承者孟子和荀子。我认为，周代的经学具有原型意义，有必要完整地呈现它。然而，更重要的是，我想有血有肉地呈现先秦儒家圣贤的形象，他们自身常常是后世经学家极力推崇和效法的对象。研究周代经学如此详尽，我乃受法伊弗的启发，他的巨作《经学史》第一卷虽然时间跨度较短，却比时间跨度长得多的第二卷篇幅大很多。

新近的两部英文传记既有助于深化和拓宽我们对孔子的认识，也展现了本领域研究中的两个极端。第一部是金安平（Annping Chin）的《孔子——喧嚣时代的孤独哲人》(*The Authentic Confucius*: *A Life of Thought and Politics*)。此书深入探讨了思想家、政治家孔子的公共形象。然而，即便我们热切地赞美金安平在揭示思想家、政治家孔子真面目过程中所获得的成就，"真"孔子也不可能只有一个。孔子背负了太多的希望，太多的信念，这些希望和信念是经过历朝历代累积在他肩膀上的。因此，在时间长河中孔子有许多种不同的面貌。史著作者有倾向性，他们所选取的孔子生平事迹是为了满足他们自己的需要，因而这些史料无论早晚，理想化的想象常常比生平事实更多。第二部是戴梅可（Michael Nylan）和魏伟森（Thomas Wilson）的《孔子传》（Lives of Confucius）。此书在更广阔的时空中以更开阔的视野探讨孔圣人的一生。作者解释道："历代的孔子追随者或批判者，把各种惯例和观念追加在孔子身上。本书旨在帮助读者穿越这重重的迷雾，方法是遵循史学家顾颉刚曾经的忠告，'不立一真（take one Confucius at a time）'。"我亦将遵循此忠告，聚焦经学家孔子，考察他整理、教授和传承经书的活动如何预示并启发历代中国经学家的活动。后世的经学家不但努力自觉地遵循孔子的道德训诫，还遵循他的经学方法，虽然有时候可能只是不自觉地。

孔子是经学家的原型，他的这一面和他的学术研究方法在西方少有关注；然而，在中国圣人的光环越来越难以掩盖孔子作为人和学者的一面。海峡两岸的当代学者均致力阐明对经学家孔子的传统认识，并对这种认识做审慎的分析。既然我的目标是揭示古代经学家对孔圣人的传统认识，势必借重当代中国学者的最新一波研究成果。除了细述孔子作为学者、教师和可能的整理者如何对待经书，我的一项重要工作是以最新的礼仪理论来审视孔子的对话式教学情景；该理论经过发展已经用于研究古希腊经典。

首先，我将以经学家的原型孔子为中心，讨论孔子的活动在三大领域开创了先例：第一，他的教育活动如何以德行为中心；第二，他整理、诠释经书的活动如何在本质上是礼仪化的；第三，他的口头释经活动如何将道德和礼仪结合起来，内在的道德是外在的礼仪行为的先导，口头释经则证明阐释者的道德质量。其次，我会讨论孔子几位最重要的门徒——曾子、子夏和子思，他们推动了孔子学说的传播。再次，我将关注的是孔子思想的继承者孟子和荀子，但讨论的重点是他们在孔子学说的接受和传承过程中所发挥的关键作用，而不是他们在孔子学说发展过程中所秉持的不同的思想立场。

分析初期的中国经学，我们的视线无可避免地要集中到文本的定型和传承上。所有文本，无论口头的或者书面的，都须倾听和朗读、阐释和运用、教授和秉承。以书面文本而言，它们还须编辑和校理、抄写和流通、维护和储藏。因此，在一部探讨中国经学鼻祖的著作中，文献学（研究文本自身而非阐释文本的内容）是一个有价值、有必要审查的对象。以口头文本而言，它们须有具体的情景，用于讲授和听讲，用于讨论、释疑、阐发、记忆和传承。换言之，口头文本须有人与人之间的互动，而不是仅仅被动地接触书本。在此情形下，礼仪理论、礼仪行为和口授的具体环境，就与文献学一样有研究的必要了。

在阐明孔子与弟子之间仪式化的口头传承的情景之后，紧接着关注的是被奉为经书的孔门弟子的文本，这些文本原是讲稿的笔录，我会简单介绍它们的原始面貌。在为皮锡瑞《经学历史》所作的序言中，周予同认为应少关注经书，而多关注经学的历史。然而，古代稿本遗存的不断发现无疑否定了这种观点，虽然它的初衷是好的，虽然它在周予同那个时代是有用的。稿本遗存不仅为研究古代经书提供了新视角，而且让我们得以了解口头传承的过程。因此，这些新发现使本部经学史受益匪浅。

然而，任何一部经学史都应适当关注历代学者如何看待经书、经书的起源和经书的政治、社会、教育功能。不过，最迫切要关注的也许是促使这些学者在思想上和精神上与经书互动的动机。一部经书的真正起源，无论其作者为谁，其原始状态或当初的目的为何，并不影响后世的信徒以它为真，实际上，对这些信徒而言，他们信奉它的根本动机深植于他们自身的现实生活。因此，我将关注原始经学传承中这种理想化、主观化的现实，关注它的鼻祖、重要代表人物，关注它的方法和它的目的。如果我们偶尔揭示了能被史实或文物证实的、的确发生过的更"真实"更客观的真相，当然更好。但是缺乏，或者故意忽略这种客观实证，并不能抹杀经学史之"真"，它是一个伟大的传统，参与其中的学者无不感受其真。孔子的经学鼻祖形象及其影响是本研究的对象，因此我在此传统中无拘无束地漫游，从开始到结尾，无论什么材料只要贴切就加以利用。如果旨在寻绎此传统出现之前的"真"孔子，那么我这种不论时代的做法就是对学术规则赤裸裸的违背。然而，若旨在审视一个传统，这样做就完全必要了。如果有人希望我按照兰克史学去发现"真"孔子和他到底做了些什么（这种尝试也许是可行的），那么我这种天马行空的做法注定要遗憾地令他们失望。

尽管如此，我还是尝试着审视经学传统，根据手边的资料尽可能准确地描述经学的发展过程。法伊弗认为，西方经学起源于史诗诗人的自我注释，他们"为意思模棱的措辞或专名添加说明文字，为它们画半线或直线"。荷马时代之后，史诗吟诵者"像从前一样，难于理解古老的、罕见的单词或这些单词的奇怪组合，他们有时窜改它们的原貌，甚至赋予它们新的意思。可能在现代人看来，这种改动是非常鲁莽，甚而错误的。然而，它仍可以视作一种最早的阐释传统文本的行为"。这不是经学——只是他们诗学的一个方面——但它无意间却促成了经学的形成。经学的正式形成主要得力于亚历山大里亚图书馆的那些文献学家，他们希望通过他们的努力让那些宝贵而残缺的古代稿本遗存可以被人读懂。我要论证的观点是，中国经学也起源于孔子那些自发地保存和阐释古代稿本残卷的活动。孔子以老师的身份开展这些活动，追求"述而不作"。述，尤其是在礼仪化背景中的口头讲授，将是本书关注的焦点。

本研究其他部分的时间跨度更大。卷二《经与传》所涵盖的时期是从汉代到唐末。此卷讨论秦代焚书之后经典的重构以及它们最终被皇权经书化，并讨论经学因国家资助而职业化，民间经师被专精一经、终身聘用的宫廷学者取代。此卷还探讨文献学的多种分支学科的发展：刘向发展了校勘学，许慎发展了文字学，博学的郑玄则注释了几乎所有经书，他们是汉代三位伟大的经学家。接下来我还将考察汉代以后受郑玄影响而发展出的用于诠释文本复杂性的其他注释模式；这些模式包括杜预《左传注》如何"释"历史人物，陆德明如何"释"经典中的文辞。认真关注汉字的语音性质也开始于这一时期的后期。在唐代文本注释地位显著，"疏"（传的传）这种注释模式崭露头角。孔颖达和他的团队吸取隋代经学家的成果，编纂了注释经书的"正义"，"正义"很大程度上在今天还是典范。

  按照逻辑，接下来应探讨宋、元、明三代的释经活动。然而研究经学史，中世纪晚期的这三个朝代也许可以忽略。此论断虽然鲁莽，但请容我解释。总体而言，这一时期的儒家并不视经书为研究对象，而以它们为形而上学和神学思辨的参照体系。严格地讲，经学是对经书的专门研究，包括统摄于文献学之下的校勘、语法、古音、目录、注释等必要的分支学科——阐明文本所需的任何技巧或方法都隶属文献学。尽管品鉴与阐发也是经学家的本色当行，然而似乎并不属于文献学；按照现代的专业分科，把它们归在文学批评家、哲学家或思想史家的名下更自然。晚清民国学者黄侃（1886—1935）的两句话简练地说明了经学与文献学相互依存，"段玉裁以经证字，以字证经，为百世不易之法"，"经学为小学之根据，故汉人多以经学解释小学"。

  在德国，经学习惯上被称作"文献学史"，例如乌尔里齐·冯·维拉莫维茨·莫伦多夫（Ulrich von Wilamowitz-Moellendorff，1848—1931）有一部简短而扎实的总论经学的著作，书名就叫《文献学史》（*Geschichte der Philologie*）。从所用专门术语就可看出，经学与文献学是相互依存、有机共生的。正因为重点论述校勘、注释方法的发展过程，法伊弗的《经学史》(History of Classical Scholarship) 第一卷以亚历山大时期经学的诞生结尾，第二卷却直接以意大利文艺复兴时期经学的重生开始。这是一个明智的跳跃。从亚历山大里亚城陷落至彼特拉克（Petrarch）时期之间是经学黑洞，没有一脉相承的文献学，只有一些新产生的罗马修辞学、中世纪语法学、亚里士多德学派的逻辑学、神学思辨，以及拜占庭的手册、大全与集释。为了方便中国读者并填补该领域的空白，我曾试着撰写了一部入门书，完整地介绍西方从荷马时期到现代的经学，而不细究学科之间的分野，虽然它们性质迥异。然而，在本系列里中国古代文献学史是主线。这条主线在宋代以前十分清晰，没有被过度的形而上学思辨淹没；但是到了宋代以及接下来的元代和明代，很长时间里这一清晰的主线消失了。打个比方说，只有在个别学者身上还映现着文献学微弱的光芒。宋代的郑樵、元代的王应麟、明代的焦竑，几乎如同几盏黯淡的孤灯散落在一片黑暗里。在这漫长的暗夜里，经学为玄思的迷雾笼罩，这些玄思虽受文本启发却不以文本为根据。我将仿效法伊弗，略去中国经学中这一段贫瘠的时期，把它留给与之更契合的哲学家和思想史家，而在第二卷之后直接续之以衰微而易被忽略的清初文献学。

卷三《考证之学与济世之术》专论清代，分三个部分。第一部分《经学的重建和方法的成熟》，介绍清初随着"考据"的兴起，文本重新被重视。本卷以顾炎武开篇。顾炎武是清代学术大多数分支学科的开创者，尤其是他发明古音学，完善碑刻数据的使用方法，为清学开辟了道路。顾炎武的研究方法被称为"考证"，与他同时的阎若璩使用这种方法取得了非常丰硕的成果，后者似乎解决了古文《尚书》真伪这一历史问题。第二部分《乾嘉之盛》将分析清代中叶乾隆、嘉庆两朝的考证之学，它不仅是考证之学的高峰，也可被视作中国经学的最高成就。《四库全书总目》的作者、段玉裁、王念孙，与汉代的三位大家类似，分别代表了文献学三个基础学科校勘学、文字学、注释学的制高点。在所有这三个领域，戴震均是参与者，或者说先驱，另外他还开辟了道德哲学。以他为中心的学术圈，特别是扬州学派，将会成为比较各种地方学派的参照物。然而，只揭示经书的文本与历史"真实"而不关心经书的道德内容，过于片面，引起了反弹，促使经学向伦理的一面回归。因此，第三部分将通过考察章炳麟的经学、常州学派经学家优美的散文创作、康有为的政体改革、王国维的历史研究，审视清末民初学者对"济世"时务的关注。梁启超严格按照学派勾勒了清代经学史，他的观点总体上被西方普遍认同，然而钱穆的视野更开阔，更具包容性，我将通过对比分析，挑战梁氏的观点。

总之，在这部《中国经学史》中，我尝试介绍儒林，解释儒林中重要人物内在的学术机制，希望能在此领域做出自己微末的贡献。谨愿拙著能成为一坚实的基础，帮助像我一样深受中国经学伟大传统启发的同行们在此广阔的领域中做出更精深的研究。

"陈寅恪对对子说"别解

——兼论陈寅恪的文史之学*

北京大学历史系 陆 扬

近二十年来陈寅恪成了文化大众敬仰的对象,这本身是个特定时期内的现象。作为学者,陈先生的声名在他身前并未坠落,只是身后被短暂遗忘而已。他在成为新时代的文化名人之前始终被看作是个专业性很强的学者。一个专业性很强的学者一旦因缘际会地成了社会崇仰的对象,那么就不免要付出种种代价。社会倾向于找寻能适用于一般大众文化兴趣的陈寅恪的言论,使之成为励志的口号,或者努力要从陈氏专业性很强的学术工作中看出其普及的意义来。这种取向的出发点本身没什么不

---

* 本文为陆扬教授 2015 年 3 月 26 日在南京大学高研院名家讲坛的演讲,讲稿由演讲者本人提供。陆扬现为北京大学历史系教授,主要从事隋唐五代史、中古宗教史和知识史等领域的研究。

妥，只是其结果常常消弭了陈寅恪思想中具有特殊内涵的层面，而这种层面又是他这样一个思想精微的学人之特色。1932年8月陈寅恪为清华大学入学国文考试出题，以对对子作为主要考题，就是一个有代表性的例子。对对子或许也是极少数能使陈寅恪的旨趣和普罗大众的旨趣产生交集的话题之一。对对子在中国文化中所具有的地位，也因为陈寅恪给时任清华中文系代理主任的刘叔雅的一封信而大为提高，从传统的文字娱乐升级为能彰显中国古典文化精髓的一种形式。

但颇为吊诡的是，正是在强调对对子的重要性方面，陈寅恪的宏论如何能具体而微地落实到他给清华考生出的对对子试题上，仍是个悬而未决的问题。也就是说，陈先生的种种相关的议论，固然为学界所熟知，但陈氏如何通过为考生出的对对子考题，特别是大家耳熟能详的"孙行者"一联，来体现他的文史理念，似仍有值得后学推敲发挥之处。或许由于当年考试结束后陈寅恪并未公开他心目中的理想答案，使得20世纪30年代以来，不少论者以为这是个不会有确切结果的公案，或进而认为当时有考生答出的"祖冲之"之类的下联还比陈氏心目中的理想答案"胡适之"要略胜一筹。陈先生晚年自己在编订文集时特别说明："胡适之"是他出题时最希望看到的答案。我们固然没有理由怀疑陈先生这一陈述的可信度，却仍需探究这一答案究竟包含了怎样的意蕴，才成为最理想的答案，以至于陈先生晚年仍念念不忘。

一　对子的正反合

有关1932年清华国学试题所引发的争议和陈寅恪的相关文字，学界内外研究颇多，就笔者所见，以桑兵、王震邦和罗志田三位学者的讨论最为细致。三位学者所论，侧重有所不同，桑文的主要关涉是陈氏对对子说在当时中西比较和文化新旧之争中的位置。王震邦对涉及这一事件的资料和具体过程有详尽的描述，讨论的侧重点虽与桑兵接近，但也有独到的观察。罗志田的文章最晚出，提醒我们应当回到对对子这一"本事"上面，通过对当时的历史氛围、北平《世界日报》刊载的读者评论以及陈寅恪的心理做细致分析，以求从当日的语境中去理解对对子的"本事"，即该次国文考试试题体现的文化内涵和与当时有关教育的论争的关系。他们的解读对笔者理解这一事件的意义有关键性的帮助。

1932年8月初，清华大学及研究所招考新生及转学生，陈寅恪受邀出国文试题。试题由作文和对对子两部分组成。作文题目为"梦游清华园记"。各年级生另有不同的对对子试题。试卷一出，引起社会广泛关注和争议。对对子部分虽然只占分数的十分之一，却最受质疑。"孙行者"其实只是一年级生的对对子题之一，但由于一年级考试最为重要，加上"孙行者"本身通俗谐趣，使这一对子成为该事件争议的标志和社会话题的焦点。在不满声浪的压力下，陈寅恪不得不接受北平《世界日报》的访问，就对对子作为试题的合理性做公开答辩，这一谈话刊载于8月15日的《世界日报》，后又刊载于8月17日的《清华暑期周刊》第6期上。此后，陈寅恪将他对于对对子意义的看法再加发挥，用《与刘叔雅论国文试题书》的形式发表在该年9月5日天津《大公报·文学副刊》第244期上。当陈寅恪晚年编定自己文集时，又为此信加了一个附记。此外在现存文献中，陈寅恪还在给傅斯年的一封信中就"清华对子问题"做了说明。

陈寅恪为何要用对对子这一形式来测验学生的国文基础？理想的对子必须具备哪些要素？他在上述提到的访谈书信等文字里都有详略不等的解说，解说的原则也相当一致。比如陈寅恪答北平《世界日报》记者

问时说:

> 本大学考试国文一科,原以测验考生国文文法及对中国文字特点之认识。中国文字,固有其种种特点,其文法绝非属于"印度及欧罗巴(Indo-European)系",乃属于"缅甸西藏系"。中文文法亦必因语言文字特点不同,不能应用西文文法之标准,而中文应与"缅甸西藏系"文做比较的研究,始能成立完善的文法。现在此种比较的研究,尚未成立,"对对子"即是最能表现中国文字特点,与文法最有关系之方法。且研究诗词等美的文学,对对子实为基础知识。考题中出对子,简言之,系测验考生对(一)词类之分辨,如动词对动词,形容词对形容词,虚字对虚字,称谓对称谓等是;(二)四声之了解,如平仄之求其和谐;(三)生字(Vocabulary)及读书多少,如对成语,须读诗词文等书多,随手掇拾,毫不费力,如有人以祖冲之对孙行者,是可知该生胸中有物,尚知古时学者祖某其人;(四)思想如何,因妙对不惟字面上平仄虚实尽对,"意思"亦要对工,且上下联之意思须"对"而不同,不同而能合,即辩证法之一正,一反,一合。例如本校工字厅水木清华旁两联之末有"都非凡境"对"洵是仙居",字面对得极工,而意思重复,前后一致,并非绝妙好对,此则思想之关系。按此种种,悉与"国文"文法有密切之关系,为最根本、最方便、最合理之测验法。

上述说明和稍后刊出的陈寅恪《与刘叔雅论国文试题书》中列出的各项标准虽然一致,但在具体解说上则互有详略,尤其是涉及第四项"对子可以测验思想条理",《与刘叔雅论国文试题书》中的说明更为详细:

（丁）对子可以测验思想条理。凡上等之对子，必具正反合之三阶段。（平生不解黑智儿［一译"黑格尔"］之哲学，今论此事，不觉与其说暗合，殊可笑也。）对一对子，其词类声调皆不适当，则为不对，是为下等，不及格。即使词类声调皆合，而思想重复，如燕山外史中之"斯为美矣，岂不妙哉！"之句，旧日称为合掌对者，亦为下等，不及格。因其有正，而无反也。若词类声调皆适当，即有正，又有反，是为中等，可及格。此类之对子至多，不须举例。若正及反前后二阶段之词类声调，不但能相当对，而且所表现之意义，复能互相贯通，因得综合组织，别产生一新意义。此新意义，虽不似前之正及反二阶段之意义，显著于字句之上，但确可以想象而得之，所谓言外之意是也。此类对子，既能备具第三阶段之合，即对子中最上等者。赵瓯北诗话盛称吴梅村歌行中对句之妙。其所举之例，如"南内方看起桂宫，北兵早报临瓜步"等，皆合上等对子之条件，实则不独吴诗为然，古来佳句莫不皆然。岂但诗歌，即六朝文之佳者，其篇中警策之俪句，亦莫不如是。惜阳湖当日能略窥其意，而不能畅言其理耳。凡能对上等对子者，其人之思想必通贯而有条理，决非仅知配拟字句者所能企及。故可借之以选拔高才之士也。

这四项衡量对子的标准里，前三项涉及词性、平仄声调和语汇，基本都是从语言形式的角度着眼，彰显陈寅恪对中国语文之特质的重视。他这方面的论述涉及现代中西学碰撞下如何"格义"的论争，也涉及当日中国人文主义教育如何实施等问题，确如罗志田文章的标题所提示的那样，是"斯文关天意"。不过这些层面学界已经详论，缺乏清晰说明的恰恰是陈寅恪所列标准中的第四项，即最高境界的对子要能体现思想的内涵。究竟怎样才能使对子符合所谓辩证法的"一正、一反、一合"呢？王震邦注意到了这一问题，他举李济为例，后者曾对用对子作为试题表示不以为然，王震邦认为李济误读了陈寅恪：

> 李济固非陈寅恪的知音，至于陈寅恪拿辩证法正反合的该年据以为对对子可分为上中下三等的譬喻，最上等者可得诸想象且具言外之意，则更少有知者。陈寅恪说，赵翼（1727—1814）《瓯北诗话》举吴梅村"南内方看起桂宫，北兵早报临瓜步"为例，盛称吴梅村的歌行对句之妙，皆合上等对子之条件。但陈寅恪转而叹息赵翼能略窥其意，而不能畅言其理。此时放眼四海似更无解人。

王震邦的这一观察颇为敏锐，可惜未清楚说明何以有如此现象。陈氏自己当然已对所谓"合"这一最高境界做了概括，即在对仗形式工整的基础上，"所表现之意义，复能互相贯通，因得综合组织，别产生一新意义。此新意义，虽不似前之正及反二阶段之意义，显著于字句之上，但确可以想象而得之，所谓言外之意是也"。但具体的例子中怎样的体现才能达到这一效果则有待考究。

在答《世界日报》记者问时，陈寅恪提到了"孙行者"这一对子的答案有"祖冲之"和"王引之"，且表示了肯定。但这种肯定是在一个严格界定的范围内做出的，也就是说，这两种答案达到的还只是陈氏提出的"词类之分辨""四声之了解"和"胸中之有物"三条标准而已，即主要在语言形式上达到某种完美，且能用读书而得的知识作为辅助，这和古人骈俪文或格律诗中一般对仗的水准类似。陈寅恪认为这两个可能答案之中，"王引之"还略胜。从文言角度，"行"与"冲"皆平声，"引"字也比"冲"字雅洁，"王"又兼具"祖"意。但即便是"王引之"也仍不具备陈氏提出的产生"言外之意"的思想境界。如何才能在具有形式工稳的同时更有思想的意境,陈氏没有直接说明,倒是提出了几个反例和正例。

前者如清华工字厅的"都非凡境,洵是仙居",形式上虽工稳可称极致,却"并非绝妙好对",因为上下联在"思想之关系"上并不具备"正,反,合"的要素。这里顺便提一下,陈寅恪是敏悟型学人,作为娱乐的对对子也是他擅长的。比如姜亮夫曾回忆清华园每周六的师生同乐会,提道:"寅恪先生的知识很博雅,在这种场合下,不肯为大家说说笑笑,但私下谈话中,笑话极多,尤以做对子为长。"坊间流传他那些赠人的联语,也说明他的这种颖悟。比如他赠罗家伦的"不通家法,科学玄学;语无伦次,中文西文",和戏赠清华国学研究院学生的"南海圣人,再传弟子;大清皇帝,同学少年",都属此类。但若按照陈氏定出的上述四项标准来衡量,这些颇有巧思的联语比起"都非凡境,洵是仙居"也高明不了多少,至多中等及格而已。换言之,一般坊间认为的佳对并非陈寅恪心目中期许的对联。

陈寅恪提出的具有"合"之境界的正例是吴梅村名作《听女道士卞玉京弹琴歌》中的"南内方看起桂宫,北兵早报临瓜步"一联。此联不仅对仗工稳,且用典切合南明覆亡的时空状态。更重要的是,上下句组合成一个反差强烈的历史景观,精炼地传递出世变瞬间的经验。另一陈氏引用的例子出现在他晚年所作的附记里,即苏轼"前生恐是卢行者,后学过呼韩退之"一联。陈氏甚至称此联"极中国对仗文学之能事"。究竟为何他给予如此殊荣,这里需要做些说明。苏轼此联曾出现在他的两首诗作里。一首是《答周循州》,文字是"前生当是卢行者,后学过呼韩退之",此诗作于绍圣二年(1095)苏轼遭贬于惠州之时。另一首是《赠虔州术士谢晋臣》,文字是"前生恐是卢行者,后学过呼韩退之"。该诗应作于建中靖国元年(1101)苏轼自流放地北归,途经虔州之时。苏轼生前必定也欣赏此联，才会两度采用。文字虽有细微不同，意思则无差别。陈寅恪《附记》里提到的是《赠虔州术士谢晋臣》，实际将此联放在《答周循州》的写作背景里理解会更恰当。

就文字形式而言，此联对仗极工稳，但更重要的是行云流水般说明苏轼的自我期许和他在当时人眼中的形象的差别。韩愈和被称为卢行者的惠能均是建立新道统之人，且均有远避或贬至岭南的经历。苏轼作此诗时正在岭南惠州，因此此联又能体现出他在同样的逆境中的豁达和自信，这些均属于陈寅恪强调的"言外之意"。读者若不了解惠能和韩愈的地位，以及岭南经历在惠能、韩愈和苏轼各自生涯中的特殊意义，便无法把握苏轼文字的妙处，这显然不是一般文字游戏能达到的高度。陈寅恪在《附记》里虽然简单说明"卢行者"与"韩退之"给了他创作"孙行者"这一对子以启发，但以他对这些人物生平之了解，必然深切体会苏轼的立意。在近期披露的陈寅恪手书《宋诗精华录》批语里，他还称赞李商隐的名句"此日六军同驻马，当时七夕笑牵牛"，将其与苏轼此联相提并论，认为是思想与意境皆佳的范例。

由此可见，陈寅恪看重的对子必须是历史意蕴丰富、能体现出作者的洞察力和文字驾驭能力的文字。具体说来，除了形式精巧之外，上下联尚须在内容上密切关联，通过时间或空间的种种联系，产生叙事效应，共同构成一个丰富的历史场景，只有这样才能传达出弦外之音。这种通过文字之美来叙述历史是陈本人心目中所要仿效的对象，这也就是他所谓的"论诗我亦弹词体"的真意。我们只需看一下陈氏本人的诗作，就会立刻发现这也是其一大特色。他的《王观堂先生挽词》里，通篇符合上述标准的佳例就非常多，比如"岂知长庆才人语，竟作灵均息壤词""初意潢池嬉小盗，遽惊烽燧照神京""君期云汉中兴主，臣本烟波一钓徒""曾访梅真拜地仙，更期韩偓符天意"，都用流动之对语和贴切的典故写古今冥会之历史。至于其他作品中例子也比比皆是，有名如《寄傅斯年》中的"今生事业余田舍，天下英雄独使君。正始遗音真绝响，元和新脚未成军"，《庚辰暮春重庆夜宴归作》中的"食蛤哪知天下事，看花愁近最高楼"，等等。陈氏晚年撰《论再生缘》时，对文学中骈俪的意义有了更完整清晰的阐发。

陈寅恪看重的上等对子都有一个完整的意境。虽然他开出的试题未必都有达到他这一理想要求的可能，但是否往这一方向努力则是评判考生能力高下的关键所在。他对于对对子的上中下三个层次的论述，前两层都只属于技术规范的讲究，最后一层才是凌空一跃。这颇类于八股文的本意，前面的甲乙丙只是讲各股的作用，最后才是替圣人立言的境界。有意思的是，虽然陈寅恪在为出对对子题所作的辩词中用了不少篇幅强调中西语言结构的异同，他却在对如何能达到对子的最高境界的说明上动用了近世西哲的概念：

> 凡上等之对子，必具正反合之三阶段。（平生不解黑智儿［一译"黑格尔"］之哲学，今论此事，不觉与其说暗合，殊可笑也。）

他虽称是暗合，实际显示即便是对仗这类典型的中国古典表达方式，传统文论诗论也缺乏合适的抽象能力来加以概括，否则赵翼不会知其然而不知其所以然了。针对上引《与刘叔雅论国文试题书》文字，陈寅恪在他晚年的《附记》里，指出"孙行者"一联最理想之答案为"胡适之"，紧接加一转语："又正反合之说，当时惟冯友兰君一人能通解者。盖冯君熟研西洋哲学，复新游苏联犯国故也。今日冯君尚健在，而刘胡并登鬼录，思之不禁惘然！是更一游园惊梦矣。"这段补充引起当代学人的不同诠释。其中关涉胡适的问题下文再谈，这里只说明陈寅恪为何两度提到黑格尔辩证法之正反合律和冯友兰。陈氏撰《与刘叔雅论国文试题书》时，正当黑格尔哲学开始在中国学术思想界发酵，作为黑格尔辩证法精髓的"正反合"之说，对于既曾游学德国多年又身处中国学术信息中心的陈寅恪，自然有多种渠道可以获得了解。但他在与刘叔雅书中提及，当有所特指，这就是新出不久的冯友兰在《中国哲学史》上卷中的观点。冯友兰给《中国哲学史》上卷写的《自序》完成于 1930 年 8 月 15 日，作为该著主要审查人的陈寅恪不会不熟悉。该序中表示：

> 吾亦非海格儿派之哲学家；但此哲学史对于中国古代史所持之观点，若与他观点联合观之，则颇可为海格儿历史哲学之一例证。海格儿谓历史进化常经"正"、"反"、"合"三阶段。前人对于古代事物之传统的说法，"正"也。近人指出前人说法多为"查无实据"，此"反"也。若谓前人说法虽多为"查无实据"，要亦多"事出有因"，此"合"也。顾颉刚先生云："反"之方面之工作，尚多未做，吾深信之。吾亦非敢妄谓此哲学史中所说之中国古史，即真与事实相合。不过在现在之"古史辨"中，此哲学史，在"史"之方面，似有此一点值得提及而已。

冯友兰的意见直接针对以顾颉刚为中心的"古史辨"派，认为后者过于强调以辨伪的方式来确定某种古代思想的历史价值，却往往忽略了思想影响的存在有其独特脉络。这一看法与陈寅恪当时的观点颇为相似（此点下文还将涉及），因此为陈氏所欣赏。冯友兰虽然是全面借鉴西洋研究方法的新派学术代表，但在对古代思想文献的复杂性这点上相当敏感。他自 1926 年年初从中州大学转到北平任教，就和陈寅恪、顾颉刚、胡适等相过从。1928 年应罗家伦之邀到清华任哲学系主任后，他与陈寅恪的关系更为密切。他的《中国哲学史》由陈寅恪来写审查报告正是两人当时学术意向接近的标志。

二 从"孙行者"到"胡适之"

上文解读陈寅恪对对子的"正反合"三境界的理论,接下来便可具体分析为何在陈寅恪心目中,"孙行者"这一对子的真正理想答案是"胡适之"。据当年北平《世界日报》的报道和后来一些个人回忆,当时的考生里就有答出"胡适之"的,比如周祖谟就是其中之一。但在一般人乃至学者印象里,"胡适之"和"祖冲之""王引之"甚至"韩退之"等均为可接受之答案。既然陈寅恪多年之后表明"胡适之"是他心目中的答案,为何他在与记者的谈话中却避而不提,甚至让人觉得"王引之"才是最佳呢?这种回避本身倒不难理解。首先这是大学入学试题,涉及公平问题,陈寅恪虽然在出题上有出奇以张其说的一面,毕竟不会不考虑到考生应该有一种以上之选择,因此他答《世界日报》记者时说:

> 有人谓题中多绝对,并要求主题者宣布原对,余以为并非绝对,因其并非悬案多年,无人能对者。中国之大,焉知无人能对。若主题者自己拟妥一对,而将其一联出作考题,则诚有"故意给人难题矣"。余不必定能对,亦不必发表余所对。

陈寅恪此番话表明他很清楚如果提供他自认为的最理想之答案,会引起公众的误会。其次,胡适之是当世名人,陈氏若在答记者时公开将"胡适之"作为理想答案提出,也颇不得当。但他对答出"胡适之"的周祖谟的佳评说明他并未私下掩饰他的欣赏。

但关于"孙行者"的理想下联是否为"胡适之",学界亦无定论,有学者甚至怀疑陈寅恪自己晚年相当肯定的说明,认为陈出题时心中未必确定下联是"胡适之"。议论之所以如此纷纭,关键的原因仍如上面所指出,是对陈寅恪的对对子理念的了解尚停留在形式的层面,未能重视"正反合"这一关键性的提示。同时更没有意识到应该对陈寅恪提出"孙行者"这一对子本身的可能缘由做一番考究,以便了解这一试题是否体现的仅仅是一般意义上的"一时故作狡狯",还是说能透露出陈氏的某种心曲,而后者往往是陈寅恪学术思考的特色。其实我们只要对这一时段内陈寅恪的学术旨趣和工作做些分析,就可以得出一个结论,即"胡适之"无论从形式还是内容上讲都是"孙行者"最贴切的下联,也就是说这一对子的设计并非陈寅恪的率性之作,而是带有他个人的特殊意旨。

在替清华出国文试题前,陈寅恪进入了他学术创获最丰富的时期,同时这也是他从通过域外文献与汉典的比勘来揭示中古文化历史现象过渡到研究更核心意义上的中古政治与社会的关键时期。造成这一过渡的重要外部契机有两个:除了清华国学研究院的解体,陈寅恪转为清华大学历史与中国文学两系合聘教授之外,还有1928年历史语言研究所的成立。从1932年清华大学的课程安排可以清楚看出这一过渡。该年秋季公布的《课程一览》中,陈寅恪的课程虽仍包括"中国文学中佛教故事之研究""佛教翻译文学"和"蒙古史料之研究"等延伸他前一时期学术兴趣的课目,更多则是"唐代诗人与政治关系之研究""晋南北朝隋唐史之研究""晋南北朝隋唐文化史"等清晰指向他下一阶段学术重心的课程。而出国文考题前后,恰也是他和胡适的交往最为密切之时。关于两人这一时期的交往已经有一些学者论述过,这里只讨论他们之间在学术上的互动。1931年5月间,陈寅恪向胡适推荐学生浦江清和朱延丰,以参加胡适主持的翻译计划，得到胡适积极回应。在胡适 5 月 3 日回函中，有如下一段：

> 谢刚主说：你说孙行者的故事见于《大藏》，我很盼望你能告诉我。匆匆祝双安。《降魔变文》已裱好。甚盼你能写一跋。

胡适这里特别提到陈寅恪对孙行者故事佛藏来源的发现，其实就是此前不久陈氏发表在 1930 年 8 月史语所集刊上的《西游记玄奘弟子故事之演变》。另外他之所以要求陈寅恪为他所藏敦煌卷子《降魔变文》作跋，也是因为陈寅恪在 1928 年发表了《须达起精舍因缘曲跋》一文，对上虞罗氏所藏的同类文卷做了分析，指出此变文"盖演须达起精舍因缘中舍利弗降伏六师一节"。在该文末尾，陈寅恪已经点出《西游记》中玄奘弟子们的"各矜智能诸事"与佛藏中舍利弗目犍连等故事之间不无类似之处，为稍后发表更具体的论述埋下伏笔。

笔者曾有文涉及《西游记》中孙行者形象来源的讨论，指出陈寅恪关于《西游记》的这篇研究实是接踵胡适的思路，即继续从域外文化的因子中探寻孙行者的来源，但同时又对胡适的取径开始反省。陈寅恪强调在域外因子到孙悟空形象的出现之间，必须找到能为中土传统所接受的中间环节。他在汉文佛藏中探寻这种环节，提出的具体看法是：《贤愚经卷一三顶生王缘品第六四》中的顶生王故事为大闹天宫的原型。这篇研究是陈寅恪这段时间发表的佛藏研究的心得之一。其他诸如《三国志曹冲华佗传与佛教故事》《莲花色尼出家因缘跋》《敦煌本维摩诘经文殊师利问疾品演义跋》等都是属于同样性质的学术产品。笔者推测，陈寅恪对《西游记》玄奘弟子的研究正是促使他将"孙行者"与"胡适之"联系起来的最直接的因缘，这或许就是在陈氏构思该篇文字时无意中的收获，恰巧这两名从形式上讲又对仗得天衣无缝。

不唯在《西游记》故事的来源方面，陈寅恪对包括禅宗在内的中国早期佛法概念的研究同样也是对胡适同时期学术工作的一种响应。胡适的禅宗研究在20世纪20年代前期就已经开始，但他这方面最具开拓性的文字是发表于1930年4月的《荷泽大师神会传》。陈寅恪也早在1923年的《与妹书》里就提到禅宗谱系的不可信，但他着力于禅宗方面的研究也是要到数年之后。1932年6月，陈寅恪在《清华学报》上发表了《禅宗六祖传法偈之分析》一文。文章刊出之前，陈寅恪将此文呈胡适审阅，胡适收到后有去信提出意见。胡适的信现已不存，陈寅恪的复函是这么写的：

适之先生著席：

弟前谓净觉为神秀弟子，系据敦煌本历代法宝记之文"有东都沙门净觉师，是玉泉神秀禅师弟子，造楞伽师资血脉记一卷，……"（大正藏五十一卷一八页中）今函公教正，惜公稿已付印，吾未改正为憾耳。敬复，并甚谢意。

即叩

弟寅恪顿首　四月三十日

陈的回函虽短，却涉及一个有意思的学术小公案。从陈氏信中可以推知，胡适在阅读了陈寅恪这篇文字后提出了不同意见，陈才在信中为自己的看法提供了证据。他们的意见分歧涉及陈寅恪文中提到的编撰《楞伽师资记》的唐代禅僧净觉。陈寅恪将净觉归为神秀的弟子，他的依据来自敦煌本《历代法宝记》的记载，这一材料在文中并未出现，所以陈氏特别在信函中指出。那么胡适持何种不同意见呢？在稍后发表的《楞伽师资记序》一文里，胡适考辨出净觉乃玄赜的弟子，玄赜与神秀同属弘忍门下。胡适的依据主要来自他发现的敦煌本《楞伽师资记》。胡适同时指出,净觉的《楞伽师资记》中有关弘忍和神秀的部分也在很大程度上本于玄赜所撰之《楞伽人法志》。陈寅恪撰写《禅宗六祖传法偈之分析》一文时,尚未能了解到胡适的研究以及《楞伽师资记》等敦煌禅门史籍。但这并非疏漏所致。陈文的依据来自当时较容易看到的敦煌本《历代法宝记》,因为这一文献已收入了《大正新修大藏经》第51册史传部,该册出版于1928年。陈寅恪在撰写他的文章时凭借这一资料得出净觉乃神秀弟子的结论。而《楞伽师资记》则是胡适1926年借赴欧洲开"中英庚款委员会"会议之际,在巴黎和伦敦阅读敦煌卷子时发现的。这一发现过程胡适自己有很清楚的说明:

> 民国十五年(一九二六)九月八日,我在巴黎国立图书馆读了楞伽师资记,当时我就承认这是一篇重要的史料。不久我回到伦敦,又在大英博物馆读了一种别本。这两种本子,我都托人影印带回来了。五年以来,我时时想整理这书付印,始终不曾如愿。今年朝鲜金九经先生借了我的巴黎、伦敦两种写本,校写为定本,川活字印行。印成之后,金先生请我校勘了一遍,他又要我写一篇序。我感谢金先生能做我所久想做的工作,就不敢辞谢他作序的请求了。

其中巴黎所藏《楞伽师资记》卷子的影印件是由伯希和在1926年11月19日到伦敦演讲时带给胡适的。其实胡适找到的《楞伽师资记》共有三个本子,关于这三个残写本的总体情况,荣新江有最扼要精确的介绍:

> 1926年,胡适先生在伦敦、巴黎访求禅籍,发现了S.2045、S.4272、P.3436三件,交朝鲜学者金九经氏校订。1931年,金氏在

北平刊出《校刊唐写本楞伽师资记》。此三本中，S.2045首尾俱残，始于净觉序"目中各出一五色光舍利"（柳田氏《初期的禅史》（Ⅰ）57页1行），终道信篇"铸想玄寂令心不"（同上书260页1行）；S.4272首尾俱残，始菩提达摩篇"不倚不著"（同上书133页3行），终粲禅师篇"即文字语言徒劳施设也"（同上书167页4行）；P.3436首残尾完，始序"之知岂"（同上书57页5行），至全书尾终；三本相加，除首部序文略残外，基本恢复了全书面貌。

与此同时，矢吹庆辉氏把S.2054的图版，收入1930年出版的《鸣沙余韵》图版75—76（1）。1932年，《大正藏》据矢吹氏发表的图版，校以金氏刊本，录入《大正藏》第85卷。1935年，金氏又在沈阳出版了《校刊唐写本楞伽师资记》修订本，收入《薑园丛书》。其后，直到1954年，篠原寿雄氏利用上述三本及金刊修订本，作《楞伽师资记校注》，对《大正藏》本多所校正。

胡适找到的这三个残本中，S.2045和P.3436都包括了净觉《楞伽师资记》序的一部分，但S.2045从"目中各出一五色光舍利"开始，其中包括了如下一段有关净觉师承的关键文字：

　　目中各出一五色光舍利，将知大师成道已久也。大唐中宗孝□□帝景龙二年，敕召入西京，便于东都广开禅法。净觉当众归依一心，承事两京，来往参觐，向有余年。所呈心地，寻已决了。祖忍大师授记之安州有一个，即我大和上是也。乃形类凡僧，证同佛地。帝师国宝，宇内归依。净觉宿世有缘，亲蒙指授，始知方寸之内，具足真如，昔所未闻。今乃知耳。

1926年10月19日，胡适在大英博物馆查阅敦煌卷子时发现了这个卷子，在他那天的日记里有详细的摘录。正是根据 S.2045 中的这段文字和王维的《大安国寺故大德净觉师塔铭》，胡适确定净觉出自安州大和尚玄赜之门。而收有《楞伽师资记》的《大正藏》第 85 卷要到 1932 年夏才出版，陈寅恪在他文章发表前是无法见到的。

在巴黎、伦敦寻访到的敦煌禅籍对胡适的禅宗研究具有关键性影响，对此柳田圣山在《胡适禅学案》里早有很好的论述。如柳田所言，这本是意外的惊喜，却激发了胡适全面重写早期禅宗历史的热情，著名的《荷泽大师神会传》和《坛经考之一》相继完成于 1929 年除夕和 1930 年 1 月。相比于陈寅恪，在禅宗新资料的掌握上，胡适当时应是更加全面。对此陈氏不可能不注意到，他在《禅宗六祖传法偈之分析》即将发表前将该文呈送胡适正说明他希望听到胡适的意见。当然陈文也自有其发明，或许因此还带着学术上争胜的意味。胡适的《楞伽师资记序》虽最终完成于 1932 年 11 月 15 日，已在《禅宗六祖传法偈之分析》发表之后，但有关净觉门派的观点在与陈寅恪往复之前已确立，因而正好向陈寅恪提出。至少就陈文发表之际而言，胡适关于净觉的看法依据更加直接而可靠，《历代法宝记》的记载显得比较可疑。但事情往往出人意料，1962 年田中良昭审读王重民所摄 P.3294 和 P.3537 照片时，发现这是另外两件《楞伽师资记》的残卷，于是撰写了《关于敦煌新出伯希和本楞伽师资记二种》一文。他根据其中 P.3294 卷补充了净觉序前部约 200 字。在这 200 字中，有如下一段文字：

> 起大足元年，在于东都，遇大通和尚讳秀，蒙授禅法，开示悟入，似得少分；每呈心地，皆云努力。岂其福薄，忠孝无诚。和尚随顺世间，奄从化往。所以有疑惑，无处呈印，有安州寿山大和尚

> 玄赜,俗姓王,太原祁县人也。因高祖作牧,生属云梦之泽,是蕲州东山忍大师传灯弟子也。大和尚在寿山之日,于方丈室中入净,忽然两目中各出一五色舍利,将知大师成道已久矣。大唐中宗孝和皇帝景龙二年,敕召入西京。便于东都广开禅法。净觉当即归依一心,承事两京,来往参觐,向经十有余年。所呈心地。寻已决了。祖忍大师授记云,安州有一个,即我大和上是也。和上乃形类凡僧,证明佛地,帝师国宝,宇内归依。净觉宿世有缘,亲蒙指授,始知方寸之内,具足真如,昔所未闻,今乃知耳。

可见就文字而言,这个卷子下面接的正是现有 S.2045 的开头部分,而且比 S.2045 的录文准确。据此可知,净觉是先追随了神秀,神秀死后才入玄赜之门。虽说从净觉序中可以看出,玄赜在他心目中的重要性超过了神秀,但《历代法宝记》将净觉算作神秀门下也非离谱。可惜田中良昭刊布这一新资料之年正是胡适去世之时,而陈寅恪以一瞽叟身处岭表,两人都没有机会看到这段因缘的圆满完成。

除了《禅宗六祖传法偈之分析》,陈寅恪的另一篇作品,即 1930 年 6 月发表的《大乘义章书后》,很可能也是受了胡适佛教研究的启发甚至刺激的产物。正如其先秦思想史的研究,胡适是最早以彻底的历史眼光来看待中国早期佛教史的人物,特别是将禅宗作为中国中古哲学的一部分来处理。这也是陈寅恪的学术立场。在胡适看来,依据巴黎、伦敦藏敦煌文书来重新考辨禅宗系谱是他整理国故的"打鬼"运动的重要环节。而这一时期的陈寅恪,虽然认识到凭借西洋方法整理国故的局限,原则上也是支持这一工作的。1928 年 8 月胡适在《新月》第 1 卷第 6 号发表《禅学古史考》一文。1930 年 9 月又发表了他早在 1925 年就完成的《从译本里研究佛教的禅法》。两文采用的方法都是从汉译佛典中找寻中土佛法概念和思想模式形成的线索。这里要说明的是,《大乘义章书后》和《禅宗六祖传法偈之分析》与胡适的这些文章路径非常接近,实际超出了原先陈寅恪通过比勘梵藏汉佛典来"胪举异同,说明其故"(蔡元培《新唯识论序》论陈寅恪学术工作语)的学术框架。

不过,相较于胡适集中火力做禅宗历史的史实层面的证伪工作,陈寅恪更注意禅宗等佛教思想概念演变的内在轨迹及其与中古思想社会的关联。《大乘义章书后》和《禅宗六祖传法偈之分析》可算是这方面的前期示范性作品。陈寅恪特别强调,六朝以来的中土佛教界,虽时有通过误读和曲解印度佛典来构建自身的义理体系,我们却不能因此忽视其思想的创造性价值。在《大乘义章书后》里,陈氏在论及中古五时判教之说时说道:

> 就吾人今日佛教知识论,则五时判教之说,绝无历史事实之根据。其不可信,岂待详辩?然自中国哲学史方面论,凡南北朝五时四宗之说,皆中国人思想整理之一表现,亦此土自创佛教成绩之一,殆未可厚非也。尝谓世间往往有一类学说,以历史语言学论,固为谬妄,而以哲学思想论,未始非进步者。如易非卜筮象数之书,王辅嗣、程伊川之注传,虽与易之本义不符,然为一种哲学思想之书,或竟胜于正确之训诂。

这段文字显然意在纠正"整理国故"实践以来以真伪评判价值的偏颇,和上文提到的冯友兰的立场相似,而这一批评对于胡适的禅宗分析也在某种程度上适用。无怪乎当陈寅恪将《大乘义章书后》寄送胡适审阅时,胡适敏锐地察觉到陈氏这一论述的用意:

> 最后一篇——大乘义章书后——鄙见以为精当之至。论判教一

段，与年来的鄙见尤相印证。判教之说自是一种"历史哲学"，用来整理无数分歧的经典，于无条件系统之中，建立一个条理系统，可算是一种伟大的工作。此种唯富有历史性的中国民族始能为之。

胡适以"历史哲学"来描述陈寅恪提到的"五时判教"，确实是对陈的意见既精确又富洞见的理解。

正如前已提到，胡适在掌握某些新出资料方面已胜一筹。即便以陈寅恪的淹博，又相对更能利用域外资料，在中土佛教研究方面仍受到胡适不少启示与帮助，这从此后陈寅恪的禅宗研究亦可看出。1934年2月24日，李长之以李长植为笔名，在天津《大公报·文艺副刊》第44期发表了《谈坛经》一文，其中说：

禅宗的道理，是采自三论宗；方法是《楞严经》的方法；故事是积聚着演讲来的故事；招牌是达摩，这许许多多都经陈寅恪先生讲说得"信而有征"了。

当时还是清华哲学系学生的李长之，他转述的当是陈寅恪在清华课堂上讲的内容。比如1932年秋季陈寅恪在清华开设的课程中有"晋南北朝隋唐史之研究"。陈寅恪有份标题为《晋南北朝隋唐史研究》的备课笔记，应该就是为这课准备的大纲和材料。在其大纲中，列在"文化篇——鸠摩罗什以后之佛教"下就有"禅宗之依托"一节，推测其内容应与李长之课堂所闻有关。李长之对禅学研究动态的了解未必全面，恐难免夸大陈寅恪在禅宗史研究方面的创获。但以上这段文字中提到的见解仍值得重视。其中最有意思的是"禅宗的道理，是采自三论宗"这一看法。其实陈寅恪生前未能完成这方面的论述，但草稿却幸存了下来，即收入

《讲义及杂稿》的《论禅宗与三论宗之关系》。这是一篇别出机杼的未完稿,可惜迄今尚未引起学界注意。这篇文章的开端说:

> 自敦煌本坛经、楞伽师资记、历代法宝记诸书发见后,吾人今日所传禅宗法统之历史为依托伪造,因以证明。其依托伪造虽已证明,而其真实之史迹果何如乎?此中国哲学史上之大问题尚未能解决者也。

可见此文目的是试图在胡适的辨伪工作的基础上进一步厘清禅宗法统建构的思想资源和演变逻辑。他将着眼点放在三论宗对禅宗的影响上,这是学术界极少关注的角度。虽然李长之文章发表时,汤用彤已经发表了关于三论宗自南北朝到隋代流变的精细研究,但汤文重在三论宗在中古时期具体传承史实的辨析,并未涉及三论宗自身的法统观。陈氏却注意到了这点,他敏锐地指出,三论宗对自身法统的建构是两种因素的结合,这两种因素是中土历史意识的影响和针对流传中土的小乘说一切有部(萨婆多部)等的系谱的对抗性模仿。该文更精彩的地方是指出中古佛教义学与儒家经学在治学解经方法上的相似性,由此造成三论宗内部产生一股不重文字的反抗潜流。这些都对理解禅宗兴起的"内在理路"极有帮助。

以上分析是为了说明在陈寅恪设计清华国文试题之际,他与胡适在学术兴趣上有颇多交集。他们不但私人关系颇为融洽,研究方法上也相互促进。胡适的研究对陈寅恪的刺激反过来催生了陈寅恪的诸多学术篇章,在方法论层次上也更进一步。正是在这种特殊意义上,"孙行者"这一对子才能获得更精确的理解,否则陈氏再三强调的"合"的特点便无从着落。"王引之""祖冲之"等答案只能做到上下对字面上的联系,尚未超越形式的层面、达诸言外之意的境界。而"孙行者"与"胡适之"的组合则造成了一个更为具体丰富的历史境界,当然这一境界的具体涵义只有陈寅恪自己最为清楚。"孙行者"这一对子表面看来似乎带着调侃,实际上却是带有敬意的暗示。即便有调侃的意味,也是一种对胡适"暗送款曲"式的学者的调侃。这才应该是他晚年指出的"一时故作狡猾"的更完整的涵义,但这种示意只能心照不宣,陈氏不可能在试题揭晓之际公开说明,而即便到晚年说出谜底时也仍不便说出其构思和联系的过程。借用冯友兰的说法,此种种关联即使"查无实据",仍"事出有因"也。

王震邦在关于"对对子"事件的分析中,认为"胡适之"乃当时标准答案之一。他也注意到出考题时期胡陈二人的交往,并追溯胡适早年在《文学改良刍议》中曾"以重话批判了陈寅恪的父亲陈三立",认为胡适与陈寅恪学术立场不仅各异且彼此甚重自身立场,由此推测陈寅恪以"孙行者"引出"胡适之",不无促狭之意。王震邦的这一看法显然预设太强,认为陈胡二人的学术立场的相异也过于笼统,未能落实到当时具体的语境之中。但在该分析中王震邦又指出1965年陈寅恪重提此事,并以"韩卢"联系"猢狲",显示出的对胡适态度则大不相同,是在全国批胡适的背景下有意将胡适与"文起八代之衰"的韩愈相提并论。王氏此论则颇有所见。这里笔者提出两则更值得注意的材料,可有助于进一步勾勒陈氏晚年心目中的胡适形象。1954年陈寅恪在《历史研究》上发表《论韩愈》一文,表彰韩愈开启"赵宋新儒学新古文之文化运动",该文正是发表于大陆开启批判胡适大潮之时。细味文意,实暗含以韩愈喻胡适的尊胡意味。

另外,1957年2月6日陈寅恪有一封给刘铭恕的信函。刘铭恕当时正在中国科学院图书馆负责编纂《斯坦因劫经录》。陈氏信中再度提到早

年撰写的《禅宗六祖传法偈之分析》,写道:

> 弟昔年曾作禅宗传法偈一文,引及续高僧传遁伦传。后知有友人在伦敦钞出遁伦语录,载入其私人日记中,未发表。今请我兄在此显微影片中一查。

在一篇近作中,日本学者永田知之注意到了这封信的意义,指出陈寅恪信中提到的《遁伦传》实应作《昙伦传》(陈文不误)。《续高僧传》中说昙伦又称"卧伦",S.1491、S5657b、S6631Vd等的确有所谓"卧伦语录",但永田知之认为信中所指的"友人"为谁不明。其实这位"友人"不是别人,正是胡适。同样是在上文提到的1926年10月19日那一天的日记里,胡适抄录了他在大英博物馆查阅敦煌卷子时看到的S.1494里《卧伦禅师看心法》,即陈寅恪提到的卧伦语录。但《卧伦禅师看心法》仅保存于英藏敦煌卷子,且非禅宗史上有名之作品,并不易引起一般学者的注意。陈寅恪何以能得知胡适发现这一文献并抄入日记?最大的可能就是当年他和胡适就该文进行讨论时,胡适透露给他的。当然还有一种情况,就是某位学者看过胡适日记中记录1926至1927年间在法英阅读敦煌写本的部分,将其中涉及的文献信息流传出来,陈寅恪因此获知。据友人史睿、王楠的研究和提供的资料,笔者认为这后一种情形假若存在,那么董康是最有可能的人选。董康早在1922至1923年间就趁赴英之际广泛查阅敦煌写本,后来又抄录了胡适日记中记录英法阅读敦煌卷子的部分,提名为《敦煌写本阅读记》。1942年,这份《敦煌写本阅读记》连同董康的《敦煌书录》手稿一起为书商王文进所获。随后王文进将两份文稿寄给顾廷龙求售。顾廷龙立刻认识到了这份资料的价值。由于王文进索价太高,顾廷龙决定不购入,但将之抄录下来以便学界利用。

但顾廷龙的抄本显示其中并未涉及胡适1926年10月19日的内容。虽然不能排除董康看到胡适该天日记的可能，但既要能注意到《卧伦禅师看心法》这样冷僻的作品，又要能了解这和陈寅恪文章的关联，即便博学如董康，实际可能性极小。

其实在陈寅恪的这封信中，他还特别问及斯坦因敦煌写本中的西藏文卷说："有关历史者，已陆续在法国亚细亚学报发表。但尚有可贵材料，如能照中文卷子例求得一全部微缩胶卷，则大妙矣。先请兄一问科学院图书馆负责同志，不知用何种手续，可以办到？如事势简便，则拟建议有关当局也。"永田知之注意到竺可桢在1962年2月14日的日记里记了他在中山大学和陈寅恪的谈话，其中陈寅恪再度提到英藏敦煌文献中的这些西藏文写本，认为对于唐和吐蕃史料犹可宝贵，并说曾去信敦促科学院图书馆获取这些资料，但"迄无回信"，可见这也是他念兹在兹之事。之所以如此，笔者推测和1957年西藏情势紧张有关，而充满历史感的陈寅恪正是从唐朝和吐蕃的关系来思考当代西藏问题的，这点超出本文范围，笔者会在另文中讨论。在这封信的最后部分，陈寅恪还谈到他的学术转型，说自己"捐弃故技，用新方法、新材料"撰述，还特别说明这新方法不是"太史公冲虚真人之新说"。可见陈氏此信所及，表面看只是查询古代文献和讲述自身学术转向，实有深意。在1957年的环境中，陈寅恪用隐去姓名而称"友人"的方式提及和胡适的这段学术因缘，读来令人动容。

至于陈氏晚年在为他给刘文典信写的《附记》中提到，"正反合"之说惟冯友兰一人能通解，王震邦认为是对日益追求进步之冯友兰的一大讽刺。笔者则以为这种可能性固然存在，但在这点上似不必求之过深。上文已分析过，陈寅恪以"正反合"况上中下三种对子的境界，不仅是借用西哲观念来说明中国固有文字的特色，也是对冯友兰哲学史理路的间接推许。《附记》中语，看似有些节外生枝，实际很可能是对往昔学术世界的追怀和对时下境况的感叹，因此《附记》末尾以"游园惊梦"形容这一令人遗憾的变化。

三　陈寅恪的文史之学

至此有关陈寅恪对对子说的涵义及"孙行者"与"胡适之"的关系的讨论可告一段落，但由此引出有关陈寅恪的文史之学的一些观点则仍有略赘数语的价值。以对对子为国文试题固然是陈氏在偶然情况下的一时之举，但透露出来的他对文词表现力的重视则并非偶然。陈寅恪治文史之学，重视音韵训诂，曾提倡"读书须先识字"，这些早为学界耳熟能详。但他所持并非乾嘉小学之立场，而更近于戴震《与是仲明论学书》中之立场："经之至者道也，所以明道者其词也，所以成词者字也。由字以通其词，由词以通其道，必有渐。"然而"知一字之义"，仍应"当贯群经，本六书，然后为定"。淹博、识断和精审三种素质缺一不可。然而陈寅恪对声韵、用典等语言形式的重视和敏感还有另一重大原因，即他对中国古典文字呈现的历史意识和历史想象有深切认识。他阐发对对子的意义已触及这些方面。1931年他发表《蓟丘之植植于汶篁》，文章虽短，其中有些看法前人也曾提示，但陈寅恪却能将其融合成精细而自觉的现代分析法，尤其强调须从历史想象入手去体会文字的魅力，而非斤斤于文句间研求。

俞大维曾对陈寅恪的文学爱好有所评论，其中谈到陈氏的文章品味时说："寅恪先生对文，最推崇欧阳文忠、韩文公、王荆公、归震川、姚姬传、曾文正公诸大家。"俞大维提到的这些文章家，虽也能写出色韵文，主要还是以古文见称。虽然我们不应该怀疑对陈寅恪极为了解的俞大维的评论，但这一评论未必周全，或者若不加分析，容易造成对陈寅恪文学旨趣的一种误解，以为他的趣味全在唐宋以来之古文。陈寅恪在《与刘叔雅论国文试题书》中已明确说"对偶确为中国语文特性之所在"。在陈寅恪的著述和他人记录的陈氏言谈里最集中阐发这一看法的文字出现于他晚年完成的《论再生缘》：

> 中国之文学与其他世界诸国之文学，不同之处甚多，其最特异之点，则为骈词俪语与音韵平仄之配合。就吾国数千年文学史言之，骈俪之文以六朝及赵宋一代为最佳。其原因固甚不易推论，然有一点可以确言，即对偶之文，往往隔为两截，中间思想脉络不能贯通。若为长篇，或非长篇，而一篇之中事理复杂者，其缺点最易显著，骈文之不及散文，最大原因即在于是。吾国昔日善属文者，常思用古文之法，作骈俪之文。但此种理想能具体实现者，端系乎其人之思想灵活，不为对偶韵律所束缚。六朝及天水一代思想最为自由，故文章亦臻上乘，其骈俪之文遂亦无敌于数千年之间矣。若就六朝长篇骈俪之文言之，当以庾子山哀江南赋为第一。若就赵宋四六之文言之，当以汪彦章代皇太后告天下手书（《浮溪集》一三）为第一。此文篇幅虽不甚长，但内容包涵事理既多，而文气仍极通贯。又此文之发言者，乃先朝被废之皇后。以失去政权资格之人，而欲建立继承大统之君主，本非合法，不易立言。但当日女真入汴，既悉数俘虏赵姓君主后妃宗室北去，舍此仅遗之废后外，别无他人，可借以发言，建立继统之君，维系人心，抵御外侮。情事如此，措辞极难，而彦章文中"虽举族有北辕之衅，而敷天同左袒之心"两句即足以尽情达旨。至于"汉家之厄十世，宜光武之中兴。献公之子九人，惟重耳之尚在"。古典今事比拟适切，固是佳句，然亦以

语意较显，所以特为当时及后世所传诵。职事之故，此文可认为宋四六体中之冠也。庾汪两文之词藻固甚优美，其不可及之处，实在家国兴亡哀痛之情感，于一篇之中，能融化贯彻，而其所以能运用此情感，融化贯通无所阻滞者，又系乎思想之自由灵活。故此等之文，必思想自由灵活之人始得为之。非通常工于骈四俪六，而思想不离于方卦之间者，便能操笔成篇也。

这段讨论内涵丰富，几乎可以说是他当年论对对子意义的进一步推衍，值得略作分析。陈寅恪在这里再次重申中国文学表达中骈俪形式的独特和重要。其中有些看法是否有足够说服力固然值得推敲，比如对偶之文是否如陈寅恪所言，"往往隔为两截，中间思想脉络不能贯通"。这一问题的解决是否果如他所说，是援古文之笔意入骈文的结果。这些方面他显然受到了欧阳修等宋代文人变革骈俪文风的观点的影响，比如欧阳修《文忠集》卷一三〇《试笔苏氏四六》说：

> 往时作四六者多用古人语，及广引故事，以衒博学，而不思述事不畅。近时文章变体，如苏氏父子以四六述叙，委曲精尽，不减古人。自学者变格为文，迨今三十年，始得斯人，不惟迟久而后获，实恐此后未有能继者尔。

欧阳修、苏氏父子等人的确援古文之笔入骈体，造成北宋文风的一大转变。陈振孙在《直斋书录解题》里贬抑唐代骈体而推重欧苏之后的宋代骈体，最为露骨：

> 四六偶俪之文，起于齐梁，历隋唐之世，表章诏诰多用之，然

令狐楚、李商隐之流,号为能者,殊不工也。本朝杨刘诸名公,犹未变唐体,至欧苏,始以博学富文,为大篇长句,叙事达意,无艰难牵强之态。而王荆公尤深厚尔雅,俪语之工,昔所未有。绍圣后,置词科,习者益众,格律精严,一字不苟措,若浮溪,尤其集大成者也。

陈寅恪明显接受了欧阳修和陈振孙等人所持的观点,认为最上乘的骈俪必须是能像古文那样说理叙事晓畅的,而不仅仅是以形式美打动人。陈寅恪特别称道两宋间大手笔汪藻(即陈振孙所指之浮溪)《代皇太后告天下书》,并举出其中能以委婉措辞将复杂意旨表达透彻的"虽举族有北辕之衅,而敷天同左袒之心",认为比虽流行但平直而且语义略有重叠的"汉家之厄十世,宜光武之中兴;献公之子九人,惟重耳之尚在"要来得精彩。37 年前的 1929 年,陈氏撰《王观堂先生挽词》开篇即用汪藻"汉家之厄在十世"句,可见这一汪言典范留给他的深刻印象。当然汪藻此文在多大程度上是援欧苏古文笔意入骈体的产物自当别论。陈寅恪一面强调以韵律对仗为表征的骈俪文字是中国文学的特色,一面再次重申他重视的"非通常工于骈四俪六,而思想不离于方卦之间者"的文字。这呼应了他当年对最高境界的对子的说明,也就是只有"思想之自由灵活",方能臻于"合"的上乘境界,词藻之优美尚其余事。陈寅恪之所以盛赞《再生缘》,关键原因还不在于该作是出自女性之手的"春闺梦里词",而是陈端生能以对偶韵律之词语驾驭繁复之情节,加上空前的篇幅,将陈寅恪心目中古典诗歌所具有的叙事潜力充分展示了出来。陈氏激赏的正是陈端生的"自由活泼思想",使其作品避免了"堆砌之死句"和"世俗之见"。

在分析陈寅恪对对子理论的背景和观念时,论者一般从当时中西比较和陈氏的文化本位观着眼，这固然不错，但还须注意的是他的对子观也应该放在他重视骈俪文学的框架下理解。他在这方面的看法可说是清代以来关于"文以载道"和"沉思瀚藻"的文章之辨的延续和发展。有清一代是骈体文复兴之时代。骈体不仅在创作实践方面开出新局，在理论层面也得到阮元这样的学问家的阐扬。从孙梅、阮元到晚清刘师培等，以骈体为文学正宗的声音不绝于耳，即钱基博所谓"师培步武齐梁，实阮元文言之孳乳"。而且这些学者都将骈俪和经史甚至小学训诂挂钩。孙梅、阮元虽然承认欧苏以散改骈而带来"光景一新"的面貌，但并不欣赏包括汪藻在内的南宋四六文。阮元对欧苏的骈体风格也多有批判。在这一点上，陈寅恪和他们的看法不一致并不显得意外，作为史家的陈氏的出发点与作为经学和训诂家的阮元的出发点自然不同。阮元重视的是如何使文章回归其本义，即保持渊雅之表现形式的"沉思瀚藻"之文，而不再成为经史子的附庸。陈寅恪重视的是如何将复杂的历史经验和政治境况用精致的语言勾勒传递出来，让千载之下的人为之动容。然而陈寅恪视六朝与天水一朝为骈俪最佳之时代，采取的仍是一种更接近于阮元和刘师培等人的折中立场，而与胡适等人的文学观相去较远。有意思的是，刘师培在阐释古来以偶语韵文为正宗时，特别提说："昔罗马文学之兴也，韵文完备，乃有散文，史诗既工，乃生戏曲，而中土文学之秩序，适与相符，乃事物进化之公例。"无独有偶，陈寅恪在强调对对子的意义时，也举出近期德国学者发现西塞罗辩论之文中有对偶为例，以佐其说。

当然，陈寅恪与胡适的文学趣味也并非没有交集。胡适在其振聋发聩的《文学改良刍议》中，虽然明确反对用典、对仗和模仿古人，所谓"文须废骈，诗须废律"，但他强调的文学必须有情感和思想这一点却应该会得到陈寅恪的认同。胡适在谈到一代有一代之文学时，特别将白香山的乐府诗看作古代文学中内容超越形式、言之有物的典范，这一点恐怕更能得到陈寅恪的共鸣。陈氏对白香山乐府诗情有独钟是众所周知的，这种喜爱固然有史学上的原因，也有文学上的原因。当然陈氏对白香山乐府等诗的贡献的理解和胡适大不相同。陈氏后来着力于元白诗的笺证，笔者认为用意不全在以诗证史，也有修正包括胡适在内的对白香山诗歌书写的误解的目的，此点历来研究者未曾注意。胡适在《寄陈独秀》中声称《琵琶行》不用一典，而《长恨歌》仅用三典。陈寅恪在《元白诗笺证稿》中论《长恨歌》《琵琶行》等时，就特别指出，这些诗篇看似通俗，但若不解当时文体之关系和文人之间的关系，就无法真正领会其妙处。它们可以说是在唐代骈散文字普遍程式化背景下出现的以古文小说为核心的文学革命的一个侧面，实为备众体的古文小说之诗歌部分。陈氏屡屡用"尝试"一词来形容当时文人的工作，《长恨歌》《琵琶行》仿佛是白居易、元稹的《尝试集》，只是不像胡适的《尝试集》那样平白如水，而是委曲婉转、用事复杂的作品。陈寅恪认为唐中期文人互相仿效增创，"竞造胜境"，因此"后世评长恨歌者，如前所引二例（笔者案：指元稹《莺莺传》与李公垂《莺莺歌》、白居易《长恨歌》与陈鸿《长恨歌传》的组合关系），于此全未明了，宜乎其赞美乐天，而不得其道也。"他指出的那些"全未明了"者中恐怕就包括了胡适。

陈寅恪重视骈俪文字，除了骈俪文字能体现中国古典语言的特性之外，笔者认为还有一个重要原因，就是典故的运用是骈俪文字的有机成分，这也是在文学表现力上超越古文的一个优势。熔铸典故所能达到的境界，陈寅恪在《读哀江南赋》里有段话说得最透彻：

> 古事今情，虽不同物，若于异中求同，同中见异，融会异同，混合古今，别造一同异俱冥、今古合流之幻觉，斯实文章之绝诣，而作者之能事也。

用现代学术术语来说，就是典故的巧妙运用极大地延展了历史想象的空间。典故的运用，本身也具有模糊性，仿佛陈寅恪笔下的"童牛角马"，提供甚至鼓励多种解读的可能，在曲当情事的同时留下回味的余地。无论是陈寅恪以诗证史的学术工作还是他本人的诗文实践，如何以古典说今事是他关怀的重点。他指出元稹《连昌宫词》远比郑嵎《津阳门诗》高明，关键的差别也在此。

20世纪中国古典诗的作者里，恐难有一位能在驱遣文史故实以构筑历史思维和寄寓个人情怀上比陈氏更丰富和深刻，虽然在典故意义的模糊性和陈寅恪强调的骈文亦当说理透彻之间实际会出现内在的紧张；这也使得陈寅恪诗的解读本身变成饶有趣味的工作。结合对仗和用典以达到具有诗史般叙事的特点，在陈寅恪本人的文学实践中有一最佳案例，就是《王观堂先生挽词并序》。从叙述意旨而言，该篇远步元稹《连昌宫词》和吴梅村歌行，近接王国维《颐和园词》。无论是诗歌的起始和终结，还是典故的运用，《王观堂先生挽词》都对《颐和园词》做了有意识的呼应，造成某种互文效应（intertextuality）。但就文体风格而言，《王观堂先生挽词》其实更接近王闿运的《圆明园词》，而非高阳等认为的"长庆体"。《圆明园词》有一长序说明始末，《王观堂先生挽词》也先以序言阐明理念。《王观堂先生挽词》本身虽为七古，却着意对仗，即吴宓所谓"造语工妙"。相较于《颐和园词》，这也更是《圆明园词》的特点。只是在《王观堂先生挽词》中，世运下的学术兴替和学者个人命运的主题取代了以往借宫室之隳废叹朝代之盛衰。就意境视野而言，《王观堂先生挽词》超迈于二王作品之上。更不用说《圆明园词》叙述乖于史实处颇多，当时即为人诟病。《王观堂先生挽词》用古今典极富，但除极个别例子外，大都有着学术般的严谨，且独具只眼；即便引起争议的地方，如将光宣之际比作开元盛世等，其实也具史家经验，强调历史转折的突发性和偶然性，这点笔者拟在讨论陈寅恪唐史研究贡献的文中再深入讨论。

最后让我们回到1932年8月清华入学考试国文试题的争议上来。陈寅恪在解释上等对子的境界时，特别强调能达至这一境界的，必是思想通贯而有条理者，而且也是能通过想象而得字句之上的言外之意者。他在推重庾信、汪藻和陈端生的俪文韵语时，同样也强调这类作品"必思想自由灵活之人始得为之"。可见在他的精神世界里，思想之活跃与独立的重要性超越一切，同时也应该贯诸一切，即便对对子这样的俗事也不应例外。而鲜活的想象力是体现这种活跃与独立的重要表征。无怪乎他给国文考试出的作文题是《梦游清华园记》。在他晚年的《附记》里，他解释说："盖曾游清华园者，可以写实；未游清华园者，可以想象。此即赵彦卫《云麓漫钞》玖所谓行卷可以观史才诗笔议论之意。"这里"想象"这一语汇再度出现。在他答《世界日报》记者访问时，解释说"所谓梦游云者，即测验考生之想象力（imagination）及描写力"。这里他特意在汉语"想象力"旁标出英文词，应是为了确保对"想象力"一词的涵义不致发生误解。他希望考生能通过想象—心目中的理想大学来构思这篇作文。

就在陈寅恪出国文考试题的前一年，他发表了《吾国学术之现状及清华之职责》，指出：

> 国文则全国大学所研究者，皆不求通解及剖析吾民族所承受文化之内容，为一种人文主义之教育，虽有贤者，势不能不以创造文学为旨归。殊不知外国大学之治其国文者，趋向固有异于是也。

如果说清华国文入学考试是陈寅恪心目中的中国人文教育的重要路标，

那么他希望未来能代表这一教育结晶的人物必须心灵独立自由而富有想象力。在这个层次上，中西的界限其实对他来说并不存在，因此他的看法可以和黑格尔暗合，西塞罗也可以和庾信对话。而描写力或者叙事力也是史才的体现。加上独立的思想和想象力，这三者恰恰是构筑不朽史学所必须具备的条件，这也是陈寅恪文史之学的核心所在。

朝鲜实学派文人的中国观[*]

韩国成均馆大学名誉教授　宋载邵

一　实学的民族意识

民族意识与近代民族国家的出现紧密相连。但在十八九世纪的朝鲜，并不具备近代民族国家成立的条件，所以谈论民族意识多少有些勉强。这里论述的民族意识是相对于中国的概念，所以我们在这里通过研究实学派文人对中国所持的态度，来共同寻找民族意识乃至主体意识的线索。

首先，把民族意识定义为"与其他人类集团相区别的，对于共同文化、共同语言和共同种族特征所具有的自我意识"。在韩国历史上，尤其

---

[*] 本文为宋载邵教授2015年11月18日在高研院学术前沿讲座第273期的演讲，中文讲稿由演讲者本人提供。宋载邵现为韩国首尔大学博士，韩国成均馆大学名誉教授，现为韩国茶山研究所理事、退溪学研究院院长。其研究领域为朝鲜实学、丁茶山诗学、退溪学等。

是李氏朝鲜建国以来,有关与中国相区别的文化、语言、种族特征的自我意识明显不足。因为长期受中国影响,并一直保持着对中国的从属关系,所以民族性觉悟很难萌生。

但是到了李朝后期,这种意识出现了变化。其中最突出的例子是对"以中国为中心"思考方式的否定。丁若镛(号茶山,1762—1836)认为"中国"这个词的概念就值得深入探讨。

> 国于长城之南、五岭之北,谓之中国;而国于辽河之东,谓之东国。东国之人而游乎中国者,人莫不叹诧歆艳。以余观之,其所谓中国者,吾不知其为中;而所谓东国者,不知其为东也。夫以日在顶上为午,而午之距日出入,其时刻同焉。则知吾所立,得东西之中矣。北极出地高若干度,而南极入地低若干度,唯得全之半焉。则知吾所立,得南北之中矣。夫既得东西南北之中,则无所往而非中国,乌睹所谓东国哉!夫既无所往而非中国,乌睹所谓中国哉![1]

这是以自然科学的理论否定了以中国为世界中心的中华主义。由此可知,茶山的想法甚至到了这种否定"华夷论"的程度也是理所当然的了。

> 圣人之法,以中国而夷狄,则夷狄之;以夷狄而中国,则中国之。中国与夷狄,在其道与政,不在乎疆域也。[2]

茶山反驳了原来以地域来区分华夷的见解,并重新定义了"华"和

---

[1] 《送韩校理致应使燕序》,丁若镛:《与犹堂全书》第一卷,1969年,第270页。
[2] 《拓跋魏论》,同上书,第243页。

"夷"的概念。在同一篇文章中,他尽数北魏、女真、契丹等的优点,并竭力主张应把它们作为中国来看待,即便从地域上看它们是夷狄。特别是他所说的,

> 清之得国也,兵不血刃、市不易肆。而贵盈哥以来,有泰伯、仲雍之风者数人,不亦韪哉![1]

他的这句话不但从正面反驳了潜在于当时朝鲜统治层中落后的尊明思想,并且在某些方面认同清朝。当时,人们认为清朝由夷狄建国,尚未开化,没有什么值得学习的地方,所以从观念上否定了清的客观存在。如果考虑到当时的文化氛围,茶山的思想之先进可谓惊人。这种思想经由实学派学者,特别是经过朴趾源(号燕岩,1737—1805)、朴齐家(号楚亭,1750—1805)等人得到深化发展。

茶山重新规定了"华""夷"的概念,虽是出于对中国大陆的正统论的关心,但这一主张的基础却是提倡隶属于东夷的朝鲜具有独立性的主体思想。"我国不是中国文化圈的附属国,而是持有自己传统和文化的独立的民族国家",这一意识,在茶山以前的李瀷(号星湖,1681—1763)时就已经有过萌芽。到了茶山时,这种意识变得更加明确。

> 史称东夷为仁善,真有以哉!况朝鲜处正东之地,故其俗好礼而贱武、宁弱而不暴,君子之邦也。嗟乎,既不能生乎中国,其唯东夷哉![2]

---

[1] 《东胡论》,《与犹堂全书》第一卷。
[2] 同上。

尽管从"既不能生乎中国"的话中,我们还能看到慕华思想的残余仍未完全消退,但这只是受时代局限所致。在写给去往中国的朝鲜使臣韩致应(1760—1824)的序中,他这样说道:"中国之所谓中国,是因为尧、舜、禹、汤的政治和孔子、颜渊、子思、孟子的学问。我国已经吸收了这些圣人的政治和学问,并已转化为自己的东西,所以没必要再去中国学习。"[1] 这段话虽是以警诫的口吻写给因去中国而多少有些得意的韩致应的,却体现了茶山面对中国文化并无自卑意识反而为本国文化感到自豪。

也正是由于这种思想,他留下了诸多的历史、地理著作。他主张"地理之学,儒者之所必务"[2],并著作了《备御考》《大东水经》《疆域考》等,周密考证了朝鲜的历史地理。这可以说是出于对与中国相区别的本国历史和疆土的关心。

这与燕岩的情况有所相似。燕岩指责金富轼(1075—1151)在《三国史记》中没有如实记叙唐太宗侵略高句丽的事实,并指出漏写杨万春射中唐太宗眼睛一事是因为金富轼只是依据中国方面的史书而造成的。[3] 他也批判了箕子的东来平壤说、大同江浿水(浿水为今朝鲜青川江和大同江的古称)说等,并说道:

> 吾东之土,只知今平壤。言箕子都平壤则信,言平壤有井田则信,言平壤有箕子墓则信。若复言凤城为平壤,则大惊。若曰辽东复有平壤,则叱为怪骇。独不知,辽东本朝鲜故地。

---

[1]《送韩校理致应使燕序》,《与犹堂全书》第一卷,第 270 页。
[2]《地理策》,同上书,第 157 页。
[3]《热河日记·渡江录》,《燕岩集》,1974 年,第 149 页。

> 肃慎灭貊[1]，东彝诸国，尽服属卫满朝鲜，又不知乌刺、宁古塔、后春等地，本高句丽疆。嗟乎！后世不详地界，则妄把汉四郡地，尽局之于鸭绿江内。牵合事实、区区分排，乃复觅浿水于其中，或指鸭绿江为浿水，或指清川江为浿水，或指大同江为浿水，是朝鲜旧疆，不战自蹙矣。[2]

燕岩对本国历史、地理的这种关心，是以民族和国家意识为基础的。显然，他摆脱了那种看到朝鲜的美丽自然就想到"大明山川"，认为和平时代就是"崇祯日月"式的以中国为中心的世界观。

实学派学者们的文学也是这种思想的延伸。当然，因为朝鲜数千年来单方面接受中国的影响而形成了自己的文化，所以不可能完全从中国文化圈中脱离。即使是实学派学者们，单是他们的著作全是用汉文写作而成这一点就足以说明。但是他们具有这种历史局限的同时，抱有强烈的民族主体意识，显示出对中国文化批判吸收的态度。

二 茶山的"朝鲜诗"精神

茶山在流放地康津写给儿子们的信中，就做学问的基本态度说道：

> 数十年来，怪有一种议论，盛斥东方文学，凡先贤文集，至不

---

[1] 貊，古代汉族对东北方少数民族的一种称呼。先秦时期，称北方民族为"貊"，往往与"胡"连称为"胡貊"，泛指貊和北方民族。《山海经》有貊国，近燕。《周礼》有"九貊"（"貉"为"貊"古字），可见其族类之多。西周时，貊为北国之一。——译者注

[2] 《热河日记》，《燕岩集》，第149页。

欲寓目，此大病痛。士大夫子弟，不识国朝故事，不见先辈议论。虽其学贯穿今古，自是卤莽。但诗集，不须急看，而疏劄墓文书牍之属，需广其眼目。又如鹅洲杂录、盘池漫录、青野谩辑等书，不可不广搜博观也。[1]

他把排斥"东方文学"即排斥本国文化称作"怪有一种议论"，并且强调要知道"国朝故事"。这意味着茶山对中国文化保持着一定的批判性态度。他强调在诗中用事的重要性时说道：

> 虽然，我邦之人，动用中国之事，亦是陋品。须取三国史、高丽史、国朝宝鉴、舆地胜览、惩毖录、燃藜述，及他东方文学，采其事实、考其地方，入于诗用，然后方可以名世而传后。柳惠风《十六国怀古诗》为中国人所刻，此可验也。[2]

他说，只有从本国的古典中提取事实，考究本国的地名并用于诗中，才能成为流传后世的作品。这是在鼓励多写具有民族色彩的诗。此类作品典范有柳惠风（柳得恭，字惠风，1748—1807）的《十六国怀古诗》，即柳得恭的《二十一都怀古诗》。该作品是歌颂从檀君朝鲜到高丽的咏史诗。从茶山高度评价《二十一都怀古诗》之类作品来看，就可以知道他的文学意旨。这正是他想要努力从中华主义的绝对权威中脱离出来的产物。

而这种努力的结果被凝缩为他的"朝鲜诗宣言"：

---

[1]《寄二儿》，《与犹堂全书》第一卷，第 440 页。
[2]《寄渊儿》，同上书，第 443 页。

> 老人一快事，纵笔写狂词。
>
> 兢病不必拘，推敲不必迟。
>
> 兴到即运意，意到即写之。
>
> 我是朝鲜人，甘作朝鲜诗。
>
> 卿当用卿法，迂哉议者谁。
>
> 区区格兴律，远人何得知。
>
> ……
>
> 梨橘各殊味，嗜好唯其宜。[1]

虽然多少有戏作的成分，却包含了茶山的真实想法。在这里，"朝鲜诗"是与"中国诗"相对立的文学概念，"卿"指中国人。所以他是说没有必要照旧遵循难以把握的中国诗的格律，而是要以朝鲜人的方式写诗。并且，茶山进一步指出没有必要评定以朝鲜人的方式写的朝鲜诗和中国诗的优劣。也就是，以梨和橘子各指朝鲜诗和中国诗的话，仅以味道的不同去评定果品的优劣是不行的。就像没有判断梨和橘子的价值的绝对标准一样，也没有评定朝鲜诗和中国诗优劣的绝对标准，这就是茶山的思想。如果不以在这片土地上出生、成长而感到羞愧的话，就没必要非得模仿中国诗。甚至他认为不仅没必要模仿，也无法模仿，更不该模仿，这就是茶山的主张。

实际上，茶山是将纯粹的朝鲜语或土俗的方言化用成汉诗的诗歌语言，如"麦岭""高鸟风""马儿风"等。他想通过使用这样的诗歌语言把本国的民族情感包寓诗中。

---

[1]《老人一快事效香山体》之五，《与犹堂全书》第一卷，第115页。

> 秧雇家家妇女狂，不曾刈麦助盘床。
>
> 轻违李约趋张召，自是钱秧胜饭秧。[1]

乡下妇女们在插秧季节打短工的场景如亲眼所见般地被如实地描写出来。在诗中"盘床"一词，根据茶山的自注，是全罗道方言中丈夫的意思。"钱秧"是完全用钱付给工钱，而"饭秧"是以提供饭食来减少工钱的意思。茶山在诗中一定要使用这些贴近劳动人民生活的词语，是想鲜活地刻画打短工的妇女们的悲欢。

由此，我们可以理解茶山为什么认为在诗中使用在朝鲜没有的"猿"或"桂"等词是不恰当的。他引用李奎报、卞季良、金时习的诗中被使用的"猿"字和郑唯吉、奇遵的诗中出现的"桂"字，说道："若使中国人见之，将求猿而征桂矣，何以应之？"[2] 虽是委婉地表达，却是在警告世人写那些不明何代、何地、何人和国籍的诗是不行的。对比崔滋（1188—1260）的见解，茶山的这种思想更为分明。

诗僧元湛对崔滋说："最近士大夫创作诗时，总援引其他国家的人物和地名当作我国的，真是可笑。"崔滋回答说："凡是诗人用事的时候，因为没有必要拘泥于其本，只要意思相近就行。更何况天下一家，书同文，何分彼此？"元湛说的"其他国家"指的就是中国。对于元湛的正当合理的指责，崔滋以"天下一家，书同文"的理由强辩，结果元湛屈服了。[3] 高丽时代的崔滋身上很难找出民族意识，但事实上，他的这种观点一直持续到了李朝时代，其痕迹从"猿"或"桂"等词的使用中显现出来。就是许

---

1 《耽津农歌》第 5 首，《与犹堂全书》第一卷，第 75 页。

2 《雅言指瑕》，《与犹堂全书补遗》二。

3 崔滋：《补闲集》，《高丽明贤集》第二卷，成均馆大学大东文化研究院，1973 年，第 125 页。

筠（号蛟山、鹤山，1569—1618）也对在诗中使用"猿"或"翠鸟""鹧鸪色"等在朝鲜没有的动物名的现象肯定地说："盖诗人托兴言之，虽非其物，用之于诗中。"[1] 与之相比，茶山的文学观可谓是很明确的。

总体来讲，虽然茶山因为各种原因借用汉字来写诗，但并不把自己的诗看成是中国文学，也并不希望以中国的标准来评价自己的诗。这与当时那些把中国当作精神的故乡、把本国的文学误认为是"中国文学的周边文学"的现象比较来看，茶山的思想可谓弥足珍贵。他认为朝鲜人在朝鲜土地上将朝鲜人的情感以朝鲜的方式表现出来，就能成为优秀的诗，没有必要为中国诗的格律所束缚。

三　燕岩的"朝鲜风"精神

燕岩（朴趾源）的文学论可以看作是关于模仿与创造的理论。燕岩认为真挚的文章是作者创造精神的产物，故而不应该模仿。他针对模仿的问题说道：

> 天下之所谓相同者，必称酷肖；难辨者亦曰逼真。夫语真语肖之际，假与异在其中矣。[2]

模仿是某种求似的行为，即如果 A 模仿 B 的话，A 的意图是与 B 求似。但是，这充其量是一种求似的意图而已，而实际上并不能真正一样。

---

[1] 许筠：《惺叟诗话》，《诗话丛林》，亚细亚文化社，1973 年，第 307 页。
[2] 《绿天馆集序》，《燕岩集》，第 107 页。

之所以这么说，是因为当提到"酷肖"与"逼真"时，已经以"与相似的对象不同"为前提了，"逼真"一词中已经包含了"不是真的，而是假的"这一层意思了。

燕岩如此致力于抨击模仿，除了因为他认为"在文学创作方面不应模仿"这个一般性的理由，还包含着其他意图。

> 我见世之人，誉人文章者，
> 文必拟两汉，诗则盛唐也。
> 曰似已非真，汉唐岂有且？[1]

这里被燕岩视作问题的主要是古文模仿，更确切地说是对汉唐文章的模仿。当时读书人以模仿汉唐文章的逼真与否来判断其优劣。燕岩通过对这种风潮的批判，提出模仿论。虽说两汉的文章不能不被称作典范，但若只是一味模仿，便刻画不出"真"。实际上，燕岩所追求的是"真"。

> 夫何求乎似也，求似非真也。[2]
>
> 为文者，唯其真而已矣。[3]

为了刻画"真"，应该如何做呢？

---

[1]《赠左苏山人》，《燕岩集》，第87页。
[2]《绿天馆集序》，同上书，第107页。
[3]《孔雀馆文稿自序》，同上书，第57页。

> 即事有真趣，何必远古担。
> 汉唐非今世，风谣异诸夏。
> 班马若再起，决不学班马。
> 新字虽难创，我臆宜尽写。
> 奈何拘古法，刻刻类系把。[1]

在这首诗中，"即事"是与"远古"相对的，而"远古"具体是指汉唐时代，汉唐时代无论是在时间上还是在空间上都是很久远的。"即事"是指无论在时间上还是在空间上都不远的"现在""这里"发生的事情。现在、这里的事情中既然已经有了"真趣"，就没有一定要回返汉唐时代的必要了。在这种情况下，回返汉唐与其说是以汉唐之事为文章题材，倒不如说是对汉唐诗文的模仿。因此，为了刻画出"真"就得刻画包含真趣的"即事"，即现在、这里的事。现在、这里的事不是别的，正是朝鲜当代之事。和茶山的情况相同，在这里我们从燕岩身上也能发现朝鲜主体意识的萌芽。并且我们也可以知道这种主体意识使他对中国文化持有一定的批判性距离。他给俞汉隽[2]的信中如此写道：

> 还他本分，岂惟文章，一切种种万事摁然。花潭出，遇失家而泣于涂者，曰：尔奚泣？对曰：我五岁而瞽，今二十年矣。朝日出往，忽见天地万物清明。喜而欲归，阡陌多歧，门户相同，不辨我家，是以泣耳。先生曰：我诲若归，还闭汝眼，即便尔家。于是闭

---

[1] 《赠左苏山人》，《燕岩集》，第87页。
[2] 俞汉隽（1732—1811），字曼倩、汝成，号著庵、苍崖。朝鲜后期文人、书画家。著有《著庵集》。——译者注

眼，扣相信步即到。此无他，色相颠倒、悲喜为用，是为妄想。扣相信步，乃为吾辈守分之诠谛、归家之证印。[1]

在这个故事里，燕岩强调的是应该遵守本分。盲人只有遵守盲人的本分才能找到家。同样，朝鲜人应该遵守朝鲜人的本分。也就是说以比喻的方式阐明了朝鲜人在本国写文章时应该遵守朝鲜人的本分的道理。实际上，虽说在本国应该遵守朝鲜人的本分，但依然无法超越用汉字作为表记手段这一局限。深知此理的燕岩想通过如下的理论克服这一局限。

孟子曰：姓所同也，名所独也。亦唯曰：字所同而文所独也。[2]

尽管并非没有做其他解释的余地，但燕岩的这句话应该理解为：无论是中国人还是朝鲜人虽都用汉字，但文章的内容各不相同，且应该融进不同的内涵。也就是说，用汉字写文章不必非要从内容到文体都遵从中国式的写法。好文章应该着力真实刻画"现在"和"这里"的事，而被人们奉为典范的汉文与唐诗在时间上并非"现在"，在空间上又与"这里"相距甚远。燕岩的这个见解在《婴处稿序》中体现得最为明显。

今懋官朝鲜人也。山川风气地异中华，言语谣俗世非汉唐。若乃效法于中华，袭体于汉唐，则吾徒见其法益高而意实卑，体益似而言益伪耳。左海虽僻国亦千乘，罗丽虽俭，民多美俗，则字其方言，韵其民谣，自然成章，真机发现。不事沿袭，无相假贷，从容

---

1 《答苍厓》，《燕岩集》，第93页。
2 同上。

现在,即事森罗,惟此诗为然。呜呼,三百之篇,无非鸟兽草木之名,不过闾巷男女之语,则邶桧之间,地不同风,江汉之上,民各其俗。故采诗者以为列国之风,考其性情,验其谣俗也,复何疑乎此诗之不古耶?若使圣人者,作于诸夏,而观风于列国也,考诸婴处之稿,而三韩之鸟兽草木,多识其名矣。貊男济妇之性情,可以观矣。虽谓朝鲜之风可也。……

《婴处稿》是李德懋(号婴处,1741—1793)的文集。在这篇序中,燕岩指出,世人指责李德懋的诗多写琐碎时俗之事而不够典雅是不对的。燕岩认为,正因为这样,李德懋的诗才弥足珍贵。世人非难李德懋的诗没有效仿汉唐之风,燕岩反倒对这一点给予了高度评价。在这里我们能读出燕岩明确的意图,在不模仿中国也能写出好文章的观点的基础上,燕岩与茶山一样更进一步强调和塑造朝鲜文学的特性。

燕岩对写作歌颂朝鲜之事的李德懋的诗给予了高度评价,由此我们可以看出想从中国中心思想中摆脱出来的主体意识的萌芽。他将学古人之文却与古人之文毫不相似而受非难的李德懋的诗赞为"堪称朝鲜的《国风》",甚至可入《诗经》班列,也是根据这种主体意识而提出的。敢于将朝鲜之诗与《诗经》并列,没有高度的自信与信念是不可能的。

燕岩的实际作品中也没有可以被称作典雅与纯正的中国古文体的文章,而是运用朝鲜的俗语、方言、常用语等,确立了自己独特的一种文体。其代表作《热河日记》正是这种新文体的产物,也正因此,他成了正祖(1776—1800年在位)"文体反正"政策的第一目标。

> 近日文风如此,原其本,则莫非朴某之罪也。《热河日记》予既熟览焉,敢欺隐,此是漏纲之大者。热河记行于世后,文体如

此,自当使结者解之……斯速著一部纯正之文,即即上送,以赎
《热河日记》之罪。则虽南行文任,岂有可惜者乎?不然则当有
重罪。[1]

这是正祖赐给燕岩的,在《热河日记》中燕岩不仅应用了明清两代流行的稗史小品类的白话体,甚至连朝鲜的"观光但吃饼""笑脸不唾""夺小儿染涕饼"等俗语也毫无避讳地加以使用。正祖实行"文体反正"时很多政治性原因也起了复合性的作用,但是对于视唐宋古文与朱文、朱诗为文章典范的正祖来说,是不会喜欢燕岩写的此类文章的。

燕岩忍受着世人非难而坚持使用新文体是由于他在意识上与众不同。透过《热河日记》和其传记类作品我们更能看出这一点,并且传记类作品算得上是燕岩文学中最精彩的部分。

他把在《马驵传》中登场的人物宋旭、赵阗拖、张德弘等三人设定为在市井中无所事事、游手好闲的"狂人",通过他们来讥讽两班社会伪善的友道,批判当时社会儒教的名分主义。《秽德先生传》中的严行首虽然做的是收集民家的粪便运到首尔近郊菜地的下贱之事,却因其勤劳、善良,而被人们称作"秽德先生"。《广文者传》的广文是乞丐出身,曾做过药铺店员、金融中介人的工作。由此,燕岩真实刻画了首尔市井人的生活。《两班传》亦为以诙谐手法描写当时没落的两班社会生活片段的作品。

燕岩的小说中也有刻画"现在"和"这里"的事。这里作品中出现的人物都是以当代现实生活中活生生的人为原型。这与朝鲜古代小说中

---

[1]《答南直阁公辙书》,《燕岩集》,第33页。

经常出现的国籍不明、没有个性的人物形成了鲜明对比。因为要通过描写生活在朝鲜土地上的朝鲜人来反映朝鲜的现实,注定了其文体只能与过去士大夫的文体风格迥异。

四 结 语

以上通过对茶山与燕岩的分析我们可以看出实学派文人是如何兼收中国文化的。可以看出他们从盲目追崇中国文化的桎梏中摆脱出来了,也可以看出其根底是想摆脱中华主义世界观的民族自尊意识的存在。实学派文人至少在文学上维持了对中国文化的一定的批判性距离,但即便如此,实学派文人并未从整体上批判中国文化,反倒在技术文明方面极力主张学习中国。茶山在《经世遗表》中强调说:"今之急务,在于北学……别设一司,名之曰利用监,专以北学为职。"[1] 茶山提倡的"北学"便是主张学习中国,即当时的清朝。具体而言就是主张每年从新设的利用监中派遣四名学官到燕京学习先进的技术,然后在朝鲜教授实施。

燕岩的想法也是如此,其"利用厚生"的思想核心是:通过技术的革新与商业的发展,使落后的朝鲜得以发展,将百姓从贫困中解救出来。他认为朝鲜落后的原因是科学技术没有得到发展。通过对涉及民生的日常用具、桥梁、道路、房屋、农具等制造技术的不断开发,来服务于民生发展,并实现国家的文明富强。他提出的这种思想,大多是以清朝为模型而产生的。作为燕岩一派的朴齐家的《北学议》与燕岩的《热河日

---

[1]《与犹堂全书》第五卷,第36页。

记》实际上都是含有北学主张的著作。这也是以燕岩为首的朴齐家、洪大容等文人被称作北学派的原因。

如此看来,茶山、燕岩等实学派学者们极力主张引进中国先进技术的同时,应该坚持精神文化方面的主体性。

美学、美育与艺术难题

中西美学与艺术比较*

山东大学文艺美学研究中心　曾繁仁

习近平同志在文艺座谈会的讲话中指出:"我们要结合新的时代条件传承和弘扬中华优秀传统文化,传承和弘扬中华美学精神。中华美学讲求托物言志、寓理于情,讲求形神兼备、意境深远,讲求言简意赅、凝练节制,强调知、情、意、行相统一。我们要坚守中华文化立场、传承中华文化基因,展现中华审美风范。"我们准备通过中西美学与艺术的比较来阐释中华美学精神。

---

* 本文为曾繁仁教授2016年5月27日在南京大学高研院名家讲坛第197期的演讲,讲稿由现场录音整理。曾繁仁现为山东大学终身教授、山东大学文艺美学研究中心名誉主任,主要从事西方美学、审美教育、生态美学等领域的研究。

一　中西美学的比较

美学作为人文学科是一种人学，是人与对象的审美关系之学。所谓审美，就是人与对象之间一种肯定性的情感体验。在这一点上，中西都是共同的。但美学作为人文学科，与一个民族的历史文化与生活方式密切相关。因此，中西之间的美学在具有共同性的前提下还是有着明显差异的，中国古代常常在没有"美"字的地方有美学。而且，中国传统美学存在于传统艺术、民间艺术与人民的生活之中，中华美学精神与艺术精神是活的、有生命的。这里有一个文化立场问题，即线性说与类型说的区别。

中国古代是一种"天人合一"与"太极化生"的哲学与思维方式，天与人、主与客之间是一种混沌的、交叉的、一体的关系，而古希腊的"求知"哲学主客之间则是一种二分的、认识与被认识的关系。具体表现就是中国古代思想是一种"中和论"，强调"天人之际"的宏观的关系，就是镌刻在孔庙门楣上的"中和位育"。西方古代希腊则强调物体自身的比例、对称与"黄金分割"，是一种对于物质微观的强调。因此，将"中和论"作为中国古代占据主导地位的美学思想，应该是可以成立的。它具有十分丰富的内涵，并对中国古代其他美学观念与传统艺术具有指导与渗透的作用。这是一种农业社会的宏阔的天人之际的气本论生态生命美学，具体表现在以下几个方面：

第一，"保合大和，乃利贞"之自然生态之美。冯友兰先生认为，中国是一个大陆国家与农业为主的社会，所以，"中国哲学家的社会、经济思想中，有他们所谓的'本''末'之别。'本'指农业，'末'指商业"，儒家和道家"都表达了农的渴望和灵感，在方式上各有不同而已"。正因为中国古代哲学与美学表达的是对"农的渴望和灵感"，追求天人相和、风调雨顺、五谷丰登，所以，《周易》将之表述为"保合大和，乃利贞"。这里所谓的"大和"即"中和"，"贞"乃"事之干也"。农事之目的即为丰收，而《周易》认为，只有"保合大和"，才能"利贞"，天人相合，风调雨顺，获得丰收。这种"保合大和""中和位育"的天人之和、风调雨顺的自然生态之美是"中和美"的主要内涵。正是从这个意义上，我们说中国古代美学是一种反映了内陆国家农业社会审美要求的自然生态之美。

第二，"元亨利贞""四德"之吉祥安康之美。正因为中国古代主要的美的形态是"保合大和，乃利贞"的自然生态之美，这种美的另一种表现形态就是"元亨利贞"与"四德"。《周易·乾卦》卦辞："乾，元亨利贞。"《周易·乾·文言》加以阐释道："'元'者，善之长也；'亨'者，嘉之会也；'利'者，义之和也；'贞'者，事之干也。君子体此四德者，故曰'乾，元亨利贞'。"这进一步具体阐释了"保合大和"的自然生态之美的具体内涵，即所谓元亨利贞这"四德"。这里的"体此四德"，即要求君子顺应天道自然，"与天地合其德"。因此，这"四德"，即造福于人民的四种美德。德者，得也，是一种获得感与幸福感，"四德"也就是"四美"。这说明，中和论美学是一种更多包含着善的美学形态，中国古代美学着重反映美与善的关系。

第三，"中庸之道"之适度适中之美。"中庸之道"是中国古代"中和论"的必有之义。孔子云"中庸之为德也，其至矣乎！民鲜久矣"（《论语·雍也》），又说"过犹不及"（《论语·先进》）。《礼记·中庸》指出，"君子中庸，小人反中庸"，又借孔子的话说，"隐恶而扬善，执其两端，用其中于民"。这种"中庸之道"与中国传统哲学思想中"反者道之动"（《老子·第四十章》）密切相关。又说，"道生一，一生二，二生三，三生万物"，这里的"三"就是中庸，万物生长之要旨也。这与农业社会发展依赖自然气候条件密切相关，必须极度谨慎严格地按照农时安排农事，否则，将"过犹不及"。而所谓"天下之大本""天下之达道"，即言"中庸之道"反映了天地运行变化的根本规律。遵循这一规律，才能"致中和"，使"天地位""万物育"。

第四，"和而不同"之相反相成之美。"和而不同"，这是"中和论"哲学—美学的重要内涵，具有极为重要的价值。《论语·子路》："君子和而不同，小人同而不和。"《左传》告诉我们，"和"犹如制作美味佳羹，运用水、火、醋酱、盐梅、鱼肉等多种材料调和，慢火烹之，以成美味佳肴。这样的道理同样适用于音乐，美妙的音乐也是由不同的，甚至相异相反的元素相辅相济而构成。而这样的音乐才能平和人心，协调社会。"中和"成为古代美学的重要内涵。"和而不同"划清了"和"与"同"的界限，"同"是单一元素的组合，"和"则是多种元素，甚至是各种相反元素的组合，这样才能创作出美妙之音、悦耳之音与济世之音。

第五，"和实生物"的生命旺盛之美。中国古代文化哲学不仅提出了"和而不同"的重要理论，而且进一步提出了"和实生物，同则不继"的重要观点，这种"和实生物"观是一种中国古典形态的包含着优生内涵的生命论哲学与美学。《国语·郑语》载，郑桓公向史伯请教："周其弊乎？"即周朝是否将会没落的问题。史伯的回答是肯定的，并指出其原因在于"去和而取同"，并就此阐释道："夫和实生物，同则不继。以他平他谓之和，故能丰长，而物归之。若以同裨同，尽乃弃矣。"在这里，史伯运用日常的生物学的规律来说明社会现象，指出如果地里的作物是多样之物的交合（和），那就能繁茂地生长并取得丰收；如果是单一之物的累积（同），则只能使田园荒废。社会现象与艺术现象同样是"和实生物，同则不继"，必须"和六律以聪耳"。所以，"和实生物"正是中国古代"生命论"美学的典型表述，也是其有机生命性特点的表征。

第六,"人文化成"之礼乐教化之美。中国古代哲学与文化的根本宗旨是强调塑造如"君子"那样"文质彬彬"(《论语·雍也》)的理想人格。《周易》贲卦,从卦象看,离下艮上,离为火,艮为山,山被火照,光辉璀璨,无比美丽。这就是所谓"刚柔交错"的"天文"。贲卦的《象传》由"天文""人文"之美提出了"人文教化""化成天下"的问题,"刚柔交错,天文也。文明以止,人文也。观乎天文以察时变,观乎人文以化成天下"(《周易·贲·象》)。《周易·说卦》对这种"人文化成"观念进一步加以阐发,说明圣人之"作易"是试图以天道之阴阳、地道之柔刚教化人民,建立起人道之仁义。这种教化的实施在中国古代主要借助于礼乐,就是所谓"礼乐教化",充分说明了中国古典"中和论"美学是强调一种古典形态的人文之美,相异于古希腊对于科学之美的侧重。

我们再来看看西方美学。众所周知,古希腊倡导一种"和谐论"美学。毕达哥拉斯明确地指出,"什么是最美的?——和谐",并将"和谐美"的基本品格归之为"杂多的统一"。这是一种以航海商业为主的物质的、科学的美学。古希腊"和谐美"的最主要代表者亚里士多德则将美归结为"整一性",认为"美要倚靠体积与安排",因为事物不论太大或太小都看不出它的整一性。他还认为,这种美的"整一性"的主要形式是"秩序、匀称和明确"。美学史家温克尔曼则将希腊古典美归之为"高贵的单纯,静穆的伟大"。另一位美学史家鲍桑葵则将其归结为"和谐、庄严和恬静"。总之,无论如何概括,希腊古典美都是一种静态的、形式的"和谐美","静态、形式与和谐"是其三要素,而其核心内容则是"和谐"。后来,这种"和谐论"美学到启蒙运动发展为"美是感性认识的完善"的感性认识论美学。西方古典美学突出美的感性特征。

由此可见,古希腊的"和谐论"美学之"和谐"是指一个具体物体的比例、对称、整一,是一种具体的美,与中国古代在"天人合一"哲学观基础上构建的"中和"之美是有明显差异的,不应将两者随意混同,更不应随意地以西释中。当然,"中和论"美学和"和谐论"美学两者之间的对话和比较以及相互吸收则是完全应该的。在这个问题上,我们持类型说与根源说的立场,即中西文化是两种不同类型而不是前后相继的阶段,而且中西文化是不同的根源。

具体而言双方的差别在于以下七点。其一,二者秉持的哲学前提是不同的,即混沌与实体论。中国古代的"中和论"美学是建立在东方"天人合一"混沌的哲学观基础之上的,而西方古希腊和谐论美学则建立在物质或理念实体性哲学基础之上。其二,二者承载的民族情怀是不同的,即人文与科学。中国古代的"中和论"美学思想反映的是一种以"人文"和"天文"的东方式古典人文主义,而西方古希腊"和谐论"美学则追求以"数"为最高统一的"和谐精神"与科学精神。其三,二者对自然的态度是不同的,即万物齐一与人类中心。中国古代的"中和论"美学由于建立在"天人合一"哲学基础上,所以追寻一种"万物并育而不相害,道并行而不相悖"(《礼记·中庸》)的"万物齐一"生态观;西方古希腊"和谐论"美学观由于遵循实体论本原说和逻各斯中心主义,必然在一定程度上站在"人类中心主义"的立场之上,比如普罗泰戈拉说"人是万物的尺度"。其四,二者被赋予的内涵也是不同的,即宏观与微观。中国古代的"中和论"美学思想是一种立足于"天人之际"的宏观的人与自然和社会融为一体的美学理论,而西方古希腊的"和谐论"美学观则是一种微观的事物自身形式的比例、对称与整一。其五,二者具有的侧重点不同,即善与真、爱道德与爱智慧。中国古代的"中和论"美学侧重的是人的生存状态的吉祥安康,强调的是美与善的统一,而西方古希腊的"和谐论"美学侧重于事物自身的和谐,强调的是美与真的统一。其六,二者的艺术范本也是不同的,即诗乐与雕塑。中国古代的"中和论"美学所依据的艺术"范本"是以表意为主的诗歌与音乐;而西方古希腊"和谐论"美学所凭借的艺术范本则是雕塑。其七,二者所产生的地理经济环境也是不同的,即大陆与海洋。

中国古代的"中和论"美学思想历经几千年历史,其艺术与美学精神在当代仍有其现实的生命力。其"究天人之际"的哲学精神、"天人合一"的哲学观、"和而不同"的对话精神、"生生为易"的生态论美学思想在20世纪以前工具理性盛行的启蒙主义时代的确难以被西方美学界所理解,但在后现代却受到重视。但是无论如何,中西美学之间相异而又逐步走向对话与交融,却是一个发展趋势。中国古代中和论哲学与美学从20世纪中期以来的"后工业文明"时代显示出旺盛的生命力,并在现代西方哲学与美学中或隐或显地看到其影响。当然,中国古代"中和论"美学思想还是前工业革命时代的产物,需要进一步对之充实科学精神,才能使之在当代发挥更大的作用。

总之,"中和论"与"和谐论"作为中西古代美学理论形态,各有其优长,可谓"双峰并立,二水分流",在漫长的历史长河中滋养着人类的精神生活和文学艺术,应该通过对话比较,各美其美,互赞其美,取长补短,为建设21世纪的美学做出贡献。但作为中国学者则应更多关注长期未受应有重视的中国古代"中和论"美学智慧,加以进一步深入的发掘整理,将之介绍于世界,发挥于当代。

二 中西古代绘画艺术比较:写实与写意

国画是一种中国特有的"自然生态艺术",而西画则是一种以科学为依据的艺术。国画是距离自然最近的一种艺术门类。先从国画使用的工具来说,所谓"文房四宝"笔墨纸砚,都是自然的物品,不同于西画的人工制品的画笔与化学颜料。从绘画种类来讲,西画以人物画为主,而"国画"则从魏晋以后山水画就占据了非常重要的位置,居于国画之正宗。再从艺术创作原则来说,国画力主一种"自然"的艺术原则。这里的"自然"并非自然之物,而是东方的"自然之道",即"一阴一阳之谓道",阴阳相生的生命之道,诚如老子所言,"道生一,一生二,二生三,三生万物。万物负阴而抱阳,冲气以为和"。

国画基本上依靠动与静、笔与墨、浓与淡、墨与彩以及画与白等对立双方交互统一而表现出艺术的生命的力量。例如,宋代著名文学家苏轼的《木石图》,就是极为简洁的枯树一株与顽石一块,画面是大量的空白,却通过这种画与白、石与树以及笔与墨的自然形态的对比表现了文人的傲然挺立的精神气质。

相反,西画则是一种诉诸科学的画法。正如欧洲文艺复兴时期绘画大家达·芬奇所说,"绘画乃是科学和大自然的合法女儿","美感完全建立在各部分之间神圣的比例关系上,各特征必须同时作用,才能产生使观者往往如醉如痴的和谐比例"。达·芬奇的名作《最后的晚餐》就是这种和谐比例的典范,整幅画以镇静自若的耶稣为中心,分左右两列展开各个使徒,透视集中,比例对称,表情各异,充分表现了一种文艺复兴时期特有的惩恶扬善、拯救民众的人文精神。

国画在绘画的透视上运用一种特有的、异于西方"人类中心主义焦点透视"的"多视点透视法"。西画采用"焦点透视法",又称"远近法"。这是以画家的固定的视角为出发点,根据物体在视网膜上形成的远小近大、近实远虚的现象进行绘画的方法。这种"焦点透视法"实际上是一种以科学的光学理论与几何学理论为指导的绘画创作方法。显然,这是一种立足于科学主义的绘画理论与方法，自有其价值，并在长期的西画实践中取得辉煌成就。但这种方法只允许在画面上有一个视点中心，从远虚近实、远小近大、阳显背蔽的光学与几何学原则来看，当然没有问题，但从自然万物平等的原则来看，对于那些被隐晦与遮蔽的物体来说是不公平的，这仍然是一种科学主义与人类中心主义的反映。

国画采取"多视点透视法"。这是一种"景随人迁，人随景移，步步可观"的绘画方法，创造了画面上的多视角，使得远近之地、阳阴之面甚至里外之物均有得到显现的机会。中国传统画论中对这种"四方上下各面看取"的方法的表述之一就是"三远法"：自山下而仰山巅，谓之高远；自山前而窥山后，谓之深远；自近山而望远山，谓之平远。这样，就使得画面出现多个视角，使得远近、高低、阴阳、向背、里外等各个侧面均获得展示的机会，这也就增强了绘画艺术的表现力量。所以，就出现了人类绘画史上少有的表现、描绘整个城市生活与整条河流的长卷。例如，著名的宋代张择端的《清明上河图》，纵20.8厘米，横528.7厘米，反映了宋代末年京城汴京清明时节汴河两岸的风光与生活场景。共计550多人，牲畜五六十匹，马车20多辆，船只20多艘，房屋30多组。人物繁多，场面宏大。只有采取多视点透视的方法，才能艺术地反映如此宏阔的场景，所有汴河两岸的人物场景在这种多视点透视中均获得平等表现的权利。荷兰著名画家霍贝玛的《乡间村道》就是非常典型的按照焦点透视法创作的作品，为我们展示了17世纪的荷兰乡村风光。按照近大远小、近实远虚的规律，其画面的确做到了具有某种纵深感，但真正的荷兰乡村对于我们只是一个朦胧的影子。这也许就是科学主义与人类中心主义在绘画中的表现，其局限导致了后来立体派对于这种焦点透视法的突破。

国画的"气韵生动"的重要美学原则，表现了"意境深远"的艺术特色，而西画则是一种对"形象与坚实的追求"。南齐的谢赫在《古画品录》中提出的"六法"之第一即"气韵生动"。那么，什么是"气韵生动"呢？宗白华先生有一个非常重要的阐释。他说："中国画的主题'气韵生动'，就是'生命的节奏'或'有节奏的生命'。"这就是说国画并不苛求艺术的形似，却追求艺术的神似，艺术的神似就是要求做到生命气韵的灌注。"气韵生动"主要在"气韵"。国画对生命气韵的表现提出了诸多办法，技法上所谓"山以水为血脉，以草木为毛发，以烟云为神采。故山得水而活，得草木而华，得烟云而秀媚"。最重要的还在于要表现出大自然生命力根本的"天地之真气"，也就是要表现出自然万物的神韵。这需要画家对万物的长期观察体悟并且提升自己的境界。

齐白石画虾，经过长期的观察体悟，以其"为万虫写照，为百鸟张神"的精神，画出了旷世杰作《虾图》，一个个活灵活现、充满生命力的虾跃然纸上。后印象派画家塞尚的著名静物画《有瓷杯的静物》，画的是放在瓷杯中的水果。尽管作为后印象派画家，塞尚已经在这个静物写生中寄寓了自己较多的主观色彩，但这是一种对"永恒形象和坚实结构的追求"。这与齐白石的《虾图》就有着不同的旨趣，齐白石追求的是一种勃勃的生命力量。

"国画"特有的"外师造化，中得心源"的创作原则，反映了"形神兼备，以神为主"的艺术精神，而西画则侧重于外在的"形似"。"国画"最基本的创作原则是唐代画家张璪提出的"外师造化，中得心源"。这里，"师造化"就是以大自然为师，"得心源"即以内在精神为源泉。这是非常重要的具有中国特色的艺术创作理论，与中国古代"天人合一"思想是完全一致的。在这里，"外师造化"与"中得心源"是统一的，而不是分开的两个阶段，但中心是"心源"。

宋代罗大经《鹤林玉露》记述李伯时为了画好马，"终日纵观御马，积精储神，赏其神骏，久之则胸中有全马矣。信意落笔，自尔超妙"。在这里,御马、神骏、全马等完全统一在一起。曾云巢画草虫也是如此:"某自少时,取草虫,笼而观之,穷昼夜不厌。又恐其神之不完也,复就草地观之,于是始得其天。方其落笔之际,不知我之为草虫耶?草虫之为我也?此与造化生物之机箴,盖无以异。"这样的艺术作品与西画中在"镜子说"的指导下创作的作品是风貌有异的。例如,著名的印象派大师莫奈的《日出印象》尽管已经不同于传统的现实主义作品,但并没有离开具体的物象自身,而是在物象的色彩与光线上进行了创新。但国画却与其大异其趣。我们可以看明代徐渭的《杂花图》,将牡丹、石榴、梧桐、菊花、南瓜、扁豆、葡萄、芭蕉、梅花、水仙和竹等各种不同季节的花卉与植物一气呵成,形成"不求形似求神韵"的效果。

国画所追求的"可行、可望、可游、可居"的艺术目标,反映了"知情意行统一"的艺术追求,而西画则侧重于再现客观对象。国画没有仅仅将自然景观作为人们观赏的对象,而是进一步拉近人与自然的关系,将自然变成与人密切相关的可亲之物,甚至进一步使之进入人的生活世界。这就是著名的"可观、可行、可居、可游"之说。这说明,创作的本意并不只在单纯的艺术鉴赏,而且还在于创造一种与人的生活世界紧密相关的自然景观。这就是一种中国式的山水花鸟画的观念:自然外物不是外在于人的,而是与人处于一种机缘性的关系之中,成为人的生活的组成部分。例如,宋代著名画家王希孟所作《千里江山图》,纵51.3厘米,横1188厘米,是一幅长卷,以色清、色绿为主调,画出了山清水秀、锦绣河山的壮丽景色。尽管是山水,却是人的生活世界。画中错落着渔村山庄,点缀着道路小桥人家,间杂着扶疏的林木,一副人间可观、可居、可游的气派,成为中国画的珍品。

西画一般侧重表现自然景物本身的美丽生动,而对于与人的关系则并不着意。例如,法国卢梭所作风景画《橡树》,出色地刻画了阳光下的草地与浓重的树影，惟妙惟肖，却并没有刻意表现橡树与人的关系。

　　国画的"意在笔先，寄兴于景"充分展示了"托物言志"的特点，而西画更加强调感性特征。唐代画家王维在《山水论》中指出"凡画山水，意在笔先"，强调山水画创作中要处理好"意"与"笔"的关系。所谓"意"，为画家的"意兴"，而"笔"则为"笔墨"。前者为情感意兴，后者为笔墨形象，两者在国画中是一种"兴寄"的"托物起兴""借物寓志"的关系。山水画兴起于魏晋，与当时的政局纷乱有关。其时政局不稳，战乱频仍，文人处境艰难，于是寄情于山水之中。山水画得以发展，文人画家的情感意兴借助于笔墨形象表现出来，两者是一种借喻友好的关系。

　　实际上，早在先秦时代，孔子就提出了"仁者乐山，智者乐水"。这种以山水言志的特点是中国古代艺术的良好传统，在山水花鸟画中表现得非常明显。清初著名画家石涛在《苦瓜和尚画语录》中指出："古之人寄兴于笔墨，假道于山川。不化而应化，无为而有为，身不炫而名立。"他自己就较好地运用了绘画的"寄兴"作用。他是著名的黄山画派代表人物，长期生活在黄山，通过自己对黄山的描绘，通过飞舞的笔纵、淋漓的墨雨、气势磅礴的山势，表达了自己作为明代遗老的家国之思，所谓"金枝玉叶老遗民，笔砚精良迥出尘"。我们可以通过他的代表作《泼墨山水卷》来看他的"寄兴"的特点。当然，还有大家都熟悉的国画中著名的梅、松、竹"三友"，以此比喻品德的高洁。著名的就是明代画家边景昭的《三友百禽图》，写隆冬季节，百鸟栖于松竹梅之间，或飞，或鸣，或息，呼应顾盼，各尽其态，表现了画家高洁耐寒的品德气节，用意不凡。

　　总之，中国传统绘画艺术饱含着极为丰富的"中和"的审美智慧，对于发展当代美学有着很深的启发意义。当然，我们在这里肯定中国传统画作为"中和论艺术"的优长之处，但并不等于否定西画的优点，而是意在说明，两者各有所长，完全可以在新时代起到互补的作用。1956年，张大千在欧洲举办画展，曾经专门拜访西画名家毕加索，两人互赠画作，相谈甚欢，毕氏对于包括中国画在内的东方艺术给予了高度评价。张大千事后感慨："深感艺术为人类共同语言，表现方式或殊，而求意境、功力、技巧则一。"

三　中西戏剧艺术的区别：虚拟与实体，歌与画

中西戏剧都有悠久的传统。西方戏剧的源头是古代希腊悲剧，大约起源于公元前 5 世纪左右。中国戏曲正式起源于元代，大约是公元 13 世纪，其源头是原始时代的巫术、傩以及俳优等。但中国戏曲是世界上唯一仍然活跃于当代舞台的古典戏剧艺术。同时，中国戏曲是世界上不同于体验派、表现派的，以虚拟化与唱念做打相结合的另一派表演体系。概括地说，中国戏曲是古中国的生命之歌，而西方戏剧则是古代希腊雕塑型的画。两者有着明显的差异。

第一，中国戏曲的美学追求是一种"乐"的生命情感抒发；西方戏剧的美学追求则是一种"画"的"理念的感性显现"。中国戏曲美学的特点是表演与程式的相生相克，从而产生一种特殊的生命之力。中国戏曲的唱念做打、生旦净末丑、着衣化妆、舞台布景、音乐锣鼓、出场下场，一举一动都有严格的程式规范，程式好像是国画的笔墨，演员只有凭借程式才能扮演出五彩缤纷的生命之歌。这是中国戏曲与西方戏剧的主要区别。从程式与表演的关系来看，中国戏曲要求演员对于程式要"进得去，出得来"，使得两者之间形成良性互动，从而具有某种一阴一阳之生

命张力。例如，周信芳之演《徐策跑城》，很好地利用涮步、跌跑等程式动作，在急切的亦跑亦唱中表达了徐策秉持正义为薛家申冤的情感历程。

中国戏曲的音乐集中地体现了生命的情感。音乐是中国戏曲的"主脑"，中国戏曲是唱的艺术。首先，节奏感是中国戏曲音乐性的最本质核心。特别是锣鼓与板眼更是节奏的重要因素。《空城计》中司马懿兵临城下时的"急急风"乐曲将我们带到一种特殊的情感情境。其次，戏曲音乐的"韵味"，是通过一种特殊的起承转合、字正腔圆的演唱，带来一种特有的"味在咸酸之外"的"滋味"，产生"绕梁三日，余味无穷"的感受。

西方戏剧则是一种"理念的感性显现"，是对于现实的"模仿"，是一幅现实主义的"画"。古希腊悲剧的"三一律"——即时间、地点与情节的一致——给我们提供的是一幅又一幅凝固的画。《俄狄浦斯王》给我们提供的就是忒拜宫门前这个地点发生的各种事情，提供的是一幅又一幅绘画。从戏剧的总体布局来看，西方戏剧是一种理念的感性显现，是一幅现实主义的油画，着重于事件的冲突与情节的安排，高潮通过发现而实现转折。《俄狄浦斯王》通过报信人发现国王即是凶手，通过曲折的情节展现理性精神；中国戏曲是生命情感的抒发，是一曲来自生命深处的乐曲，通过忠奸分明的化妆与人物的定场辞已经初步将剧情与结局交待，重点在情感的抒发。《西厢记》就是侧重于张生与莺莺对爱情的执着追求，所谓"待月西厢下，迎风户半开。隔墙花影动，疑是玉人来。"

第二，中国戏曲的表演是一种虚拟性的表演，观众在观戏中以自己的生命加以深度介入；西方古典戏剧则是现实主义的实体性呈现。虚拟化表演是中国戏曲的最基本特征之一，也是中西戏剧的主要区别之一。西方戏剧是只顾演出，基本不顾观众，狄德罗说"有一堵将演员与观众隔开的墙"，就是平常所说的"第四堵墙"。

中国戏曲是一种虚拟化表演，所有的布景、情境与时空都在演员身上，通过表演，特别是观众的想象才能够呈现出来。首先是布景。中国戏曲布景简单，真正的布景全都通过表演。例如《秋江》中陈妙常乘船追潘必正，在秋江之上全凭老艄翁的一支桨，波浪起伏、随波飞驰、上船靠岸尽显无遗。有的观众说看的有晕船之感。其次是空间。完全通过演员的舞步表演表现山峰楼台，将空间在舞台上呈现出来。所谓"三五步万水千山，六七人千军万马"，《梁祝》的"十八相送"也是如此。再次是情境。《三岔口》完全通过演员的表演将任惠堂与刘利华的打斗、将黑夜表现无遗。最后是中国戏曲特殊的"背供"。即面向观众讲"悄悄话"，似乎舞台上的另外人物不存在，也是假设性的、虚拟性的。《西厢记》中张生为接近莺莺拿出五千钱参加佛事，"背供"说，"这五千钱使得有些下落"。

中国戏曲的虚拟化表演是利用了观众的"反观式审美"，即通过演员表演这个"中介"，反观到真实的布景、情境与空间，即化虚为实。观众是以自己的生命力对戏曲深度介入。西方古典戏剧作为"模仿"的艺术则是现实主义的实体性呈现，实景实境，这就有了古希腊悲剧的"三一律"——集中在一个地点发生事情。《俄狄浦斯王》中俄狄浦斯的杀父娶母经历及其在邻国科任托斯的生长、神谕、被抛弃山中、被牧人送给忒拜王后等，都是报信人在宫前的叙述。

第三，中国戏曲的结构是线性的生命情感的自然流露；西方古典戏剧则是一种板块式的"油画"的结构。中国戏曲的结构是其作为"乐"的美学基调的重要表现，是一种时间的艺术。李渔在《闲情偶记》"词曲部"中论述中国戏曲将"立主脑"放在第二位，"密针线"放在第四位，所谓"密针线"则是"必须前顾数折，后顾数折，顾前者欲其照映，顾后者便于埋伏，不止映照一人，埋伏一事"。而明代戏曲家王骥德则在《曲律》中将戏曲之结构说成是好像"常山之蛇，首尾相应；又如鲛人之锦，不着一丝纰漏"。例如，《西厢记》就以白马解围为中心线索，按照时间顺序设计了进寺、相遇、被围、解围、定情、赖婚、拷红、送别与团圆等连贯的情节发展结构，一气呵成，不留缝隙。就连张生赴京赶考半年的经历都有交代，张生在第五本的《楔子·出场词》中清楚地交代了小姐送别、一举及第、宾馆候旨与休书报信等过程，不留一点时间的缝隙。

正因为中国戏曲的线性结构，所以是一种"人随景走，步步可观"的"三远透视"，化空间为时间。《西厢记》中张生游殿边走边唱，从佛殿到僧院，再到厨房、法堂、洞房、宝塔、回廊，边唱边舞，让观众随之一路观看，是一种典型的"三远透视"，与生命的时间历程一致。而且，中国戏曲还可以化空间为时间，将楼台山水、万水千山、滔滔大江、激烈的战争均化成亦歌亦舞，使得三维空间变成了一维的时间。而西方戏剧则是与西洋油画相似的"焦点透视"。

西方戏剧是一种板块式的油画结构。席勒的《阴谋与爱情》共五幕，五个不同的场景，构成五幅相对独立的"油画"。中国古典戏曲纪君祥的《赵氏孤儿》为五折剧，从孤儿降生、孤儿被救、牺牲己子、孤儿过继到孤儿复仇，完全按照时间顺序的线性结构。而1755年伏尔泰将之改编为《中国孤儿》时，则主题与结构均有明显改变。主题改正义与邪恶的冲突为情感与理智的冲突，最后理智战胜情感，宣传一种启蒙主义的理性精神。结构也是按照"三一律"将20年的故事压缩到一昼夜，只采用搜孤、救孤，最后以宽恕谅解，完全是一种以宣传理性精神为主旨的板块结构。

第四，中国戏曲演员的态度是一种"评述性"的态度；西方古典戏剧则是一种"体验的"或者"表现的"态度。所谓"体验",即斯坦尼斯拉夫斯基所说演员与角色融为一体的"体验角色";所谓"表现",即狄德罗所说演员按照一个"理想范本"来表演,布莱希特将之归结为"间离效果"。

中国戏曲演员对于角色的态度则是"评述的",具有说书人之"代言"性质,不仅保持距离,而且运用传统的善恶忠奸的伦理道德加以评述,充分体现了中国戏曲艺术所贯穿的古代"元亨利贞"四德之美。元末明初高明在《琵琶记》开场词中说道"不关风化体,纵好也枉然";明初戏剧家夏庭芝则认为戏曲"皆可以厚人伦,美风化"。而李渔也认为演员与角色的关系是"欲代此一人立言,先宜代此一人立心",代之立言与立心就是一种距离与评述,要求做到"进得去,出得来",给予角色道德评价。

中国戏曲的脸谱就是忠奸分明,包括《捉放曹》一剧中曹操杀人后脸谱上马上画上红色表示其有了血债。《赵氏孤儿》在开场词、定场诗中屠岸贾常常就交代了身份、与赵盾的矛盾、伤害赵盾一家的图谋,并将自己如何设计陷害赵盾一家的情况和盘托出,说道:"三百家属已灭门,止有赵朔一亲人;不论那般朝典死,便教剪草尽除根。"在这里已经通过演员自己之口将屠岸贾的恶行表述无遗,饱含着浓厚的批判色彩。这在西方戏剧中是不可想象的,却是中国戏曲的特点所在。

第五,中国戏曲的结局是贯穿着"中和论"审美理想的大团圆结局;而西方戏剧则是由顺境转入逆境的单一悲剧结局。在悲剧问题上中西戏剧艺术差异很大。西方古典戏剧是主张单一的悲剧结局的。《诗学》中认为"完美的布局应有单一的结局,而不是某些人所主张的,应有双重的结局,其中的转变不应由逆境转入顺境,而应相反,由顺境转入逆境……"所以,西方古典悲剧都是以悲惨的结局呈现于舞台,常常是遍地"尸体"。

但中国古典戏曲则是善有善报、恶有恶报的双重的"大团圆"结局。明代戏剧家丘睿写道"亦有悲欢离合，始终开合团圆"。李渔认为："全本收场，名为大收煞。此折之难，在无包括之痕，而有团圆之趣。"所以"善有善报，恶有恶报"的大团圆是中国戏曲的常态结局。这就形成了长期以来对于中国戏曲的评价之争论。蒋观云、朱光潜与钱锺书均对此持批评态度。朱光潜在《悲剧心理学》中认为："对人类命运的不合理性没有一点感觉，也就没有悲剧，而中国人却不承认痛苦和灾难有什么不合理性。"

但也有学者认为中国古代有自己的悲剧，比如王国维、钱穆就认为中国有自己的悲剧，不比西方悲剧逊色。我们认为，中国没有西方式的悲剧但有自己的悲剧，即苦情戏，充分反映了中国古代"中和论"生命哲学的哲学观、"乐生"的伦理观、"执其两端而用其中"的人生观、吉祥安康的审美观。这是中国古代生命论哲学与美学的集中反映，但其中善恶评价，对人生的慰藉却并不缺少。

论中国现代美学
与儒家心性之学的内在联系[*]

杭州师范大学　杜　卫

一　中国现代美学是否存在与传统思想文化的历史连续性

总体上看,近三十年学界对中国现代美学思想的研究基本沿袭了如下观点:中国现代美学是在中西文化碰撞中形成的,这种碰撞主要表现为,接受了西方美学,然后以之阐释中国传统思想材料以及文学艺术。这个观点有其合理的一面。一般而言,中国现代美学乃至"美学"这个词,都是在西方学术思想引入中国之时引进的,明显受到了西方学术思想的深刻影响(这里暂时不考虑一个时期某些西方美学思想经由日本这

---

[*] 本文为杜卫教授2015年6月1日在南京大学高研院名家讲坛第180期的演讲,讲稿由演讲者本人提供。杜卫现为杭州师范大学校长,主要从事美育理论和中国20世纪审美理论的研究。

个中介所产生的一些值得研究的问题），从而产生了与本土传统学术思想似乎很不相同的"美学"。

　　的确，由于西方学术思想的引入，我国出现了新学，美学也是在此背景下产生的。因此，研究中国现代美学，应该重视西方美学对中国的影响，重视由于西方美学引进而产生的新思想、新理论，重视由此而对中国现代思想文化建设所产生的积极意义。但是，上述观点暗含一个误解，似乎中国现代美学主要是西方美学介入中国所产生的，这一时期美学的问题框架甚至概念范畴都以西方美学为主体，由此造成了我国美学的学术文化"断裂"。由于这一误解，我们对中国现代美学自身的问题、价值取向甚至学术话语有所忽视或轻视，又基本上忽略了传统学术文化的历史连续性，相应地，所呈现出来的中国现代美学似乎主要是某些西方美学在 20 世纪前半叶的中国"引进版"，也就是"美学在现代中国"（Aesthetics in Modern China），而非"中国现代美学"（Modern Chinese Aesthetics）。这种误解还导致了 21 世纪初一度被大家认同的另一个误解，即认定我国美学从 20 世纪开始就得了"失语症"，好像这一百年来中国美学为西方学术话语所占据，已经失去了自己发声说话的能力。现在的问题是，中国现代美学真的是与本土传统学术文化断裂的"全新"学问吗？

　　由于中国现代美学中美育理论的比重很大，而且常常居于核心地位，因此，研究中国现代美学的一个重要切入点便是中国现代美育理论。从美育理论入手，能够更加深入地发掘其中凸显出来的本土美学问题和美学思想。通过详细研究王国维、蔡元培、朱光潜的美育理论所针对的本土问题，并把他们的美育理论与康德"审美无利害性"命题、席勒美育理论等西方现代美学理论进行比较，能够揭示出他们的美育理论乃至美学思想所蕴含的独特而极具本土性的思想意义。我们可以把这种具有独特本土意义的美学思想称作"审美功利主义":"审美功利主义是针对中国现代化的问题,源自中国传统文化和西方现代思潮的双重影响而产生的中国现代美学思想。从目的上看,审美功利主义把思想文化的改造和人的启蒙教育联系在一起,并由此使中国现代美学具有了启蒙和人的心理本体建设的人文精神;从思想来源上看,它把西方现代思想和中国传统文化融合在一起,并创生了新的意义;从范围来看,它虽然主张审美和艺术的相对独立性,并反对传统的'文以载道'说,但是在人的内在修养和精神境界提升的意义上,把审美与道德联系在一起,从而拓展了审美范畴的社会现实意义;从功能上看,它虽然主张审美的超越性,但是把作为学术研究的美学和作为社会实践的美育结合在一起,构成了颇具中国思想特色的人生论美学。"[1]

这种思想的产生,从总体上说,受到欧洲美学思想的重要影响,这是事实,如王国维之推崇康德、席勒,蔡元培之介绍欧洲哲学和美学,从而提出对后世影响很大的美育思想,朱光潜就更不必说,他就是在欧洲系统研习美学和心理学的。但是,这几位自幼都接受过中国传统思想文化的教育和学术训练,特别是王国维、蔡元培、梁启超这三位第一代现代美学家,他们研究美学最切近的学术文化出发点都是本土的、传统的,因为他们本来就是传统文化人,对他们来说,根本不存在要不要继承传统文化的问题。他们的美学思想是在中国接受西方思想、学术影响的初期形成的,当时中国还是比较原汁原味的本土文化语境,传统的根基还相对比较牢固,影响力依然强大。在这种情况下,他们对西方美学的研习与接受,就不可能不受到中国本土传统学术文化的深刻影响,而这种根本性的影响又必然构成其美学思想的本土"底色"。从这个意义

---

[1] 杜卫:《审美功利主义:中国现代美育理论研究》,人民出版社,2004年,第208—209页。

上说，20世纪前半叶引进西方美学思想的美学家恐怕都脱不开"中学为体"的立场，特别是在价值观方面，不管是否自觉。

从解释学的观点来说，学术思想上的任何理解都具有历史性，受到理解者原有知识和思想观念的制约，而理解的结果就是所谓的"视界融合"[1]。这种理解的历史性，在跨时代、跨文化的解读中表现得尤为突出，中国现代以来在译介或评论西方学术思想的过程中，"误读"比比皆是，有的可能是知识缺陷所致，有的可能是有意为之，但更多的恐怕是"视界融合"的必然结果。中国现代美学家自幼习得的传统学术文化知识，作为一种"前理解"，必然制约着他们对西方美学的理解和选择。事实上，他们在选择、介绍西方美学理论时，明显体现出两种学术思想的交互作用，这种交互作用更多地体现为传统思想文化对理解西方美学命题核心意义的制约，其中最为典型的案例，就是他们对"无利害性"这个美学关键概念的本土化解读和阐发。

更值得注意的是，梁启超几乎没有直接接受过西方美学的影响，可是，在他后期的"趣味主义"论以及他所标举的"无所为而为"等美学观点中，有着大量与上述接受了西方美学影响的美学家相似或相同的美学思想，对这个现象，研究者应高度重视。当然，我们会发现，他们面对的社会现实和意欲解决的问题有相似之处，例如，他们都十分关注国民性改造，关注人心的纯洁和人生境界的提升。那么，是什么本土传统学术思想导致了这种在美学研究的价值指向上的一致性呢？在我们的传统学术思想中，是否存在与某些西方现代美学理论类似（更准确地说是貌似）的中国传统思想资源，从而决定了这些美学家选择并引进西方美学呢？在引进西方现代美学、关注中国现代化进程若干思想文化问题的

---

[1] 赵一凡等主编：《西方文论关键词》，外语教学与研究出版社，2006年，第270页。

过程中,中国现代美学具有了某些"现代性",但是,另一方面,是否存在某种与中国传统思想文化之间内在的历史连续性呢?

本文重点概述中国现代美学,特别是审美功利主义思想与儒家心性之学的内在关联,试图探讨以下问题:王国维、梁启超、蔡元培、朱光潜这几位美学家引进西方美学、提出美学问题的目的是什么?他们引进西方美学的传统学术基元是什么?在与西方学术思想碰撞时,中国美学家所能援用的最切近的学术思想文化是什么?由此,我们试图揭示中国现代美学的传统文化之根,理清中国现代美学与传统学术思想之间的连续性,"重新发现"一百多年前开始形成的中国现代美学的本土意义和丰富内涵。

二 为什么选择美学,重视美育

中国现代美学有一个独特现象是很值得注意的。创建中国现代美学的第一代美学家王国维、梁启超、蔡元培,同时也是现代史上大名鼎鼎的学问家、政治家或教育家。在清华国学研究院的四位导师中,竟有两位——王国维、梁启超——同时是美学家;而蔡元培曾担任过国民政府教育总长、北京大学校长等重要职务。这些重要人物在谈论美学时,都十分重视审美和艺术对人、对社会的功能价值,不仅都论述美育理论,强调美育的重要性,而且都倡导美育。这是中国现代美学最显著的一个特点。相比之下,在西方,自18世纪美学创立以来,除了席勒倡导美育且有比较系统的理论外,其他美学家很少涉猎美育问题,论述审美和艺术的功能价值的理论也不多。席勒讲美育,其出发点和归宿始终是人性的完整或全面发展;而王国维、蔡元培以及朱光潜等人谈美育,虽也讲到人的全面发展和人格完善，但更注重的是在肯定审美和艺术社会功能价值的基础上，强调美育纯洁人心和情感的作用，更重视国人道德人格的养成。总体而言，西方现代美学往往强调审美和道德的分别，而中国现代美学家在主张审美独立的同时，十分重视审美与道德的内在联系，甚至强调美育的根本目的就是提升国人的道德涵养。这一现象值得我们充分重视，并应引发我们更进一步的思索：是什么原因使得中国现代美学的主要代表人物如此倾心于审美和艺术的功能价值，倾心于美育？

作为中国现代美学的奠基者，王国维曾提出"艺术独立论""学术独立论"，并确认艺术"无用"，这些主张一直被后人津津乐道。然而，王国维引进和研究美学，根本上却是为了解决人生的痛苦，而这痛苦，用他的话来说，是来自"欲望"。他说："生活之本质何？'欲'而已矣。"[1] 有了欲望就使人产生痛苦，所以，欲望、痛苦和人生是一体的。人的欲望不仅造成人的痛苦，而且还是社会罪恶的根源："人之所以朝夕营营者，安归乎？归于一己之利害而已。人有生矣，则不能无欲；有欲矣，则不能无求；有求矣，不能无生得失；得则淫，失则戚：此人之所同也。……避苦而就乐，喜得而恶丧，怯让而勇争：此又人人之所同也。于是，内之发于人心也，则为苦痛；外之发见于社会也，则为罪恶。然世终无可以除此利害之念，而泯人己之别者欤？曰：有，所谓'美'者是已。"[2] 这就表明了他的这一主张：美以及美育可以消除人们的"利害之念"、人与人之间的隔阂，由此解除人生之苦痛，并部分地消除社会之罪恶。他进一步描述了审美境界的状况："此时之境界：无希望，无恐怖，无内界之争斗，无利无害，无人无我，不随绳墨而自合于道德之法则。

---

[1] 王国维：《〈红楼梦〉评论》，《王国维文集》第1卷，中国文史出版社，1997年，第2页。

[2] 王国维：《孔子之美育主义》，《王国维文集》第3卷，第155页。

一人如此，则犹入圣域；社会如此，则成华胥之国。"[1] 在王国维看来，审美和艺术的价值正在于能暂时消除"生活之欲"[2]，因此，他肯定"无用"的审美和艺术具有特殊"功用"，并倡导美育："呜呼！我中国非美术之国也。一切学业，以利用之大宗旨贯注之。治一学，必质其有用与否；为一事，必问其有益与否。……美之为物，为世人所不顾久矣！庸讵知无用之用，有胜于有用之用者乎？以我国人审美之趣味之缺乏如此，则其朝夕营营，逐一己之利害而不知返者，安足怪哉！安足怪哉！"[3] 王国维重视审美和艺术、倡导美学，其理论出发点是审美功能论，其现实着眼点是国民的劣根性，他认为私欲、物欲是人生痛苦和社会罪恶的病根所在，而医治的良药就是超越了"一己之利害"的审美和艺术，也就是美育。王国维的这种思想奠定了中国现代美学的一个显著特征——审美功利主义，至今仍颇有影响力。

在 20 世纪的中国，研究美育、倡导美育，影响最大的当属蔡元培。1919 年 5 月 10 日，辞去北京大学校长一职的蔡元培，从天津站乘车南下，登车时遇见熟人，有一段问答，颇能说明蔡元培研究美学、倡导美育的真实意图。蔡元培说，他辞职离校，是不得已而为之，主要是为了保全"无辜之学生"。有人问他"此后做何计划"，他回答说："我将先回故乡视舍弟，并觅一幽僻之处，杜门谢客，温习德、法文，并学英语。以一半日力，译最详明之西洋美术史一部，最著名之美学若干部，此即我此后报国之道也。我以为吾国之患，固在政府之腐败与政客军人之捣乱，而其根本，则在于大多数之人皆汲汲于近功近利，而毫无高尚之思

---

[1] 王国维：《孔子之美育主义》，《王国维文集》第 3 卷，第 157—158 页。
[2] 王国维：《〈红楼梦〉评论》，《王国维文集》第 1 卷，第 16 页。
[3] 王国维：《孔子之美育主义》，《王国维文集》第 3 卷，第 158 页。

想，惟提倡美育足以药之。"[1] 这段话是蔡元培在经历了时局大变故之后，针对"大多数之人"的国民性而言的。在他看来，"汲汲于近功近利，而毫无高尚之思想"，是国家最根本的问题，而这个问题要从美育入手来解决。这种认识并非一时的感想，而是其一以贯之的思想。例如，在写于1915年的《哲学大纲》中，他说："夫人类共同之鹄的，为今日所堪公认者，不外乎人道主义……人道主义之最大阻力为专己性，美感之超脱而普遍，则专己性之良药也。"[2] 而在写于1920年的自述中，他表达了相同的观点："孑民对于宗教，既主张极端之信仰自由，故以为无传教之必要。或以为宗教之仪式及信条，可以涵养德性，孑民反对之，以为此不过自欺欺人之举。若为涵养德性，则莫如提倡美育。盖人类之恶，率起于自私自利。美术有超越性，置一身之利害于度外。又有普遍性，独乐乐不如与人乐乐，与寡乐乐不如与众乐乐，是也。"[3] 这几段话清楚地表明了蔡元培的主张：第一，国民最大的病根在于自私自利、急功近利；第二，根治这病需要以审美为途径的美育；第三，美育之所以有此特殊功效，是因为审美和艺术具有超越一己之功利的普遍性。

蔡元培的这种思想为朱光潜所继承。朱光潜在《谈美》的开头写道："我坚信中国社会闹得如此之糟，不完全是制度的问题，是大半由于人心太坏。我坚信情感比理智重要，要洗刷人心，并非几句道德家言所可了事，一定要从'怡情养性'做起，一定要于饱食暖衣、高官厚禄等之外，别有较高尚、较纯洁的企求。要求人心净化，先要求人生美化。"[4]《谈美》写于1932年，是在"九·一八"和"一·二八"两个事变之后，

---

[1] 蔡元培：《在天津车站的谈话》，《蔡元培全集》第3卷，浙江教育出版社，1997年，第630页。
[2] 蔡元培：《哲学大纲》，《蔡元培全集》第2卷，第340页。
[3] 蔡元培：《传略》(上)，《蔡元培全集》第3卷，第674页。
[4] 朱光潜：《谈美》，《朱光潜全集》第2卷，安徽教育出版社，1987年，第6页。

朱光潜自己也说是"危急存亡的年头"。但他又说,在这个时刻给青年谈美,不是讲风花雪月,而是为了拯救人心,因为在他看来,中国的国民太过"自私"和"俗",出于自己的一点私利,追求个人物质欲望的满足,而不顾国家、民族之大义。他甚至认为:"我们中国人大半太懒惰,太因循苟且。不过,依我看来,我们的毛病还不仅此,最大的毛病还在自私……大家都抱个人主义,固执己见,爱争吵,难团结,四万万人只是一盘散沙。"[1] 而要治疗这些毛病,非用审美和艺术不可,因为只有以超脱了自私、物欲的艺术美化人生,才能使人心得到净化。

梁启超虽然没有直接引进西方美学理论,但是,他从宋明儒学继承了"无所为而为"这个重要命题,并将之上升到人生观的高度,主张抛弃个人利害得失的计较,凭着"本心"和"热情"去做。他解释这种"无所为而为主义","是生活的艺术化,把人类计较利害的观念,变为艺术的情感的"。[2] 还是针对着国人的"私欲""物欲",还是主张以艺术的精神和方式超越个体的私欲和物欲,梁启超由此倡导与美育相似的"趣味"教育。

由此还生发出一个十分关键的美学问题:审美和艺术的"去欲"功能,是这些大学问家引进西方美学、研究美学理论并倡导美育的着眼点,那么,这种对审美和艺术的功能论理解是如何产生的?

从我国现代美学史来看,把"美""审美"或"艺术"的功能明确解释为超脱或无利害考虑,其文献较早见于王国维在1903至1908年间所作的一些文章。在《论教育之宗旨》一文中,他论及美育:"盖人心之

---

[1] 朱光潜:《苏格拉底在中国——谈中国民族性和中国文化的弱点》,《朱光潜全集》第9卷,安徽教育出版社,1993年,第293页。
[2] 梁启超:《"知不可为而为"主义与"为而不有"主义》,《梁启超全集》,北京出版社,1999年,第3415页。

动,无不束缚于一己之利害;独美之为物,使人忘一己之利害而入高尚纯洁之域,此最纯粹之快乐也。孔子言志,独与曾点;又谓'兴于诗','成于乐'。希腊古代之以音乐为普通学之一科,及近世希痕林、希尔列尔等之重美育学,实非偶然也。要之,美育者一面使人之感情发达,以达完美之域;一面又为德育与智育之手段,此又教育者所不可不留意也。"[1] 在这段话中,王国维较早明确地把美育功能定位于"使人忘一己之利害而入高尚纯洁之域"。这里说的"一己之利害"与康德在《判断力批判》中提出的审美的第一个条件(契机)——"无利害性"有直接关系。但是,康德讲审美的无利害性,是指审美知觉的方式同对象与主体的利害关系无关,并不涉及审美或美的功能。也就是说,康德在"美的分析"中,只是分析了审美知觉的特殊性,并不涉及审美或美对人有什么心理或精神上的作用。而出于改造国民性的目的,王国维以及后来的蔡元培、梁启超、朱光潜等美学家都有意无意地"误读"了康德的这个命题。

这个"误读"过程,我们可以从王国维的《孔子之美育主义》一文看得很清楚。如上所述,在此文开头,王国维指出,人生的痛苦来自"欲",有欲就有所求,就有利害得失的计较,于是内心生出痛苦,发见于社会就是罪恶。而消除人生之苦、社会之罪恶的关键就在于消除人生的"欲",消除的良药则是"美"。接着,他论述了上述观点成立的理由:"美之为物,不关于吾人之利害者也。吾人观美时,亦不知有一己之利害。德意志之大哲人汗德,以美之快乐为不关利害之快乐(Disinterested Pleasure)。"[2] 这里讲的无利害,还比较符合康德在《判断力批判》中的原义:审美判断不涉及利害考虑,审美快感是无关利害的快感。但是,文

---

[1] 王国维:《论教育之宗旨》,《王国维文集》第3卷,第58页。
[2] 王国维:《孔子之美育主义》,同上书,第155页。

章接下来却说，天然之美和人工之美"皆使人达于无欲之境界"，进而引出了美育的话题，大致是说，西方自亚里士多德之后，都以美育为德育的辅助，他甚至把席勒的美育理论理解为"与美相接，则其感情日益高，而暴慢鄙俗之心自益远。……审美之境界乃不关利害之境界，故气质之欲灭，而道德之欲得由之以生"。[1] 这里的关键是，审美无利害性从审美的一种心理状态或知觉方式，转变成审美（或美）的一种功能。康德原本是说，审美快感不涉及关于利害的意识，现在则转变成，审美可以使人超越利害计较、摆脱物质或生理欲望而达到无欲的道德境界。随后，王国维又用这样的审美功能观阐释孔子的"兴于诗，立于礼，成于乐"等论述，并得出"其教人也，则始于美育，终于美育"[2] 的结论。对审美无利害性有意或无意的误读，实质上是把审美无利害性命题转换成了一种审美功能论，并顺理成章地把审美理论转换成了美育理论。值得注意的是，此后的中国美学似乎都继承了王国维的理解和论述方式，或许已经习以为常。当然，在思想、理论的跨文化旅途中，误读或许不可避免。问题是，这种误读背后的思想文化力量是什么？这正是我们要深入探究的。

三　审美功利主义思想与儒家心性之学的内在关联

林毓生曾认为，19世纪末20世纪初第一代、第二代中国现代知识分子，"尽管存在着许多差异"，但"大多数人专心致志的却是一个

---

[1] 王国维：《孔子之美育主义》，《王国维文集》第3卷，第156页。
[2] 同上书，第157页。

有共同特点的课题,那就是要振兴腐败没落的中国,只能从彻底转变中国人的世界观和完全重建中国人的思想意识着手"。他把这种"强调思想和文化的改革应优先于政治、社会和经济的改革"的观点称之为"借思想文化以解决问题的途径"[1],并将这种思想路径的根源归之为传统儒学,特别是"心"这个概念——这一概念从孟子开始一直延续至清代的戴震等人。他概括说:"中国第一代和第二代知识分子的借思想文化作为解决问题的途径,是被根基深厚的中国传统的倾向,即一元论和唯智论的思想模式所塑造的,而且是决定性的。当这种具有一元论性质的借思想文化以解决问题的途径,在辛亥革命后中国社会政治现实的压力下被推向极端的时候,它便演变成一种以思想为根本的整体观思想模式。"[2] 林毓生以此解释"五四"反传统主义,但实际上,即使是在不那么反传统的中国现代美学中,这种传统的思想模式也清晰可见。

中国现代美学重视美育纯洁人心和情感的功能,其主要指向是改造国民性,从而实现民族复兴。这种美学遵循着一种传统儒学的思路,这条思路源自《礼记·大学》:"大学之道,在明明德,在亲民,在止于至善。……古之欲明明德于天下者,先治其国;欲治其国者,先齐其家;欲齐其家者,先修其身;欲修其身者,先正其心;欲正其心者,先诚其意;欲诚其意者,先致其知。……物格而后知至,知至而后意诚,意诚而后心正,心正而后身修,身修而后家齐,家齐而后国治,国治而后天下平。"[3] 此即"三纲""八条目"。三纲之中,"明明德"是核心,而八条

---

[1] 林毓生:《中国意识的危机——"五四"时期激烈的反传统主义》,贵州人民出版社,1988年,第45页。

[2] 同上书,第85页。

[3]《礼记·大学》,《十三经注疏》(下),浙江古籍出版社,1998年,第1673页。

目实际上就是一条——"修身"。[1] 也就是说，儒学的核心就是人格养成，这是一切之基础，也是一切之目的。到了宋明理学，这种思想模式更是得到了系统而具体的阐发。西方现代美学正是由于其"无利害性"这一重要基石，而受到中国现代美学开创者的青睐——他们对美学的重视，其目的主要不是为了澄清"感性学"的知识或弄清"美"和"艺术"的本质，而是要以审美、艺术之功能来实现"正心"，所以，美育理所当然地受到重视。由此，我们似乎可以看出 20 世纪初西方美学被引进中国的最根本动机，那就是"正心"，改造国民性，所以美学就转变成了广义的美育理论，甚至是比西方美育理论更注重审美的社会改造功能的审美功利主义。而推动这种转换的学理基础正是传统的心性之学，特别是陆王心学。

心学形成于宋明，"由程颢开创，由陆九渊、王守仁完成"[2]。陆王的学说虽有差异，但都承认一个先验的心本体，即所谓"心即理"（陆九渊）、"心外无理"（王阳明），都主张通过后天的修养，去除对原本就是"仁义礼智"之心的遮蔽，恢复心本体。陈来评论说："陆九渊认为，任何人都有先验道德理性，他称之为本心，这个本心提供道德法则、发动道德情感，故又称仁义之心。由于本心是每个人先天具有的，所以是不虑而知、不学而能的'良'心。人的一切不道德的行为都是根源于'失

---

[1] 冯友兰认为，照后来的儒家说，三纲领实际上只是一纲领，就是"明明德"："亲民"是"明明德"的方法；"止于至善"是"明明德"的最后完成。同样，八条目实际上只是一条目，就是"修身"：格物、致知、诚意、正心这些步骤，都是修身的道路和手段；至于齐家、治国、平天下这些步骤，则是修身达到最后完成的道路和手段。所谓达到最后完成，就是"止于至善"。人只有在社会中尽伦尽职，才能尽其性，至于完成。如果不同时成人，也就不可能成己。"明明德"与"修身"是一回事。前者是后者的内容。于是几个观念归结成一个观念，这是儒家学说的中心。参见冯友兰：《中国哲学简史》，北京大学出版社，2010年，第 155 页。

[2] 同上书，第 247 页。

其本心',因而一切为学功夫都应该围绕着保持本心以免丧失。"[1] 而不道德的行为,其实就发源于"私欲",即利己主义,因此,一切为学的功夫就是要去除这个私欲。这种思想到了王阳明那里得到了充分阐发。

王阳明说:"人心是天、渊。心之本体无所不该,原是一个天,只为私欲障碍,则天之本体失了。心之理无穷尽,原是一个渊,只为私欲窒塞,则渊之本体失了。如今念念致良知,将此障碍窒塞一齐去尽,则本体已复,便是天、渊了。"[2] 在这里,王阳明表达了三层意思:第一,人心即理;第二,人心被私欲遮蔽障碍,人就丧失了道德本性;第三,致良知,就是要去除私欲这个遮蔽障碍,恢复人原先有的心本体。所以,王阳明心学最终指向知行合一的个人修养,也就是致良知。

由于直接认定"心即理",强调心的"主宰"作用,所以,陆王心学必然把内心意念(动机)作为判断道德行为的依据。陈来在评论陆九渊所谓"义利之辨"时说:"陆九渊认为,评价某人是道德的人(君子)还是不道德的人(小人),显然不能仅仅依据某人行为上是否合于准则的要求,而必须考察其内在的动机,从道德原则出发,为了道德原则的行为,才具有道德的性质。在这个意义上,所谓义利之辨,'义'即道德动机,'利'即利己动机。陆九渊认为,一个动机是道德的,则必定是与利己主义对立的,也就是说,道德性原则是与利己主义完全对立的。因此,义利之辨要解决的是道德评价和道德人格的问题,并不是要排斥任何建功立业的行为。譬如,对于儒家来说,富民强国本身并不是必须排斥的,必须排斥的只是利己主义的动机。"[3] 对内心动机之纯正的强调,在王阳明那里最为突出,他明确地说:"此需识我立言宗旨。今人学问,只

---

1 陈来:《宋明理学》,生活·读书·新知三联书店,2011年,第207页。
2 王阳明:《传习录》(下),《王阳明全集》(上),上海古籍出版社,2011年,第109页。
3 陈来:《宋明理学》,第226页。

因知行分作两件，故有一念发动，虽是不善，然却未曾行，便不去禁止。我今说个'知行合一'，正要人晓得一念发动处，便即是行了。发动处有不善，就将这不善的念克倒了。须要彻根彻底，不使那一念不善潜伏在胸中。此是我立言宗旨。"[1] 王阳明要求问学的人，只要有一点不善的动机就必须去除，否则就不能致良知，也就不可能有至善的行为。而且，在他看来，"礼"也是依据心这个本体的。出于孝心，你自然会关心父母的冷暖："这都是那诚孝的心发出来的条件。却是须有这诚孝的心，然后有这条件发出来。"[2] 这表明，在王阳明看来，人先要有道德心，引发道德情感，然后促成道德行为。一旦这道德心有了"私欲之蔽"，那些行孝的所谓礼数就是虚伪的，也就不是至善的。对此，陈来有如此的评论："……仪节的周全并非至善的完成，动机（心）的善才是真正的善。""对于王守仁来说，心外无'理'主要强调心外无'善'，善的动机意识是使行为具备道德意义的根源，因而善只能来自主体而不是外物，格物和致知都必须围绕着挖掘、呈现这一至善的根源入手。"[3]

基于这样的认识，王阳明十分强调心之"诚"，肯定荀子讲的"养心莫善于诚"。他说："'诚'字有以工夫说者：诚是心之本体，求复其本体，便是思诚的工夫。……《大学》'欲正其心，先诚其意'。"[4] 所有个体修养的功夫就落在了一个"诚"字上，因为这个"诚"正是王阳明所说的"一念发动处"，即修养功夫的关键。一方面，"诚"是真实的心本体；另一方面，它也是一个意念、一种动机、一种态度。它连接着知与行，唯有至善之心引发真诚的动机和态度，才能有真正善的言行。"思诚"的

---

1 王阳明：《传习录》(下)，《王阳明全集》(上)，第109—110页。
2 王阳明：《传习录》(上)，同上书，第3页。
3 陈来：《宋明理学》，第285—286页。
4 王阳明：《传习录》(上)，第40页。

对立面就是"己私",即私欲、利己主义,所以,"思诚"就要去除"己私",去除利己主义的意念。这个思想在下面一段话中得到了具体阐发:

> 我解"格"作"正"字义,"物"作"事"字义。《大学》之所谓"身",即耳、目、口、鼻、四肢是也。欲修身,便是要目非礼勿视,耳非礼勿听,口非礼勿言,四肢非礼勿动。要修这个身,身上如何用得工夫?心者身之主宰,目虽视而所以视者心也,耳虽听而所以听者心也,口与四肢虽言动而所以言动者心也,故欲修身,在于体当自家心体,常令廓然大公,无有些子不正处。主宰一正,则发窍于目,自无非礼之视;发窍于耳,自无非礼之听;发窍于口与四肢,自无非礼之言动:此便是修身在正其心。然至善者,心之本体也。心之本体,那有不善?如今要正心,本体上何处用得功?必就心之发动处才可着力也。心之发动不能无不善,故须就此处着力,便是在诚意。如一念发在好善上,便实实落落去好善;一念发在恶恶上,便实实落落去恶恶。意之所发,既无不诚,则其本体如何有不正的?故欲正其心在诚意。工夫到诚意,始有着落处。然诚意之本,又在于致知也。所谓"人虽不知,而己所独知"者,此正是吾心良知处。然知得善,却不依这个良知便做去,知得不善,却不依这个良知便不去做,则这个良知便遮蔽了,是不能致知也。吾心良知既不得扩充到底,则善虽知好,不能着实好了;恶虽知恶,不能着实恶了,如何得意诚?故致知者,意诚之本也。然亦不是悬空的致知,致知在实事上格。如意在于为善,便就这件事上去为;意在于去恶,便就这件事上去不为。去恶固是格不正以归于正,为善则不善正了,亦是格不正以归于正也。如此,则吾心良知无私欲蔽了,得以致其极,而意之所发,好善去恶,无有不诚矣!诚意工夫,实

下手处在格物也。若如此格物，人人便做得，"人皆可以为尧舜"，正在此也。[1]

在这里，王阳明展示了他的致良知学说的"行动路线图"：正身必先正心，正心必先端正动机态度，端正动机态度必先去除私欲，因而个体修养就从去除私欲处入手。

至此，我们便不难发现，中国现代美学，特别是审美功利主义思想与儒家心性之学之间存在着诸多深刻的内在关联。第一，二者都是一种价值优先的理论，着力处不在论述对象的性质是什么，而在对象对人有何意义或价值，以及如何才能获得或实现这个意义或价值。正如李泽厚所言，"中国从来少有 Being 和 Idea 的问题而总是'how'（如何），这正是中国实用理性一大特征，它的视角、途径、问题、语言、思维方式颇不同于希腊"[2]。陆王心学强调心就是道德原则，也是道德情感，因此，与程朱理学相比，陆王心学很少论述事物的性质、特征之类"是什么"的问题，而更多地讨论道德人格如何养成的问题，甚至身体力行。中国现代美学虽部分地接受了西方美学的影响，但也把主要论旨集中在美、审美和艺术对人的意义及价值方面，还特别重视美育对完整人格特别是道德人格养成的作用。所以，中国现代美学的理论形态和思维方式总体上还是本土的。

第二，二者特别聚焦于道德人格的养成，就儒学来说，那就是"内圣之学"。这一点在心学自不待言，而现代审美功利主义虽然讲的是审美、艺术，实质上最终关心的也是道德人格或人生的道德境界。无论是王国

1　王阳明：《传习录》（下），《王阳明全集》（上），第135—136页。
2　李泽厚：《论语今读》，天津社会科学院出版社，2007年，第39页。

维、蔡元培还是朱光潜，都把美育作为德育的辅助或途径，即使是吸收西方学术思想最多的朱光潜，也还是要努力论证审美与道德的内在联系。[1]至于梁启超的"趣味主义"，则直接与"责任心"交融，更多地呈现为一个道德范畴。

第三，出于道德人格养成的目的，二者都关注国民内心弊病的疗救，以为这是拯救民族和国家的根本途径。王阳明在《答聂文蔚》中坦陈："后世良知之学不明，天下之人用其私智以相比轧，是以人各有心，而偏琐僻陋之见，狡伪阴邪之术，至于不可胜说；外假仁义之名，而内以行其自私自利之实，诡辞以阿俗，矫行以干誉，损人之善而袭以为己长，讦人之私而窃以为己直，忿以相胜而犹谓之徇义，险以相倾而犹谓之嫉恶，妒贤嫉能而犹自以为公是非，恣情纵欲而犹自以为同好恶，相陵相贼，自其一家骨肉之亲，已不能无尔我胜负之意，彼此藩篱之形，而况于天下之大，民物之众，又何能一体而视之？则无怪于纷纷藉藉，而祸乱相寻于无穷矣！仆诚赖天之灵，偶有见于良知之学，以为必由此而后天下可得而治。"[2]这种思想模式乃至表述方式在王国维、蔡元培、梁启超和朱光潜关于美育的论述中比比皆是。而且，儒家心性之学与审美功利主义思想都把人心的弊病甚至一切罪恶的根源归结为"私欲"。王阳明说："小人之心既已分隔隘陋矣，而其一体之仁犹能不昧若此者，是其未动于欲，而未蔽于私之时也。及其动于欲，蔽于私，而利害相攻，忿怒相激，则将戕物圮类，无所不为，其甚至有骨肉相残者，而一体之仁亡矣。是故苟无私欲之蔽，则虽小人之心，而其一体之仁犹大人也；一有私欲之蔽，则虽大人之心，而其分隔隘陋犹小人矣。故夫为大人之学

---

[1] 详见杜卫：《审美功利主义：中国现代美育理论研究》，第4章第2节。
[2] 王阳明：《传习录》（中），《王阳明全集》（上），第90页。

者，亦惟去其私欲之蔽，以自明其明德，复其天地万物一体之本然而已耳，非能于本体之外而有所增益之也。"[1] 对此，冯友兰曾评论说："新儒家常以'私欲'为恶，且常以之为诸恶之本源。"[2] 这种思想对中国现代美学影响至深。无论是心学讲道德修养的功夫，还是中国现代美学讲美育，终究是为了去除"私欲"这个病根。二者甚至在表述私欲及国民相关精神疾病时所用的词语都相同或相似，这些词语的含义也基本相同，例如"己私""功利"（陆九渊），"私欲""自私自利"（王阳明），"欲""一己之利害"（王国维），"专己性""近功近利""自私自利"（蔡元培），"私欲""物欲""利害计较"（梁启超），"自私""俗"（朱光潜），等等。由此可见中国现代审美功利主义思想与儒家心性之学在针对人心问题上的一致性和连续性。

第四，二者都把去除私欲的途径归结为心或者情感的纯洁化。为了发明本体或者恢复本心，陆王心学采用了去除杂念的直观或直觉方法。例如，陆九渊主张的修养方法是"静坐澄心"[3]，王阳明认为"心之体"本身太虚无形，无滞无执，修养的功夫就是要去除私欲的遮蔽障碍。情感亦是如此："喜、怒、哀、惧、爱、恶、欲，谓之七情。七者俱是人心合有的，但要认得良知明白。……七情顺其自然之流行，皆是良知之用，不可分别善恶，但不可有所着；七情有着，俱谓之欲，俱为良知之蔽；然才有着时，良知亦自会觉，觉即蔽去，此处能勘得破，方是简易透彻功夫。"[4] 意即人的七情原本无善无恶，一旦有所执着，有了个人的特定追

---

[1] 王阳明：《大学问》，《王阳明全集》（中），第1066—1067页。
[2] 冯友兰：《人生哲学》，广西师范大学出版社，2005年，第143页。
[3] 对陆九渊为学的修养方法，朱熹曾评论说："不读书，不求义理，只静坐澄心。"参见《朱子语类》，卷五十二，中华书局，1986年，第1264页。
[4] 王阳明：《传习录》（下），《王阳明全集》（上），第126页。

求,那就过了,便成了"欲"[1],成了"良知之蔽",必须去除。而且,一旦有了动机,哪怕没有付诸行动,也要立即去除。只有这样,才能使人的内心恢复其无滞无执状态。中国现代美学也是一样,王国维、蔡元培、梁启超等人所讲的美育或趣味主义,就是要在情感上去除个人私欲,使之纯洁、高尚,不掺杂个人物质的、现实的功利目的,从而进入纯粹的情感状态。

在此,我们就为中国现代美学对康德审美"无利害性"命题的"误读"找到了深层的学术文化根源。前已论及,康德的"无利害性"指的是审美的知觉方式,即审美判断不涉及利害考虑,那是对一种意识状态的描述或者规定;而王国维等中国现代美学家却把"无利害性"理解为审美本身所具有的一种功能,即审美能够使人摆脱个人自私自利的想法,超越个人私欲,使个人的情感达到纯粹、高尚的境界。由此,审美"无利害性"一方面成了美、艺术的特定功能,另一方面,在主体则转变成了一种无私、无欲的人生态度和动机意识。从心性之学的角度看,这种美学理论仿佛就把美育当成了恢复心本体、提升情感和道德境界的一种修养功夫。这种功夫的西学依据就是审美的"无利害性",而其深层的思想文化内涵却完全是传统心性之学的。至此,我们也可以初步了解20世纪初中国现代第一批美学家选择美学的主要原因。正是承续了儒家心性之学的传统,现代美学一直关注审美与道德、美育与德育之间的内在融合,虽在一定意义上主张审美、艺术的独立性,但归根到底,还是将审美、艺术作为达到个体道德涵养较高境界的必由之路。关于这一点,康

---

[1] 张岱年解释王阳明的情感理论说:"有情而不动心,喜怒在物而不在己,即无所着。……如有所着,则怒得过当;如虽怒而无私心,便是无所着。"张岱年:《中国哲学大纲》,江苏教育出版社,2005年,第430页。

德首先标举，席勒具体阐释。虽然他们所说的并非个人修养的过程，他们在此问题上所说的道德与心性之学的道德也很不相同，但在个体修养路径上的貌似一致性，成为中国第一代美学家选择美学、引进西方美学，继而建设美学、倡导美育的又一个原因。从深层次的学术文化方面看，上述两个原因的深层动因，都来自对传统儒家心性之学的现代延续。

综上所述，虽然中国现代美学特别是审美功利主义思想所面对的现实问题与传统的儒家心性之学不同，而且前者或多或少、直接或间接地采用了一些西方美学的概念术语，但是，二者的核心价值指向是一致的。通过对王国维、蔡元培、梁启超和朱光潜等人学术思想的仔细考察，可以梳理出他们对儒家心性之学的传承，以及他们的美学理论与儒家心性之学理论在知识谱系上或明或暗的连续性。即使有的美学家在知识和学术方法上可能更倾向于乾嘉学派，但在价值论领域，在关注社会现实的问题上，则明显表现出对儒家心性之学的热衷。

四　心性美学的启示

王国维、蔡元培、梁启超和朱光潜这两代中国现代美学家的美学思想，都包含着与儒家心性之学的深刻内在关联，体现了儒家心性之学的历史连续性，在此意义上，我们可以把这种美学称为"心性美学"。

心性美学生于忧患，始终关注中国本土问题。正是因对当时中国社会现实的切肤之痛，并深入思考、不断探索对现实问题的解决之道，才产生了心性美学。因此，心性美学是生于忧患的学问，绝不是无病呻吟的理论或风花雪月的点缀，也不是为学术而学术的纯粹学问。正是因为出于忧患，心性美学从批判国民性之不足或弊病出发，充满了批判精神和文化重建的强烈愿望。这种批判的主要维度是道德的，是价值观、人生观的，尽管距今已近百年，但对今天的我们而言，并不遥远、并不陌生，因为，当代中国人身上仍然存在着这些弊端。我们是不是应该接着说？我们当代中国美学是不是应该继承前辈的批判精神，从这样的批判出发？具体而言，在急功近利已成为当然，在全民讲"实惠"，甚至"一切向钱看"等世俗观念的冲击下，当今天的美学论著围绕着"日常生活审美化""身体美学"以及所谓的美学派别之争等论题不厌其烦地讨论之际，我们是否应该更着眼于当代中国人的精神生活状况，关心国人道德人格养成和人生境界提升，推崇审美和艺术的精神价值，崇尚趣味的纯正、艺术的高尚和审美的神圣，从而还美学应有的严肃和高雅？

心性美学虚心向西方学习，但不失传统思想文化底蕴。王国维、蔡元培、朱光潜等美学家对西方美学采取拿来主义的策略，介绍、翻译并研究了不少西方著名的美学理论，但其目的很明确，就是"为我所用"。这个"我"，不是自私自利的"小我"，而是国家、民族之"大我"；这个"用"，就是批判国民性的弊端，重建国人的心灵世界。从学术上看，他们都曾受过良好的国学教育，从价值观念、思维方式到研究方法、概念术语都带着传统学术的烙印。他们所开创的中国现代美学乃真正现代中国之学问：学习西方美学而不失本土当下思想文化问题，引用西方概念术语而不失中国自己的学术话语，接受西方美学观念而不失本民族传统价值定位。更有意义的是，这种学术态度和价值定位直接创立了与传统学术血脉相连的"中国美学"，而不是主要从西方引入本土的"在中国的美学"。以此为标杆，它为学者梳理和整合传统学术资源，确立中国自己的美学传统打下了学理基础，同时也为中国美学的当代建设奠定了基础。

心性美学注重人格塑造，试图从国民内心深处的变革入手实现国富民强的梦想，这种学术意图使它成为一种价值美学、一种实践应用美学。

王国维说美和艺术是"无用之用",归根到底还是一个"用",由他奠基的中国现代美学也的确呈现出强烈的"用"的意识,那就是针对当下思想文化问题,从美学的角度提出问题的解决方案和路径。正是由于着眼于"用",中国现代美学非常推崇美育,提出了"以美育代宗教"等一系列重要的美育思想,使得这种美学在世界美学界独树一帜。同时,也正是由于专注于国人道德人格的塑造,中国现代美学总体上对本该占据突出位置的"感性""个性""创造性""自由"等范畴关注不够,当然,朱光潜例外。也正是由于专注于"用",中国现代美学在知识和理论建构上着力不够,稍显凌乱而随意。更为可惜的是,后来的美学研究本该继承前辈开创的学业,继续学术和理论的建设,然而却出现了全面的断裂。直至20世纪80年代,中国现代美学独有的赤诚以及人生价值指向才重新出现。在中国开始重新树立文化自信的今天,这种"心性美学"的价值取向和方法论又何尝不是当代美学发展的重要借鉴?

艺术的定义及其意义[*]

中国社会科学院文学所　高建平

　　人类有关"艺术"的概念，是历史地形成的。通过历史的考察，可以发现，我们一向认为的那些自然而然、古已有之的概念，其实是在相当晚近的过去被人们创造出来。从古代到近代，经过漫长的历史发展，我们才有了"艺术"这个概念；有了"美的艺术"，即诗、绘画、雕塑、音乐、舞蹈，以及由此发展而来的各门类艺术的组合；有了艺术品与日常生活中的各种人造物与天然物的区分；有了高雅艺术与通俗大众艺术的区分；有了艺术与工艺，以及由此而形成的艺术家与工匠的区分。在现代艺术概念和现代艺术体系形成之前，我们没有任何理由说，画匠与金银首饰匠或钟表匠属于完全不同的人群；也没有任何根据说，地位崇

---

[*] 本文为高建平研究员2016年5月21日在南京大学高研院的演讲《为什么要给艺术下定义？》，讲稿由演讲者本人提供。高建平现为中国社会科学院文学所研究员，主要从事美艺术学、美学、文论学领域的研究。

高的官员在公务之余为自娱遣兴所进行的吟诗写字行为,与地位低下、为官员家门口雕刻石狮子的雕刻匠,与官员母亲祝寿时请来唱堂会的戏班子演员以及牵着孙女儿的手在街头卖艺的盲人二胡演奏手,都是在从事同一种被称为"艺术"的活动。我们今天所具有的关于"艺术"的"自然而然"的常识,是一种历史的构造。

关于艺术定义的历史,我们可以分成三段来考察,即古代对真正艺术的追求,近代寻找单一的原则来定义艺术,以及分析美学对艺术定义的研究。

在古代,对艺术的评价之中就已经有了寻求艺术定义的萌芽。张彦远《历代名画记》中写道,用界笔直尺画出来的画,是"死画",而像吴道子那样"意存笔先","守其神,专其一"所作出来的画,是"真画"。五代时的荆浩的《笔法记》中否定了"画者,华也,但贵似得真"的观点,提出:"画者,画也,度物象取其真。"也是在画法中做出选择,坚持认为,用某种作画法作出的画,才可被称为"画"。郭若虚在《图画见闻志》中写道,那些没有"气韵"的画,"虽竭巧思,止同众工之事,虽曰画而非画"。只是有了"气韵",所作出来的画,才是画。提出一些艺术观念,将符合这些艺术观念的艺术品称为艺术或真正的艺术,这种做法,应该视为现代艺术定义的萌芽。类似的情况,在欧洲也有,柏拉图对"模仿"的强调,亚里士多德所重视的艺术中的"认知"因素,中世纪艺术所谈到的神性,都是在给艺术设立标准。然而,那时还没有现代艺术概念,所表达的只是在创作中的追求和在欣赏时的提示而已。

为艺术下定义的要求,是在现代艺术体系形成之时才形成的。这是一种艺术的自觉。当夏尔·巴托提出"美的艺术"体系之时,就认为,这些不同门类的艺术要归结到一个单一的原则之上。他提出的"模仿",就与柏拉图不同,是从肯定的一面总结艺术的共同特征。他说艺术是"模仿",对此,有许多人反对。这不要紧,将人类一些不同的活动及其成果放在一道,宣布它们都是"美的艺术",又认定它们是依据共同的原则生产出来的,这已是思维的一大进步。在他之后,美学家们所讨论的问题域就转向为:艺术是不是"模仿"?如果不是,那又是什么?或者说,巴托实现了从"什么是艺术"到"艺术是什么"的转化。从这时起,人们就开始寻找艺术的定义了。

关于艺术的定义,有两种类型:第一种类型是规范性的。制定一个标准,将符合这个标准的说成是艺术,而不符合这个标准的,就宣布它不是艺术。这是一种充满野心的艺术定义法,很武断,要为艺术立法。

规范性的艺术定义,来源于对"艺术"与"非艺术"的区分,同时也是对"好的艺术"与"不好的艺术"的区分。这其中隐藏着一个悖论:不好的艺术是艺术吗?当郭若虚说,"虽曰画而非画"时,那些被认为"非画"的画,还是画吗?其实,问题还不仅限于此。

幼儿园的小孩画了一些画,学期结束时,老师装在一个袋子里,让孩子带回家,家长看了很喜欢,有朋友来访时拿出来,朋友称赞一番,于是大家很高兴。但称赞之后,也就过去了,谁也不会真的将这幅画当作艺术品。它们是艺术吗?也许家里人或朋友也不止一次地宣称,这就是艺术,但谁也不会真的这么想。只有一种情况,即这个孩子将来真的成了大画家,这些画作还能留下来,那就很珍贵了。

一位朋友送你一幅字,是友情的表现。这位朋友自认为字写得不错,但没有参加过书法展,也没有人标过价。你也不在意,收下来,也许也装裱起来,在客厅里换着挂。但是,你只是将之当作友情的表现,并没有去想,这幅字是不是艺术。如果你后来听说,这位朋友的字真的参展、得奖,或者卖了个好价钱,就会重视起来。

一位著名艺术家的随笔涂鸦,或者创作前的草稿,或者创作的废稿,批评家们很重视，说有研究价值。对于艺术家来说，这不是艺术作品，只是消遣之作，创作的准备，或者失败了的艺术创作。他根本不想将它们流传出去或将它们流传下来，但不幸却已经流传出去或流传下来了。那么，它们是艺术品吗？对于这些非杰作的重视，是出于研究者的兴趣。它们有助于对艺术家个人的研究，但其本身不是艺术。这时，重要的不是作品本身，而是作品指向了艺术家。由于艺术家创造出了真正的杰作，因此，他们的非杰作也就有了研究的价值。

也许，这些问题都可以合成一个问题：一位伟大的艺术家在多大年龄时的作品，开始是艺术品了？5岁时不行，15岁行不行，25岁呢？这样的问题是很难回答的。具体到艺术家，情况可能会更加复杂。大学毕业以后的画家的创作就是艺术了？是否要到研究生毕业？或者，他或她的作品被展出了？在什么级别的画展上展出？卖出了好价钱？被印在画册上了？被写进艺术史了？

有人会说，这种提问法是误导，关键是看作品本身。这当然是有道理的。何时列夫·托尔斯泰成了列夫·托尔斯泰，何时毕加索成了毕加索，这是要专门研究的问题。我们可以专门探讨"何时是艺术"的问题。但这里，我们需要指出的是，说这种话的人，仍然是在相信一种标准，依据这个标准，某些物品成了艺术品。

这种标准可以是审美的，这就是说，符合审美标准的作品才是艺术品。从审美的标准来看，"不好的艺术是不是艺术？"这一问题不成立。艺术品就是好的作品，不好的作品就不是艺术品。

然而，在实际施行时，情况要复杂得多。审美评价是感性的，一部好作品，就是觉得好，无须多说。但是，如果别人不同意你的意见呢？你觉得好，别人觉得不好，那怎么办呢？对此，我们今天不能再说：谈到趣味无争辩。艺术批评就是争辩，要说好说坏，有好说好，有坏说坏，并说出好与坏的理由。于是，我们又转向到审美评价客观的一面上来了。

其实，在对艺术品评价时，我们还是要做出这样的规定：有些对象可以去评价，是可争论的对象；有些东西无须争论，不是对象。前面说的儿童画、朋友的字和艺术家的涂鸦，本来没有作为对象供评价，如果对专门的某个相关课题的研究来说有价值，那可引以为研究对象，但艺术评论家们不必对此花精力，也不必认定它们是艺术品。至于门前一棵树，山下一条小河，那是自然景观，也不是艺术评论的对象。艺术与非艺术还是要区分的。尽管非艺术的对象可以很美，艺术品也可能很糟糕，艺术评论的对象仍然要集中在艺术品上。这时，我们就必须对一物是否是艺术品做出某种并非是审美的，而是依据某种外在标准做出的限制。例如，它是某个人的独创的作品，它具有某种独一无二性，它具有某种非直接实用性，如此等等。

艺术定义的客观性，就使研究者们滑向对外在特征的关注。在做出关于艺术的规范性定义时，艺术家成为关注的对象，美学家们有一种意愿，要教导艺术家们如何从事艺术创作，在创作时遵循哪一种原则才能创作出优秀的艺术作品。但是，艺术研究者更多地会面临一些非教导性的任务。例如，研究历史上的经典，研究当代艺术中的既定事实。这就产生了各种对艺术的描述性定义。

一些较为古典的关于艺术的定义，例如认为艺术是"情感的表现""现实的再现""意义的象征""情感的符号"，等等，兼有规范性和描述性的特征。做出这种描述的美学家们，常常是以对古典艺术进行描述的方式，试图对同时代艺术做出规范。类似的通过对"古人"进行描述和总结的方式来规范当下、教育学生或批评同行的做法，在中国古代也常常出现。

艺术定义中的规范性与描述性的结合，随着 20 世纪初的先锋派艺术的出现，就遇到了大麻烦。关于这方面的一个最著名的例子，是杜尚（Duchamp，1887—1968）的《泉》。1917年，法国艺术家杜尚将一个从商店买来的男用小便池起名为《泉》，匿名送到美国独立艺术家展览会要求作为艺术品展出，成为现代艺术史上里程碑式的事件。

　　围绕着杜尚的《泉》，以及其他一些类似艺术家的作品，美学家们出现了重要的分野。继续坚持关于艺术的规范性定义的人宣布《泉》不是艺术。它不符合艺术是独创的、独一无二的、超越直接实用的三原则，它是机器制作的，可大量复制的，具有直接的实用性。如果有人宣布它是艺术品，并以它的造型和光泽（尽管它的造型和光泽都还可以）所具有的审美特征作依据，那此人（的确有人这么说）就显得很可笑。规范性定义在此行不通，并且，它也不成其为规范。如果有第二个人照样做，就会显得很可笑。但它就是艺术品，早已经被艺术圈子里的人当成了艺术品，而且还很有名。在一段时间里，说它是艺术品是一种时髦，说它不是艺术品则落伍。对于艺术家们来说，它是艺术，而且是20世纪最有影响的艺术。美学家们只能承认这个事实，放弃它是不是艺术品的争论，而以说明它为什么是艺术品作为自己的任务。

　　在这种情况下，一位美国分析美学家乔治·迪基提出了著名的艺术制度论（institutional theory of art）。他认为，一物之所以成为艺术品，是由于艺术制度。我们可能会本能地设想，艺术欣赏就是我们的裸眼直接面对艺术品所产生的经验。事实上，在艺术欣赏中，所发生的过程要复杂得多。我们生活在复杂的艺术制度之中。对于美术作品来说，有博物馆及其展出制度，将艺术品摆放在博物馆和画廊之中，通过各种设施和设计，引发人们的注视；还通过编辑画册和艺术评论杂志，通过艺术史研究大学里的艺术课程设计，等等，形成全套的艺术衍生链。这些对于一物品被当成艺术品，起了很重要的作用。艺术制度论，给人以很僵死的感觉，仿佛艺术馆的馆长们扮演着艺术法官的角色：他说是，一堆垃圾就是艺术品，他说不是，艺术品也是垃圾。但问题不那么简单，艺术制度论通向着关于艺术的社会学解释，但社会确定一物为艺术，仍有一个谁来代表"社会"的问题。

与此相对应，阿瑟·丹托的"艺术界"理论，寻求一种哲学的解释。艺术是什么呢？是一物通过解释获得意义。他的意思是，一物是不是艺术，不是由哪个人说了算，而是精神发展到一定程度所形成的结果。艺术品与非艺术品的区别，可能从外观上看不出来，是不可辨识的。一物成为艺术，不是由于一物所可能具有的光泽和造型，而是由于它获得了解释，从而被注入了一种精神性。杜尚的《泉》成为艺术品，正是这种解释的结果。至于它为什么能够获得这种解释，也是由于某种外在于此物的东西，即精神史。这时，我们仍会产生一个问题：谁来代表精神史做出认定？

其实，比起精英艺术所面临的困境来，当代艺术所面临的，是两种更加严峻的局面，这就是艺术的产业化与产业的艺术化。

艺术的产业化，指的是文化创意产业。文化与产业的结合，使原本只是由少数人创造、供少数人欣赏的高雅艺术，被面向大众的、与新媒介和市场结合的、进行着大规模生产和复制的文化创意产业所取代。艺术曾被赋予神圣的色彩，成为大写字母 A 开头的 Art。艺术家和诗人是与普通人不一样的人，他们是古代祭司的后裔。到了 18 世纪的欧洲，艺术被看成是一种区别于工艺的、高雅的活动。艺术是美的，工艺是实用的。通过接纳诗歌、音乐和绘画，并经由音乐延伸到舞蹈，经由绘画延伸到雕塑，形成了现代艺术体系，由此将工匠的制作活动以及此后的机器生产都排除在外。

这种现象到了 20 世纪就受到了挑战。覆盖在艺术之上的一层神圣外衣被揭开，艺术不过是一种生产而已。当大规模生产的艺术品也能给人以美的享受时，艺术就进入到了新的生存环境之中。艺术家原本需要先让所写的内容打动自身，创作出发自心灵的作品，然后才能打动观众。现在，如何打动观众的秘诀似乎已经被揭示。文化创意产业的生产者所要做的，只是像配药一样，选取必要的要素，辅以科学配方，观众就必然被逗弄得乐不可支，涕泗满面，伤心欲绝。既然掌握了规律，大规模生产就有了可能。在可以化学合成催笑剂和催泪弹时，让人发笑和掉泪就变成很简单的事了。

当艺术生产成为生产之时，艺术存在的古典形式就遇到了危机。艺术不再是独创的、独一无二的，让接受者感受到艺术家作为个人在劳作，并留下了心灵表现和身体劳作痕迹的东西。相反，艺术是一种设计并生产出来，要刺激作为消费者的观众，并在他们身上产生某种反应的物体。这种刺激，当然是感性的刺激。文化创意产业，带来了感性的洪流，造就了感性的世界。

消费主义带来的另一种倾向，是产业的艺术化。市场竞争对于商品生产来说，所带来的当然是好事。过去计划经济时代商品短缺，商店买不到东西，顾客是被施舍的对象而非被尊重的上帝，持币者没有尊严。后来，由于市场竞争，有了价廉物美的商品，有了良好的服务态度，持币者有尊严了，有钱就会有物，卖东西的人要争着用物去换钱。市场改革给人们的好处，人人都能体会到。

只有市场才能带来价廉物美。价廉物美之"美"究竟指什么？本来当然既指质量好，又指外观好看，并且主要指质量好。但当质量普遍得到了提高，已不再是一个问题之时，外观就变得特别重要了。于是，在众多的产品中，有炫目的外观、突出的造型，就有更多在竞争中取胜的机会。物美之"美"的含义，在从"好"向"好看"的方向滑动。

市场的巨大力量，促使整个世界都在感性化。美的日用品、美的居室、美的环境，以至美的世界，我们生活在一个被外观所包围的世界之中。在这样的世界中，艺术要做什么？美学要做什么？这倒反而成了一个问题。

说到这里，我们可以再次回到艺术定义上来。下定义有多种方法，最常见的定义，是属加种差定义，例如直角三角形是有一个角是直角的三角形。三角形是属，有一个直角是种差，通过种差，直角三角形与其他三角形区别开来。除此之外，还有关于对象性质的定义，例如三角形的三个内角之和等于180度，说明了三角形的一种性质。还有一种发生性定义，例如艾滋病是由感染HIV病毒而造成的人体免疫系统缺失的疾病，说明了HIV病毒是这种疾病发生的原因。这些都是一些较为简单的定义，它们依托于另一些定义而存在，例如"三角形"和"人体免疫系统缺失"，等等。我们也可为艺术下类似的定义，例如，艺术品是艺术家创造出来供审美欣赏使用的物品。但是，说到这里，我们还远远不够。如何定义"艺术家"？如何定义"审美"？如何定义"创造"？一连串的问题就会随之而来。

已经有太多的定义被人们讨论过了。通过定义，美学家们赋予一些物品一种身份，肯定一些价值，实现一些操作。我们今天再来看艺术定义，可以进入到这样一种层次：为艺术下定义，本身就是一种话语行为。人们是通过下定义的方式来影响艺术、表达自己的艺术观的。说这不是艺术、那才是艺术，实际上是宣扬一种艺术观。从这个意义上讲，为艺术下定义的活动，不一定是在推动人们不断接近艺术的本质，而是通过下定义的方式来推动艺术发展的过程。美学家们提出了一些说法：艺术即表现，艺术即经验，艺术即实践，艺术即情感传达，艺术是情感的符号，等等。这些定义都不完满，但是，通过这样的定义，他们提出了许多新的艺术观,试图以此来推动艺术的发展,这就够了。在描述性的定义以后,还是需要规范性定义的回归;在种种形式定义之后,还是需要审美评价性定义的回归。回归不是复古,而是当下对艺术的更深一层认识的体现。

文学批评与比较文学

文学批评的兴起[*]

法国阿尔多瓦大学　弗朗西斯·马关（Francis Marcoin）

"批评"（critique）一词源于希腊文动词"krinein"。这个词在希腊文中表示"分离""评判"之意，后来演变为法语中的"危机"（crise）一词。"危机"意味着关键时刻，也因此成为艰难时刻。这个词可以用在医学领域，也可以用在政治领域，甚至还有"青少年危机"这样的说法。因此，在罗兰·巴特看来，可以将批评看作是让对象"身陷危机"。在日常法语中，"批评"一词带有一种消极色彩。菲利普·内里科-德图什[1]（Philippe Néricault-Destouches）创作的戏剧《荣耀者》（*Le Glorieux*,

---

[*] 本文为弗朗西斯·马关教授 2015 年 10 月 26 日在高研院名家讲坛第 188 期的演讲，法文讲稿由演讲者本人提供，中文译稿由南京大学外国语学院张晓明翻译。弗朗西斯·马关现为法国阿尔多瓦大学校长、法国文学教授，研究领域涉及文学理论、文本学、文学史等众多方面。

[1] 法国 18 世纪剧作家和演员。

1732）中，费兰特（Philinte）说："批评很轻松，而艺术很艰难。"而根据《菲雷蒂埃便携词典》[1]（*Dictionnaire portatif de Furetière*），批评是"旨在发现某一著作缺陷的观察"（批评者则是对什么都有意见的挑刺之人）。莫里哀在与他人的论战中写了《〈太太学堂〉的批评》（*Critique de l'École des femmes*），其中写道："批评的乐趣剥夺了我们深受美好事物感染的乐趣。"

一　批评姿态的多样性

然而，正如让·斯塔罗宾斯基在《批评的关系》（*La Relation critique*）中所表明的那样，问题实际上要复杂得多。

在一篇名为《选择、再现、诠释》（"Choisir，restituer，interpréter"）[2]的文章中，斯塔罗宾斯基区分了三种批评行为：

（1）选择。斯塔罗宾斯基让批评行为回溯至其古代源头，当时其主要职能是指摘宗教仪式中开始出现的渎神行为——批评者的角色有如法官和裁判；他借用了乔治·布兰的《筛麦子的人——批评》[3]（*La Cribleuse de blé. La critique*）一书标题所使用的"筛麦子的人"这一比喻。批评的意象是挑拣（tri）、筛选（crible）、簸扬（vannage），皆源于

---

[1]　菲雷蒂埃（Antoine Furetière），法国17世纪词典学家。

[2]　载于《接力——致敬乔治·布兰论文十篇》（*Relais. Dix études réunies en hommage à Georges Blin*）论文合集。乔治·布兰（Georges Blin，1917—2015），法国著名文学批评家，法兰西公学院名誉教授。

[3]　乔治·布兰借用了法国19世纪著名画家居斯塔夫·库尔贝（Gustave Courbet）的画作《筛麦妇》（*Les Cribleuses de blé*）提供的意象。

希腊文的"krinein"一词和拉丁文的"cerno"一词,表示选择、偏好,意味着其中既有客观的一面,也有主观的一面。

(2)再现。即文本在时间上的传承。对文本的选择以文本能够提供有价值的"启示"为前提,也就是说必须是正确的、真实的、最接近原文的版本……这方面的典范是被视为"语文学奠基者"的古希腊亚历山大里亚图书馆馆长亚历斯塔克(Aristarque)。亚历斯塔克生于公元前190年左右,出版过关于古希腊诗人的批评论著,但更重要的则是他对《伊利亚特》和《奥德赛》做了认真的修订,纠正了此前抄书者的谬误,删除了后添的段落,等等。1872年,一份由他注释的荷马手稿在威尼斯重见天日。亚历斯塔克的名字在很长时间里被用作"严格审查者"的代名词。因此有一种图书版本叫"批注版",比如法国的"七星文库"(Bibliothèque de la Pléiade),其中收录了同一文本的不同版本。需要指出的是,即便是有误的版本,如果也以这种形式被阅读和注释,也是有价值的。于是问题来了:是否存在一个正确的、真实的文本?继新西兰文献学家、牛津大学文本批评学教授,《文献与社会学文本》(Bibliography and the Sociology Texts)一书作者 D. F. 麦肯基(D. F. McKenzie)之后,法国书籍史学家罗杰·夏尔蒂埃(Roger Chartier)通过研究认为:形式产生意义。他注意到物质形式即作为物品的书籍的重要性。英国18世纪剧作家康格里夫(Congreve)的作品便是这样转入一种新的体例和格式的——所有场景都被编上号,出场人物的姓名在每个场景开始时都被重新列举一遍,这些人物的上下场都配有文字说明。可以说,随着页码、章节、正副标题所有这些将书面同口头区分开来的概念的出现,剧本呈现出一种"印刷版"面貌——由于段落数量的增加,文本的连续不间断性被打破,每一页看上去不再那么密不透风。麦肯基便曾经提及哲学家洛克面对按章节段落划分的《圣经》时产生的困惑

（参见罗杰·夏尔蒂埃：《形式的意义》，载于《书籍》[1]第1期）。

（3）诠释。源于让作品超越时代阻隔、永远被人理解的意愿，也就是说要让意义已然变得晦涩不明的文本所承载的意图重新得到澄清。这就需要探寻作品的原初意图，"阐释学"（herméneutique）于是应运而生。"herméneutique"一词源于希腊神话中执掌秘密的神祇赫尔墨斯（Hermès）的名字。阐释学试图找到被隐藏的东西，并因此而具有了神圣色彩，比如就《圣经》批评而言，或者称之为对《圣经》的注解（exégèse，源于希腊文"exégésis"一词，意为"令置身……之外"或"对神谕的释读"）。它是从语文学角度对一个意义有待探讨的文本所做的学理性诠释。《圣经》批评力求成为对《圣经》的科学研究。在天主教徒看来，是上帝启发了《圣经》的作者们并让他们免于谬误，教会作为神启的守护者，是《圣经》等经书永远正确的诠释者，拥有足够的权威来决定如何诠释它们。这种诠释被称作"标准诠释"（interprétation canonique，"canonique"一词源于希腊文*canon*，意为准则，这一术语至今仍为英美批评界经常使用）。"亚历山大标准作家名录"（canon d'Alexandrie），便是由拜占庭的阿里斯托芬（Aristophane de Byzance）和他的学生亚历斯塔克整理的被语法学家视为各体裁之典范的古希腊作家名录。

与此相反，另一种关于诠释的定义却强调读者的作用。保罗·瓦莱里认为，读者一旦变化，文本也会相应发生变化。现代批评便立足于对读者的推崇。

---

[1] 《书籍》（*Liber*）杂志，又名《欧洲书籍杂志》（*Revue européenne des livres*），从1994年开始更名为《国际书籍杂志》（*Revue internationale des livres*）。

二 批评主体的多样性

任何喜欢或不喜欢某部作品、为之欣喜或因之愤怒的读者或观众个体，都可以自发地实施批评行为。阿尔伯特·蒂博代（Albert Thibaudet）在《批评生理学》(*La Physiologie de la critique*) 中将此称作"口头"批评。然而批评也是一门"技艺"，一种可以通过不同方式加以定义的职能或职业。这种职业于古典时期和启蒙时代发展起来，起初受到欣赏品味和崇拜心理的支配。这种崇拜心理促成了学院派颂词（éloge）的诞生，直到19世纪末才退出历史舞台。法兰西学院（L'Académie française）还对歌颂伟人的颂词进行评比。所以说这是一种以雄辩而非分析见长的体裁，虽然是书面文字，但仍然带有口头特征，其创作目的就是为了被人倾听。其中少有个人色彩，言语间突显的主要是面对公认为令人仰慕的作品之美时心中的感受。

蒂博代也将报刊记者的批评视为一种自发批评，尽管这种批评是书面的。这种批评在17世纪时随着一种报道时事、演出和新书情况的"小报"（gazette）的出现而诞生。如果报道有某部新作品问世，人们就会对其进行评价。

一种特殊的批评形式逐渐发展起来，这便是私信或密信式批评，仅限于数量很少的读者，通常都是外国的贵族阶层，他们向某些担任"报刊专栏记者"（courriériste）的作家支付高额的报酬，以便在逃避审查的情况下获取信息，并在此基础上展开对某些作家或作品的讨论。德国评论家格林男爵（baron Melchior de Grimm）便是一个典型的例子。这些通信如今对研究者而言颇具价值。

这些报刊记者的批评不再属于演说艺术，而是更偏重于分析，它们预示了一种更为专业同时也力求更为科学的批评形式的出现。十八九世纪之交，随着"文学"被赋予更为准确的定义——具体而言，是随着 1800 年斯塔尔夫人《论文学与社会建制的关系》(*De la littérature considérée dans ses rapports avec les institutions sociales*) 一书的出版（这本书令品味问题变得相对化，也在一定程度上开启了比较文学研究的先河）——情况有了进步。斯塔尔夫人特别区分了北方文学和南方文学。与传统观点认为只有一种可供模仿的典型相反，她把完美的概念做了相对化处理，认为完美应当同气候、民族性格和社会建制联系起来加以审视。

与此同时，她的一些想法却因不够深思熟虑而流于浅表，所依据的完全是自身想象和个人的批评气质。因此，她对批评是持反对立场的，她并不认为自己是在从事批评。尽管她对"批评"这个词的理解带有贬义色彩，但她清楚地意识到只有具备独创之处才能引发批评。她说过一句关键的话："不存在创造的地方便没有才华。"

此外，这个时期的文学还同美德联系在一起——"完美的德行是知识界的美好理想"，也和"实用性"(utilité) 这一概念有了交集。实用性的概念来自百科全书派，并在整个 19 世纪始终被提及，特别是在法兰西学院中。法兰西学院每年都要颁发"蒙蒂雍实用奖"(prix Montyon d'utilité)，以嘉奖那些在道德领域抑或科技领域有益于社会的著作。

实用性问题与教育密切相关。这里所说的教育还是一种语言艺术，教师都是口才颇佳之人，比如后来当选法兰西学院院长、在颂词领域卓有建树的阿贝尔·维勒曼 (Abel Villemain)。他于 1811 年著文论述了文学批评的优势与缺陷。他代表了法国式的教授批评，其特点是担任教授职务之人所具有的雄辩口才。这种批评将逐渐让位于带有科学诉求甚或实证主义倾向的教授批评。

"批评工作者协会是在另外两种从业者协会即教师协会和记者协会的

基础上诞生的",蒂博代这样写道。在他看来,这主要意味着大学教授的诞生,比方说身处柯尼斯堡(Koenigsberg)的康德(18世纪后半叶)或者离开耶拿后来到柏林的费希特。围绕着1827年的三位教授基佐[1](Guizot)、库赞(Cousin)[2]和维勒曼,形成了一种关于教授讲席的理念,一种教授式文学批评。

教授和报刊记者间形成了竞争与抗衡。圣伯夫(Sainte-Beuve)便是报刊记者中的一员,不过他也在瑞士的洛桑执教过一段时间。教授们被迫转向公共空间,因为他们没有学生。同时,他们虚构历史(历史也是一种文学)。维勒曼在他的《法国文学教程》(*Cours de littérature française*,1829)中关注了一些新出现的"闻所未闻的观点",比如:但丁是"新荷马",是"崇高而又略带野蛮的神学家"。"野蛮"这个概念很重要,因为天才的创造者在某种程度上就是一个野蛮人。在凝视杰作时产生的景仰之情令作为比较和分析之精神的批评获得了新生。这种建立在热情基础上的大学批评随后被一种建立在博学基础上的大学批评所取代。

圣伯夫虽然身为记者,却深受教授批评模式的启发,他写道:"我并非那种只关心伟大之人;次要的作者和作品在很多情况下尤令我感兴趣;好的批评应当对同时代的作家和作品做出细致的公正评价,以便为一个时期的文学图景提供更为真实的背景。"展现一个时代的文学图景成了批评新的努力方向。

伊波利特·泰纳(Hippolyte Taine)试图将艺术品理解为某些原因

---

[1] 弗朗索瓦·基佐(François Guizot,1787—1874),法国著名历史学家,曾担任巴黎索邦大学历史学教授。

[2] 维克多·库赞(Victor Cousin,1792—1867),法国著名哲学家,曾担任巴黎索邦大学哲学教授。

决定下的产物（《艺术哲学》，1865）。科学力求客观，故而依托于诸如种属、世代、环境这样的标准。泰纳阅读了黑格尔的著作（1818—1829年作为课程讲授、1835年出版的《美学》），黑格尔认为一个时代同这个时代的文学是相呼应的（因此他才会提出艺术被小说的单调乏味拖累而消亡的观点）。

对文学的审视自此要求透过真实的视角。所谓真实，即文学应当再现的"生活真实"。正是在这个意义上，法国文学批评家和文学史家布吕乃基耶（Brunetière）如是写道："在未来的很多年里，倘若有人想了解1850年法国外省的风俗，还是得读一读《包法利夫人》。"布吕乃基耶将进化理论体系化，认为所有的体裁都要经历诞生、繁荣和消亡的过程。

三　批评式写作、批评式创作

批评由此而走出文本的阴影，不再着力重建某个事先确立的权威，而是令自身成为"建构的力量"。得益于历史的视角，作品在不受原作者掌控的脉络中得到再现。

然而，这种视角立即受到了希望保有自身独特性的作者本人的质疑。这种"大师的批评"（蒂博代语）很接近建立在热情基础上的大学批评。我们会想到雨果，想到他的《〈克伦威尔〉序言》（*Préface de Cromwell*）和《莎士比亚传》（*William Shakespeare*），雨果在其中虚构了"诗"的历史，让"诗"化身为相互平等的天才。于是乎，批评与天才结合在了一起，依然还是独创性的问题。维勒曼引述过一位英国诗人的话："我们生来都各有新意，死时却如出一辙。"

1850年，波德莱尔对所谓的"有用"艺术和"诚实"艺术给予了抨击。其目的并非是要替"为了艺术而艺术"的立场辩护，而是力图摆脱一种受制于虚伪的社会伦理道德的艺术。

普鲁斯特在 19 与 20 世纪之交致力于捍卫作者的独特性。他认为这种独特性并不能从作者所处时代、阶层与社会的角度加以解释。因此，他提出对作品的内在阅读，同时也是一种读者参与再创造的阅读。他照此对奈瓦尔的小说集《火的女儿》(*Les Filles du feu*) 进行了非常个性化的阅读。他还在一篇关于阅读的短文中强调了读者在何种情况下接受作品这一点的重要性。

在普鲁斯特看来，批评本身便是作品，这便引向了批评的第四种形式——创作/写作。"什么是诠释？就是看透内情，同时也是想象。"（斯塔罗宾斯基《批评的关系》）批评与作品的关系具有可变性，是一种情感的同化抑或疏远。普鲁斯特倾向于情感的同化——他嫉妒奈瓦尔，因为他希望《火的女儿》出自自己笔下。与此同时，他也解构了他人对奈瓦尔的解读。20 世纪 70 年代以来出现的"新批评"，便是对掩盖作品力度的批评传统的暴力式颠覆。

在这一快速纵览的结尾，我们还要提一下活跃于两次世界大战之间的德国批评家瓦尔特·本雅明。杰拉尔·鲁莱（Gérard Roulet）在《瓦尔特·本雅明》(*Walter Benjamin*) 中写道："批评是摧毁性的——它从让作品散发香气的层层评论中剥离出深陷于苦难中的事实。"对本雅明而言，批评者的任务在于将任何作品都视为一处废墟，以便同传统和接受的所谓延续性断绝关联。传统诠释者试图找寻到本源的东西，而批评者却着意于"艺术的去魅"(désenchantement de l'art)；他为作品设定了不断被叩问的命运。在思想的永恒同形式的历史性这一关系与张力中，本源无时不在。

但丁与我们的生命之旅 *

美国哈佛大学诺曼语言与文学系

李诺·佩尔蒂莱（Lino Pertile）

一　开　篇

《神曲》描述了佛罗伦萨诗人但丁·阿利吉耶里（1265—1321）所宣称的自己历经地狱、炼狱、天堂的一次旅行。这次旅行发生于公元1300年，那年他35岁。此次旅行是在上帝明确意旨指引下并在爱人贝雅特丽齐的祈祷下进行的。这次旅行始于受难节当晚，结束于一周后，因此恰

---

* 本文为李诺·佩尔蒂莱教授2015年11月16日在高研院名家讲坛第190期的演讲，英文讲稿由演讲者本人提供，中文译稿由南京大学外国语学院英语系陈洪江翻译。李诺·佩尔蒂莱是国际著名的但丁研究专家，现为美国哈佛大学意大利文艺复兴研究中心主任，哈佛大学卡尔·佩斯科里诺（Carl A. Pescoslido）讲席教授，其研究领域包括意大利中世纪文化、文艺复兴和20世纪的意大利文学。

逢耶稣受难、死亡和复活的礼拜周。此次旅行给它的主人公带来救赎的同时，促成了"神圣诗歌"《神曲》的创作——定语"神圣"一词于 16 世纪加在该标题上——其目的是拯救整个世界。

这部作品的可信度问题姑且不论，该诗打破了文学、政治、宗教方面的所有规则。它的主题极其严肃，但语言却是方言；其文体范畴史无前例，将下巴里人与阳春白雪、喜剧与悲剧、抒情诗与叙事诗、基督教与异教熔为一炉。在政治上，它将神职人员和世俗统治者，以及归尔甫派与吉伯林派这两大冲突派系打入十八层地狱，这两大冲突派系在 13 世纪曾让托斯卡纳地区生灵涂炭。尽管它更喜欢将佛罗伦萨作为它发泄愤怒以及讽刺挖苦的靶子，它对托斯卡纳及其以外地区的城市也毫不留情。最为重要的是，它对创业者与白手起家的新兴阶级深恶痛绝，因为这些人将佛罗伦萨地区变成一个国际化的贸易、工业与金融中心，而且他们执掌了公民、社会与文化机构，以及该地区的风俗与法律、内政外交事务方面的权力。最终，尽管它的神学在广义上显得非常正统，然而该诗从多个方面讲都是名副其实的"诽谤"：它谴责神圣罗马天主教的教皇们和枢机大主教们，将他们说成是卑鄙腐朽之辈，呼吁天主教会交出千余年来所累积的财富与权力。更为甚者，而且的确也令人不能容忍的是，该诗作者竟然宣称自己是一个新基督教先知，在世界末日来临之前，被派来改造这个世界。一个体面、智慧、有良好教养的佛罗伦萨人怎么可能写出如此这般"反动"的东西呢？

《神曲》的韵律结构与叙事结构建立在数字对称基础上，反映出宇宙本身的统一与对称。该诗分成三部分，冠以"众曲"之名（"曲"是单数含义），这些曲子再次细分为"多个诗章"（"诗章"是单数含义）。这三部曲子取名于它们的发生与描绘之地，即《地狱》《炼狱》和《天堂》。因为《地狱》中有 34 个诗章，而《炼狱》和《天堂》则各有 33 个诗章，该诗的诗章总数共计 100 个，这是个完美数字。这些诗章由平均不到 50 个诗节构成，每个诗节由 3 个英语中所谓的"三行押韵诗"组成。在这种韵律形式方面（意大利语叫作三行诗节押韵法），第一、三诗行彼此押韵，第二诗行引入一个新的韵脚，继而构成下面的三行押韵诗，以此将诗歌向前推进，直到每一诗章结束。每一诗行是一个"十一音节诗句"，即含有 11 个音节的诗行，自但丁、彼特拉克将这一技法广泛应用于他们的诗歌以来，该诗歌技法在意大利诗歌传统中广受欢迎。整首诗歌包含了 14 233 个"十一音节诗句"。

《神曲》的开端出其不意，这在中世纪叙事中非常罕见，然而这却是但丁具体、强劲风格的典型体现：

在我们生命之旅的中途，
我在一个幽暗的森林里苏醒，
因为阳关大道已经消失。[1]

幽暗的森林在但丁《地狱》的开场中占据主导地位——这是一个荒郊野外、崎岖不平、危险丛生的森林——我们的主人公在其中迷路了。这看起来像一个地方的森林，然而感觉却像一种心理状态；树林看起来像真的，感觉却像一场梦魇。我们的主人公——这个说着"我"的人物——似乎不知道他是如何到达那里的，"当我放弃正确道路之时——他说道——我如此能睡"。这看似在暗示这个人物将要描述的冒

---

[1] 原文版的文本出自但丁·阿利吉耶里：《古本喜剧》(*La Commedia secondo l'antica vulgata*)，载于派特洛奇·夫劳伦斯编：《文学》(*Le Lettere*)，1994 年；英语文本选自但丁：《地狱》(*The Inferno*)，罗伯特、珍·霍兰德译，纽约：道布尔迪，2000 年。

险是作为梦中的幻觉发生的，在此次冒险结束、该诗煞尾之前，显然提及了他马上要清醒的状态就是这种暗示的明证。

目前，我们还不知我们的主人公和叙事者的任何情况，甚至也不知他们姓甚名谁。迷失在异乡的他继续走着，沮丧之感渐增，对自己的生命忧心忡忡，寻寻觅觅却找不到任何出路，直至他几乎奇迹般地来到一片林间空地，就在此露天之下，眼前升起一座山，明媚的阳光笼罩着它（第18行）。好舒心啊！这座山一直向上延伸，太阳带来温暖和光亮。我们的这位旅行者心脏停止了跳动，当他向着山与太阳的方向走去时，依旧喘不过气，但他感到多少有点安全，就像一个历经一场海难事故的幸存者，回望着无情的大海，惊魂未定，呆若木鸡。他同样也回首望着这最可怕的森林。过了一会儿，梦魇似乎已经退却（第27行）。

然而，这种慰藉仅仅是暂时的。我们这位旅行者开始登山，突然，一只豹子窜出来，轻盈迅捷（第32行），皮毛斑斑点点，挡住了他的去路。这只豹子不像一种直接的人身威胁，倒更像一种困扰、一种可怕的引诱、一种萦绕于心的念头。尽管如此，我们这位旅行者还是找到了希望满怀的理由：这是一个美丽的春晓，阳光明媚，空气怡人，浩渺的苍穹充满灿烂的阳光。然而，正当他认为自己可以成功越过这只豹子时，一头咆哮的狮子又在此地突然出现，它的现身如此骇人，以致他周围的空气仿佛都在颤抖（第48行）。但这还没完。突然，另一只动物，一匹母狼在他眼前现形，她如此瘦削、贪婪、咄咄逼人，以致我们这位旅行者简直不敢正视她。因为此时他面对一个更加直接的威胁，那种让他继续向上攀登、向着太阳和山上走去的自我保护本能于是逼迫他退回到那个可怕的森林。我们这位旅行者吓得说不出话，放弃了登山，急匆匆往山下冲，去他知道可能只是意味着毁灭的地方寻求安全。

《神曲》第一组诗在此煞尾（第60行）。

让我们考虑一下目前为止都发生了什么。谁是这个故事的主人公，谁是这个说着"我"的徒步旅行者？他似乎处于途中的此次"旅行"是一次什么样的"旅行"？当他说他"苏醒过来"或"找到了自我"又意味着什么？这森林、这山、这太阳、这阳光大道以及这三只野兽又意味着什么呢？

"我"又是谁？

我既是这个故事的主人公，又是故事的叙事者；叙事者在他的冒险经历中幸存下来，而且现在正在将这次冒险经历撰写下来。人物和叙事者为同一个人。《神曲》既不像荷马和维吉尔那样总是说"他"而从来不说"我"，也不像《奥德赛》中的尤利西斯以及《埃涅伊德》中的埃涅阿斯那样，因为他们虽然都经过了地狱之旅，却没有写下该次旅行的有关故事。《神曲》的叙事者和主人公是同一个人，他是一个诗人，一个佛罗伦萨诗人，而且同时处于自己生命的两个不同阶段：亲身经历阶段和通过复述那次经历让其再次呈现的阶段。在《炼狱》第30诗章中，我们将要看到这个人物——叙事者是一个叫但丁的人。的确，诗人但丁·阿利吉耶里确信我们意识到《神曲》的主人公和叙事者为但丁·阿利吉耶里本人，他在血统上是佛罗伦萨人，而在风俗习惯方面却不是佛罗伦萨人，他1265年生于佛罗伦萨，在耶稣纪元1300年复活节这一周经历一次通往地狱、炼狱、天堂的旅行。也就是说，尽管此次旅行开始和结束于他梦中出现的幻境，但丁却将之作为一次真实经历，而非一场梦幻或者仅仅视之为诗情画意般的虚构。显然，作为人物的但丁、作为叙事者的但丁和作为历史人物的但丁三者错综复杂地交织在一起，而且在很大程度上他们之间是重叠的，然而我们不能将他们设想为一个人。他们也并非三个互不相关的实体。这最终是一个无法解开的含混之谜，而但丁恰恰充分利用了这一点。

这是一次怎样的"旅程"?但丁没有说"我生命之旅的中途"而是说"我们生命之旅的中途"。我们可以将这一诗行阐释如下:"在我们生命之旅的中途。"这个句子表明了一个时间点与一个空间点。时间问题容易解决。在但丁所处的文化中,个体生命可接受的寿命为70年。因此,"在我们生命之旅的中途"意味着"当我35岁之时",即公元1300年,这个时间的确定将在《地狱》第21诗章中得以确认。公元1300年恰值天主教第一个大赦年或第一个圣年,此时的但丁认为教会由可恶的教皇领导,当时神圣罗马帝国根本没有任何领导。因此,不仅对于旅途中的主人公而且对于他所认为的整个世界来说,这是一个危机四伏的时代。

这个空间问题更加复杂,因为我们的生命之旅唯在其隐喻意义上是一次旅行。然而,对基督教文化而言,该隐喻界定了人类生命最为本质的意义,即人的生存本质。生命被相当简单地理解和体验为一次旅行,更为确切地讲,是一次归家之旅。生命是在当初并非为我们设定区域中的一种流放状态。在这异国他乡,在这片"异域之地",我们是旅行者、归家路上的朝圣者,我们渴望一种可体会到的满足感,我们追求这种满足感,体现了一种深深的思乡之情——这是一种回到我们未知的家、曾经失去的天堂的痛楚感受。

旅途、放逐、家园、朝圣者、欲望:对但丁来说,这些不仅仅是隐喻,而且是捕捉到并界定人类状态的本质(即全部生命意义)的思想集合体。放逐是对家园深深渴望的朝圣者们的存在状态:借用《圣经》的一个意象表达,我们就是待在埃及的以色列人(《诗篇》114),这是对他们家园怀有深深向往之情的一个民族。

然而,我们的放逐是何时以何种方式开始的呢?根据基督教信仰,它始于伊甸园这个最直接的对立面,也即始于但丁诗歌开篇的黑森林这个对立原型。亚当与夏娃在伊甸园里赤身裸体,过着自由自在的生活:他们处于没有工作、没有自我意识、没有痛苦、没有死亡的状态下。然而,有一天他们遇到一条蛇。

现在这条蛇比上帝创造的其他任何野兽都更为狡猾。他对这个女人说:"上帝说过'你不能吃这个花园里任何树上结的果子'吗?"

女人向蛇道:"我们可以吃这个花园的树上结的果子;但上帝说,'你不能吃花园当中树上结的果子,也不能触碰它,否则你会死'。"

而这只蛇向这位女人道:"你不会死;因为上帝知道,当你吃了它,你的眼睛就会张开,你就会像上帝那样知道善恶。"

因此,当这位女人看到这棵树可以提供食物,它还可以悦人眼目,而且这棵树还能够满足一个人想要变聪明的愿望,她摘下它的果实吃了;她还将一些果实交给和她在一起的丈夫,他也吃了。

然后他们两个的眼睛都张开了,他们知道了自己赤身裸体;于是他们将无花果的叶子缝制起来,为自己制作了遮羞缠腰布。

当上帝伴着夜晚的微风走入花园时,他们听到了上帝的声音,于是这个男人和他的妻子为了躲避上帝的驾临而藏于伊甸园的树林中。

但是上帝向这个男人呼喊,问道:"你在哪里?"

他说道:"我听见您在花园里的声音,我害怕,因为我裸体;我只好藏了起来。"

上帝说道:"谁说你是裸体的?你吃了我命你不要吃的树上的果子吗?"

这个男人道:"您赐给我的这个和我在一起的女人,是她给了我这棵树上的果子，我就吃了。"

然后上帝向这个女人说："你都干了些什么？"这个女人说："这条蛇欺骗了我，我就吃了。"

上帝向这只蛇道："因为你这样做了，你所受的诅咒会甚于所有牲畜和野兽；你将用你的肚皮行走，你将终生吃土。我将让你与这个女人彼此为敌，你的子孙和她的子孙之间世代为敌；他会击打你的头部，你会袭击他的脚踝。"

他对这个女人道："我会增加你分娩时的疼痛；你将在疼痛中生儿育女，而你要听命于你丈夫的愿望，而且他支配着你。"

然后他向这个男人道："因为你已经听了你妻子的话，吃了我命令你'你不能吃的果子'，大地因你而受到诅咒；你要终生劳作才能吃上它；大地因为你而长出荆棘和蒺藜；你将吃地里的作物。你必汗流满面才得糊口，直到你归土为止。因为你来自尘土；你本是尘土，仍要归于尘土。"

这个男人给他妻子起名叫夏娃，因为她是众生之母。

接着上帝用皮子为这个男人和他的妻子做了衣服给他们穿上。

然后说道："看，这个男人已经变得和我们完全一样了，知道了善恶；现在，他可以伸出手摘取生命之树上的果子吃，从而可以长生不老"——

因此上帝将他从伊甸园打发走，让他去耕种他所出生的这块土地。

他将这个男人赶出来；他在伊甸园之东布设小天使和一把发出火焰、时刻转动的宝剑守卫着通往生命之树的道路。（根据《创世记》第3章内容）

这就是它一切开始的方式。随着我们的放逐，时间与历史也开始了。从那时起，人类一直以各种不同的方式努力重获伊甸园，让时间回流，恢复伊甸园失掉的天真。不幸的是，知识是不能被消除的。天真一旦失去，便不可恢复，除非通过知识本身，这种知识是一个人通过为世人而死并堕入地狱而获得的——这恰恰是人物但丁效仿耶稣基督所做的事情，耶稣为了拯救人类而牺牲——这就是但丁的归家之旅为什么始于他刚刚从地狱再次浮出水面，也就是在他"复活"之后，可以说是在炼狱之山的岸边。就此而论，但丁之旅具有典型意义，它体现了每个人的旅行，它意味着我们从黑暗到光明、从罪孽到清白、从放逐到归家的旅行。

在《地狱》的开篇，但丁途中找到迷失的自我的此次旅行就是这种隐喻意义的旅行。但丁诗歌的魅力在于当他意识到什么正在发生时，隐喻变得字面化，旅行变成了真正意义的旅行。在一周内，但丁从幽暗的森林到苍天的天堂，从放逐回到精神家园，就在此地的一瞬间他被赋予了上帝的最高眼界。

正如所有空间意义上的旅行那样，这次旅行同样占用时间，而且但丁仔细记录了白天与夜晚的流逝以及傍晚、黎明的到来。的确，他给予我们的信息是明确的：他的地狱之旅始于耶稣受难日这晚，大约为公元1300年4月8日，他到达地狱之山恰恰在复活节4月10日黎明前夕，并于4月13日，这个复活节之后的周三正午到达天堂的第一个天国。巧合的是，但丁在地下所待时间恰恰是耶稣从下葬到复活在坟墓里所待的时间，这一点并不意外。当他步入地狱之时，但丁象征性地死去了；当他再次出现在万灵居住的大地表面之时，恰恰是复活节的黎明，他复活了。

二 但丁的放逐与这首诗歌

然而还有其他东西让我们对家园与放逐的观念产生兴趣，这是以极为有趣的方式将这些观念同但丁宏伟诗篇的诞生联系起来的某种东西。但丁·阿利吉耶里在创作《神曲》之时，实际上已从他的家乡佛罗伦萨被流放，正是这种从天国与佛罗伦萨的双重流放，才有了《神曲》的诞生。但丁于1302年1月从佛罗伦萨被放逐，自身彼时已经不在那个城市，他再也没能归家。20年后，在他完成《神曲》创作之时，他死于拉文那，他的尸体被埋在当地。至少在诗歌创作初期，该诗也许曾被设想作为回到他的"美丽羊圈"佛罗伦萨的一个通行证。因此，在某种意义上讲，该诗的创作是作者遭到流放的结果。被逐离活跃的政治舞台的但丁将诗歌作为替代物，如果你愿意这样说的话，或者作为升华这种改变世界愿望的方式，因为他的这种愿望完全被其生活的现实所挫败。

时间为但丁停留在了公元1300年。在他放逐的这些岁月里，但丁至少被给了两次机会可以回到佛罗伦萨，然而给出的条件如此令人感到屈辱；此外，在1310年年中，尽管这首诗歌可作为实现目的的手段，然而创作这首诗歌本身已成为一个目的。途中遇到的挑战现在通过写作这首诗歌讲述出来——它有100个诗章，意味着要在100张纸上去书写。此次归家之旅成为一次撰写该诗歌的历程。现在这个被放逐的人物兼诗人和朝圣者同时创造了这次旅程与这首诗歌。

他写道，"我苏醒过来"。这种对过去的使用，"我苏醒过来"——我更喜欢"我发现了自我"——让我们将旅程和旅程的讲述同时想象为人物的现在与叙事者的现在。但丁是一位幸存下来讲述故事的主人公。整个故事从头到尾他知道的都要比我们多，直到我们也到达他此次旅行的终点，在这里人物和叙事者再次融为一体。这时，如果我们将诗歌再读一遍,而且我们应该如此,我们就会看到人物和叙事者是如何相互作用、相互影响的。该诗呈现出循环性,因此我们唯有将整个故事再读一遍,也获得了和叙事者同样的经历时,某些情节才会呈现出它们完整的意义。

"我在黑暗的森林找到了自我。"这森林指的是什么?此处的他苏醒过来,找到自我意味着什么?

正如我之前所提到的那样,森林不仅仅是森林,它还是混沌、混乱、困惑、黑暗、未知、敌意、神秘、恐怖、怪异的原型——一个引起痛苦、担忧、恐惧的梦魇。这恰恰是睡梦中陷于迷途的但丁在故事开篇突然找到自我的地方。关于睡眠的某种神秘东西,诗人没有告知我们的东西,一个可以解释他所处困境的秘密,他最终会将之揭示出来。与此同时,他的苏醒通常被不无道理地称为觉醒,一种意识的觉醒。我们的这位徒步旅行者突然意识到他迷路了,众所周知,这种意识是任何迷失的旅行者再次找到道路的一种需要。是什么促成了这种意识以及接下来的恐怖的发生?但丁开始没有说,但是我们也能理解,并且故事很快对此做出确认:它是一种特别的光亮,如果你愿意这样说的话,是一种恩惠,让他张开双眸,让他首次见到他周围充满困惑与混乱的晦暗森林。由约翰·牛顿1779年所写的一首传统美国歌曲,直至今日还非常流行,它诗情画意般地将这种精神觉醒融入歌中:

> 奇异的恩典,多么甜美的声音
> 拯救了我这样一个不幸之人
> 曾处于迷途的我现在被找到
> 曾双目失明的我现在又重见天日。

当但丁意识到自己处于迷途之时,他也就找到了自我。他清楚自己看不见东西,发现自己迷路了。这是一个转变时刻。"穿越丛林之旅"这个地形学概念变得具有道德层面的意义;物质世界的景观转变成人类心灵的一张心理地图。

然而,但丁并非一个神秘主义者。"奇异的恩典"同样有着叙事的一面。荷马的众神在奥林匹斯山上讨论男人和女人的命运,从那里他们开启了在人世间的活动。同样,在《神曲》中,正如我们在《地狱》的第二诗章将会读到的那样,三个天国神女筹划着将但丁从森林营救出来。但这次营救仅仅是个开始。彻底的自由和救赎需要一个更加漫长的过程,这是但丁自力更生的过程。正如《追忆逝水年华》开篇的马塞尔·普鲁斯特那样,但丁既是一个研究者,又是他不得不探求的这片晦暗之地本身。"不仅仅在探求——普鲁斯特写道——还有创造"(《追忆逝水年华》I,1)。这个人物兼叙事者"正面临着已经不复存在而只存在于意识之中的某种东西":这首诗歌。

> 啊,要说出
> 那片森林野蛮、稠密和残酷的本性是多么困难,——
> 一想到它就让我后怕!(4—6)

但丁从诗歌一开始不仅告诉我们真实的旅程有多难,还告诉我们讲述这个故事有多难。

三 三只野兽、维吉尔

但丁从森林出来,开始爬山,他迎着阳光走去,突然三只野兽先后出现，挡住了他的去路。也许它们并非三只，而仅为一只，恰如中世纪的故事情形那样，野兽将自身从豹子变成狮子，再从狮子变成狼。如果像刚刚设想的那样，在这片富有说教意义的土地上，这三只野兽比它们第一眼看上去的样子更具有意义。一代代读者将豹子、狮子和母狼分别看成性欲、高傲和贪婪的罪恶，这些罪恶就像影响但丁那样影响着世人：母狼因为败坏了这个世界而在这首诗歌中多次受到谴责。森林、阳关大道、山、太阳、三只野兽：那么你也许会问《神曲》是一首寓言诗吗？它既是又非。

说它是一首寓言诗，是因为这是但丁通往以维吉尔为代表的理智和哲学的净化故事，维吉尔引领但丁通向人间天堂，它同样也是他通往以贝雅特丽齐为代表的信念、希望和慈善的救赎故事，贝雅特丽齐引领但丁通往天国的幸福。说它不是，是因为但丁作为人物，或者他在旅途中遇到的所有人物，或者几乎所有的人物，都是真实存在的历史人物，他们中的大多数人是但丁同一时代的人。

现在回到我们的故事，母狼虎视眈眈，主人公惊慌失措，急匆匆退回森林。他已精疲力竭。现在唯有外部动因可以拯救他。

这就是诗章下半部分开始的地方（61 ff.）。就在但丁刚刚退回到这个可怕的森林之时，突然一个人影出现在这个荒无人烟的地方，但丁高呼，"可怜可怜我吧，无论你是何物，无论是鬼是人"（65—66）。这是该诗非同寻常的一个转折点。这人影是一个真人的影子，尽管此人已经死去，他详细说了自己的历史身份："我现在并非一个人，但我之前是，我的父母来自伦巴第。"（67—68）他继续详述自己的出生地、出生时间、他父母的国籍、他的罗马皇帝的名字、他在世时所实践的技能。正是由于这种自我介绍消除了我们种种疑问。这个出现在但丁面前作为他历史上的自我的人影就是拉丁诗人维吉尔：维吉尔于公元1300年的耶稣受难纪念日（他已死13个世纪）在这个荒无人烟之地突然出现；他是一个令人尊敬的诗人，曾写过《埃涅伊德》《农事诗集》和《牧歌集》，他是但丁的模范诗人和智慧导师。森林与山、野兽和太阳也许是寓言，但维吉尔就是维吉尔，但丁如是说。

就在此时，一个像维吉尔一样的诗人前来营救但丁；不是像亚里士多德的哲学家、不是像圣托马斯的神学家、不是像圣奥古斯丁的圣徒，甚至也并非一个来自天国的天使，而是维吉尔这个罗马帝国诗人：一个异教徒诗人前来营救了一位基督徒诗人，正如我们所看到的，这个异教徒诗人的诗歌如此强大，以至于它能拯救他人，尽管不能拯救它的作者。这个观念如此悖论，唯有但丁这样自信的诗人才有如此的观念，并将之作为他诗歌的基石。然而，但丁这个人物同时也一如我们那样惊诧：

> 那么您就是维吉尔，
> 那个言如泉涌的文渊？（79—80）
> ……
> 噢，其他所有诗人的荣耀与光辉，
> 让我长久的学习和炽烈的挚爱发挥作用
> 让我孜孜不倦深入钻研您的书卷。
> 您就是我的导师和我的再生父母，
> 从您那里我汲取了高雅的风格，
> 因此而为我带来声名。（82—87）

但丁一见到他的模范诗人就惊呆了，接着欣喜若狂，不知所措。他的这种热情并非言过其实。维吉尔是中世纪最受人喜爱与尊敬的一位诗人，他在该诗《地狱》部分第一诗章登场，在该诗三分之二的部分中，一直处在中心舞台上作为但丁的向导,一直到《炼狱》结尾处他与但丁到达人间天堂。他的功能是双重的。在旅行层面,他引导但丁走向自由;在叙事层面,他的诗艺为但丁提供了神圣的典范。然而,维吉尔这位圣人最终将不能跟随他的基督徒门徒到达天堂;同样,诗人维吉尔不仅被但丁赶上,与之竞争,也可以说被但丁超越。这两个人物之间的关系引人入胜。在这个故事的虚构中,但丁是一位门徒,维吉尔是导师和领导者。事实上,对这位导师的伟大之处的认可总是被这位学生所承认的伟大之处削弱。例如:

> 看这只逼我折返的野兽。
> 快来救我脱离她的狼口,著名的圣人——
> 她让我的血管与脉搏颤抖。(88—90)

甚至就在他祈求得到帮助脱离这匹凶猛的母狼之际,但丁也可以炫耀他的诗艺了。看看但丁对这匹狼的担忧描述得多么现实而具体:"她让我的血管与脉搏颤抖。"维吉尔要求但丁不要试图再次登山并回答:正如《奥德赛》(10,490)中的喀耳刻告诉尤利西斯的那样,如果但丁想要归"家",他必须走一条不同的道路("un altro viaggio",91),这就是在山和黑暗森林之间敞开的第三条路,一条下坡路。但丁需要以退为进,为再生而"殁"。这位异教徒诗人将引导我们迷途的旅行者"穿越永恒之地",脱离自己所陷入的困境。

更为令人诧异的是,这个罗马的维吉尔详述了这匹母狼,这是但丁自己诗意的创造。他告诉但丁这匹狼仅仅是一种幻觉、一场梦魇以及但丁想象虚构的东西而已;更确切地讲,他确认她是一只活生生的、真实的野兽,天下无敌,唯一克星是神秘的灰狗"维尔托",有一天,我们也不知具体何时的某一天，它会前来让她在痛苦中丧生，其实是将她赶回地狱，当初嫉妒将她从这里释放出来。通过这样做——维吉尔补充道——这只灰狗不仅给像但丁这样可怜的迷途者带来救赎，而且给"贞女卡蜜拉、欧律阿勒斯、图阿努斯、尼索斯为之负伤而死"的整个意大利带来救赎（94—111）。

这是对现代读者的另一打击。首先，卡蜜拉、欧律阿勒斯、图阿努斯、尼索斯是维吉尔的《埃涅伊德》里的传奇人物。但是维吉尔此处提到他们，将他们当作意大利民族历史上的殉道者，因此以一种令人非常困惑的方式将历史与虚构混合起来。其次，意大利与但丁个人的困境又有什么关系呢？维吉尔怎么能够既是死于公元前19年的罗马帝国诗人又是公元1300年意大利救赎的先知呢？我们曾经考虑仅仅是但丁在幽暗的森林中迷路了；现在我们开始认识到是意大利和整个世界都与他一起迷失了。我们遇到了处于各个层面的话语，这些话语表面看起来毫不相关。然而，这首诗歌将呈现出罗马帝国与现在之间的连续性，正如它表明的那样，但丁的个人危机仅仅是公元1300年困扰佛罗伦萨、罗马帝国和整个世界的道德危机与政治危机的一个方面。

然而，但丁还没有开启他的旅程，而读者就已面对涉及幻想与现实、神话与事实、寓言与预言、个人经历与世界历史、个人的救赎与整个人类的救赎这样一个丰富复杂的诗性本质，因而对此次旅行既深深着迷，同时又失去了判断力。诗章结尾部分宣布了此次旅行的开始，这是在维吉尔引领之下，但丁紧随其后的一次向前的行进。"他前行，我紧随其后"（136），这就是序言结束但丁旅程开启的地方。

比较诗学、认知诗学与世界诗学的建构[*]

上海交通大学人文艺术研究院　王　宁

伴随着全球化在文化上的进程,"世界文学"近年来已成为国际人文学科的又一热门话题。当年,歌德之所以提出"世界文学"的构想,很大程度上是因为他读了包括中国文学在内的一些非西方文学作品后,受到极大的启发。同理,中国的文学理论也曾对西方学者的比较诗学理论建构产生过较大影响,只不过绝大多数主流的西方文学理论家对此却全然不知,或拒不承认。今天,世界文学已成为一种审美现实的情况下,文学理论也进入一个"后理论时代"[1]。"后理论时代"的来临使原先被压

---

[*] 本文为王宁教授2015年3月13日在南京大学高研院名家讲坛第169期的演讲,讲稿由演讲者本人提供。王宁现为上海交通大学人文艺术研究院院长,主要从事比较文学、文艺理论、全球化与跨文化等领域的研究。

[1] 关于"后理论时代"的特征,参见王宁:《"后理论时代"的文学与文化研究》,北京大学出版社,2009年。

抑在边缘的一些理论话语步入前台，也打破了西方中心主义一统天下的格局，使得来自小民族或非西方的学者得以与西方乃至国际同行在同一层次进行平等的对话。因此，我们完全可以基于"世界文学"这一概念建构一种更具现实性和实用性的"世界诗学"。

一　从比较诗学、认知诗学到世界诗学

由于文化研究的冲击，当下谈论含有诸多审美元素的诗学早被认为是一种奢侈品。人们或许会认为，在文化研究大行其道、文学理论江河日下的情形下，文学面临死亡境地，谈论比较诗学还有何意义？这种讨论是否有点不合时宜？但这只是当代西方文论界的情形，并不代表整个世界的文学理论状况。尤其是在中国的文学理论界，通过近百年来学习西方理论和弘扬比较文学，中国的文学理论家已娴熟掌握了西方文论建构的路径和方法，此外，我们也从未忽视自己的文学批评和理论实践，可以说，现在已到了建构中国的理论话语的时候了。

当然，建构一种具有普遍意义的文学阐释理论，或曰"世界诗学"，首先要通过对中国和西方以及东方其他主要国家的诗学进行比较研究，才能站在一个新的高度提出自己的理论建构，否则重复前人或外国人已做过的事情绝不能实现真正意义上的创新。"世界诗学"构想的提出，将有助于世界文学理论的进一步完善，也会像"世界文学"这个概念一样，可以作为一个值得讨论甚至争论的理论话题，从而引发国际性的理论讨论，同时也能在一定程度上改变和修正世界范围的现有文学与文论版图。

虽然作为概念的"世界文学"受到热议，但很少有人深入探讨与世界文学相关的理论问题，人们也不企望建构一种具有普遍意义的世界诗

学。学者对文学理论问题的讨论依然停留在比较诗学的层面,并没有在孟而康比较诗学研究的基础上做出理论升华和建构。孟而康在西方中心主义的思维模式主导国际比较文学研究的年代里力挽狂澜,颇有洞见地提出"跨文化的比较诗学研究";他通过对东西文学和文论的比较研究,提出了"一种生成性诗学"[1],并朝着这种世界诗学建构的方向前进。当然,孟而康仍然持有一种充满精英意识的(比较)文学研究者的立场,由于他英年早逝而未能实现已开始萌发的世界诗学构想,这无疑是其比较诗学的一个局限。[2] 另一个局限在于,他考虑最多的是日本的古典文学和文论,他在书中虽也提及了中国的文学理论著作,却全然不提现代文论。因此,他的研究更具有史学价值而不能引发当下的文学研究与讨论。孟而康的《比较诗学》出版之时,正是文化研究崛起并对比较文学学科产生强有力冲击的年代,尤其是美国的比较文学学者,更是言必称文化研究。在研究对象方面,文化研究也是反对传统的习俗,以当代文化和通俗文化为研究对象,这就与有着精英和经典意识并排斥当代的比较诗学大相径庭,因此比较诗学很快就被淹没在文化研究的"众声喧哗"中。

有鉴于此,我认为,古代文论基本上是自满自足和相对封闭的,它要想在今天依然发挥其应有的阐释作用,就应当被今天的文学实践激活,通过现代转型实现其当代价值。而19世纪后半叶以降的现代文论虽然是开放和包容的,但同时也是很不完备的,在当今这个跨文化的语境下,

---

1 厄尔·迈纳:《比较诗学:文学理论的跨文化研究札记》,王宇根、宋伟杰等译,中央编译出版社,1998年,第314页,译文有所校改。
2 关于孟而康的比较诗学价值以及理论建构上的局限,参见王宁的英文论文。Ning Wang, "Earl Miner: Comparative Poetics and the Construction of World Poetics", *Neohelicon*, vol. 41, no. 2, 2014, pp.415-426.

它很难显示出普遍意义和价值。因此，建构一种具有相对普遍意义的世界诗学十分必要，也势在必行。此外，当代认知诗学对于世界诗学也具有启示意义。如果只是提出世界诗学的建构，而没有广泛深入地对中外诗学或文学理论进行比较研究，那就如同一座空中楼阁而不攻自垮。认知诗学是近十多年来从边缘逐步进入中心的一个新的研究领域，它介入文学和语言之间的界面研究，专注文学的语言因素考察和研究。它提醒人们，文学既然是语言的艺术，对它的研究就不可能忽视从语言形式入手的经验研究。因此认知诗学的崛起实际上起到文化理论衰落后的某种反拨作用。本文的目的并非专门讨论比较诗学和认知诗学，但世界诗学的理论建构却无法回避这两个方面。

首先从比较诗学谈起。比较诗学并不意味着仅仅采取比较的方法来研究文学理论，它还可以将文学的理论阐释作为关照的对象，因此它同时也是诗学的一个分支。而认知诗学（cognitive poetics）则是近几年十分活跃的一个文学批评流派，它将认知科学尤其是认知心理学的原则用于文学文本的阐释。它与读者反应批评尤其是注重读者心理反应作用的那一派密切相关，此外，它也与专注文学的语言学界面研究的文体学关系密切，常被欧洲一些崇尚文学经验研究的学者用来分析文学文本的语言因素。认知诗学批评家也像当年的英美新批评派批评家那样，致力于文学文本的细读和分析，但与其不同的是，认知诗学批评家同时也认识到语境的重要性，尤其是对文本意义的发掘至关重要。因此认知诗学突破了新批评派封闭式的专注文本的做法，同时也超越了结构主义的专注语言形式的做法，它所显示的生命力已越来越为当代理论界所认可。

与孟而康相比，认知诗学的奠基人鲁文·楚尔（Reuven Tsur）则是一位来自小民族和小语种的理论家。楚尔在写于1971年的博士论文中，发展了一种被他称为"认知诗学"的方法，并试图将其推广到所有的文学和诗学研究。作为一种跨学科的文学研究方法，认知诗学涉及的范围极广，包括文学理论、语言学、心理学和哲学的多个分支。就文学研究而言，认知诗学探讨的是文本的结构与人类感知性之间的关系，并对发生在人的大脑里的各种作用充当协调者。楚尔的贡献在于：将这种认知诗学应用于格律、声音的象征、诗歌的节奏、隐喻、诗歌以及变化了的意识状态的研究；他从探讨文学的"文学性"乃至"诗性"入手，但又不仅仅局限于此，他所建构的认知诗学还用于更广泛的领域，诸如某时期的风格、文类、建筑范式、翻译理论、批评家的隐含的决定风格、批评能力以及文学史等。

但是，在文化理论和文化研究大行其道的"黄金时代"，一切专注文学文本的语言因素研究的批评和阐释都被边缘化了，认知诗学也是如此。而在当今的"后理论时代"，文化理论的"黄金时代"已经过去，文化批评的批判锋芒有所收敛，文学研究再度收复一些失地；但与以往不同的是，"后理论时代"的文学研究更注重文学的经验研究，这显然为认知诗学的兴盛奠定了基础。

我提出"世界诗学"构想时，之所以要提及认知诗学，其原因有二：其一，作为对大而无当的文化理论的一种反拨，认知诗学依然专注文学文本，并注重文学的语言因素，因而与诗学的关注对象比较接近；其二，楚尔的双重边缘身份值得我们重视，他的出身背景（罗马尼亚）和工作环境（以色列）都是典型的小民族。但是，他却有一种世界主义的胸怀，敢于采用世界通行的语言——英语作为写作的媒介，通过英语的影响力和流通渠道把自己的理论建构传播出去，这对中国学者的理论建构无疑是一种启示。

二 世界文学研究与"世界诗学"的构想

也许人们会问,既然世界各民族、国别的文学和文化千姿百态,能有一个普遍公认的审美标准吗?我认为:在绝对意义上说来这显然是不可能的,但依循一种相对普遍的审美标准来进行理论建构还是可以做到的。对此,可从"世界文学"理念的建构中见出端倪。当年歌德提出这一构想时,几乎被认为是一个乌托邦式的假想,尽管从表面上看来,歌德摆脱了欧洲中心主义的桎梏,但他同时却又陷入了德意志中心主义的陷阱。之后,马克思和恩格斯在《共产党宣言》中再次提到"世界的文学"概念,才将其与资本主义的世界性扩张联系起来。[1] 后来,由于民族主义的高涨,世界主义的理念被放逐到边缘,尽管一些有着比较意识和国际视野的文学研究者大力提倡比较文学研究,但早期的比较文学研究依然缺乏一个整体的和世界文学的视野。

第一,世界诗学必须突破西方中心主义的局限,包容产生于全世界主要语言文化土壤的文学理论。因此,对它的表达就应该同时是作为整体的诗学体系和作为具体的文学阐释理论。既然世界诗学意指全世界的文学理论,那么,它就应该像世界文学那样兼有单数和复数的形式。因而将其用于建构这样一种世界诗学也同样适用。由于"诗学"这一术语在英文中无法区分单复数形式,我这里便使用"文学理论"加以表述:作为总体的世界文论和具体的世界(各民族、国别的)文论,前者是世界优秀的文学理论的升华和结晶,后者则应考虑来自不同的民族、国别文学的具体文论和范畴。

第二,世界诗学必须跨越语言和文化的界限,不能只是"英语中心

---

[1] 参见《马克思恩格斯文集》第2卷,人民出版社,2009年,第35页。

主义"的产物，而应重视用其他语言撰写并发表的文学理论著述的作用和经验，并及时将其合理的因素融入建构中的世界诗学体系。西方文化传统中的诗学理论经历了不断的重构，它在用于东方文学作品和现象的阐释时也被"东方化"，进而具有更多普遍意义和价值。尽管中国有着独特、自足的诗学体系，其标志性成果为刘勰的《文心雕龙》，但迄今为止，西方的主要理论家对此却几乎全然不知，即使在孟而康的专著《比较诗学》中也很少提及。可以说，对中国以及东方诗学的忽略和不屑一顾，显然是探讨世界文论或诗学过程中的一个严重缺陷。

第三，世界诗学既然被认为是一种普遍性的文学阐释理论，那么，它就应被用于解释所有的世界文学现象，而不管是西方的还是东方的，也不论是古代的还是现当代的。实际上，长期以来，东方文化和文学对来自西方的理论一直抱有一种包容和"拿来主义"的态度，但在那些西方国家，即使是在汉学家中，文学研究者仍一直沿用从西方的文学经验或文化传统中得出的理论概念解释非西方的文学现象。

第四，世界诗学需要做到普遍性与相对性的结合，尤其是要注意使其具有理论的开放性。应该承认，东西方文学和文论交流的巨大反差在今后相当长一段时间内都很难克服。例如，孟而康作为一位跨文化比较诗学理论家，始终对西方世界以外的文学和诗学抱有一种包容态度，他曾指出："认为最伟大的文学都是最公正的社会的产物是不能令人信服的，尽管可以断定，用那一时代的标准衡量，不公正的社会不可能创造出有持久影响力的作品。"[1]

第五，世界诗学作为一种理论模式，在运用于文学阐释时绝不可对文学文本或文学现象进行"强制性的阐释"，而应具体问题具体分析。所

---

[1] 厄尔·迈纳：《比较诗学：文学理论的跨文化研究札记》，第328页。

谓"强制阐释",正如有学者已经指出的,就是不顾文学自身的规律,从文学以外的理论视角进入文学,将根据非文学经验抽象出的理论强行用于文学作品及文学现象的阐释,其目的并非为了丰富和完善文学作品的意义,而更是为了通过对文学现象的阐释来证明自己的理论的正确和有效性。[1]当然,我们要区分理论家的本意和后来的阐释者对之的滥用。在当今这个跨文化和跨学科研究的大趋势下,文学不可避免地受到非文学理论话语的侵蚀,因此,在文学研究界,我们经常听到"返回审美"的呼声。从非文学的理论视角进入文学作品并对之进行阐释,这本身无可厚非,但是,其最终目的应有利于文学意义的建构和文学理论的丰富、发展,而不能仅满足于证明某种理论是否正确和有效。

第六,世界诗学应该是一个开放的体系,它应与人文学科的其他分支学科进行对话,并对人文科学理论话语的建构做出自己的贡献。这与上面一点是相辅相成的,因为在过去的几十年甚至上百年里,文学本身已经发生了巨变,文学理论再也不能自我满足了。

第七,世界诗学应该具有可译性,这有助于对西方世界之外的文学作品和文本进行有效的阐释。同时,在被翻译的过程中,它自身也应有所获,因为世界诗学的一些理论范畴必经翻译的中介,才能在各种语言和文学阐释中流通并得到运用,不可译的理论范畴是无法成为世界诗学的。

第八,一种理论只要能用于世界文学作品的阐释和批评,它就可跻身于世界诗学,其生命力也可在这种未完成状态中体现出来。各民族、国别的文学和理论批评经验,都可向这一开放的体系提供自己的理论资源,

---

[1] 关于当代文学理论批评中的"强制阐释"及其反拨,参见张江:《当代西方文论若干问题辨识——兼及中国文论重建》,《中国社会科学》2014年第5期。

从而使之不断得以丰富和完善，最终使之成为一个文学理论范畴而载入未来的文学理论史。那种忽视来自小民族的理论贡献的大国沙文主义，也将与西方中心主义一样，注定要被有着多元文化特征的时代所摒弃。

第九，世界诗学是可以建构的，那么，每一时代的文学理论家都可在自己的批评和理论阐释实践中，对之进行质疑、修正甚至重构。既然在过去几十年里，西方理论家建构了诸如"现代主义"和"接受美学"等概念，西方的东方学者也根据自己那一鳞半爪的东方文化知识建构了各种"东方主义"，那么，作为东方的文学研究者，我们为何不能从自我出发，综合东西各国的文学经验，建构一种具有相对普遍意义和价值的世界诗学呢？当年，歌德对世界文学理念的构想在过去的近二百年里不断引发争鸣，而沉寂了多年后，在当今的全球化时代它再度兴起，不断吸引人们质疑和重构的目光。既然"世界文学"是一个开放的理论概念，"世界诗学"的构想也应如此，因为它们都是以比较诗学和世界文学作为建构基础的。

三　世界诗学建构的理论依据和现实需要

或许有人会问，在当今的西方文论界，建构"宏大叙事"式的理论话语体系早已成为历史，甚至带有许多非文学因素的文化理论的"黄金时代"也已成为过去，建构世界诗学有可能吗？换言之，即使在中文语境建构出一种世界诗学，它又能否得到国际同行的认可并在批评中行之有效？因此，我首先回答第一个问题，即世界诗学构想的理论依据何在。

其一，世界诗学是对世界文学和比较诗学研究成果的一种理论升华，它并非理论家躲在象牙塔里的无病呻吟或奇思妙想，而是根据文学创作和理论批评的实践需要提出的,有着丰厚的世界优秀文学作品和理论著述作为基础。迄今为止,占据世界文论主流的西方文论并未涵盖全世界文学和理论的经验,它在很大程度上是从自身的文学创作与理论批评经验中抽象和升华出来的,因此用于解释西方文学文本和文学现象行之有效。但是,自歌德对世界文学做了"非西方中心主义"式的建构后,越来越多的西方理论家开始把目光转向西方世界以外的文学创作经验,也出版了自己的世界文学史,这对世界文学领域内长期占主导地位的西方中心主义思维模式构成了有力的挑战。众所周知,理论概念的提出须有丰厚的实践基础,既然世界文学的实践已走在我们前面,作为文学理论工作者,我们理应提出自己的理论构想,以便对异彩纷呈、错综复杂的文学现象加以理论的概括和总结,同时也建构自己的"元批评"理论话语。因此,世界诗学的构想正逢其时。

其二,目前,所有具有普遍性的文学阐释理论都产生于西方语境,由于其语言和文化背景的局限,这些理论的提出者不可能涵盖东西文学和理论的范畴和经验,尽管一些重要的理论家凭着深厚的学养和理论,通过强制性阐释使自己的理论也能用于非西方文学的阐释,但毕竟有很多漏洞。关于这一点,我们可从西方理论概念在阐释中国文学现象时的成败得失中见出端倪。有鉴于此,一些具有国际视野和比较眼光的中国文学理论家,首先创造性地将这些具有普遍意义的理论原则用于中国文学现象的阐释实践,并在阐释过程中对之加以改造甚至重构,因而便在中国语境出现了"西方文论中国化"或"汉译西方文论"的现象。这一现象也为我们提出自己的理论概念和批评话语奠定了基础。

其三,中国学者始终关注西方文学理论的前沿课题,并能及时将之译介到中国,同时我们又有丰厚的东方本土文学和理论批评经验,因此,在"后理论时代",当文学和文化理论在西方处于衰落时,中国学者和理论工作者有必要和能力从边缘步入中心,并在与西方乃至国际同行的对话中提出自己的理论构想。当年,歌德提出了"世界文学"构想时,其"世界文学"理念仍带有一些欧洲甚至德意志中心主义的色彩,他所呼唤的"世界文学时代"的来临也只是一种乌托邦式的幻想。在今天的全球化时代,"新的世界文学学科则恰恰相反,因为它可以被看作是为挽救文学研究所做出的最后的一搏。它含蓄地声称,研究全世界的文学是理解全球化的一种方式"[1]。进而言之,研究世界文论或建构世界诗学,也是对世界文学创作与经验的理论总结和升华。

需要强调的是,世界诗学构想的提出,有助于世界文学理论概念的进一步完善,也能改变和修正现有的世界文学和文论的版图。关于前者,我们可从最近中国当代文学理论界出现的"重建中国批评话语"的尝试中见出端倪。在此,张江在质疑西方文论时已大胆提出自己的"本体阐释"构想。[2] 由此可进一步推进,仅用现有的理论进行文学阐释并不是理论工作者的最终目的,关键是要提出自己的理论建构,这样才能在当今全球化语境下各种理论话语的众声喧哗中发出中国学者的独特声音。当然,这种声音开始时会比较微弱,甚至完全有可能为国际学界所不屑。但是,随着中国文学在世界文学版图中日益扩大,中国在世界上的重要性日益凸显,中国文论的地位也会相应得到提高,这是需要我们自己进一步努力的方向。不言而喻,当下的中国文学在世界文学版图中处于相对边缘的位置,"非边缘化"和"重返中心"的努力仍是我们的重要工作。中国文学究竟有多少作品已跻身世界文学之林?这个问题似乎并不

---

1 J. Hillis Miller, "Globalization and World Literature", *Neohelicon*, vol.38, no.2, 2011, pp.253–254.
2 参见毛莉:《当代文论重建路径:由"强制阐释"到"本体阐释"——访中国社会科学院副院长张江教授》,《中国社会科学报》2014年6月16日。

重要，重要的是过去很少，现在已开始逐步增多。而更重要的是，我们必须清醒：这一现状与中国文学的实际很不相称。这也正是世界诗学的建构对于重写世界文学史，进而扩大中国文学和理论在世界文学和文论版图中的地位，变得十分重要和非常有益的原因。关于中国文学在当今世界文学版图中的地位，已故荷兰比较文学学者佛克马曾提供颇有说服力的例证。需要进一步指出的是，推动中国文论的国际化进程还有待于我们自身的努力。如果说，歌德当年呼唤"世界文学时代"的来临确实有点不合时宜，那么，在今天世界文学已成为一种审美现实的情况下，世界诗学的建构将不会遥远。

世界华文文学：跨区域、跨文化存在的文学共同体[*]

南京大学文学院　刘　俊

　　"世界华文文学"这一名称的提出和确立，经历过相当长时间的争论和"磨合"。大陆学术界自20世纪70年代开始，先有"港台文学"名称出现，后来"港台文学"变为"台港文学"并扩大为"台港澳文学"，再从"台港澳文学"延展至"海外华文文学"（外国文学中用华文创作的文学），最终又有了"世界华文文学"（范围包括了"台港澳文学"和"海外华文文学"，所以它还有一个名称叫"台港澳暨海外华文文学"）的名称。

---

[*] 本文为刘俊教授2015年5月7日在高研院学术前沿讲座第260期的演讲，讲稿由演讲者本人提供。刘俊现为南京大学文学院教授、高研院兼职研究员，主要从事海外华文文学、比较文学等领域的研究。

应当说，到目前为止，"世界华文文学"这一概念还没有获得一个学界最终确立的"统一认识"。大致而言，这种看法得到了大多数中国学者的认可，那就是：除了中国文学（不包括中国香港、澳门、台湾文学）以外的、用中文（汉语、华文）创作的文学，即为"世界华文文学"——虽然坚持把中国大陆现当代文学也包含在"世界华文文学"概念中的学者始终不乏其人。

"世界华文文学"的涵盖范围（究竟包不包括中国大陆现当代文学）至今尚是一个悬而未决的议题，在其内部（假使我们认可它的范围不包括中国大陆现当代文学）也同样存在着边界模糊的问题。从概念和范围上来讲，"台港澳文学"与"海外华文文学"分属两个不同的文学范畴，前者是中国文学的一部分而后者属于外国文学。虽然由这两种不同范畴的文学组成"世界华文文学"是"历史的产物"——当初学者们正是通过"台港澳文学"才发现了"海外华文文学"，并且这两种文学本身也常有重叠和交叉的现象——但毕竟，"台港澳文学"和"海外华文文学"应该是两种不同性质的文学（前者属于中国文学，后者属于外国文学）。

然而，问题的复杂性正在于，"台港澳文学"和"海外华文文学"虽然分属不同的文学范畴，具有不同的文学性质和归属，但它们之间的历史联系和文学渊源，却不像"中国"和"外国"那样界限分明、疆域明确。对于像白先勇、聂华苓、施叔青、陈若曦、杨牧、郑愁予、王鼎钧、东方白、梁锡华、痖弦、洛夫、李黎这样在北美和中国的台港间不断"旅行"居住的作家，他们到底是属于"台港澳文学"中的作家，还是"北美华文文学"中的作家呢？而对于像李永平、张贵兴、陈大为、钟怡雯、黄锦树、林幸谦、温瑞安、方娥真、辛金顺这样旅居中国台港的马来西亚作家，他们应该是"马来西亚华文"作家，还是"中国台港"作家呢？

如果把20世纪改革开放后走出国门的"新移民"作家也放进来考虑的话，那问题就更加复杂。对于像严歌苓、张翎、陈河、虹影、查建英、卢新华、北岛、木心、阎真、施雨、少君、陈瑞琳这些频繁出入中国，有些甚至已经又"海归"回中国（香港）的作家，他们应该算是"中国"作家还是"海外华文作家"呢？

在全球化的今天，用国籍或地域归属来"界定"在世界范围内"旅行"游走、不断迁居的华文作家，显然非常困难——更不用说他们的作品在发表时，那种自由流动、不分畛域的"跨界"和"越位"现象（常常人在"海外"，作品却在中国台港或中国大陆发表出版）。面对"世界华文文学"如此复杂的"生存形态"，希冀用国籍或地域概念将"世界华文文学"的组成成分（"台港澳文学"和"海外华文文学"）分别加以约束、限定和固化，看来是件极为困难的事。

与中国学者用"台港暨海外华文文学""世界华文文学"等概念来指称中国大陆以外地区的汉语文学相比，海外学界有"华语语系文学"（王德威）和"Sinophone"（史书美的说法）。王德威的"华语语系文学"，是指包含了中国大陆文学在内的世界性的汉语语种文学，这与那些主张"世界华文文学"应涵盖中国大陆现当代文学、台港澳文学和海外华文文学的大陆学者，可谓"不约而同"。然而其与大陆学界一般对"世界华文文学"的认识却有所不同，区别就在于在"世界华文文学"中，要不要包括中国大陆现当代文学。虽然王德威在用"华语语系文学"这一概念来统摄"世界华文文学"的时候，侧重的是文学中的问题而不在涵盖范围上用力。

2007年，在美国加州大学洛杉矶分校任教的史书美（Shu-mei Shih）在她的英文专著《视觉与认同：跨太平洋华语语系表述·呈现》（*Visuality and Identity: Sinophone Articulations across the Pacific*）中，仿造西方学界的"英语语系"(Anglophone)、"法语语系"(Francophone)、"西班牙语语系"(Hispanophone)等概念,提出了"Sinophone"的概念。史书美在这本书中,希望能用"Sinophone"这个概念,取代"离散"这一概念。在史书美提出"Sinophone"这一概念之前,西方学界常将"离散"(Diaspore)理论用于分析流布在世界各地的中国人(以及他们的语言和文化)——具体化为"中国人的离散"(Chinese diaspora)。而在史书美看来,所谓"中国人的离散"[1]主要是指汉人的离散,对于那些非汉族的中国少数民族而言,就难以用"离散"的概念来说明他们[2]。并且,她认为"离散"的概念具有本质主义之嫌,"是把分布在世界各地的华人视为由同一个源地产生的同一种族、同一文化和同一语言的普遍性概念"[3],而且这种离散"是与那种设定为渴望回到祖国的'海外华人'的民族主义修辞,以及西方对于中国性的那种永远具有外来异质性的种族化建构相共谋"的[4]。现在她提出的"Sinophone"概念,"包括了世界上那些在中国以外使用中文(说和写)的地区";[5] 不同于"离散"概念的是,"'Sinophone'的前景不是人们的种族,而是他或她所使用的语言社群——无论这些语言是天然的还是雕饰的,'Sinophone'与生俱来的跨国性和全球性以及包含了各种中文语言,使它不再与国籍永远捆绑在

---

[1] "离散"这一概念原本是用来说明犹太人在世界各地的散布,史书美书中将"离散"具体化为"中国人的离散",因此这里所说的"离散",如果没有特别说明,都是指"中国人的离散"。

[2] Shu-mei Shih: *Visuality and Identity: Sinophone Articulations across the Pacific*, University of California Press, 2007, pp.23-24.

[3] Ibid., p.23.

[4] Ibid., p.25.

[5] Ibid., p.28.

一起"[1]。

　　史书美在给出"Sinophone"这一概念时,特别强调它的出现是与特定的时间和地区相关联的,并且,散居在世界各地的华人,他们使用的中文已经不再是标准的汉语,而是一种具有地方特色和混杂性质的"中文";而在这种具有地方特色和混杂性质的中文背后,则是对"中国中心论"的去除[2]——这又与离开故土在新的环境下生活的华人的认同有关[3]。

　　史书美在书中形成和展开这一核心概念时,主要依托于对视觉艺术产品(电影、绘画、摄影)的分析。在书中,她也提到了"文学",认为对于用不同中文创作的文学是非常有用的一种概念,因为"过去对于在中国之内和中国之外用中文创作的文学区别较为模糊,这种模糊对于在中国之外用标准汉语或其他中文创作的中文文学产生的效果是:即便不是湮没起码也是忽略,在英文中用'中国文学'(Chinese literature)和'华文文学'(literature in Chinese)这样的范畴来区分这种中国之内和中国之外的文学更增添了混乱。在英文中'中国'这个单一的词抹杀了中文(Chinese)和华文(Sinophone)之间的差别,并且容易滑入中国中心论"[4]。

　　不过,史书美在运用"Sinophone"这一概念来说明文学的时候,她似乎没有找到太有力的着力点——因为虽然她将"Sinophone"用拼音"Huawen"(华文)来指称,但她对"Sinophone"的分析,显然更注重

1　Shu-mei Shih: *Visuality and Identity: Sinophone Articulations across the Pacific*, University of California Press, 2007, p.30.
2　Ibid., pp.34-39.
3　Ibid., pp.183-192.
4　Ibid., pp.32-33.

其中包含的"声音"意味,而对"Sinophone"中更为重要的"文字"层面,她却谈论不多;也就是说,在一种语言所包含的字、音、意三者间,史书美注重的是音,而不是字——这也许就是她在书中以视觉艺术为分析的主体,而没有把文学当作论述的重点的原因。因此,在我看来,如果要把史书美笔下的"Sinophone"这一概念翻译成中文的话,与其把它翻译成"华文",不如把它翻译成"汉声"来得更加贴切。

史书美的"汉声"(Sinophone)概念,在某种程度上为我们认识和分析世界华文文学,提供了一个新的视角,也不失为一种具有参考意义的方法。然而,由于我们谈论的世界华文文学,是以中文(华文)为书写媒质,因此,由中文(华文)衍生出的各种变体(各种方言、中外混杂语、土著语等),不管它们在声音(发音)上有怎样的差异,也不管这些变体吸收了多少外来词汇,乃至新创了多少词汇,在语法结构和表达方式上有什么样的调整和改观,但在文字上,只要它们是用中文(华文)书写的,它们就都同属一种文字:用这种文字创作出来的文学,就是中文(华文)文学。

在这样的认识下来论述世界华文文学的时候,就会发现,如果说"离散"关涉的是世界华文文学的一种"外延形态"(如何从中国向世界外延——"中国性"容易被诟病为本质主义),"汉声"聚焦的是世界华文文学的一种"在地分布"(如何在本土生发出新质——"在地性"自然被赋予抵抗色彩),那么,世界华文文学,在我看来,就是以中文(华文)为书写载体和创作媒介,在承认世界华文文学的历史源头是来自中国文学,同时也充分尊重遍布世界各地的中文(华文)文学各自在地特殊性的前提下,统合中国(含台港澳地区)之内和中国之外所有用中文(华文)创作的文学,所形成的一种跨区域、跨文化的文学共同体。在这样的定义下,"离散"和"汉声"所呈现出的,就只是世界华文文学的某种特性和生存姿态，而不是世界华文文学本身。

既然我在这里把世界华文文学定义为是个包括了中国大陆文学在内的跨区域、跨文化的文学共同体，那么在世界华文文学这一文学共同体中，按照目前文学生态的实际分布情况，大致可以分为中国大陆文学、中国台湾文学、中国香港（澳门）文学、东南亚华文文学、北美华文文学、欧洲华文文学、大洋洲华文文学等几大文学区域，这些不同的文学区域，既各有自己的发展历史和独特风貌，同时彼此之间也双边或多边地互有交集、重叠、渗透和影响。

中国大陆文学，自古至今，是一个有着悠久历史和杰出成就的文学领域，它的历史积淀、古典传统和"五四"所开创的现代形态，成为世界华文文学中其他区域文学无可争辩的源头——世界华文文学中其他区域的文学，无论后来融入了多少新质，产生了多少新变，历史有多独特，形态有多复杂，追根溯源，其发祥地都是中国大陆文学。虽然这些文学区域在后来的历史发展中，逐步形成了自己的地方色彩或国别属性，但它们都是源自中国大陆文学这一事实，毋庸置疑。就此而言，中国大陆文学（以及当代台湾文学）在世界华文文学中，在某种程度上就是个核心体，其他区域的华文文学，都是从它身上生发、延伸、变异、剥离出来的。需要特别说明的是，中国大陆文学这个核心体在其他区域的生发、延伸、变异和剥离，是伴随着中国人自觉或不自觉（被欺骗、被贩卖）地向海外移民实现的。因为近代以来中国没有像英、法、日、西班牙等国那样在海外殖民的历史，因此中文（华文）在海外的"扩散"，就没有殖民或强迫的意味，它也基本上没有向其他族群"扩张"，而是只限于在华人社群中流传和播撒。由是，中国（包括台港澳）以外的华文文学，也只是属于华人族群的华文文学。

台湾文学作为中国文学中的外岛文学，其文学的源头可以追溯到原住民的口头文学，然而自有文字记载以来的台湾文学，则是明代大规模汉人移民后所带来的中国古典文学，这一文学到了20世纪初在殖民地处境下，经由大陆"五四"新文学运动的影响和感召，以及日本大正文学的新风吹拂，产生了具有独特历史轨迹和区域文学特色的台湾现代文学——包括了20世纪20年代的汉语白话文学，三四十年代短暂的现代日语文学，40年代后期开始、50年代以后成熟的新汉语文学——此时的汉语文学已直接移植了大陆现代文学的丰富成果（包括白话语言的圆熟、文学风格的多样、创作技巧的发达等），在表现内容和文学风格上，则有了20世纪50年代的思乡文学，60年代的现代主义文学，70年代的乡土文学，80年代以来的多元共生、众声喧哗的文学（包括不成气候的所谓"台语文学"）。台湾作为中国的一个外岛，在地理位置上原本就与大陆本土隔海相望，台湾地区的文学自1895年中国台湾被强迫割让给日本成为殖民地之后，100多年来逐步形成了具有自己特色的外岛文学历史和外岛文学风貌。

　　香港（澳门）文学作为中国文学中的"特区"文学，在近代以来也形成了自己不同于中国内地文学的特殊历史和特有风貌。说香港（澳门）文学是中国文学中的"特区"文学，是指香港（澳门）文学是中国文学中的"特殊区域"文学，这里的"特区"不是指政治上的"香港特区"和"澳门特区"，而是个文学概念——因特殊的地理位置和特殊的殖民地历史所形成的"特殊区域"文学。这一"特区"文学既游离于中国主干地区（大陆地区）文学之外却又始终包裹在中国文学之中；它既与中国其他地区（大陆地区、台湾地区）文学有着千丝万缕、无法割舍的联系，却又有着不同于中国其他地区（大陆地区、台湾地区）文学的本土特质。它的具体表现，就香港文学而言，是以"表现香港"与"联系中国"为体现，这两个向度可以说覆盖了香港文学的所有方面；[1] 对于澳门文学而言，则以"古今杂糅"和"移民写作"为其基本特色，而不论是"古今杂糅"还是"移民写作"，它们都是以一种特殊的方式，体现着它是中国"特区"文学的特性。

东南亚华文文学包括了马来西亚华文文学、新加坡华文文学、印尼华文文学、菲律宾华文文学、越南华文文学、文莱华文文学等。首先必须强调的是，与中国台湾文学和中国香港澳门文学不同，无论是东南亚华文文学也好，北美华文文学也好，欧洲华文文学以及大洋洲华文文学也好，都已不是中国文学，而是属于各自国家的非主导文学（新加坡或许是个例外）。以在东南亚华文文学中成就较为突出的马来西亚华文文学和新加坡华文文学为例，华文文学在马来西亚和新加坡都属于"边缘文学"。马来西亚华文文学是个在受压制的环境下坚韧而又奋力生长的"非国家文学"；[2] 新加坡华文文学虽然没有受到政府的制度性压迫，而且华文使用人口似乎不在少数，可是推崇英文的社会风气，也对新加坡华文文学的发展，构成了一定的负面影响，其华文文学可以说是个在人口占多数的华人圈中自娱自乐的文学，它在整个新加坡文学中，可能会形成数量上的优势（在当今有萎缩的趋势），却似乎并不具有地位上的优势。然而，即便是在如此不利于华文生存和发展的政治环境与社会环境下，马来西亚华文文学和新加坡华文文学，还是以自己的实绩，为世界华文文学贡献了一种独特的风貌和不凡的成就。

尽管东南亚华文文学已经从中国现代文学中剥离出来，成为所在国

---

[1] 对于香港文学是中国文学中的"特区"文学的论述，参见刘俊：《香港小说：中国"特区"文学中的小说形态——以〈香港当代作家作品合集选·小说卷〉为论述对象》，《香港文学》2012年第5期。

[2] 在马来西亚，只有马来语文学才是"国家文学"。

文学中的华文文学，具有了自己的本土特性，但它在形成和发展过程中，深受中国文学特别是中国现代文学的影响却是不争的事实。不但它们的诞生是直接受到了中国现代文学的影响，就是在后来的发展过程中，它们也与中国现代文学（以及20世纪50年代以后的台湾文学）乃至中国古典文学，发生着密切的联系。从某种意义上讲，东南亚华文文学可以被看作中国文学特别是中国现代文学的"外国变体"——这种"变体"的基本特征是：主要运用作为"五四"成果的现代白话文，杂糅进当地的词汇、语法和语言表述方式，表现本土的社会现实和思想情感，形成自己特有的文学风格。

北美华文文学包括了美国华文文学和加拿大华文文学。在世界华文文学中，北美华文文学是成就较为突出的一个文学区域，很多在华文文学中产生了世界性影响的重要作家，如白先勇、严歌苓等，都归属这个文学范畴。北美华文文学与东南亚华文文学一样，虽然也不是中国文学，可是它同样是中国文学特别是中国现代文学的"外国变体"。不过它的"变体"特征却与东南亚华文文学不同。如果说东南亚华文文学作为外国华文文学的生成历史和生存方式，是以"移植—本土化—落地生根—代有延续"的形态展开的话，那么北美华文文学却是以重复"移植"的方式累积形成和并置发展的。所谓的重复"移植"，是指北美华文文学中无论是早期的木屋诗、白马社，还是后来的留学生文学和当今的新移民文学，这些在北美用华文写作的作家都是第一代移民，他们虽然在北美长期居留甚至入籍，但他们所承载的华文文学，却没能以代际传递的方式向下延伸，而是以后续的另外一批第一代移民加入北美华文作家行列的方式进行着文学中"代"的更替；也就是说，在北美华文文学中，"对于每一个特定的'代'，华文文学的薪火却很少能传入自身的下一代，北美华文作家的'代'的意义似乎从来都是指的'旁系'而不是'直系',北美华文文学中的作家几乎都是第一代移民而极少波及第二代移民——这应该正是导致北美华文文学始终处于'移植'状态的根本原因"[1]。

北美华文文学除了以重复"移植"的方式存在之外,作为中国文学的"外国变体",它的另外一个重要特征在于它的语言形态很少有自己特有的词汇、语法和语言表述方式,而基本上是沿袭和搬用"五四"以来现代白话文在中国内地(大陆)和台湾以及少量来自香港这三个文学区域所形成的独特形貌,几乎是将中国内地(大陆)文学语言和台湾以及少量来自香港文学语言以"寄生"的方式"复制"到北美华文文学之中。从白先勇的文学语言中,我们看到了中国台湾文学语言在北美华文文学中的遗留,而严歌苓的文学语言则保留了中国大陆文学语言的特有气质。

与东南亚华文文学植根本土、长期经营、代代相传、生生不息的在地深耕相比,北美华文文学似乎与本土的关系相对松散,它以一种跨越国度、远程发表的方式和作家作品频繁的"流动性",造就了自身的某种"漂浮"性。[2] 这使得北美华文文学在属性归属上是外国文学,可是在存在方式上却常常"介入"到中国台湾文学和中国大陆文学之中,与中国文学形成一种互有"交错"和彼此"互渗"之势——这是北美华文文学作为中国文学"外国变体"的一个重要特点。

欧洲华文文学和大洋洲华文文学,其基本特征与北美华文文学有相似之处。因为当地对于华文文学的生存和发展,没有提供较为丰厚的土壤和广阔的发展空间,因此它们的生存也时常依托于与中国内地(大陆)

---

1 刘俊:《从台港到海外——跨区域华文文学的多元审视》,花城出版社,2004年,第118页。
2 同上书,第117—120页。

文学、台湾文学和香港文学的"交错"和"互渗"之中，其作品会以欧洲华文文学或大洋洲华文文学的身份在中国内地（大陆）、台湾或香港发表和出版。

世界华文文学作为一个跨区域存在的汉语语种文学，它所包含的几大文学区域，自它们的共同源头——中国文学特别是中国现代文学中，或延伸，或流变，或剥离，或再生出来之后，就各自具有了自己的发展历史和区域特色，也各自具有了自己的文学诉求和文学风格。然而，在这些不同区域的华文文学之间，它们的边界却时有不尽明确之处。在中国大陆文学与台湾文学、港澳文学之间，在中国大陆文学与北美华文文学之间，在中国大陆文学与欧洲华文文学之间，在中国大陆文学与大洋洲华文文学之间，在中国台湾文学与中国港澳文学之间，在中国台湾文学、中国港澳文学与北美华文文学之间，在中国台湾文学、中国港澳文学与欧洲华文文学之间，在中国台湾文学、中国港澳文学与东南亚华文文学之间，都有着各种形式和不同程度的你中有我、我中有你的"彼此交错""复合互渗"现象。这种在世界华文文学中不同文学区域间既彼此有着质的规定性差别从而各自具有相异性，同时又因为双边或多边"你中有我，我中有你"的"彼此交错""复合互渗"的生存形态所导致的互渗性，使得世界华文文学的跨区域性质就不是单指它涵盖若干个不同的文学区域，而且也意味着世界华文文学不同文学区域之间是一种"彼此交错""复合互渗"的跨区域存在关系。

世界华文文学的跨区域性质和跨区域存在方式，自然会导致跨文化现象成为世界华文文学中的突出特点。虽然"文化"是个相当宽泛的概念，学界对于"文化"至今尚无一个定于一尊的标准答案，而从哲学、社会学、人类学、历史学和语言学等各种角度给"文化"下的定义据统计不下两百种，但我们这里所说的"文化"，是指与文学生产、文学接受和文学传播相关联的社会意识形态、思维方式、社会结构、历史传统与心理范式等要素综合而成的一种社会机制,而"跨文化",则主要是指两种或两种以上的文化(社会机制)影响着文学的生产、接受和传播。

事实上在当今社会,很难有一种文化是极其单纯、极其纯粹的单一文化,在某种意义上讲,今天的文化都是以某种文化为主并融合了各种其他文化因素的复合文化——就此而言,可以说当今所有的文化都带有跨文化性。然而,各种文化的融合虽然是客观现实,但并不意味着各种文化基本形态的消散和流失;相反,在各种文化交流日益频繁、日益密切的今天,一些核心文化的特性反而在各种文化的比较中更显突出。如中国的儒家文化,虽然在当今时代会融入一些现代中西文化的元素,但它的基本特性,在和西方基督教文化的比较中,更能体现出它东方文化的特有内涵与认知形态。也就是说,不同的核心文化乃至区域文化,还是有它相对稳定的质的规定性的,这种质的规定性不会因为当今各种文化之间交流的频繁和密切而消失。因此,我们在这里所说的"跨文化",就不是指一般意义上的不同文化之间的相互交流、相互影响,而是指不同的核心文化、不同的区域文化,以某种"文学的"方式彼此吸纳、互渗、交织、再生的一种文化形态。

当台湾文学作为中国文学中的外岛文学形成自己独特的文学历史和文学传统的时候,它的独特性在很大程度上就体现为它的跨文化特征——中国文化(以中原文化、闽南文化、客家文化、原住民文化为主)与日本文化、美国文化、东南亚南洋文化的"杂糅",就构成了中国台湾文学中特有的跨文化形态。而香港澳门文学作为中国文学中的"特区"文学,它的独特性则与中国文化(以中原文化、岭南文化为主)与英国文化、葡萄牙文化的长期"嫁接"密切相关。东南亚华文文学的与众不同之处,则显然与中国文化(以中原文化、闽南文化、客家文化、潮汕文化为主)、东南亚本地的南洋文化以及曾经的殖民宗主国英国文化、美国文化和荷兰文化的"混杂"密切相关。至于北美华文文学、欧洲华文文学与大洋洲华文文学，其中国文化与西方文化的全面互渗毫无疑问是形成它们独特的区域特性特质的关键因素。

跨文化现象在世界华文文学范畴下不同文学区域内的广泛存在，实际昭示出跨文化现象与跨区域现象一样，构成了世界华文文学基本形态和总体风貌的又一重要方面，当我们要对世界华文文学进行全面认识和总体把握的时候，跨区域和跨文化这两翼，就应当成为我们剖析世界华文文学的核心内容。

既然跨区域和跨文化是世界华文文学基本形态和总体风貌的核心两翼，那么因跨区域而导致的冲决文学区域边界的越界，和因跨文化而形成的各种不同文化之间的交融，就成为世界华文文学这一文学共同体的核心样态。[1]

需要特别指出的是，在世界华文文学研究中，中国中心、中国性、民族主义、殖民主义、身份认同、第三文化空间等是常被涉及的理论话题，这些理论话题，在我看来，有些可以用来对世界华文文学——作为一种跨区域、跨文化存在的文学共同体——的研究产生深化和推动作用（如民族主义、殖民主义、身份认同、第三文化空间等），有些却与更为复杂的历史问题相缠绕（如中国中心、中国性等）。虽然世界华文文学使用的是中文汉字（华文），中国文学是世界华文文学的历史源头——这是不争的事实，但这并不意味着"外国"的华文文学（如马来西亚华文

---

[1] 随着网络文学的兴起，世界华文文学有了一个新的呈现跨区域、跨文化特质和越界与交融样态的新型平台。在网络世界，不同区域的华文文学可以共处在一个网站，展现跨文化的姿态，完成跨文化的诉求，在世界范围内实现华文文学的无边界交流和全方位交融。北美著名华文文学网站"文心社"，就是一个典型的例证。

文学）在使用中文汉字（华文）的时候，就会自动地连带产生中国中心问题和中国性问题。从发生学的角度来看，中文汉字（华文）在世界各地的流布，是伴随着华人移民在世界各地的散居而形成的，像马来西亚这样的国家，当初华文文学的出现与中国有着密切的联系（甚至可以说是对中国文学的"克隆"），因此在历史上曾经有过对中国的向心力和钦慕感，在文学中遗留过中国中心现象和中国性追求（侨民文学）的印迹。不过，随着时代的变迁和历史的发展，随着外国华文文学的在地化，这样的情况已发生了较大的改观。事实上在今天，那些"外国"华文文学，都不存在中国中心和中国性的问题，因为，在中文汉字（华文）中固然吸附着、内蕴着、承载着中国文化的信息，但这种文化信息在传递给接受者时，并不具有强迫性和强制性——这与英语、法语、西班牙语、日语作为曾经的殖民宗主国语言在殖民地强行推广和移植有着本质的区别。而由于在世界各地使用中文汉字（华文）的主要是华人，因此它的传播方式完全是因为接受者（华人）内在的需要而自觉主动地去选择，而不是像殖民宗主国语言凭借殖民者的强权对被殖民者进行逼迫接受和强制性灌输。因此，对于"外国"使用者（主要是华人）而言，运用富含中国文化信息的中文汉字（华文），并不会必然地导致中国中心，也不会必然地在"外国"的华文文学中形成中国性。因为隶属于外国文学的华文文学，当它从中国文学中剥离出来成为一种独立的在地华文文学之后，当它在使用中文汉字（华文）进行创作的时候，中文汉字（华文）就只与文化中国发生联系，而不与现实的、作为民族国家存在的中国发生联系。现实的、作为民族国家存在的中国，在"外国"的华文文学中是不存在的。由是，所谓的中国中心和中国性，也就自然不存在了。

世界华文文学作为一个跨区域、跨文化存在的文学共同体，其复杂的多面性使得对它的研究也是一个复杂的系统工程。学界目前对"世界华文文学"概念的不同理解和各自定义,以及海内外学者从不同角度切入对世界华文文学(华语语系文学、"Sinophone"[汉声])的研究,从某种意义上讲,正体现了世界华文文学无论是作为本体还是作为研究对象的复杂性,而正是这种复杂性,为从各种角度和以各种方式展开对世界华文文学的研究提供了多种可能性。

古典艺术与现代艺术

抽象艺术的过去与未来：
历史、实践与问题*

加拿大多伦多大学艺术史系　马克·齐森（Mark A. Cheetham）

　　抽象艺术是一个既广泛又专门的课题。说它广泛，是因为它丰富的历史，是指它所涵盖的艺术家与多媒体作品的数量和质量，以及这些实践为我们这些想要理解当代文化的历史学家、美学家以及艺术家所提出的多种问题。我希望大家能原谅我在这么短的时间内谈论这么一个大话题。当然我是半开玩笑地这么说——你不必感到遗憾！但是我会感激你们对我的理解。

　　我们不应忘记，任何对抽象艺术的讨论都非常专门。如果从西方视

1　本文为马克·齐森教授2015年5月19日在高研院名家讲坛第176期的演讲，英文讲稿由演讲者本人提供，中文译稿由南京大学艺术研究院高薪翻译。马克·齐森现为加拿大多伦多大学艺术史系教授，其研究领域为17世纪至今的艺术理论、艺术史与视觉文化等。

角审查从 1900 到 2010 年艺术与媒介中视觉里程碑的大事年表，我们发现很难找到抽象艺术。相关的研究多多少少会涉及杰克逊·波洛克（Jackson Pollock）和抽象表现主义（Abstract Expressionism），但是我相信这是"抽象"这一术语在面前这一复杂历史体系中唯一一次出现。我认为，抽象艺术的出现和发展，及其从 19 世纪后期的欧洲到今天全球化的扩展，相较于最一般的艺术和文化史，都更有意义。例如，在一个地区分布图上显示了欧洲那些对早期抽象艺术的发展较为重要的艺术家和地区相互联系的网络；很明显，它强调了抽象艺术的范围、复杂度以及相互之间的联系。我最关心的不是你是否就抽象艺术的重要性与我达成一致，相反，更重要的是我们需要思考，我们是如何做出这些有关艺术实践和艺术史的决定和结论的。我们怎么知道什么是重要的？我简单回答就是，根据能够搜集到的最好的证据，我们可以提出一种观点。我有关抽象艺术的观念可以归纳到三个大标题下：历史、实践和问题。我不会单独讨论这三个范畴，相反，在多少按照时间顺序回顾西方抽象艺术的发展史的时候，我会将它们联系在一起。为什么呢？因为我们不能有效地将历史和理论从实践和问题中独立出来。

请允许我就方法论再多提一点。我想跟你们——尤其是在南京、在中国——讨论抽象艺术，是因为西方人总是将这种艺术形式当成他们的发明，尽管现在不是他们专有的领域。这种艺术形式的出现对今天还有什么意义？尽管我知道，在中国，西方抽象艺术的展出并不像其他西方作品那么频繁——美国画家肖恩·斯库利（Sean Scully）现在在北京正有一个展览，这被认为是在中国展出的抽象画家中第一位"职业生涯长度"的展览——但是，今天世界上最重要的一些抽象艺术都来自中国。例如丁毅的杰作，既在影响力和谱系上具有国际性，又对上海具有特殊性。我最近读到，北京的一个画廊举办了一场展览，展出中国创作的抽象艺术，以庆祝抽象艺术出现 100 周年。这里，我不需要再介绍抽象艺术，它的西方模式，以及当下在中国和其他地方的实践都被充分了解了。因此，当我在这里讨论它的历史和独特实践的时候，我的目的是跟你们讨论这种艺术形式中持续出现的问题。

一

经过几个欧洲艺术家实践的长时间酝酿之后，创作抽象艺术的动力出现于 1910 至 1911 年（或者"非再现""非具象""非对象""具体的"；对术语本身的争论也是这种艺术形式的混乱历史的一部分，虽然与今天已经没有什么关系了）。许多艺术家在一张复杂的人际和观念网络中工作，包括我们熟悉的康定斯基、库普卡、皮卡维亚，以及那些现在看来只是因他们的创新而获认可的艺术家，如瑞典画家希尔玛·克林特（有时被称为"抽象艺术之母"）。莉亚·迪科尔曼（Leah Dickerman）馆长 2012 至 2013 年在现代艺术博物馆的展览"发明抽象 1910—1925"中，清楚表现了这种关联性。展览提供了有关抽象艺术的社会关系网的信息量丰富的图表，以说明一个激进观点如何改变了现代艺术。同样，相比于 80 到 100 年前，今天有关谁第一个开启了西方艺术中这一重大改变的争论看似没有那么重要了。更重要的是要了解，从一开始，这些艺术家就是跨媒介的，他们向绘画、雕塑、摄影、电影、纺织、舞蹈、音乐，尤其是当代科学学习。许多人对其他文化充满热情，不管是当代的还是古代的。有一些很神秘，另一些探索潜意识。尽管他们的绘画、雕塑和织物以及文本，无论就材料还是观念来说都很新颖，有时是相当物质化的，但是我们应该谨记，许多抽象艺术家同样希望能以他们的新艺术为模板来改变社会。

反对抽象艺术的争论已经存在了 100 多年了。这种艺术形式总是备受争议。为何如此？你不妨试想一下一个世纪以前：你从未见过一件艺术品或者照片是没有画或没有再现任何东西的。保罗·塞律西埃（Paul Sérusier）是法国阿旺桥学派（Pont-Aven School）的杰出成员，他说，什么东西能让你确认它是一件艺术品，而不是某种仅仅用来装饰的物件（这是一般最为艺术家们所担心的），或一笔素描，甚至不过是个偶然事件，然后还能让你觉得它令人信服？早期欧洲抽象艺术的支持者们主要有两种最重要的理论主张。这些人往往既是艺术家又是理论家，比如莫里斯·丹尼斯（Maurice Denis）、皮特·蒙德里安（Piet Mondrian）、卡基米尔·马列维奇（Kazimir Malevidh）以及瓦西里·康定斯基（Wassily Kandinsky）。1890 年，丹尼斯才 20 岁，就给出了以下著名论断："记住这点，一幅画在是一匹战马、一位裸女，或者一件轶事之前，主要是一块平面覆以颜色，再以某种秩序组合在一起。"为了把长故事讲短，我们可以说这是抽象与"形式主义"的亲缘性关系的起源，这种观点认为颜色、线条、形式等才是艺术的基本因素。就这一观点来看，抽象绘画是有关自身的。它因此能够成为所有艺术制作的范式。你们中的许多人可能了解 20 世纪中期艺术批评家克莱门特·格林伯格的著作；丹尼斯的观点背后就是格林伯格广为人知的形式主义理论。

几乎同时提出的另一个非常不同的论点是，抽象能成为一门普通语言，用色彩和形式交流永恒的、超验的和精神性的真理，跨越语言与文化的障碍。离开了欧洲往昔的宗教和世俗艺术，人们不再需要了解基督教图像志，或某种特殊历史细节，才能理解捷克艺术家库布卡（František Kupka）或康定斯基等人的作品，他们早期的许多作品都以音乐主题和类比为基础。根据这种观点，抽象艺术的形式不过是通向某种更为重要和恒久的、更为普遍和超验的意义的垫脚石。这就是那种理论，是棘手的、争吵不休的世界构想出来的有关和平与和谐的乌托邦之梦。

这两种有关抽象艺术的范式——我们就称它们为形式主义的和普遍主义的——在20世纪早期就已经准备就绪了。当然存在抽象艺术的其他维度，而且所有的看法都或多或少地会相互影响。但是或许因为形式主义的基本原理非常容易理解，也容易实践——它的论点紧凑，而且有时能产出壮观的结果——直到20世纪70年代它都非常成功。而在那之后，后现代的艺术家开始捉弄它，或者把它作为"现成品"再加工，但在这些实验中抽象艺术仍旧是"相关的"，即与作为合作者的观赏者形成互动（因为作品会对你的身体存在做出反应）。理解对抽象的这一反动非常重要，因为在我看来，这表明后现代主义在智识上可信的一面[1]，代表了它与在抽象中表现出来的现代主义范式之间的批判性关系。让我们看一个有关早期抽象艺术的接受的例子，再思考一下这一论点。

我所谓的蒙德里安的"纯粹的修辞"，总是试图使艺术超越自身的物质性（用他的定义，就是"不纯粹"），成为通俗易懂的，成为新社会的艺术。这是一种柏拉图主义的理论。"一般理念"小组（G. I.）提出了一个相当尖锐的问题：被超越的是"什么类型的社会"，以及反过来，被设想的又是什么样的社会？对于蒙德里安来说，艺术渴望非艺术（non-art）的境况，渴望其历史衍化的尽头的那种不可改变的、永恒的目标。这样看来，它又是黑格尔主义的。G. I.将这一作品带回到当下，一种令人感到非常痛苦的当下。这个小组使人们关注从1980至1990年这段时间，这时，许多人（尤其是艺术家）成为艾滋病感染者，患有这种在当时看来是不治之症的疾病，有的因此丧生。他们不相信艺术能改变世界，但

---

[1] 后现代主义对抽象主义的反对或者戏仿并不是无理取闹。

是他们确实主张艺术应该成为"真实"世界的一部分。为了反对蒙德里安相互垂直交叉的线条和主原色（主要是黑和白）的纯粹性，他们引入了绿色这一自然的颜色。这是代表改变、有机的颜色，蒙德里安正是在这种意义上讨厌这种颜色，并拒绝在其成熟时期的作品中使用它。相反，对于 G. I. 来说，艺术是一种病毒，它或多或少地随意传播。抽象艺术是属于这个世界的，而不高于它。就像我们在他们著名的重新定义的一个 1960 年以来的波普艺术的图像——罗伯特·印第安娜（Robert Indiana）的《爱》中所看到的，这种传播可以既是积极的又是消极的。

从这个例子中，你可能会感到抽象艺术及其接受是一件非常严肃的事情。我们应该认真对待它，但是同时我们也应该记得，对于 G. I. 和其他许多后现代艺术家来说，幽默和反讽是非常重要的工具。我在这里想要冒险讨论乔安妮·托德（Joanne Tod）的一幅非常典型的后现代作品。我在这里冒着双重的风险：第一，我对中国的政治和文化几乎一无所知。我来这里也是想学习，而并没有想取笑任何人；第二，即使是熟人之间，也尽量不要过分相信自己知道别人的笑点，何况我现在是位异乡之客。但是幽默确实也是非常重要的纽带，所以，就让我们来试试这个例子。

只看托德这幅作品的标题——《绿上之红》——我们可能期望看到充满颜色的绘画平面强调着对媒介的纯粹性的关切，托德作品的幽默正依赖于这一期待，这种期待反过来又建立在 20 世纪 70 年代早期的北美艺术界的共识之上，即某种特殊类型的抽象绘画普遍地定义了绘画。托德阻碍并且嘲笑了这种期待。《绿上之红》是极端具象的——画的是中国共产党的两位代表人在绿色背景中的一次虚拟会面。这幅作品的趣味性，通过戏仿性地关注那些大部分人认为所谓"正确的"绘画元素而得到加强：红色领导人被小心翼翼地对立于绘画上半部分绿色场域的坚硬边缘。

托德的画不是抽象的，但是它是有关抽象艺术及其当时在艺术教育中的地位的。我认为，托德那一代的艺术家——通常都是女性，如纽约的莉迪亚·多娜（Lydia Dona）——多多少少是有意识地在后现代主义的大旗下与形式主义的抽象决裂。"后现代主义"，这一长久以来被贬低的词，正在重新获得批评的关注。例如，罗萨琳·克劳斯（Rosalind Krauss）看出两种"相互竞争的后现代主义"，一种是有关 1984 年（里根大选的那年）左、右保守主义的反动，它包括向绘画的回归，以及一种向风格化和文化的拙劣模仿的趋向。克劳斯称其为"新保守主义的后现代主义"。她在大卫·莎莉（David Sally）和朱利安·施纳贝尔（Julian Schnabel）油腔滑调的个人主义那里发现了它，她批评它是因为"它没有认真地与现代主义进行争论，也没有在形式上予以超越"。实际上它是反现代的，而非后现代的。克劳斯说，很遗憾，人们所知道的大部分是这个版本的后现代主义。但是她让我们不要忘记还有一种"后结构主义的后现代主义"，它质询现代主义的"艺术家的创新性，以及传统的权威性"。这一版本的后现代主义试图使现代主义的批评层面变得更激进，因为这些批评性层面在进入过分体制化的博物馆和艺术学校之后被削弱了。我们可以将克劳斯有关批判性后现代主义的理论扩展为艺术家 20 世纪 60 年代后期对抽象艺术遗产的修正性介入。草间弥生（Yayoi Kusama）的作品是早期的一个例子；近期的例子包括卡琳·戴维（Karin Davie）和杰西卡·斯多克霍德（Jessica Stockholder），或许还包括今天更广为人知以及在比后现代时期更加"全球化"的语境中工作的朱莉·梅雷图（Julie Mehretu）。

　　抽象艺术及其辩护者经常认为他们的"语言"具有普遍性。现在看来，这一立场既有趣又有问题。今天，抽象艺术在全球化艺术这一几乎难以置信的复杂领域发挥作用。早期抽象显而易见的简单性使它更加难以理解。在大部分人的观念中，它是深奥难懂的，甚至是精英主义的，而非普遍的。当我讨论偶像破坏运动和经常出现的对抽象艺术的蓄意破坏时，请记住这一点。现在我想说，我们应该对认为这些作品（或者任何作品）是一种真正普遍的语言的说法保持警惕。相反，我们最好对这种对普遍性或者"纯粹性"的诉求提出质疑。著名的抽象表现主义画家菲利普·加斯顿（Philip Guston）在1960年说："我们从抽象艺术那里继承了某种既荒谬又贪婪的东西。即绘画是自主的、纯粹的、为自我的，因此我们习惯性地分析它的要素，定义它的界限。但是绘画是'不纯粹的'（impure）。正是'杂质'（impurities）的修正才促进了绘画的连续性。"

"一般理念"小组希望抽象艺术存在于我们日常生活的世界，而不是使其纯化。我认为这是一种很好地看待抽象艺术的完整历史的方式，而不是只看它后现代的案例。早期抽象艺术，尤其是它在单色画中的升华，最终代表了先锋派在欧洲的胜利，以及稍后在北美的胜利。单色画抽象经常被看作是这一风格中最自我指涉和最纯粹的作品。20世纪早期和中期的案例再次指示出这种艺术形式。但是，这种模式中不同的，乃至相反的方向仍旧存在于其早期以及今天的表现中。在革命前的俄国，马列维奇发明的单色的黑方块预示了他所谓的"至上主义"（Suprematism）的出现：一种在绘画和装置中表达出来的，在国家层面上的社会关系的几何规划。即使在苏联不那么激进的艺术氛围下，在马列维奇于1935年去世的时候，他仍旧由于他至上主义绘画的突破而被纪念。事实上，对马列维奇来说，单色画在艺术体系中相当于一种积极的、顺势疗法的"传染"。这不是我捏造的！他极其详细地精心策划了这样一种观念，这种观念既是G. I.病毒观念的历史先驱，也是它极其相近的类比。

马列维奇是从医学的角度来看待艺术的主要支持者。比如，就像他所写的，他的"例外元素"理论可以"被看作一种细菌学的侦察。例外元素潜入有机体中……带来有机体的某种变化"。作为自 1924 年以来的列宁格勒国家艺术文化所的所长，以及作为他所称的艺术细菌学教研室（Department of Bacteriology of Art）的老师，马列维奇在科学范式下进行他的研究。一份官方报告称，其合作者正在"从空间绘画所提供的整体历史材料中分离出绘画连续的基础体系……"。更具体地说就是他和他的同事发明了一种审美治疗法，其中他将负责向那些需要的学生发放一定剂量的至上主义。马列维奇说，这个学院以药剂师看待病人的方式看待所有的艺术家，并根据症状开方治疗。然后，至上主义出现十年之后，马列维奇提出了一个艺术近期发展史的细菌学的变化模型，这也是为了他正在进行的自己作品的部署。这个模型部分地建立在他自己对肺结核的熟悉经验，以及 1882 年发现了肺结核细菌的诺贝尔奖得主罗伯特·科特（Robert Koch）博士的研究之上。传染的医疗环境是艺术家有关未来生活的想法。例如，在晚期自传体的描述中，马列维奇想起他的第一笔"来自药房，在那里绘画被用来画得了白喉（diphtheria）的孩子的喉咙"。对马列维奇来说，肺结核尤其悲惨，在刚成立的苏联它被广泛宣传为致命之物，但也是一个绘画发展的有力隐喻，能最终为艺术带来社会重要性的积极的、具有变革性质的原理。他开出的另一个"例外元素"的药方是"构型"（foming）而不是"形式"（formal）——中介。

马列维奇 20 世纪 20 年代中期在"精神细菌学"领域的教学实验，引导他精心地将现代艺术描述为从印象主义，经过塞尚和立体主义到至上主义，再到未来的发展过程。他 1927 年在柏林格罗斯艺术展上展出的四个相互联系的作品，都强调了这一医学类比对于他的理论的重要性：首先是由他的学生准备的一系列说明图表，被用在马列维奇 1927 年春在柏林举办的讲座中。马列维奇显然因他的观念在德国引起的反响而高兴，但是又为当时所用的展板上德文文本的不足以及翻译的缺陷和他的"作为非客观性的世界"理论小册子的长度而感到烦心。马列维奇的未来主义和至上主义绘画的回顾展本身可以被视作对"例外元素"作品的一种概述，同样，马列维奇计划与汉斯·里克特（Hans Richter）合拍的电影也是，而且后者可能更显著。对于马列维奇来说，"例外元素"是不能更负面的疾病即肺结核的正面版本。他的类比理论是关键，当我们把任何疾病仅仅看作隐喻的时候，它就变成了一个判断中具有批判性的点。尽管至上主义作品并不都是单色画，但正是单色画成为它无对象的本质，而这是马列维奇给抽象艺术未来的发展留下的遗产。他不是唯一一位这样做的知名艺术家。在1921年的苏联，亚历山大·罗钦科（Alexander Rodchenko）宣布了绘画的终止以及倾向实践的构成主义的开始，他以此来看待最后一幅画——是一幅三部分的单色画，标题是《纯红，纯黄，纯蓝》。就像我们接下来将会看到的，命名和展示三原色意义重大。在美国、加拿大以及欧洲，在20世纪中期的时候，单色画再次出现，成为艺术实验和主张的场所。单色画成为抽象艺术的核心，最初看似是抽象艺术进程中最简单的东西，事实上是最复杂的重复之一。

二

我用抽象艺术的"不纯粹修辞"（甚至是"污染修辞"）来反对它的普遍主义主张及其形式主义的论点。其他许多问题都可以通过这个问题得到解决；为了平衡起见，我将会通过一系列案例研究来考察这些实践和问题。这些案例强调了抽象艺术的特殊性和文化独特性。美国抽象表现主义画家巴奈特·纽曼（Barnett Newman）的作品是个好开端。我想你们中的大部分都能认出纽曼的彩色平面抽象画，并知道他在20世纪

40年代晚期的著名突破：他发明了"拉链"画（zip），这成为他许多作品的标志。在作品《一体Ⅰ号》(Onement I) 中，纽曼将铬红覆在隐藏的胶带之上，却让"拉链"保留在看起来完全不完美的状态。两年之后，在作品《此时此刻》(The Moment) 中，中间的柱子是空间、时间，以及基督教圣经《旧约》中所描述的创造的基础分割的代表。右边，在《一体Ⅰ号》中，它就是这种原初的分割，因为平面是一体的，尽管被切分了。"拉链"在这里是具有表演性的，就像《旧约》中的上帝在创造天地时所说的话。纽曼在接下来的许多作品中都非常有效地使用了这些"拉链"。1967年，纽曼代表美国参加蒙特利尔的世界博览会（第67届），"彩带"既是自我指涉，即对他早期作品的纪念，也是美国文化成就自豪的焦点。就像你显然能在美国临时展馆内的这幅画像中看到的，巴克敏斯特·福乐（Buckminster Fuller）著名的网格球形的穹顶和纽曼18英尺高的《火之声》(Voice of Fire) 骄傲地悬挂在波普艺术旁边，显然是空间竞赛的技术。

纽曼在第67届世界博览会上的出现成为大约20年后围绕着《火之声》所起的轩然大波的背景故事。这幅画在1988年秋被加拿大国家美术馆（NGC）买下，但是直到1990年春天才宣布这个消息。买的价钱是176万美元。媒体爆发了大讨论。负面回应既有来自大众（主要是因为他们不懂这幅画）的，也有来自艺术家的（他们认为这幅画太贵了，对把这么多钱花在美国艺术上感到愤恨不平）。保守的政府威胁说要取消这次购买。但是当时国家美术馆自1990年以来就是一个独立的国家企业，因此原则上并不在政府的管辖范围内。但是这个故事又出现了许多令人感到幽默的地方——包括许多披露漫画，提出了许多有关抽象艺术的重要问题：同样的抗议会由非抽象艺术引发吗？（问题基本上就"不会"。）专家及美术馆的工作人员在解释作品和证明这样的购买时发挥着什么作用？

纽曼权威的抽象作品在好几次情况下都被更加激烈地攻击过（《火之声》很长时间内都被警卫护卫着）。讽刺的是，即使作为抽象艺术的发源地之一，大部分破坏行为都发生在荷兰。1986年，一位男士说他被抽象艺术弄得心烦意乱，因此在阿姆斯特丹市立博物馆（Stedelijk Museum）破坏了纽曼的《谁害怕红、黄、蓝 III》。1982年，一位学生破坏了柏林国家美术馆的《谁害怕红、黄、蓝 IV》，并且说自己是位"行动-艺术家"，这次行为是对纯粹绘画的一点小贡献。1989年，一位曾经毁了《谁害怕红、黄、蓝 III》的人几乎破坏了纽曼在阿姆斯特丹的另一幅画《主教之位》（Cathedra）。当巴奈特·纽曼在1966—1970年的这四幅越来越大、越来越简单的画布上问"谁害怕红、黄、蓝"时，他不仅暗指了爱德华·艾比（Edward Albee）的戏剧《谁害怕弗吉尼亚·伍尔夫？》（1962年），并且也提出了抽象艺术的核心张力的灵魂，即皮特·蒙德里安成熟作品中的纯粹主义，就像他极度自制的调色板所显示出来的。同时他还回应了罗斯科有预测性的《纯红，纯黄，纯蓝》，这幅画我们曾在前面讨论单色画的时候看过。纽曼在"谁害怕红、黄、蓝"系列作品中直接提到了这幅作品，而且他通过挑战观者来做到这一点（尽管他当然没有鼓励人们去蓄意破坏画；我并不是在责怪受害者）。试图通过破坏一幅画来表明一种观点是极端的，但是就像围绕《火之声》的购买所引起的争论所显示，人们害怕抽象艺术。纽曼所谈论和绘制的绝不仅仅是色彩：他事实上在问"谁在害怕抽象艺术的传统？"

直到1970年，对这一大胆问题的回答都可能是一句油腔滑调的"没有人以及每个人"。没有人有纽曼的信心，没有人习惯抽象艺术在艺术学校和市场上享有的特权。二战之后，在克莱门特·格林伯格的赞助下，这种艺术形式曾在加拿大和美国以及欧洲反复占据主导地位。纽曼的绘画让人们明白，画家可以挑战蒙德里安以及整个纯粹修辞，自20世纪早期以来，它就大大束缚了抽象艺术的发展。事情并非简单地拥有纽曼的技巧或勇气，他和许多其他人展示了一条能够摆脱已经变成一种限制性理论和艺术市场实践的路径。

现在我希望检查一下我所看到的抽象艺术可以扩展的可能性。我认为，将历史维度常存心中是非常重要而且有效的：艺术史（比如 G. I. 和蒙德里安之间的关系）、文化史（马列维奇的细菌学兴趣），以及哲学史（蒙德里安对柏拉图的理解）。我们以三个案例研究来考察这些以及其他历史。前两个讲述的是我在前面示例过的抽象艺术的传染模型的其他两个方面。第三个展示的是艺术家在当下运用历史上的抽象艺术时，所出现的问题。第一个例子是艺术家塔拉斯·波拉塔伊科（Taras Polataiko），他在大约 20 年前从乌克兰移居到加拿大。他的装置和绘画要求脑力上和本能上的双重反应；它们逻辑地起作用，但是是通过直觉被创作出来的。尽管它们反应和挑战社会规范，但是它们同样参与材料的形式主义。波拉塔伊科希望他的艺术既能进入我们的生物系统，又能进入我们的社会系统。他不断地将他自己的生活运用到自己的作品中，但那是一种经过选择的、反射出来的、被污染了的"一半生活"。我用这个词语指涉放射性污染，是有意作为我之前和你们讨论过的污染的另外两种类型的类比。这一有力而令人不安的联系来源于波拉塔伊科的作品《摇篮》（*Cradle*，1996 年），它展示了有关抽象艺术的理念。为了这一计划，波拉塔伊科在切尔诺贝利核泄漏事件发生 10 年后返回祖国乌克兰。他有意（并且非法地）让自己受到放射性坠尘的污染。这一举动自觉地内化了、实现了卡基米尔·马列维奇所谓的艺术中的"例外元素"的传染性的、颠覆性的潜力。波拉塔伊科说："于我而言，病毒就是某种隐藏的元素，它总是存在于任何意识形态或有机结构中的"，"它处在边缘，就像一个平行的现实世界。它睡着，但是一旦苏醒，一切将不复从前，因为那时变异就开始了……它可以是一种病,可以是辐射,也可能就是一块涂绘的空间。"

波拉塔伊科自乌克兰返回加拿大的萨斯卡通市之后,创作了一件装置作品,这构成《摇篮》的核心元素。它是个铸铁的、镀镍的浴缸,他向其中注满了等量于他身体里轻微受到辐射污染的血。波拉塔伊科说,放射性是一种"潜在的媒介,它无法用语言描述。你看不到它,也闻不到、尝不到它。但是当你开始意识到它的存在的时候,你就再也无法跟它分开了,因此你就再也无法成为一个旁观者,因为你开始改变了"。围绕着《摇篮》的这件椭圆形抽象作品,就像一个镜子——就像浴缸自身的表面——这个平面就像放射性坠尘视觉上的类比物,如同一个盖革计数器听起来的样子。在波拉塔伊科的抽象画中,任何东西都不允许像它表面看起来那样。例如,他早期的"怒视"系列看起来像马列维奇的至上主义,但是事实上画的是马列维奇绘画的照片。他的《切割》(Cuts)看起来像是迷惑人地画了卢乔·方塔娜(Lucio Fontana)著名的《空间概念,等待》的复制品,但是当方塔娜撕开他的画布,进入空间的虚空中时,波拉塔伊科给我们的只是外貌和表面。他揭示了一些关键的东西,但是在我们的生活中,这些通常是隐藏起来的。在每一个例子中,他都发挥了"例外元素"的批评功能;通过一个传染性的、变形的折射过程,他将为人所知的对象和体制做了重新安排。如同波拉塔伊科的同胞马列维奇近一个世纪以前所述,就像"健康机构……试图对付一切疾病……把病态的同健康的区分开来一样,艺术领域同样试图保护现存的范式,反对那些可能会毁坏再现的传统形式即先例的一切影响。无论在医学领域还是在艺术领域,尽管有各种各样的卫生措施,但是都不可能完全杜绝例外状态"。

最让我感到有趣的抽象艺术经常起源于非常独立的语境。这是我称其为高产的不纯粹修辞的另一个维度。我能找到的一个最有力的例子是罗伯特·霍尔（Robert Houle）的作品。尽管我通常在艺术史中很不看重传记，但是在这里指出霍尔是一位原住民艺术家却很关键：他来自索尔托（Saulteaux）民族，出生于加拿大现在的马尼托巴省（Manitoba）。他的原住民性，对于我们理解他如何用抽象艺术来反对他的民族历史中的许多误解和当代殖民主义遗产，非常关键。霍尔长期以来一直是对政治和抽象艺术抱有很高热情的研究者。但是抽象艺术不是被认为是有关自身，沉醉于它脱离了再现的自主性中吗？或者——用这一风格的另一个统治范式来说的话——它不是应该使我们脱离即下的和特殊的东西，揭示超验的可能性吗？两者中哪一个广为人知的版本都会阻止历史画与抽象艺术的结盟。霍尔却以另一种方式来解读抽象绘画的历史。部分地受到巴奈特·纽曼杰出的《苦路》（*Station of the Cross*，1960年）的启发——它展示了著名的"拉链"，同时也运用了《栅栏 I 号》（*Palisade I*）中的叙事——霍尔也用抽象来讲述一个令人毛骨悚然的故事。

　　霍尔作品中 8 件抽象画里绿色和白色的垂直色条，指示了美洲印第安民族的贝壳串珠腰带的形式结构和纪念性功能；这曾是部落间谈判协议的记录，就像纽曼所做的。一方面，对于霍尔来说，这一系列中的 8 幅画是类比性的、手工制作的符号记录，代表了被第一民族的战士在 18 世纪旁蒂克联邦时期的冲突中，于北美五大湖区占领的 8 个英国军事要塞。多亏了附录中拼贴的有关这一故事的文本，它成为《栅栏 I 号》的一部分。它像神话一样起作用，既是理解的关键，也是一段历史本身——抽象绘画普遍的、表面上的中立性以及纽曼《苦路》作品中的基督教语境全被颠覆了。《栅栏 I 号》使人们想起北美"七年战争"（1756—1763）中英军的指挥官杰弗里·阿莫赫斯特（Jeffrey Amberst）将军和他的伙伴布凯（Bouquet）上校的细菌战手段，尤其是他们在和平谈判时期，向第一民族代表团发放感染了天花病毒的毯子和装有病毒手绢的鼻烟壶的恶毒手段。附录中还用了一块当时印有绿色哈德逊湾的毯子的碎片。1763 年的档案显示，在旁蒂克抗英期间，一条绿色和白色的贝壳串珠腰带还被奥达瓦（Odawa）首领用来标识底特律和议期间第一民族的军事策略。尽管旁蒂克最终没有表现出绿色的那一面，因为他的军事意图被要塞的保卫者窃取，但是霍尔的装置用了一种更深的绿色。而在展示这一绿色的一面的时候，霍尔并没有攻击纽曼。他改变了纽曼的遗产，将它与第一民族的历史结合起来。

2006 年，霍尔受国家研究基金资助，在巴黎待了 6 个月。他仔细看了法国对第一民族的描述。回到加拿大之后，他再次想到北美悲剧性的殖民化过程。其中一个结果就是《栅栏 II 号》（2007 年），也是对奥农达加人的 6 个部落的纪念，他们连同其他部落在旁蒂克联邦时期于北美五大湖区抵抗英军。在六幅精致的抽象画中，他的 6 幅相应的单色画引用了每个部落的急救包。霍尔又一次用抽象召回一段历史。第一民族的 6 个部落的地理分布被总结在这些画的排列中：从左到右——就像我们通常从西到东看北美一样——我们在画布上依次看到塞内卡族（Seneca，他们是西部门户的守门人，支持旁蒂克）、奥奈达族（Oneida）、奥内达加族（Onondaga）、卡斯卡洛拉族（Tuscarora）、卡尤加族（Cayuga）以及整体领土的"东部门户"的守门人莫霍克族（Mohawk）。附录及其文本和抽象元素，再一次充当了说教板，成为抽象艺术的历史良知。正是连接《栅栏 I 号》和《栅栏 II 号》的中枢，将霍尔对过去的关切与他的抽象画在当下所起的积极作用联系在一起。

在这里，抽象艺术就是新历史画。从文艺复兴直到它在 20 世纪早期的衰落，历史画曾是学院实践的顶点。其中一位最受人称赞的实践者是美国的本杰明·韦斯特（Benjamin West）——伦敦皇家学院的第二任院长、《乌尔夫将军之死》(1770年)的作者。霍尔产生巨大影响的作品《失落的部族》(*Lost Tribes*,1990—1991)和《卡纳塔》(*Kanata*,1992年),回应了韦斯特对英军在北美军事胜利的绘画描述——看样子满载着感情和18世纪的政治陈述。霍尔的这些大胆的抽象画和其他叙事的目的是什么?

在《卡纳塔》中,韦斯特高度色彩化和空想的死亡场景被冲刷成已经褪色的深褐色的宁静,在某种程度上这是情感移除,以此使得霍尔能够加强那些目睹乌尔夫的死亡剧痛的第一民族战士们的蓝色和红色的头饰和毯子。与框中的场景构成对比的是左右两边的更加鲜艳的蓝色和红色的单色画,它们又加强了画面。国家美术馆的文献提供了对这些单色画的寓言性解释:原住民被卡在处于北美主导权争夺战中的法国和英国的军事色彩中。千真万确,但事实就是如此悲剧性的。另一种解读将第一民族看成与英国的占领不可分,就像西方对乌尔夫的纪念,所以红、白、蓝的英国国旗在画中最为显著。然而,哪一种解释都可能只是来自霍尔对韦斯特戏剧的处理。他的戏剧性的单色画增加了什么?

我曾说过,单色画是抽象画的精华。就像在《卡纳塔》中作为历史修正的架构,它们可以被构想为无声而有力的情感和指示工具。将这些彩色画板包括进入,也提示我们,尽管韦斯特大部分最著名的作品都有关于一段充满偏见和霸权主义的历史,但是他自己在这幅画中却是一位充满争议的创新者。1771年,当这幅画在伦敦展出的时候,就引起了一阵骚动。就连国王乔治三世最初也不建议以当代的服饰来展现这位殖民战争中的领导人,而更愿意看作当代的、寓言的一出希腊的、罗马的或圣经的戏剧性作品。出于同样的原因,《卡纳塔》在传统的、纯粹的意义上,并不是一件"抽象"作品,同样,罗伯特·霍尔也不是一位传统的抽象艺术家。他强调,抽象能够远不只是平面,也远不只是对我们现世的存在的超越。它可以是改写历史的有力工具。

三

我的第三个案例离开了感染，但是仍旧有关于抽象艺术的历史。Jinny Yu（据发音译为余珍妮，出生于韩国首尔，现为加拿大渥太华大学副教授）是一位多产而野心勃勃的艺术家，她想通过绘画找出大事物。她的方法是系统化、受过训练的。她耐心地通过观念、姿势和材料工作。Yu近期的工作大都与公共话题有关——"非绘画绘画""什么将会被完成？""有关绘画"，或者最新的"我在画画"。她也用这些标题参展。但是不同于许多其他抽象画家，她并不以系列绘画来思考。这些成组的作品是她当时在特殊时间和地点的问题，但是它们仍旧是个体性的。

"什么将会被完成"组图中一幅貌似简单的、两部分的画是一个合适的例子。一小块正方形的带有Yu的签名的材料——一块工业品位的卷起来的铝——在地面高度斜靠着一面墙。在这一平面前是另一块铝，更小块，几乎双重折叠。它几乎能够支持自己，像一座雕塑一样竖着；它被放在中央，对着倾斜的正方形，几乎在地面高度上触碰到后者。这个平台是为视觉魔术而设置的。独立的铝在正方形中被反映和框架出来。图像以一种精确而饱满的方式被给出，在底部元素靠得最近，而且随着形式朝着正方形的顶端汇聚，变得越来越模糊。我们可以说，站立的形式的开放性的那面在正方形的最顶端画了一个巴奈特·纽曼式的"拉链"，以一种光打在传统胶卷上的方式画出。尽管我们从这一站立的形式外面可能看不到这一效果，但是在折叠的区域内部，存在这种画。即使我们没有看到这一内部的画，即使表面上看起来除了剪裁、弯曲和布置这两块元素，它并没有手工工作和手工选择，但是绘画仍旧发生了。抛光后的铝所具有的引诱性的反射能力能完成一切事情：它靠一己之力出色地创造和占据了幻觉空间。然而，Yu 在这里用最大程度的精巧，显示了绘画的姿势和物质现实仍旧非常重要。考察一下 Yu 的优势，这件作品轻而易举地既保持了绘画的两个主要物质成分的内部对话，又保持了对它不易觉察地临时占有的空间的外部指涉。如同这些是字面上的特征，它们同时又预示了 Yu 对绘画组合作为一种当代风格及其社会暗示的双重关切。

抽象画具有漫长且越来越复杂的历史，这为艺术家提供了彻底思考绘画和世界上的基本问题的途径。就像今天我所表明的，在抽象艺术内，单色画（尤其是黑色，就像 Yu 的选择）甚至为反省和评论提供了一个更加紧张的场域。一种描述 Yu 的绘画的方式，是说她在抽象绘画内练习这一现在成为古典的选项。Yu 表示她所选的单色抽象画来源于 2009 年一件大型具象作品《系列》(Sequence) 的元素，尤其是她从电影《神奇小子》(Wonderboys，2000 年) 借用的纸飘在空中的剧照。这些纸片或者"叶子"为视觉观念的探索暗示了单个的、独立的单位，她马上想到可以称它们为"笔记"。有些"笔记"模仿一张纸；有时 Yu 会擦掉颜料以显示它们的形状，或者在其他例子中，会压扁长方形铝片，就好像它们不过是笔记的一页纸（《压扁的笔记》，2011 年）。其他的离开了它们"系列"的起源，扮演起她用抽象艺术做实验的实验室的功能，这样，铝的三维可能就作为平面起作用。但是，其他的通过在更大的规模上制定物理关系，从而掩盖了一本普通"笔记"的微小意义。

在 Yu 对当下单色画之可能性的测试中，有一种不安分的系统性。"绘画"表明了一种用平面来对空间起作用的途径：使它弯曲在墙角，大尺寸。《弯曲》(2011 年) 处理类似的领域，尺寸要小，却更有效，这有赖于其精巧、便携以及对变化的爱好。《弯曲》是另一项具有欺骗性的简单成就。这里 Yu 将沿对角线分叉的铝片的左半边折起,让人想起她的《压扁的笔记》,对我们来说就像一页笔记以齐眼的高度位于墙上。往前看去,我们注意到色调的变化。尽管从任何角度看,抬起的平面投下来的阴影都发挥着作用。当我们移动,作品的这一元素也跟着动。事实上,作品似乎看着并跟随着我们,如同一幅抽象画成为一种社会行为,这既让人着迷又让人不安。

　　Yu 还展出了有关这件作品的一部出色影片。由围绕它的一束光源推动,《在运转中弯曲》(2012 年)以其深刻的简洁在其完整的 2 分 29 秒中抓住了我们的注意力。影片以 16 毫米的彩色胶卷摄制,深色度,但是看起来却几乎全是黑和白色,配有柳政铉(Jung Hun Yoo)能够唤起记忆的钢琴配乐,摄影机缓慢地从左到右摇镜头,揭示这幅画是如何能够通过光扩展以及激活周围的空间的。作品最初看起来是静止的,挂在墙上,但是我们很快注意到一条光线,来自右上角的显眼的对角线折叠处,穿过其绘制的平面。这一阴影沿着折叠的痕迹向上延伸,看似获得了释放,并且一直延长到了那与光合作产生它的铝片的左侧。从一条线,这一铝片如此奢侈地增加,以至于它看上去就像原初作品中的另一翼;它超出摄像机的边框,伸向左边。正是在这一系列早期的高潮部分,我们开始意识到其他较小的阴影填满了空间,一直延伸到绘画垂直平面的左侧。这些实现为一本书或者一本笔记本中的一张空白页。

　　我们可能会问,在 Yu 的影片中以及她最近的将壁挂式作品移到地板上,绘画的什么元素得到了保留?Yu 对此有一个精明的回答,每被提问,她就以此清晰地回答,并且她使这个答案在视觉上显而易见:绘画就是用绘画的语言工作。在这个意义上,连她的影片也是绘画。她的宣言很简单,简单到让我们消除了敌意,而且当我们思考当代抽象艺术的时候,它也是正确的;当代实践者不想再重提媒介特殊性的限制。我们通过她最近的两场展览可以看出 Yu 的用意，其中她放肆地指涉了先锋抽象艺术家卡基米尔·马列维奇对作为"他类—圣象"之一的至上主义方块的布置，他在 1915 年 12 月圣彼得堡的"0.10"展览中将它们放在房间中特许的拐角处。Yu 的《马列维奇》在将近一百年之后是不相干的，因为正是马列维奇帮助创造了抽象艺术的语言，然而，Yu 不可避免地成为被称为绘画的"终点"的事业的一部分。但是她并没有用这一姿态给我们一件模仿之作或者直接给予一个"聪明的"反击。在俄国和苏联先锋派的手中，抽象是极端社会性的；它被设计成一个新国家的普通语言。Yu 实践这一假定。

在 Yu 的手中，抽象艺术只是附带性地有关自身的。相反，相比今天大部分绘画，它趋向更为广泛的物理和社会空间。就像马列维奇的至上主义，但不像我们可能会拿来与 Yu 的努力做对比的其他抽象艺术家，如巴西的利吉亚·克拉克（Lygia Clark，1920—1988）——她啮合的铝件地板作品占据了美术馆的大块面积，很容易就被看作构成主义的雕塑——Yu 的作品保持了其绘画身份。这一点表现在她对马列维奇的致敬中，以及她其他的对像巴奈特·纽曼这样的抽象主义英雄的频繁引用中。就像纽曼自己所做的——称他的三条"拉链"《野性》(The Wild，1950年）是一幅画，Yu 也坚持她的作品《拉链》(Zip，2010 年）和《火之声》(Voice of Fire，2010 年）及其主题在绘画话语中的位置。Yu 通过引用早期抽象画家来强调她的严肃性，巩固她与这一传统的当代关系，而不是掉书袋或是与他们竞争。这样，她就能探索抽象绘画的参考点，并增加它的语言。Yu 没有时间争论绘画的价值，这是一个令人厌倦的话题。相反，她致力于增加绘画作为植根于历史的当代艺术形式的潜力。

当巴奈特·纽曼修辞性地问："谁害怕红、黄、蓝？"他的意思其实是"谁害怕抽象艺术"。加拿大最近一次展览叫作"谁害怕紫、橘黄、绿?"——这些所谓的"合成色"(二次色)。这个轻松的标题可能是什么意思呢?我认为,它表明当代全球化的抽象艺术现在是"开放准入"的,这样,参与活动就不需要某个(男性、西方)俱乐部的会员资格,艺术家可以徜徉在它网上或者美术馆的档案中,而不必过分关注之前注定了的起点、路径、程序以及目标。最后的问号也要求我们仔细考虑有关今天的抽象艺术的另一组问题:这一风格貌似享有的开放准入的优势会产生"一种非历史的自由模式(free-for-all)"吗?在这里当代性作为新形式的指示在任何其他地方都找不到,所有时代并列在一起。引用纽约现代美术馆(MoMA)的展览的标题就是"永恒的现在:无时间世界的当代绘画"(2014年12月—2015年4月5日)。从1929年成立以来,作为有关抽象艺术的意义的最权威仲裁机构,纽约现代美术馆最近的展出就与这一范畴相关。"永恒的现在","展出了17位艺术家的作品,他们的绘画反映了一种特殊方式,来描绘这一新千年开始之时的文化时刻:它们拒绝允许我们定义,也不允许用它们来定义我们的时代"。馆长的观点是,开放对风格的采样将导致永久性历史的完全丧失。但是这一主张假定时间是线性的,按照流行的说法就是,"时光如梭",它坚定不移地从过去飞往现在直到未来。我们所谓的时间可能要比这一"时光如梭"的比喻更加复杂,也更具延展性。时间可能会拐弯或者重复,就像记忆一样。倘若如此,抽象艺术的一个中肯而严格的谱系——尽管不是简单的一往无前的——就可能会从今天艺术家所挑选出来的作品中产生。开放准入并不必然导致肤浅和喧嚣,作品及其暂时性都要远深于此。

赞助人的回报：
文艺复兴时期的艺术与委托[*]

美国哈佛大学意大利文艺复兴研究中心
乔纳森·纳尔逊（Jonathan K. Nelson）

一

在1473年的回忆录中，佛罗伦萨商人和赞助人乔瓦尼·鲁策莱（Giovanni Rucellai）写道，他"花了大量钱款"，用于房子、圣母玛利亚教堂的外墙、圣潘克拉齐奥教堂（San Pancrazio）内的礼拜堂和坟墓，以及其他项目上。他注意到这些投资使他得到"最大的满足和最大的快

---

[*] 本文为乔纳森·纳尔逊教授2015年10月14日在高研院名家讲坛第186期的演讲，英文讲稿由演讲者本人提供，中文译稿由中国人民大学历史学院周施廷博士翻译。乔纳森·纳尔逊为美国纽约大学博士，现任哈佛大学意大利文艺复兴研究中心助理主任，研究领域为意大利文艺复兴时期的艺术史、美术史与社会生活史。

乐，因为这是服务于上帝的荣耀、城市的荣誉和自我的纪念"[1]。我们的研究，虽然承认前两种好处的重要性，但主要关注于赞助人的第三种收获：服务于个人和他们的家庭。明显的例子是：鲁策莱的名字被铭刻在圣母玛利亚教堂的外墙上。这种通过艺术推广个人的做法是非常有效的，大部分都会被接受，在文艺复兴时期意大利非常流行，在许多其他地方和时代也是一样。艺术家满足委托人对自我推介的需求，这极大地影响了绘画、雕塑及建筑物的性质、外观和内容。在有意识或无意识中，他们与赞助人合作，为委托人和他们自己创造价值。

委托性的艺术总是在传递有关委托者的信息。某个特定的作品创作，总能反映出许多委托人的信息。如何选择艺术家、材料、尺寸、位置和主题，与委托者的预期收益和预期受众的倾向有关，还要考虑到成本和限制的因素或"约束"；在考虑艺术家、材料和位置的可用性时，委托者的选择具有更加重要的意义。经济学有关信息发送和接收的分析工具和模型中最为重要的就是"信息经济学"。运用和发展其某些核心概念，有助于我们形成研究委托艺术的总体框架。

我们通过提供了历史背景的信息经济学的罕见实例，特别是意大利文艺复兴的实例，旨在促进艺术史和经济理论这两个很少沟通的领域之间的持久对话。首先我们阐述经济理论的框架，形成对艺术赞助的复杂分析。其次我们依据几位作者和我们自己发现的说明性案例，集中探讨14世纪初到16世纪末意大利中部、北部的绘画、雕塑、建筑的委托和执行。最后，我们的关注点将延伸到其他地区和其他时间，以说明我们的框架的广泛适用性。

---

1 Michael Baxandall, *Painting and Experience in Fifteenth Century Italy：A Primer in the Social History of Pictorial Style*, 2nd rev. ed., Oxford University Press, 1988, p.2.

对研究艺术和社会的学生及历史学家来说，我们论述和发展了的经济理论和模型具有四个有用之处。第一，建立了一个普遍的概念框架，描述了委托人、艺术家和观众之间的关系，并确定了委托带给他们的好处。例如，正如艺术史家早已认识和探讨过的那样，委托人对信号的渴望形成了明显的刺激。我们的框架利用最近发展出来的新信息经济学理论，离析艺术委托的关键要素，使之能够传递有意义的信息。这个概念性的框架允许我们用比以前更为精确的方式，来探讨诸单个作品的影响。

第二，这些理论和模型涉及了重要的、以前未曾探索过的领域，从而激励艺术史家提出新问题。例如：为什么许多教堂会以高价出售一些私人礼拜堂，却以低廉的价格出售其他礼拜堂？我们的方法为艺术史家提供了手段，从经济学出发而不是从传统的供需关系出发来解决问题。譬如说，为了回答刚才提出的问题，文艺复兴研究学者可能会从经济学中思考一些新看法，如决定投资教育或从事慈善事业以显示自己的地位。

第三，我们的模型有助于比较意大利文艺复兴时期的艺术委托与不同时期、不同地区的艺术委托。

第四，我们的研究方式有助于学者教导几乎适用于任何时空艺术赞助的基本原则。在发展我们的赞助理论时，我们认为最重要的是阐明经常被认为是理所当然的机理，并用具体的例子来加以说明。这将有助于那些不具备艺术史经验的人，无论他们是大学生还是从事于其他学科的学者。

虽然我们进入了广泛的"艺术"王国，我们却集中于委托制作的作品，反映出赞助人期望观众看到的意图，欣赏它们的美学功效，并确定为一个个人或团体的订单。同样重要的是，观众应该认识到赞助人在筹划某件作品时所面临的挑战和困难：至关重要的成本、艺术家的保护、材料和场所。简言之,我们集中探讨所谓的"显眼委托"。这一短语旨在捕捉"显眼消费"的核心元素,这是托斯丹·邦德·凡勃伦(Thorstein Veblen)著名的术语,用来表达显示地位的消费。一个多世纪前,他指出:有闲的绅士的花费"超过了其维持生计和身体所需标准……他自由自在地消费,食物、饮料、麻醉品、住所、服务、装饰品、服装、武器和装备都要求最高级的。这是因为,消费这些名优产品是财富的证据,能够为其彰显荣誉;反之,如果在数量、质量两个方面的消费流于失败,那么,就将成为劣等和缺陷的标志"[1]。凡勃伦发现"显眼消费"是不合理和浪费的,甚至是卑鄙的。最近,学者们集中探讨这种显示地位行为的实际作用。例如,社会史学家彼得·伯克(Peter Burke)在其精妙的《17世纪意大利的显眼消费》论文中就运用了凡勃伦的方法。以宫殿和车舆为重点,伯克展示了这种说法的重要性和"家庭忽视其危险的非正式规则"。[2] 为了使自己有别于身份较低的人,有必要尽量展示"华贵",这是我们讨论的一个中心概念。

互相交织着的传递身份的信息和展现"华贵"的目标,两者都极为重要。早在1552年,亚历山德罗·皮科洛米尼(Alessandro Piccolomini)撰写的论文就优雅地论及此事。锡耶纳(Siena)的贵族这么诠释:

> 富人们应尽其所能避免其作品被人轻易模仿,必须寻求在类似场合超过别人。富人的乡间别墅必须壮丽华美,花园更要豪华,城

---

[1] Thorstein Veblen, *The Theory of the Leisure Class: An Economic Study of Institutions*, New York: Macmillan, 1899, p.75.

[2] Peter Burke, *The Historical Anthropology of Early Modern Italy: Essays on Perception and Communication*, Cambridge: Cambridge University Press, 1987, p.132.

里的房子也要宏伟、辉煌，家具和装修也必须与其地位、身份相匹配。[1]

以此为依据，经济史学家吉多·古尔佐尼（Guido Guerzoni）提出了令人信服的论点。在意大利文艺复兴时期，凡勃伦的消费方式"似乎更多的是一种认真、有效和合理计算的结果，而非无意识的、追求豪华的消费冲动"[2]。在开拓性的著作《1300—1600年间意大利财富与艺术需求》中，理查德·戈德斯维特（Richard A. Guodthwaite）认为：对富裕的意大利委托人来说，"最想传递的信号是其高贵的地位；其消费习惯来自富人们普遍的愿望，即利用财富来使自己有别于普通人"[3]。戈德斯维特阐述了艺术在中世纪后期和文艺复兴时期特殊的重要性。其时，城市精英已经巩固了其崇高的社会地位，却仍然认为"有必要在意识层面上确立阶级的归属感，因为与北方封建贵族不同，他们不具有能够理所当然确立地位的具体证据，如家族地位、领主裁判权、特权或封号"[4]。简言之，意大利委托人通过艺术想要传递的是必要但又难以表达的信息——他们在社会上的地位。理查德·戈德斯维特集中探讨艺术赞助人和收藏人的群体，文艺复兴时期无数的消息来源表明，委托人是从与他人区分的角度考虑委托事项的。不仅重要论文（如皮科洛米尼的论文）传递了这种

---

1 Guido Guerzoni, "Liberalitas, Magnificentia, Splendor: The Classic Origins of Italian Renaissance Lifestyles", in *Economic Engagement and the Arts*, ed. Neil De Marchi and Craufurd D. W. Goodwin, Durham and London: Duke University Press, 1999, p.339; Guido Guerzoni, *Apollo e Vulcano. I mercati artistic in Italia 1400–1700*, Venice: Masrsilio, 2006, p.111.

2 Guerzoni, "Liberalitas", p.371.

3 Richard Goldthwaite, *Wealth and the Demand for Art in Italy*, *1300–1600*, Baltimore and London: John Hopkins University Press, 1993, p.203.

4 Ibid., p.200.

意图，在非正式的信件中，也有所表达。1491年，伊莎贝拉·黛丝恬（Isabella d'Este）订购了一些"做斗篷用的黑色布料，要求必须独一无二，世上无人能够匹敌……如果与其他人穿的是一样的，那么，我宁愿没有它"[1]。由此，这位曼图阿（Mantua）的公爵夫人所要的衣服，不仅要求尽量表现出优质，而且也能够使其与其他人区分。

这种区分的欲望，正如皮埃尔·布尔迪厄（Pierre Bourdieu）在一项基础社会学研究中所分析的那样，是信息经济学的完美材料，旨在探索信息是如何被有意识地传递和解读的。[2] 在传统经济学中，最强有力的结果是出现在完美的市场里，那里做决定的人都拥有足够多的关于其购买"产品"、工作者、管理者的信息。在这样的市场里，消费者拥有帮助他们认知的所有信息，如有关古罗马雕塑的质量，而价格仅仅是反映了质量和可获得性。但是，这样的理想市场却是罕见的；更常见的是，市场只提供有限的信息。例如，销售古董的经销商要比潜在的买家更了解物品的出处或在保存中的那些不明事项；同样，无论新研究的基础是坚固的或摇曳的，学者总要比非专业的读者更为清楚明白。

信息经济学探究如何传递和处理不完美的信息。例如，它研究制造商或零售商如何传播他们的产品的信息，个人如何向潜在的雇主表现其能力，企业如何将它们的理念传递到金融市场。人们每天都在利用信息经济学，却并不完全明白其概念模型，即从传递的信息、采取的行动和言行记录中获得真实的信息。

作为信息经济学的一个主要概念，"信号传递理论"是由迈克尔·斯

---

[1] Evelyn Welch, *Shopping in the Renaissance: Consumer Cultures in Italy, 1400–1600*, New Haven and London: Yale University Press, 2005, p.250.

[2] On Pierre Bourdieu, *Distinction: A Social Critique of the Judgment of Taste*, trans. Richard Nice, Cambridge, MA: Harvard University Press, 1984, see discussion in chapter 3.

宾塞（Michael Spence）和另外两位信息经济学的领军人物建立起来的，斯宾塞于 2001 年被授予诺贝尔经济学奖。[1] 斯宾塞在其经典著作《市场信号》中指出：有能力的人在无法向匿名的就业市场展示其技能时，有可能从"费用大的"信息中（如获得一个大学学位）来获得益处。对一个积极而有才华的人来说，这个信息是能够通过支付一笔高的但可承受的代价来获得；但是，对于一个低能力的人来说，进入大学和获得学位是要付出非常昂贵的代价的。这种显著的成本差异就使信号成了衡量质量的可靠指标，并且确保了大学教育是值得的，即便在此过程中获得的信息可能与潜在的雇主并不完全匹配。

大多数的经济分析侧重于能够轻易转化为美元和美分的获利。甚至经济史的研究也通常集中在价格、薪酬、薪金和市场问题上。然而，信息经济学却很适用于探讨历史场景。例如艺术委托，其中的利益并不能用货币来计算，这种委托很少能给赞助人带来直接的经济利益。赞助人接受委托的费用，承受对其进行限制的负担，其所能得到的奖赏或利益，却要根据不同的时间、地点和当事人的情况来决定。

这些好处是什么？在文艺复兴时期的意大利，许多赞助人是用言语和行动来为自我服务。这种持续为自己加分行为的重要部分，即斯蒂芬·格林布拉特（Stephen Greenblatt）所说的精英"自我塑造"[2]。他们创造自己的形象，用来符合并且反过来推动他们所在社会的行为规范。对于显贵们来说，形象的关键在于显示华贵。在写于 1498 年的《华贵的

---

1 A.Michael Spence, *Market Signaling*: *Information Transfer in Hiring and Related Screening Processes*, Cambridge, MA: Harvard University Press, 1974. Both Spence and the second laureate in 2001, George Akerlof, are discussed in chapter 3. For the official citations for all three laureates, see http://nobelprize.org/nobel_prizes/economics/laureates.

2 Stephen Greenblatt, *Renaissance Self-Fashioning*: *From More to Shakespeare*, Chicago: University of Chicago Press, 1980.

美德》短论文中，乔瓦尼·庞塔诺（Giovanni Pontano）认为，高贵之人特别期望"让自己的名字和声誉长存，对此，他们有着无限欲望；此外，特别是公共建筑，持续时间越长，给建造者带来的荣耀也越大"[1]。

庞塔诺的文本提供了一个有用的指南，"华贵理论"也许就是现代赞助研究中发展出来的最为有用的概念。与我们一样，这种理论探究花费巨大的委托艺术背后的动机。

二

首先，我们会通过"博弈论"（game theory）来考察一些著名的艺术品委托。这个理论聚焦于当一个人的回报取决于另一个人，或者另一个群体的情况下，他们在互动的场景下会如何行动。"博弈"（game）这个词可能听起来对有些人来说不够严肃，但是在最近数十年间，经济学家、政治学家和社会学家用它来形容战争、市场竞争、政治运动和家庭内部关系中的一些情况。博弈论可以揭示这些互动情况的真相，所以在近代的经济学中拥有重要的位置。[2] 1994年和2005年的诺贝尔经济学奖两次颁给了研究博弈论的学者，他们的成果被2001年的获奖者运用到信息经济学中。[3] 要了解任何的游戏，第一步需要对游戏参与者进行认定。在艺术品委托的游戏中，赞助人和艺术家自然而然是最重要的游戏者，但是目标观众也同样是不可缺少的参与者。

我们会对赞助人、艺术家和观众的职责通过委托人-代理人的关系进行描述，这是一个来源于信息经济学的核心概念。在世界上不同的社会

1　Giovanni Pontano, *I libri delle virtu sociali*, ed. Francesco Tateo, Rome: Bulzoni, 1999, p.180.
2　Avinash Dixit and Susan Skeath, *Games of Strategy*, New York: W.W. Norton, 2004.
3　For Nobel prizes, see http://nobelprize.org/nobel_prizes/economics/laureates.

和不同的时空中，劳动力的分工经常会出现由一个人代表另一个人处理事情的情况。第一个人被称为代理人，第二个人是委托人。委托人会对事情进行描述，然后让代理人去替他完成。我们期盼代理人会为委托人的利益服务。一般情况下，代理人会拥有丰富的知识和出色的能力，并且在完成任务的时候会比较慎重。

我们在处理赞助人和艺术家关系的时候，会把它看作委托人和代理人之间的关系。艺术家充当代理人的角色，用他的技巧和美感来完成作品。从一开始的草图或模型，到最后的成品，整个批准的过程可以帮助我们确保艺术品传递的信息反映着赞助人的要求。委托经常会让赞助人和艺术家之间形成一种共生的关系。这对"创造二人组"的双方都是要顺利地取悦观众，这些观众由同时代不同的社会阶层、未来的观赏者和天上的观看者——主要是上帝和神圣的仲裁者、圣母玛利亚和圣徒们组成。因此，我们可以说在取悦观看者的过程中，赞助人和艺术家要同心协力地像代理人一样去为他们的观众、委托人服务。每一个观众都按照赞助人和艺术家所期待的那样去观看、学习和欣赏艺术作品。同样的，一本学术著作的读者也可以被认为是它的委托人，他们期待从书中学习，也希望内容能够以一种充满吸引力的风格呈现。作者和代理人必须评估某一类或某几类的读者会如何对目标书籍做出解读和反应。如果这些代理人无法提供有价值的和可供解释的信息，委托人将无法阅读、推荐和对作品进行引用。

一旦游戏者和他们的关系得到认定，学者可以运用博弈论来建立任务和对行为的角色进行分析。在这里，赞助人的主要任务是要通过艺术去维护或者增加"他"（少数情况下是"她"）的声誉。我们分析赞助人和他们的艺术代理人在委托艺术品时考虑的三个主要因素，它们是预期的利益（委托某一作品时的原因）、预期的费用（财务以及其他重要的费用）和适当的限制（譬如避免过于奢侈的展示效果，或者是否可以使用最好的地点）。

利益、费用和限制这三个因素为分析委托提供了一个框架。赞助人的目的是要委托一件更能够带来最大利益、最少费用和在适度的限制下完成的作品。相关的利益和费用并不完全按照一般意义上的衡量标准，譬如说，社会地位的上升和财务费用不可以直接进行比较，所以赞助人需要按照自己的主观意识来衡量交易。艺术家负责完成一件能够达到赞助人目标的作品。我们的问题是：什么是赞助人的利益所在？他们面临着什么类型的财务和社会费用？会存在哪些限制？谁是目标观众？这些问题适用于任何时期的艺术委托品。

接下来要探讨的，是委托游戏中游戏者在明确的限制下以有限的价格和劳动去取得期望的利益所使用的策略。我们前面已经提到过两个经济学理论：文艺复兴对"华贵"（magnificence）的概念，另一个是现代的信号传递（signaling）理论。正如高等教育能够标志出一个人的就业-市场质量，艺术作品也可以用来传递正面的特质。最常见的有财富、地位和——特别是宗教性的委托——虔诚。财务支出要求接受委托后创作出绘画、雕塑作品，以及建筑物。其中建筑物尤为特殊，它标志着赞助人拥有大量的财富，因为只有最有钱的商人能够承担这样的费用。还有两个可以用来检验委托的新模型："信号指示"（signposting）和"延伸"（stretching）。第一个在经济学中很少提及，第二个是为了这个研究而新发明的。两个模型可以一起用来介绍提供信息的元素：选择性、误导性和夸张性。赞助人用这些机制在自己委托的艺术品中传递信息。

其次，在我们的方法论基础上，我们要讨论五个叙述性的个案研究。我们在这里简单地讨论"信号传递""信号指示"和"延伸"。部分内容会叙述在中世纪晚期和佛罗伦萨文艺复兴时期信息是如何传递的。我们会集中讨论私人礼拜堂的普遍现象。虽然赞助人很少去礼拜堂，也很少在这些地方祷告，但他们会花费大量金钱购买、装饰和安排人员照料。

作为回报，这些付出的代价会给赞助人带来大量传递信息的机会。另外，用来布置这些礼拜堂的一些由画家和雕刻家完成的艺术委托品，也是我们对这段时期进行研究的主要对象。

部分委托只能由特别富裕和地位崇高的赞助人进行，对其他人来说是根本不可能的事情。这些计划可以有效地辨别两个群体。区别越明显，委托作为信号传递的价值就越高。对一些委托来说，只能传递其富裕程度而不能展现其社会地位是不够的，一些财富和权力能够延伸多代的家族在这方面拥有特殊的优势。托马斯·拉夫曼（Thomas Loughman）在分析中指出，精英宗族的成员可以通过在数十年间不断地购买艺术品，而将自己与其他人区分开来。

通过"信号指示"，行动者标示出特定的、真实的和重要的特质，同时持续地忽略其他有用信息。"信号指示"和"信号传递"的区别在于，它是有选择性地透露信息。譬如大部分非贵族出身的赞助人会在艺术品中隐藏自己的财富来源，尤其是当目标观众里包括贵族时。凯莉·海尔姆斯图勒·迪·迪尔（Kelley Helmstutler Di Dio）解释道，雕刻家利昂·莱奥尼（leone leoni）在16世纪50年代设计自己位于米兰的家时，在门面中包含了显示他与皇帝关系密切的信息，但是，他却没有透露自己是作为艺术家取得名誉和财富的信息，因为当时艺术家并不被认为是上等职业。

"延伸"是通过夸大或者歪曲重要的特质来传达信息，以及达到让赞助人沐浴荣光的目的。在意大利文艺复兴时期，赞助人和他们的观众希望在艺术中看到比现实进一步的美化，但即使按照他们的标准，理想化的程度也是受到一定限制的。古往今来，艺术家在为赞助人延伸诉求的同时展现着自己的技巧，他们必须共同探索"延伸"的范围和尺度。在第八章，莫里·布恩（Molly Bourne）详细描述了弗朗西斯科·贡萨加（Francesco Gonzaga）是如何使用"延伸"的。他要用艺术来展现与法国之间的一场重要的胜仗,虽然他同时代的人认为这场战争的结果是不分胜负。他委托艺术家设计一系列绘画、钱币和庆典,其中最重要的是曼特尼亚(Magtegna)的《圣母的胜利》(*Madonna of Victory*);画中没有展现贡萨加打败国王查理八世军队的场面,但又能清楚地让人留下意大利人获胜的印象。这些巧妙的"信号指示"可以帮助他们达到目的:艺术品极大地提高了统治者的名誉。加上其他的周边元素,如庆典和钱币,让整幅画面更加鲜活。

拉夫曼、布恩和海尔姆斯图勒·迪·迪尔的视角聚焦于三个不同的世纪(14、15、16世纪)、城市(佛罗伦萨、曼图亚、米兰)、媒介(建筑、绘画、雕塑)、赞助人的类型(贵族家庭、高贵的统治者、艺术家)和委托的策略("信号传递""延伸"和"信号指示")。我们的研究具有一定的普遍性,可以适用于其他领域和时间段的作品。拉里·西弗尔(Larry Sliver)证明其他艺术类型、时间段以及地域的艺术史家也可以使用我们的方法论进行分析。这是经济学用来验证一个理论的标准方法:在一组广泛的数据中进行测试,然后确定它也适用于其他组的数据。西弗尔把第一部分讨论过的许多问题,拿到17世纪的欧洲和20世纪的美国例子里进行尝试。

三

伯克(Burke)观察到在意大利,"不同的时期和不同的城市里,出现一种更为明显的消费形式转向",虽然"不难发现当时的人宣称,约在1600年间,出现了一股朝着更加华贵方向发展的致命趋势"。[1] 他的分析

---

[1] Burke,*Historical Anthropology*,p.147,p.145.

集中在 17 世纪奢侈的"巴洛克风格"上；我们的研究从 14 世纪早期开始，所以可以说是见证了古代"华贵"概念的再现。在接下来的三个世纪里，特别是在艺术和建筑领域里，展现的策略不断地发展和建立，在巴洛克时期更加是达到了顶峰。

我们使用了戈德斯维特在他的研究《对艺术的需求》中采用的地理学和时间参数：在 1300 至 1600 年间的意大利。这段时期是在西方历史上第一次出现数量可观的有关赞助人和委托的原始文献，包括价格和其他同时代人对作品的反应。这些原始材料引发了大量的后续研究，特别是关于托斯卡纳（Tuscany）的佛罗伦萨城邦的研究，它在我们这本书的第一部分得到了特别多的关注。在整个意大利，纪念性建筑和其他大部分昂贵和著名的绘画以及雕塑，都是在委托的情况下完成的。目标观众经常可以辨认出它们的赞助人，至少认出他们的家族。为了叙述方便起见，我们可以对"团体"赞助人和"私人"赞助人进行区分。前者包括市政府、宗教团体和兄弟会或者"帮会"，而后者是我们的研究对象。这些"私人"赞助人的范围从商人和人文主义者到贵族和统治者，甚至包括少数的艺术家。当然，"团体"和"私人"赞助者的范畴会有重叠的地方，特别是某些个人也会代表一个群体譬如他们所属的家族的利益。

在中世纪晚期和文艺复兴时期，势力最强大的地区位于意大利半岛——政治上、经济上和文化上——包括米兰公国、那不勒斯公国、教皇国和威尼斯共和国，以及佛罗伦萨。所有这些国家都在这本书里有所涉及，甚至是规模较小的曼图亚公国。佛罗伦萨的情况比较特殊，它对精英阶层的认定标准比较松散宽泛，特别是相对北欧地区而言，所以有助于社会流动。而这种流动性，不是没有代价的：某些人崛起，另一些人衰落。意大利许多显赫家族面临着周期性的流放或者金融危机。教皇国就是一个特殊例子：这个国家的首脑位置很少由他自己家族的成员继承。选举一位新教皇对"教会的王子"——基督教世界的枢机大主教来说会产生戏剧性的影响,尤其是在罗马。意大利的不稳定情况,给那些拥有大量可支配财富的商人带来特殊的动力,他们可以通过委托艺术品来增加自己的声誉。这样一种社会地位的提升就是对赞助人的回报。

我们关注于某一特定时期和地区、某一些特殊题目,这样可以把其他解释性因素相对地维持在不变的情况下。在社会和自然科学中经常会使用到这种处理方式,它会让我们的研究结果更加可靠。跟近代早期欧洲的经济学、政治学和社会史学者的科研成果相比,研究意大利文艺复兴的艺术史家倾向于聚焦于更窄的时间段和地点,经常会研究一个特定的艺术家、赞助人或者纪念碑。当这些专题研究产生出大量可靠的数据后,这种方式会让作者去强调那些独一无二的特点,而忽略在不同场景中其他可以解释作品的因素:虽然凸显了大树,但森林消失了。对赞助模式的研究,在倾向过度专门化中提供了一条特殊道路,而我们也将按照这样的传统采取更加宽广的视角。

在研究的时间段中,出现许多适用于传达信息的艺术类型,它们在西方世界数世纪以来仍然深受欢迎:从乡间别墅到商人的肖像画,以及教堂里的私人礼拜堂、湿壁画、祭坛画和墓穴。上面举的这些例子还包括教堂和宫殿,它们正是我们现在所谓的艺术和建筑。更准确地说,我们要集中探讨那些独特的、订制的绘画、雕塑和建筑结构,以及用来展现美感的艺术品,同时我们只会谈论那些各自类别中最昂贵的作品,因为它们能够有效地传递信息。

虽然我们使用的艺术定义是现代的,但它定义的这些作品和乔尔乔·瓦萨里(Giorgio Vasari)在他里程碑式的《意大利艺苑名人传》(*Lives of the Artists*,1550—1568)一书中所谈论的内容是相呼应的。许多我们忽略的类别,像花园、挂毯和在珍贵材质上的作品,都能够传递关于赞助人的信息,它们也可以用来印证我们的理论。此外,赞助人还会花费大量金钱在一些的"炫耀性的消费"上,譬如古董和裙子,更不必说那些非常昂贵的宴会、游行和盛会,这部分我们没有谈及。最近对16世纪埃斯特宫廷(Este Courts)的统计数据显示,在公爵的开销里,只有0.4%的钱花在绘画和雕塑上。[1]这些让人惊讶的数字可以用来强调艺术品作为"信号传递"的有效性。花费大量的金钱,但相对其他开销而言又是微不足道的数额,赞助人通过视觉艺术传递的信息数量是非常可观的。

除了空间和专业的限制外,还有三个原因让我们专注讨论绘画(壁画、镶板画和油画)、雕塑(石头和金属)和建筑(教堂、城市房屋和别墅)。首先,许多在这段时期广受尊敬的作品相对完整地保存了下来,至少和其他类别相比情况良好;其次,关于这类艺术和建筑的生产和反响留下的记载最丰富;第三,很容易把这些作品的目标观众与特定的赞助人或者家族联系起来,他们的名字一直流传到我们耳中。

价格和费用以"弗罗林"(florins)标识,这是佛罗伦萨铸造的在国际上广为通用的金币。[2]很不幸的是,弗罗林的币值随着时间的推延很难确定,因为对这些币值的认定一直在变化。涉及我们研究的时间段就更难确定它们的价值。按照戈德斯维特的例子,我们把佛罗伦萨的弗罗林

---

1 Guerzoni, *Apollo Vulcano*, p.135.

2 Some prices are given in other gold coins minted in Italy, such as the ducat or scudo; at any given time, these all had roughly the same value. For useful introductions to the complex monetary systems used in Italy, see Michelle O'Malley, *The Business of Art: Contracts and the Commissioning Process in Renaissance Italy*, New Haven and London: Yale University Press, 2005, pp.13-16, and Welch, Shopping. pp.81-85, both with references to further literature. For Florence, see Marrio Bernocchi, *Le monete della Repubblica fiorentina*, III, Florence: L.S.Olschki, 1976, and Richard A. Goldwaite, *The Building of Renaissance Florence: An Economic and Social History*, Baltimore and London: John Hopkins University Press, 1980.

的价值和当时付给不熟练建筑工人工资所使用的钱币"里拉"（Lire）——一种银币，进行对比。他们的工资非常稳定，在1350至1527年间，一天的工资是半个里拉（或者10个铜币），而在这时期，里拉对弗罗林的汇率不断下降，从3.5∶1到7∶1。[1]一个全职工人一年最多可以工作260天，因为有大量的宗教节日，所以一个非熟练工人的"年收入"大概是130里拉。[2]我们可以用里拉的价值来进行计算。[3]进一步说明，在1429年，科西莫（Cosimo）和洛伦佐·德·美第奇（Lorenzo de' Medici）宣称他们为父亲乔凡尼（Giovanni）的葬礼花费了3 000弗罗林，这相当于12 450里拉或者工人96年的年收入。[4]

通过工人的工资来计算委托的费用是我们使用复杂数学的极限了。我们会避开那些构成当代经济分析的神秘的数学方程式（大量的数学让经济学家们可以向他们的同事展示自己的智商）。在构思这本书和一起参加艺术史和经济学会议的时候，两位作者经常需要从自己的相关领域去向对方解释一些基本原理的定义。现在我们对对方都很了解，感到能够用直截了当的语言来说明我们的模型和理论，所有感兴趣的读者也应该都能读懂。

现在我们转向对经济框架的讨论，这个框架可以揭示复杂结构的背后原理，我们有意识地运用它来直观地理解赞助人、艺术家和观众之间的关系。我们从这三位游戏者在"委托游戏"中的角色展开讨论。

---

1 Goldthwaite, *Building*, pp.429-430, p.436, app.1 and 3.

2 Ibid., pp.347-348, estimated that the total yearly cost to provide one adult with essentials (food, rent, and clothing) was 55 to 75 lire, which left at least half of a worker's earnings to support his family. He noted that the Florence tax officials in 1427 considered the cost of living for a single adult to be 14 florins (or 56 lire).

3 Man-year figures are always approximate, and we round off all figures.

4 Sharon T. Strocchia, *Death and Ritual in Renaissance Florence*, Baltimore and London: John Hopkins University Press, 1992, p.122.

被误读的经典

——从拉斐尔的《雅典学园》透视意大利文艺复兴时代艺术与宗教之关系*

//

南京大学政府管理学院　韩伟华

调和乍看互不相容的情感形式,在一种多元的理性文化中调整人类思维的各种产物,使它们彼此适应,提供给心灵和想象力尽可能多的人文关怀,作为其养分,这些都属于那个时代(文艺复兴时代)的宽厚的本能。[1]

---

* 本文为韩伟华副教授 2016 年 4 月 22 日在高研院工作午餐会上的发言,本文由演讲者本人提供。韩伟华现为南京大学政府管理学院副教授、高研院兼职研究员,主要从事西方政治思想史、西方艺术史等领域的研究。

1　沃尔特·佩特:《文艺复兴》,李丽译,外语教学与研究出版社,2010 年,第 39 页。

一

位于梵蒂冈签署厅（Stanza della Segnatura）内的湿壁画《雅典学园》（图1），是意大利文艺复兴时期画坛三杰之一的拉斐尔奉当时的教皇尤利乌斯二世（Iulius II，1503—1513年在位）之命所作的巨作。此画连同签署厅内的其他三幅壁画《圣体辩论》《帕纳索斯山》《三义德》以及毗邻的伊利奥多罗厅（Stanza di Eliodoro）、博尔戈火灾厅（Stanza dell'Incendio del Borgo）和君士坦丁大厅（Sala di Costantino）内的系列历史组画，就整体而言可以说构成了文艺复兴盛期的登峰造极之作。20世纪初戊戌变法失败后康有为赴欧洲游历，他在1904年5月参观了教皇宫并在其《意大利游记》中盛赞这些杰作道："拉飞尔（即拉斐尔）是意大利第一画家，在明中叶，当西千五百五年，至今四百年矣。此宫有四室，皆拉飞尔画。壁大数丈，其高数丈……生气远出，神妙逼真，名不虚也。他名手为之，虽得其笔迹，无其生气秀彻。不知吾国之顾虎头、吴道子何如耳？"[1]

瓦萨里在《意大利艺苑名人传》（1550年初版，1568年增订二版）中，对拉斐尔的这幅名画做了最早的记录。他认为拉斐尔在《雅典学园》里描绘了"神学家用神学调和哲学与占星术的情景，全世界所有智者的肖像都被绘入画中，他们正以各种各样的姿势争论着"[2]。不过1695年贝洛里发表了甚为详尽的《对梵蒂冈宫拉斐尔绘画的描述》[3]之后，绝大多

---

[1] 康有为：《欧洲十一国游记二种》，岳麓书社，1985年，第98页。

[2] 乔尔乔·瓦萨里：《意大利艺苑名人传：巨人的时代》（上），刘耀春、毕玉、朱莉译，湖北美术出版社，2003年，第81页。

[3] See Giovanni Pietro Bellori, *Descrizzione dette immagini dipinte da Rafaette d'Urbino nette camere del Palazzo Apostólico Vaticano*, Rome: Giacomo, 1695.

图 1　拉斐尔《雅典学园》（1510—1511）

※ 说明：在梵蒂冈博物馆这四间拉斐尔厅内的众多壁画中，《雅典学园》不但是其中最为著名的一幅，同时也是引起争议最多、最旷日持久的一件杰作。由于拉斐尔生前并未留下有关创作此画的一手文献[1]，从早期的瓦萨里、贝洛里一直到近现代的沃尔夫林、贡布里希等艺术史大家，对于这幅巨作的微言大义可谓人言人殊、莫衷一是，迄今尚无定论。[2] 其实，对《雅典学园》的准确解读的关键，不应仅止于辨识出画中人物的姓名及其寓意，还当进一步揭示出凝结于这件艺术杰作背后的时代精神与宗教内涵。[3]

数的学者和一般公众都开始转而将此画理解为文艺复兴时代古典学术复兴与人文主义精神觉醒的最佳缩影。自 17 世纪末起，《雅典学园》便开始被视为"科学与哲学胜利的重现，它与对面墙壁上的《圣体辩论》分

---

1 有关拉斐尔的最详尽的早期文献汇编，详见 John Shearman, *Raphael in early modern sources: 1483-1602*, Yale University Press, 2003。
2 See Cathleen Hoeniger, *The Afterlife of Raphael's Paintings*, Cambridge University Press, 2011, pp.44-71.
3 参见欧文·潘诺夫斯基：《图像学研究：文艺复兴时期艺术的人文主题》，戚印平、范景中译，上海三联书店，2011 年，第 4—7、13 页。

庭抗礼，并与该壁画所代表的神学形成了势不两立的鲜明对比"[1]。到了 19 世纪之后，情况又有所改变。被贡布里希誉为"艺术史之父"的黑格尔在《美学讲演录》中称赞拉斐尔"把对宗教艺术课题的宗教情感和对古代艺术美的同样深湛的敏感结合在一起了"[2]。受黑格尔之影响，布克哈特在其经典著作《意大利文艺复兴时代的文化》（1860 年）中秉持了某种折中论的观点，以为《雅典学园》表现了"上古神话人物以及文化精英与基督教寓意象征人物共聚一堂的壮盛场面，让文艺复兴艺术企图融汇上古异教文化与基督教文化的雄心绽放出最后的光芒"[3]。德国学者帕萨万特在近代欧洲首部关于拉斐尔的学术专著《乌尔比诺的拉斐尔和他的父亲桑迪》（1839 至 1858 年间初版，1860 年增订版）中，则声称已辨认出了《雅典学园》全部 56 位人物中的 50 个人的姓名及其背后所蕴含的象征意义。[4] 布克哈特最优秀的学生沃尔夫林受 19 世纪末"为艺术而艺术"之风潮的影响，却大胆地声称对于理解《雅典学园》这样的艺术杰作"历史知识不是最重要的。试图将《雅典学园》解释为一篇有关历史和哲学观念的深奥论文，是非常荒谬的。十分重要的是表达肉体与精神状态的

---

1 Harry B. Gutman，"The Medieval Content of Raphael's School of Athens"，in *Journal of the History of Ideas*，Vol. 2，No. 4（Oct.，1941），p.420.

2 黑格尔：《美学》第三卷上册，朱光潜译，商务印书馆，1979 年，第 320 页。

3 雅各·布克哈特：《意大利文艺复兴时代的文化》，花亦芬译注，台北联经出版社，2013 年，第 494 页。

4 详见 J. D. Passavant，*Rafael von Urbino und sein Vater Giovanni Sann*，3 vols，Leipzig，1839-1858。英文节译本参见 J. D. Passavant，*Raphael of Urbino and His Father Givanni Santi*，4 vols，London：Macmillan，1872。之后又有学者声称已辨识出《雅典学园》全部 56 位人物中的 52 个人的名字，详见 Anton Springer，"Raffaels 'Schule von Athen'"，in *Die Graphischen Kunste*，5（1883），pp.53-106。相对而言，瓦萨里只指出了《雅典学园》中 8 位人物的名字。贝洛里虽然更为细致，也就提及了 18 位人物。

母题，而人物姓名则是无关紧要的"[1]。20世纪后半叶最具影响力的艺术史家贡布里希，在追溯了以往四个世纪围绕《雅典学园》所展开的各种争论后则如此小结道："尽管学者们对任何一种诠释都不完全赞同，但还是存在着一种坚定的信念，相信诠释这组壁画的关键必定与16世纪的人文主义观念相一致。"[2]

其实，在拉斐尔受命绘制签署厅壁画前一年的1508年元旦，"新雅典学园"的形象已经出现于卡萨利（Giovanni Battista Casali，1473—1525）在西斯廷礼拜堂所作的一篇割礼节布道词中。卡萨利提醒尤利乌斯二世和其他听众，自从君士坦丁堡被奥斯曼帝国征服之后，罗马教廷就不仅要担负起保存拉丁文化的责任，同时还须承担起传承古希腊文化的职责。[3] 当着尤利乌斯二世之面，卡萨利将文艺复兴时代的罗马比作"新的雅典"，将教廷图书馆誉为当世的柏拉图学园。

> 从前，在雅典诞生并向各处传播了人性、知识、宗教和法律，在那里有雅典娜神殿和众多的学园，在那里如此多的博学之士学习着美德和正义——可这一切都在穆罕默德战争机器的漩涡里灰飞烟灭了。但……正是（您的叔父，西斯笃四世）奠定了知识的基石，而您则进一步地为之添砖加瓦。他建立起了教廷图书馆，将雅典置

---

[1] 海因里希·沃尔夫林：《古典艺术：意大利文艺复兴艺术导论》，潘耀昌、陈平译，中国人民大学出版社，2004年，第75页。

[2] 贡布里希：《象征的图像：贡布里希图像学文集》，杨思梁、范景中编选，上海书画出版社，1990年，第143页。参见阿诺德：《走近艺术史》，万木春译，外语教学与研究出版社，2013年，第159—161页。

[3] Ingrid D. Rowland, "The Vatican Stanze", in *The Cambridge Companion to Raphael*, ed. Marcia B. Hall, Cambridge University Press, 2005, p.103. See John Edwin Sandys, *A History of Classical Scholarship*, Vol. II, Cambridge University Press, 1908, pp.59–80.

入其中；他四处收集能觅得的断篇残简，奠定了学园的雏形。现在，您，至尊的教皇，尤利乌斯二世，当您如起死回生般唤起那一蹶不振的学术界，并下令重建雅典及雅典的露台体育场、剧场与雅典娜神殿之时，您已建造了一个新的雅典。[1]

不过，罗马这个自15世纪中叶以来由教皇们所尽力复兴的基督教世界的"新雅典"，显然与公元前5世纪异教时代作为古典文化中心的雅典迥异其趣。事实上，"雅典学园"（Gymnasium d'Atene）的名称并不是由拉斐尔本人赋予的。它是在画家去世150年后的1671年，才首次由一位到罗马旅游的法国贵族赛涅莱侯爵（Marquis de Seignelay）在他的游记中提及的。[2] 17世纪末经过贝洛里的诠释之后，"雅典学园"（Liceo d'Atene）这一名称才被后世的学者广泛采用。[3] 此后，评论家们和公众多望文生义地据"雅典学园"的名称，以如今习以为常的解码方式来看待这幅名作。但恰如歌德在1786年11月至12月间数次参观拉斐尔大厅并细观《雅典学园》《圣体辩论》等壁画后所言，"从最初印象中得到的愉快是不充分的，只有渐渐地从头到尾全部看完，才会得到十分的享受……将这些作品多次对照来看，无偏见地对比，必定得到很大的愉悦，

---

[1] 详见John W. O'Malley, "The Vatican Library and the Schools of Athens: A Text of Battista Casali, 1508", in *The Journal of Medieval and Renaissance Studies* 7（Fall 1977）, pp.271-287。See Ingrid D. Rowland, "The Intellectual Background of the School of Athens: Tracking Divine Wisdom in the Rome of Julius II", in *Raphael's "School of Athens"*, ed. Marcia Hall, Cambridge University Press, 1997, pp.138-140.

[2] André Félibien, *Entretiens sur les vies et sur les ouvrages des plus excellens peintres anciens et modernes*, Paris, 1685.

[3] 详见G. P. Bellori, "The Image of the Ancient Gymnasium of Athens, or, Philosophy", in *Raphael's "School of Athens"*, pp.48-56。

因为开始看时总有点片面性"[1]。

虽然但丁的形象并未在《雅典学园》中显现,但他却同时出现在《圣体辩论》和《帕纳索斯山》里。但丁是签署厅内唯一一位被拉斐尔两次入画的人物,其重要性可见一斑。但丁在《神曲·地狱篇》的第四章(第130—147行)中所描绘的场景,无疑会让人们联想到《雅典学园》的主题。

> 当我稍微举目去望远察遐,我看见了有识之士的老师(即亚里士多德),坐在那里,周围是一群哲学家。人人都向他致敬,向他仰止。那里,我看见苏格拉底和柏拉图,先于其他人,和他相距咫尺。德谟克利特——视世界为偶然的通儒,第欧根尼、阿那克萨哥拉和泰勒斯、恩培多克勒、赫拉克利特和芝诺等人物。我看见那位采集草药的好夫子——我是说狄奥斯科利德斯——以及奥尔甫斯、西塞罗、利诺斯、利用言辞劝世的赛涅卡、几何学家欧几里得、托勒密、希波克拉底、阿维森纳、盖伦,写下了著名疏论的阿威罗伊。[2]

图 2　拉斐尔《雅典学园》人物图解

1　《歌德文集·第十一卷:意大利游记》,赵乾龙译,河北教育出版社,1999年,第119、131—132页。

2　但丁:《神曲·地狱篇》,黄国彬译注,九歌出版社,2008年,第160—161页。

关于《雅典学园》画面的中心人物柏拉图和亚里士多德（图 2 之 14、15），学界可以说没有任何异议。因为前者手持《蒂迈欧篇》，后者手握《尼各马可伦理学》，两部书的题名赫然标在书脊之上，一目了然。在《雅典学园》中柏拉图的手指指向上苍，表示他孜孜以求的理念世界；亚里士多德则手掌向下，意味着他更关注人世间的律法与道德。柏拉图是个理想主义者，他以远在天国的城邦为范型，来铸造现世的制度与生活；亚里士多德则两脚坚实地踏在希腊城邦的土地上，规划着幸福的尘世生活。《蒂迈欧篇》是专门讨论宇宙论的，而《尼各马可伦理学》是探讨人伦的经典。[1]《尼各马可伦理学》的题目就清楚地表明了亚里士多德在目标与努力上的节制与适度，与柏拉图近似基督教的为了美德与爱的斗争适成对照。[2] 这些都再清楚不过地表现出师徒二人间的对立关系。正如亚里士多德本人所言，"吾爱吾师，但吾更爱真理"[3]。而 18 世纪德国浪漫主义作家弗里德里希·施莱格尔更是声称："一个人，天生不是一个柏拉图主义者，就是一个亚里士多德主义者。"围绕两派的争论可以概括如下：前者将共相、诸物的本质定位于一个高等世界（如神性思想），后者则将本质定位于诸物自身。[4]

---

[1]《蒂迈欧篇》经过"黑暗时期"始终以拉丁文译本的形式流传下来，它在 13 世纪西欧重获亚里士多德的形而上学和自然科学著作以前，在相当长的时期内为欧洲人提供了自然世界常备的总纲。详见 A. E. 泰勒：《柏拉图——生平及其著作》，谢随知等译，山东人民出版社，1990 年，第 619—654 页。伯格：《〈尼各马可伦理学〉义疏：亚里士多德与苏格拉底的对话》，柯小刚译，华夏出版社，2012 年。

[2] 参见大卫·瑙尔斯：《中世纪思想的演化》，杨选译，商务印书馆，2012 年，第 32—34 页。

[3] 据第欧根尼·拉尔修《名哲言行录》之记载，柏拉图还在世时亚里士多德就退出了学园。因此柏拉图做这样的评论："亚里士多德踢开了我，正如小雄驹踢开生养它的母亲一样。"第欧根尼·拉尔修：《名哲言行录》，马永祥、赵玉兰等译，吉林人民出版社，2003 年，第 269 页。

[4] 扬·波尔等主编：《思想的想象：图说世界哲学通史》，张颖译，北京大学出版社，2013 年，第 29—30 页。

不过我们也不可过度夸大柏拉图与亚里士多德之间的对立。因为自皮科·米兰多拉（Pico della Mirandola，1463—1494）提出著名的"柏拉图和亚里士多德的一致性"以来，越来越多的文艺复兴时代的学者尝试调和两者的学说。皮科认为任何一种柏拉图的观点均可以转化为一种亚里士多德的观点，只不过柏拉图是以诗性的激情语言来阐释的，亚里士多德则是以冷静的理性来分析的而已。[1] 他强调"通过不同学派间的对比以及多种哲学间的讨论，柏拉图在信中提及的'真理之光'才会更加强烈地照亮我们的心智"[2]。即便注重诸物本身的亚里士多德亦承认"从许多方面想，人类的本性是在缧绁之中。照雪蒙尼德（Simonides，前556—前468）的话，'自然的秘密只许神知道'，人类应安分于人间的知识，不宜上窥天机……于神最合适的学术正应是一门神圣的学术，任何讨论神圣事物的学术也必是神圣的；而哲学确正如此：（1）神原被认为是万物的原因，也被认为是世间第一原理。（2）这样的一门学术或则是神所独有；或则是神能超乎人类而所知独多"[3]。在《蒂迈欧篇》的结尾处，柏拉图更是强调："宇宙拥有各种生命体，其中包含一切可见物和理智的形象。它是可见的神，在优越性和完美性上都是无可比拟的。"[4]

虽然《雅典学园》的中心人物是异教时代的大哲学家，但柏拉图哲学对圣奥古斯丁、圣哲罗姆等拉丁教父影响甚大，而亚里士多德哲学则是以阿奎那为代表的经院哲学的理论支柱。他们都与基督教有直接的渊

1　*Raphael's "School of Athens"*，pp.35-37.
2　皮科·米兰多拉：《论人的尊严》，顾超一、樊虹谷译，北京大学出版社，2010年，第90—93页。
3　亚里士多德：《形而上学》，吴寿彭译，商务印书馆，1959年，第6—7页。
4　柏拉图：《蒂迈欧篇》，谢文郁译，上海人民出版社，2005年，第94页。

源关系，否则教皇是不会让他们出现在自己的书房中的。[1] 其实早在 14 世纪，意大利的教堂中就已经多次出现了柏拉图与亚里士多德的形象。例如在创作于 1340 至 1345 年间的比萨圣凯特琳娜教堂的祭坛背景画（图 3）里，正中端坐的是阿奎那，手持《反异教大全》；其右侧是柏拉图，手持《蒂迈欧篇》；其左侧则是亚里士多德，手握《伦理学》。[2] 而在作于 1366 至 1368 年间的佛罗伦萨新圣母玛利亚教堂西班牙礼拜堂的巨幅壁画《圣托马斯·阿奎那的胜利》（图 4）里，与圣奥古斯丁、圣哲罗姆、圣托马斯·阿奎那一齐出现的，同样有柏拉图和亚里士多德。[3]

图 3　比萨圣凯特琳娜教堂的祭坛背景画（1340—1345）

---

[1] 详见潘能伯格：《神学与哲学：从它们共同的历史看它们的关系》，李零秋译，商务印书馆，2013 年，第 34—101 页。

[2] 参见约翰·埃德温·桑兹：《西方古典学术史》第一卷，张治译，上海人民出版社，2010 年，第 546、636—637 页。

[3] 详见 Diana Norman edited, *Siena, Florence, and Padua: Art, Society and Religion 1280-1400*, Vol. II, Yale University Press in association with the Open University, 1995, pp.222-228, 231-235.

**图 4　佛罗伦萨新圣母玛利亚教堂西班牙礼拜堂
《圣托马斯·阿奎那的胜利》(1366—1368)**

《雅典学园》右下角那群人物中手握圆规、正在弯腰的应是几何学家阿基米德（图 2 之 18），其后面手持天文仪与地球仪的两人则分别是琐罗亚斯德和托勒密（图 2 之 19、20），对此学界已基本达成共识。[1] 不过需注意的是，这里的天文仪与地球仪与其说是现代意义上的天文学的象征，不如讲是自古代起就颇为流行的占星术的体现。布克哈特就强调文艺复兴时代教会对待占星术和其他伪科学几乎总是采取宽容的态度；但对实际客观的科学研究，只要有人告发它是异端或搞巫术时，却显出真正的敌视态度。当时"不只是统治君侯，连一般城镇的教区都会定期聘请占星家前来预言。14 世纪到 16 世纪，甚至连大学都会特别聘请教授

---

[1] 亦有学者将手持天文仪的蓄须长者视为斯特拉波。详见 Christiane L. Joost-Gaugier, "Ptolemy and Strabo and Their Conversation with Appelles and Protogenes: Cosmography and Painting in Raphael's School of Athens", in *Renaissance Quarterly*, Vol.51, No.3（Autumn, 1998）, pp.761-787。

来讲授这门荒唐的学问;有时专门讲占星的教授还与讲天文的教授分开聘请呢!大部分的教宗也都坦承,经常求问有关星象的问题"[1]。其实,占星术长期以来就得到教会的许可,它并不被认为与基督教相悖。当时的人们还常把黄道十二宫与十二使徒联系在一起。而在基督教神学里,上帝就存在于七重天之上和那些固定星体的领域之外,他是宇宙的创造者和最美丽的建筑师。[2]

《雅典学园》左下角那群人物的身份,学者们同样一直争执不下。在《意大利艺苑名人传》中,瓦萨里将那位正在写字的秃顶老者视为"圣马太,他正在描摹天使托举的蜡版上的形象,在他身后一位老人膝盖上铺着纸,正在临摹圣马太所绘的全部图案"[3]。17世纪末以来,较流行的看法则将蹲着在厚书上写字的秃顶老者视为毕达哥拉斯(图2之6),其后方头缠白巾伸头向前看的老者是阿威罗伊(图2之5)。在《意大利艺苑名人传》的现代译本中,编者多认为瓦萨里此处的描述是将《雅典学园》和《圣体辩论》混淆起来了。后世的研究表明,瓦萨里错误的根源在于他并非根据原作,而是依靠阿戈斯提诺·威内齐亚诺(Agostino Veneziano)于1523年对这些壁画所作的版画临摹品做出上述诠释的。[4] 不过长期被视为谬误而备受指责的瓦萨里,晚

---

[1] 详见雅各·布克哈特:《意大利文艺复兴时代的文化》,花亦芬译注,第350、590—597页。
[2] 彼得·伯克:《意大利文艺复兴时期的文化和社会》,刘君译,东方出版社,2007年,第200—201页。
[3] 乔尔乔·瓦萨里:《意大利艺苑名人传:巨人的时代》(上),刘耀春、毕玉、朱莉译,第82页。
[4] 详见 Jeremy Wood, "Cannibalized Prints and Early Art History: Vasari, Bellori and Fréart de Chambray on Raphael", in *Journal of the Warburg and Courtauld Institutes*, Vol. 51 (1988), pp.210-220. John Shearman, *Raphael in early modern sources: 1483-1602*, Yale University Press, 2003, pp.765-766, 1009-1011.

近却得到了一批艺术史家的高度重视。瓦萨里的解读初看似乎匪夷所思，但如果我们将 16 世纪初的这些壁画置于当时基督教的精神氛围之中，就可以发现瓦萨里的"误读"对于现代人其实颇具启发与校正的意义。[1] 因为《雅典学园》原本属于一个以服务基督教信仰为宗旨的整体项目。对《雅典学园》做此种基督教含义的诠释，至少在表面上抵消了古希腊哲学、当然也包括雅典在教皇宫中所占据的意想不到的核心地位。[2]

自瓦萨里以降，多数学者都将躺在台阶上的那个衣衫褴褛的老者视为犬儒学派的代表人物第欧根尼（图 2 之 16）。[3] 贝洛里之后，画面左上角的那位秃顶老者多被视为苏格拉底（图 2 之 12）。晚近的研究却表明，那位躺在台阶上与柏拉图和亚里士多德一样占据壁画较中心位置的人物更有可能是苏格拉底。正如西塞罗指明的那样，在古典时期苏格拉底便已被视为哲学革命的始作俑者。在哲学的早期阶段，人们纷纷"研究数字和运动、本源和变化。他们也热忱地研究星辰以及天上一切可观察者的大小、距离和运动。是苏格拉底第一个把哲学从天上召唤到地面，在城邦里给它找到位置，还把它放入家庭，要求它处理人生、生活方式以及善恶问题"[4]。这恰好与《雅典学园》中的苏格拉底的

---

1 详见 Harry B. Gutman, "The Medieval Content of Raphael's School of Athens", in *Journal of the History of Ideas*, Vol. 2, No. 4（Oct., 1941）, pp.422–424. Timothy Verdon, "Pagans in the Church: The School of Athens in Religious Context", in *Raphael's "School of Athens"*, pp.115–118。
2 娜希亚·雅克瓦基：《欧洲由希腊走来：欧洲自我意识的转折点 17 至 18 世纪》，刘瑞洪译，花城出版社，2012 年，第 89—90 页。
3 乔尔乔·瓦萨里：《意大利艺苑名人传：巨人的时代》（上），刘耀春、毕玉、朱莉译，第 82 页。
4 扬·波尔等主编：《思想的想象：图说世界哲学通史》，张颖译，第 10 页。

形象相符合。也唯有将苏格拉底置于《雅典学园》较中心的位置，他与柏拉图和亚里士多德方能更好地与对面墙壁上那幅《圣体辩论》的中心人物耶稣、圣母玛利亚和施洗约翰相对称。[1]而苏格拉底和耶稣分别是异教时代和基督教时代最重要的圣人，他们都力图以自我牺牲的方式来实现对世人的救赎。[2]反之，如果将以玩世不恭著称的第欧根尼置于壁画的中心，那么整个《雅典学园》的庄严气氛便会大受影响。正如特别关注形式感的沃尔夫林所观察到的那样，在《雅典学园》中"最富变化的姿态互相补充，许多人物形成一种必然的凝聚状态，像一首大合唱中的各个声部一样成为一体，以致整体看上去一目了然而且合乎逻辑"[3]。

沃尔夫林还指出《雅典学园》的画面其实是被分解成了若干个小组，它们是哲学探索诸分支的自然表现。各门自然科学的代表人物被组合在一起置于下部，而将上面的空间留给了思辨的思想家。[4]在中世纪，学问的体系通常被分成七种学艺，分别是三种关于语词的初级学艺（Trivium）语法、辩术、修辞，和四种关于数的高级学艺（Quadrivium），算术、几何、天文、音乐。[5]拉斐尔在创作《雅典学园》时，"七艺"的隐喻很可

---

[1] 参阅佩利坎：《雅典与耶路撒冷何干？〈创世记〉和〈蒂迈欧〉的宇宙起源论对勘》，载《鸿蒙中的歌声：柏拉图〈蒂迈欧篇〉疏证》，朱刚、黄薇薇等译，华东师范大学出版社，2008年，第213—258页。

[2] 详见 Daniel Orth Bell, "New Identifications in Raphael's School of Athens", in *The Art Bulletin*, Vol. 77, No. 4（Dec., 1995），pp.638-646。

[3] 海因里希·沃尔夫林：《古典艺术：意大利文艺复兴艺术导论》，潘耀昌、陈平译，第83页。

[4] 同上书，第81页。

[5] 关于"七艺"，详见 *The Classical Tradition*, eds. Anthony Grafton, Glenn W. Most, Salvatore Settis, Harvard University Press, 2010, pp.523-529。

能对他的构图产生了影响。[1]《雅典学园》左下方的那组人物显然可视为算术、音乐与语法的代表,右下方的那组人物可视作几何与天文之代表,而台阶上的那群人物则可视为辩术与修辞的代表。[2] 贡布里希犀利地指出,文艺复兴时期三种关于语词的初级学艺对四种关于数的高级学艺的反叛颇为流行。文艺复兴时代在科学思想方面的创举并不很丰富,大的突破要到16世纪末才出现。[3] 拉斐尔这样伟大的艺术家就像伟大的人文主义

---

1 在那部为阿尔萨斯圣奥蒂耶山(Mont St Odile)的修女们所作的图绘百科全书《欢乐园》(*Hortus deliciarum*,1167—1195)中,就有一幅屡受关注的图画很贴切地体现了中世纪哲学与"七艺"之间的关系(参见图5)。在此画的内环上部,哲学被描绘为女王的形象,其冠冕上分出三个头像,分别标识为"伦理学""逻辑学""物理学"。哲学女王展示一绶带,其中的题词为"一切智慧皆来自主上帝"(出自次经《便西拉书》1:1);"只要拥有智慧,便能随心所欲"(出自爱波修斯《哲学的慰藉》)。女王座椅两边的文字为:"自哲学分流出七门科艺,被称为'自由七艺',分别是语法学、修辞学、论理学、音乐学、算数学、几何学、天文学,圣灵是它们的缔造者。"内环的下半部中,苏格拉底和柏拉图坐于桌前。苏格拉底左方的文字意为"哲学家所传授者,首先是伦理学,其次为物理学,再者为修辞学",柏拉图右边的文字则是"哲学家乃俗世的智者、异教的牧师"。而环绕哲学女王和苏格拉底、柏拉图的内环上的题词则是"吾,哲学,乃统御天宇之学科也,下分七支"。外环中列有七个穹拱,每个穹拱之下有七艺之一的人格化身形象。外环上的题词如下:"此域研究世俗之哲学,并记录成果、著作书籍、教授学生。七科均借重于哲学。精进探微,此为基始。"详见约翰·埃德温·桑兹:《西方古典学术史》第一卷,张治译,上海人民出版,2010年,第578、635—636页。参阅 Glenn W. Most, "Reading Raphael: The School of Athens' and Its Pre-Text", in *Critical Inquiry*, Vol. 23, No. 1(Autumn, 1996), pp.146—157。而在上文提及的佛罗伦萨新圣母玛利亚教堂西班牙礼拜堂的巨幅壁画《圣托马斯·阿奎那的胜利》(图4)的右下方,就同时出现了七艺女神与毕达哥拉斯、欧几里得、托勒密、亚里士多德、西塞罗等人相对应的图像。详见 Diana Norman edited, *Siena, Florence, and Padua: Art, Society and Religion 1280-1400*, Vol. II, Yale University Press in association with the Open University, 1995, pp.226-228。

2 详见 André Chastel, *Art et humanisme à Florence au temps de Laurent le Magnifique*, Presses universitaires de France, 1959, pp.476-480。

3 贡布里希:《文艺复兴:西方艺术的伟大时代》,李本正、范景中编译,中国美术学院出版社,2000年,第10—11页。

者一样,首先是信仰宗教的人。因此,在《雅典学园》中辩术和修辞作为初级学艺的代表被安排在了构图的中心位置,而算术、音乐、几何与天文作为高级学艺的代表则被放置在了画面的下方。

此外不可忽视的是,《雅典学园》的建筑背景并非古典式的希腊神殿,而是一座典型的罗马天主教教堂。[1] 自瓦萨里以降,学界普遍认为拉斐尔在绘制《雅典学园》的背景草图时,借鉴了其同乡前辈布拉曼特(Donato Bramante,1444—1514)为新的圣彼得大教堂设计的内部结构图。[2] 而《雅典学园》建筑背景上的两尊巨型雕像阿波罗和密涅尔瓦,也与基督教有着微妙的隐喻关系。左上角的文艺之神阿波罗与基督一样都是光明的使者,他可谓是基督形象在古希腊-罗马时之前兆。而右上角的智慧女神密涅尔瓦,则可以说是基督教的"智慧女王"圣母玛利亚的先兆。[3] 因此,在《雅典学园》中柏拉图、亚里士多德等希腊哲学家是置身于罗马教廷的背景之中,他们其实是"教堂中的异教哲人"。[4] 拉斐尔的哲学殿堂其实意味着潜藏在古代智慧之中的基督教真理。

---

[1] 详见 Glenn W. Most,"Reading Raphael:'The School of Athens' and Its Pre-Text",in *Critical Inquiry*,Vol. 23,No. 1(Autumn,1996),pp.171-179;Ralph E. Lieberman,"The Architectural Background",in *Raphael's "School of Athens"*,pp.64-84。

[2] 乔尔乔·瓦萨里:《意大利艺苑名人传:巨人的时代》(上),刘耀春、毕玉、朱莉译,第36—38页。也有学者认为《雅典学园》中的背景建筑是对古罗马浴场的模仿,因为在古罗马哲人们正是在浴场中讨论学术问题的。See Ingrid D. Rowland,"The Vatican Stanze",in *The Cambridge companion to Raphael*,ed. Marcia B. Hall,Cambridge University Press,2005,p.104.

[3] Ingrid D. Rowland,"The Vatican Stanze",in *The Cambridge companion to Raphael*,pp.104-105.

[4] 详见 Timothy Verdon,"Pagans in the Church:The School of Athens in Religious Context",in *Raphael's "School of Athens"*,pp.124-129。

图 5 《哲学与七艺》，出自兰茨堡的赫拉得之《欢乐园》(1167—1195)

二

中国首位撰写欧洲文艺复兴著作的蒋百里，曾将拉斐尔绘画艺术之要点概括为："在能使心灵与肉灵调和。故其第一特长，在纯洁，在高尚。无垢之天光越清澄之大气，自空中而招吾人以向上，此则中世纪心灵憧憬之象征也……故古人所谓'通天人之故'者，盖拉氏可以当之无愧矣。"[1] 教廷亦希望通过《雅典学园》与《圣体辩论》的主题对比，来展现世俗与宗教、异教知识与基督教智慧之间的本质区别。傅雷在据法国艺术史家博尔德（Bordes）《美术史二十讲》（1929年）编译的《世界美术名作二十讲》中，就犀利地指出："《雅典学园》表现的是人类对

---

[1] 蒋百里：《欧洲文艺复兴史》，岳麓书社，2010年，第46页。

于他的来源和命运的怀疑和不安。所有的希腊的哲人都在这里,各人的姿势都明显地象征个人的思想和性格。对面,《圣体辩论》却教训我们说只有基督教的圣体的学说才能解答这些先哲们的问题。"[1]在《圣体辩论》上部的对称与几何学的正确中,似乎蕴含着自上而下的先定的和谐倾向。[2]

《圣经》中记载保罗在雅典布道时对雅典人说:"我看你们凡事很敬畏鬼神。我到处走走的时候,仔细观察你们所敬拜的,发现一座坛,上面写着'献给未识之神明'。你们所不认识而敬拜的,我现在向你们宣告:他是创造宇宙和其中万物的上帝……他将生命、气息、万物赐给万人。他从一人造出万族,居住在全地面上,为要使他们寻求上帝,或者可以揣摩而找到他,其实他离我们各人不远。我们生活、行动、存在都在于他。"(《新约·使徒行传》17:16—34)事实上,《圣体辩论》是在提醒对面壁画中的哲人们,唯有基督教神学才是真正的智慧。恰如奥古斯丁在《论三位一体》中所论辩的那样,"最杰出的异教哲学家们,仍然不是借着中保即基督来从事哲学研究的……由于他们被置于这一最低的事物层次上,他们就只能寻找某些中等层次的事物,凭着它们来达到他们所理解的顶层事物了……我们的知识就是基督,我们的智慧也就是基督。正是他将关于永恒之事的真理置于我们心中"[3]。而15世纪新柏拉图主义最著名的代表人物斐奇诺(Marsilio Ficino,1433—1499),也确信柏拉图的理性的任务是为了证实和支持基督教的信仰和权威,他强调苏格拉

---

1 傅雷:《世界美术名作二十讲》,海南出版社,1994年,第123页。
2 苏联艺术科学院美术理论与美术史研究所编:《文艺复兴欧洲艺术》(上),严摩罕、姚岳山、平野译,人民美术出版社,1985年,第236页。
3 奥古斯丁:《论三位一体》,周伟驰译,上海人民出版社,2005年,第363页。

底、柏拉图等这些异教最杰出的哲人亦只有通过基督的恩典才能得救。[1] 斐奇诺在其最重要的巨作《柏拉图神学》的导言中指出:"在柏拉图的沉思中有三个步骤。第一步是通过灵魂从形体上升到上帝;第二步是居留在上帝里面;第三步是下降到灵魂与形体中。"[2]

正是在这幅签署厅内最早绘制的《圣体辩论》(图6)中,拉斐尔让"上帝将圣灵降临到无数使徒身上,而天空中四位天使正展开福音书。尤其是基督,集中了宗教画所能赋予精神领袖的一切仁慈与宽厚。拉斐尔恰如其分地刻画出主教的可敬、信徒的单纯和殉道者的虔诚"[3]。《圣体辩

图6 拉斐尔《圣体辩论》(1508—1509)

---

1 参见保罗·奥斯卡·克利斯特勒:《意大利文艺复兴时期八个哲学家》,姚鹏、陶建平译,上海译文出版社,1987年,第58—59页。

2 详见梁中和:《灵魂·爱·上帝——斐奇诺"柏拉图神学"研究》,华东师范大学出版社,2012年,第347—377页。

3 乔尔乔·瓦萨里:《意大利艺苑名人传:巨人的时代》(上),刘耀春、毕玉、朱莉译,第84页。

论》的名称源自瓦萨里,这种解释对处于"后宗教改革时代"的瓦萨里来说也许是极为自然的。[1]但此画的侧重点却并不在所谓的"辩论"上,而是赞美圣餐和整个基督教。与《雅典学园》中哲人们争论不休的情景正相反,沃尔夫林指出《圣体辩论》中根本就没有真正的辩论,甚至连任何演讲也没有:其意图是表现至高无上的智慧,表现为神本身显现所证实的教会最深奥秘密的确存在。[2]《圣体辩论》左下方背景远处,有座教堂正在兴建;与之相对称的右下方,数块半修整的大理石块耸立在群集的教皇和诗人背后,使他们看起来就像是在圣彼得大教堂半完工的支柱间活动。因此,该画隐含了颂扬基督教的雄伟建筑及其两位主要的建造者教皇尤利乌斯二世及布拉曼特之意。[3]用教皇尼古拉五世的话来说,俗人们会发现他们的"信仰在宏伟建筑身上不断地得到确证,每天都得到加深巩固"[4]。

而位于《圣体辩论》右下角的基督教时代最伟大的诗人但丁,仿佛是在宣称"尘世政体不过是那同上帝相结合的单一的世界政体的一个部分","君临天国的是一位独一无二的创始人——上帝,而人类只有以天国和天父为榜样,才能处于最佳状态"。虽然但丁因坚持"尘世的君主统治权直接由上帝赐予而非来自罗马教皇"[5],1329年后其《论世界帝国》就被教会列为禁书。但恰如康托罗维奇在《一王两体:中世纪政治哲学研究》中雄辩地论证的,"目的二元论不一定意味着忠诚的冲突或甚至相互对立。但丁以一名基督徒的身份写作,对一个基督教社会说话,他

---

1 贡布里希:《象征的图像:贡布里希图像学文集》,杨思梁、范景中编选,第141页。
2 海因里希·沃尔夫林:《古典艺术:意大利文艺复兴艺术导论》,潘耀昌、陈平译,第76页。
3 金恩:《米开朗琪罗与教皇的天花板》,黄中宪译,文汇出版社,2005年,第136页。
4 转引自布罗顿:《文艺复兴简史》,赵国新译,外语教学与研究出版社,2007年,第213页。
5 详见但丁:《论世界帝国》,朱虹译,商务印书馆,1985年,第9、11、56—88页。

在《论世界帝国》末段明确地说:'依据某种方式,这种世俗真福是注定转化为不朽真福的。'"[1] 但丁在《神曲》中表现出来的最终看法,就促使他强调拯救世界的唯一手段是获得宗教新生的理想,即洗心革面的必要性。[2]

签署厅内剩下的两幅较小的壁画分别是《帕纳索斯山》(图7)和《三义德》。前者描绘了位于圣山帕纳索斯山上的阿波罗、缪斯女神以及荷马、萨福、奥维德、维吉尔、但丁、彼得拉克、薄伽丘等历代大诗人。此画看似与基督教神学无关,却是"诗的神性灵感的完美的形象化表现"。恰如伟大的人文主义者瓜里尼(Guarini)的弟子托斯卡内拉(Giovanni Toscanella)1425年在博罗尼亚大学修辞学课程的演讲中所言,

图7　拉斐尔《帕纳索斯山》(1509—1510)

---

[1] E. H. Kantorowicz, *The King's Two Bodies*: *A Study in Medieval Political Theology*, Princeton University Press, 1957, p.464.

[2] 昆廷·斯金纳:《近代政治思想的基础》(上卷),商务印书馆,2002年,第40页。

"诗人们首先声言上帝的存在,他们确信上帝明察万物,统御一切。如同我们所知,古人也把奥尔甫斯看作神学家。荷马和赫西奥德也感受到这些。维吉尔和奥维德更是在许多的诗文中公开声言神的无所不在"。对于15世纪的学者而言,所有知识的高贵性都来源于神灵的联系。上帝通过领悟到神意的诗人与哲人之口含蓄地表达自己,又通过圣经和教会的圣传坦率地表达自己。对于古代诗歌和哲学的尊崇,只能是更加强调了圣事实相的重要性。[1]

与《帕纳索斯山》相对的那幅壁画《三义德》(图8),得名于该画上方三位女神的肖像。她们象征着实施法律、维持公正所必不可少的三项美德:"自律""坚韧"与"谨慎"。《三义德》的下方展现了法律史上的两个重要场景:即左边授予民法典的《特里波尼安(Tribonian)献上〈法学汇编〉给查士丁尼大帝》(529年)和右边颁发基督教法典的《教皇格里高利九世(Gregorius IX,1227—1241年在位)认可佩尼弗特的圣雷蒙德(St Raymond of Penafort)递呈给他的教令集》(1234年)。值得注意的是,拉斐尔在画中将格里高利九世画成了时任教皇尤利乌斯二世的样子,其身边的枢机大主教则被绘成了乔凡尼·美第奇,即未来的教皇利奥十世的形象。[2] 正如伯尔曼在《法律与宗教》中所强调的,"法律必须被信仰,否则它将形同虚设"。查士丁尼大帝以降的拜占庭的基督教皇帝把修订法律以使"人性升华",看作是他们作为基督徒的职责。而

---

1 详见贡布里希:《象征的图像:贡布里希图像学文集》,杨思梁、范景中编选,第139—140页。See Paul F. Watson, "On a Window in Parnassus", in *Artibus et Historiae*, Vol.8, No.16 (1987), pp.127–148.

2 乔尔乔·瓦萨里:《意大利艺苑名人传:巨人的时代》(上),刘耀春、毕玉、朱莉译,第84页。See Christiane L. Joost-Gaugier: "The Concord of Law in the Stanza della Segnatura", in *Artibus et Historiae*, Vol.15, No.29 (1994), pp.85–98.

图 8　拉斐尔《三义德》(1511 年)

基督教会则试图同时使宗教道德法律化、法律道德化。[1] 因此,《三义德》的内涵应当被解读为民法典与教会法的完美结合。这样就既可以使严峻的罗马法"基督教化",使其更加精练和人性化,又可以使原本极难维系的基督教道德规范"法律化",使之变得更易于实施。[2]

综合上文的分析,可以发现签署厅内的这四幅壁画《雅典学园》《圣体辩论》《帕纳索斯山》与《三义德》"并非是一组毫无连带关系的图,而是根据某几种主要思想的铺张,这主要思想便是'基督教义与圣餐礼的高于一切的价值'。由此观之,这件巨大的装饰简直可称之为一首宗教哲

---

[1] 伯尔曼:《法律与宗教》,梁治平译,中国政法大学出版社,2003年,第44—54页。参见哈罗德·伯尔曼:《法律与革命:西方法律传统的形成》第一卷,贺卫方等译,法律出版社,2008年,第81—114页。

[2] 菲利普·尼摩:《什么是西方:西方文明的五大来源》,阎雪梅译,广西师范大学出版社,2009年,第55页。

学的诗"[1]。合而观之,整个签署厅"四面墙壁的装饰简直就是文艺复兴时代对中世纪百科全书最完全的再版"[2]。从教廷的视角来看,这些壁画就是从古典哲学到真正的宗教、从前基督教世界到基督教时代转变的最完美体现。

如今绘有《雅典学园》等壁画的大厅曾是教皇法庭之所在,因而瓦萨里将之称为"签署厅"。不过自1965年谢尔曼发表令人信服的论文以来[3],学界已普遍接受了19世纪末就由德国学者维克霍夫提出的假设,即签署厅在16世纪初其实是教皇尤利乌斯二世的私人图书室。因为"签署厅内的壁画本身就呈现为一部绘本的图书目录。在《圣体辩论》中围绕祭坛的四位教父都在阅读或撰写书籍。《雅典学园》中的许多人物手中也都握有书籍,不是正在写作就是正在阅读和解释文本。可以说在视觉艺术里,尚没有其他的作品图书在其中扮演了如此重要的角色,其中的一切都与书有关"[4]。图书馆的装饰风格,自中世纪起就一直依循标准的模式。而拉斐尔已从其家乡乌尔比诺公爵的图书馆、锡耶纳大教堂内枢机大主教皮可洛米尼(即后来的庇护三世)的图书馆等处,熟悉了此类装饰的布局。当时图书馆的墙壁或天花板上通常饰有几个寓言中的女性人物,分别代表知识的不同分支或图书分类的几大主题。[5] 签署厅四壁上所绘的《雅典学园》《圣体辩论》《帕纳索斯山》《三义德》,就恰好对应了该厅天花板上四个女神的寓意"哲学""神学""诗歌"和"法学"(图9)。

---

[1] 傅雷:《世界美术名作二十讲》,海南出版社,1994年,第123—124页。

[2] 波特编:《新编剑桥世界近代史》第1卷,中国社会科学出版社,1988年,第193页。

[3] 详见 J. Shearman, "Raphael's Unexecuted Projects for the Stanze", in *Walter Friedlaender zum 90. Geburtstag*, ed. G. Kauffmann and W. Sauerländer, Berlin, 1965, pp.159-180。

[4] 详见 F. Wickhoff, "Die Bibliothek Julius II", in *Jahrbuch der Königlich Preussischen Kunstsammlungen*, XIV, 1893, p.54。

[5] 金恩:《米开朗琪罗与教皇的天花板》,黄中宪译,第108页。

图 9 "签署厅"天花板

对于这些天顶寓意画的重要性,贡布里希做了极为精当的评价。他强调:"要想肢解签署厅壁画系列,就会完全摧毁其象征意义和艺术旨趣。如果我们未能从天顶向下去解读这些构图,我们就不会理解我们所面对的这种作品类型;由于失去解读作品的出发点,我们会被局部细节弄得晕头转向。在这类构图中,位于宝座上的拟人形象并不仅仅是下面的典型人物的寓意标签。相反,整组壁画都应看作是用来解释或放大天顶上拟人形象所表达的观念的。"[1] 为了使其含义确定无误,拉斐尔还在天顶画里直接使用了铭文。与《雅典学园》那面墙相连的天花板上,在"描绘哲学、占星术、几何学、诗学与神学和平共处的圆形像章上",拉斐尔画了一位端坐在宝座上代表知识的女神。在她的两旁,两个小天使分别抬着拉丁铭文"*Causarum*"和"*Cognitio*",意为"觉缘"(图

---

[1] 贡布里希:《象征的图像:贡布里希图像学文集》,杨思梁、范景中编选,第137页。

10)。与《圣体辩论》相连的穹顶圆形像章上则绘有神学女神，刻有铭文"*Divinarun rerum notitia*"，意为"圣事实相"（图 11）。在《帕纳索斯山》之上的那个圆形像章上画的是手握古典乐器的诗歌女神，刻有意为"神感"的铭文"*Numine Afflatur*"，指诗歌来源于神性（图 12）。在指向下面《三义德》的圆形像章上，则画了一位手持天平和出鞘利剑的正义女神，刻有意为"各得其所"的拉丁铭文"*Ius suumcuique tribuit*"，是"义德"拟人像的箴言（图 13）。[1]

在签署厅穹隆的角隅处，拉斐尔还绘制了四幅矩形画（参见图 9、14），就其情节而言它们也是和厅内其他壁画的内容一脉相通的。靠近神学女神的边上，他画下了亚当和夏娃偷吃禁果的罪孽；挨着《雅典学园》的那幅矩形画，描绘了知识女神将恒星和行星各归其位的情景；在帕纳索斯山旁，描绘的是马尔斯亚斯（Marsyas）被阿波罗绑在树上鞭打的场景；靠近《三义德》的那幅，画的则是所罗门的审判。[2] 由此可见，与四幅拱顶寓意画一样，它们分别象征着神学、哲学、诗歌与法律。此外，在天顶寓意画和矩形画之间，拉斐尔还绘制了八幅四对尺寸较小的装饰画（参见图 9）。其中位于上方的四幅画取材于李维的《罗马史》，下方的四幅画描绘的则是神话中的场景。它们分别代表组成世界的火、水、土、气四种基本元素，意味着基督教的爱与异教的美德联合起来统御世界。合而观之，这四对夹角画、四幅天顶矩形画、四幅天顶寓意画与下

---

[1] 详见乔尔乔·瓦萨里：《意大利艺苑名人传：巨人的时代》（上），刘耀春、毕玉、朱莉译，第 82—83 页。贡布里希：《象征的图像：贡布里希图像学文集》，杨思梁、范景中编选，第 138 页。Paul Taylor, "Julius II and the Stanza Della Segnatura", in *Journal of the Warburg and Courtauld Institutes*, Vol.72（2009）, pp.109–114.

[2] 乔尔乔·瓦萨里：《意大利艺苑名人传：巨人的时代》（上），刘耀春、毕玉、朱莉译，第 83 页。

图 10 《哲学》

图 11 《神学》

图 12 《诗学》

图 13 《法学》

面的四幅壁画显然是互通声气的，它们构成了一个完整的整体。[1] 可以设想当聚集在签署厅内的那些教士和法官们看到包括《雅典学园》在内的系列壁画和天顶画之后，受图书馆装饰总体布局的影响，"会发现自己置身于由各学科所构成的次序井然的宇宙中。他们甚至会希望或感受到神灵的火花通过墙上这些圣人传到了自己身上，因而他们也会成为出自天

---

1 详见 Edgar Wind, "The Four Elements in Raphael's 'Stanza della Segnatura'", in *Journal of the Warburg Institute*, Vol.2, No.1（Jul., 1938），pp.75–79。

图 14 "签署厅"天顶矩形画

国的知识的具体体现和代言人"[1]。

虽然尤利乌斯二世的藏书已毁于 1527 年的罗马之劫中，不过据保罗·泰勒对其私人藏书目录的最新研究，我们得悉当时的签署厅即教皇书房内约藏有 170 种共 220 册图书。在这些书籍中有近一半是有关宗教方面的，包括多种版本的《圣经》、教父文集、圣阿奎那著作集等，它们被置于天顶寓意画《神学》和壁画《圣体辩论》之下的书架上。六分之一的藏书是关于法律尤其是教会法的，包括查士丁尼法令汇编和各类教皇通谕等，被安放在"法学女神"和《三义德》之下。七分之一是文学类的图书，包括荷马、奥维德、维吉尔、塞内卡、西塞罗、薄伽丘等人的作品，安放在"诗学女神"和《帕纳索斯山》之下。十分之一是史学类书籍，包括希罗多德、修昔底德、李维、恺撒等人的史书。另有十分之一的藏书则包括农业、历法、地理、医学、自然史、哲学及修辞学各种门类的书籍，均被置于"哲学女神"和《雅典学园》下方的书架上。根据梵蒂冈图书馆的档案，尤利乌斯二世的哲学类藏书可谓屈指可数，亚里士多德的《伦理学》和《政治学》是其仅有的两种古希腊哲学著作。而且，在他的藏书中没有发现一册柏拉图、柏拉图主义者或新柏拉图主

---

[1] 贡布里希：《象征的图像：贡布里希图像学文集》，杨思梁、范景中编选，第 143 页。

义者的著作。因此，我们就不太可能设想教皇会希望《雅典学园》的主题是所谓的柏拉图主义的具象反映。[1]

此外我们不应忘记，尤利乌斯二世的私人图书馆是15世纪中叶由尼古拉五世（Nicholaus V，1447—1455年在位）建立、1475年经西斯笃四世（Xystus IV，1471—1484年在位）和他的侄儿（即未来的尤利乌斯二世）重组的梵蒂冈教廷图书馆（Biblioteca Apostolica Vaticana）的一个组成部分。建立和扩充梵蒂冈教廷图书馆的主要目的之一，就是力图通过提升知识来传播基督之福音。[2] 1512年，尤利乌斯二世在由其召集的第五届拉特兰公会上更是公开宣称："如果没有神的智慧之启示，那么正如福音书上所言，对哲学的持续研究并不会发现真理反而将导致谬误。"[3] 因此，通过对《雅典学园》及其所在的签署厅内的其他壁画的细致解读，我们应当摒弃那种流俗的、带有误导性的观点：在教皇宫里出现的著名的希腊哲人的形象是文艺复兴时期异教倾向复兴的标志。事实正相反，包括《雅典学园》在内的签署厅的整体装饰风格是深受方济各会和多明我会思想影响的基督教人文主义理想的反映。[4]

---

[1] 尤利乌斯二世私人图书馆的藏书目录详见 Paul Taylor, "Julius II and the Stanza Della Segnatura", in *Journal of the Warburg and Courtauld Institutes*, Vol.72（2009）, pp.117-120, 135-141。

[2] 详见 Ingrid D. Rowland, "The Intellectual Background of the School of Athens: Tracking Divine Wisdom in the Rome of Julius II", in *Raphael's "School of Athens"*, pp.131-137。

[3] *Decrees of the Ecumenical Councils*, ed. N. P. Tanner and G. Alberigo, Washington DC, 1990, vol.I, p.606.

[4] 详见 Helen S. Ettlinger, "Dominican Influences in the Stanza della Segnatura and the Stanza d'Eliodoro", in *Zeitschrift für Kunstgeschichte*, 46. Bd., H. 2（1983）, pp.176-186. Christiane L. Joost-Gaugier, *Raphael's Stanza della Segnatura: Meaning and Invention*, Cambridge University Press, 2002, pp.153-163。

三

如果我们结合与签署厅毗邻的另外三个拉斐尔厅内的壁画的主题，那么这种对《雅典学园》的基督教神学式的解读就更具有说服力了。签署厅右侧的伊利奥多罗厅内的四幅壁画，以历史上和传说中的古老故事为媒介，直接反映了当时一些引人注目的政治事件。按时间顺序它们分别是东墙上据《旧约》典故创作的《伊利奥多罗被逐出圣殿》、北墙上据《新约》记载绘制的《解救圣彼得》、西墙上反映基督教早期历史的公元452年的《击退阿提拉》以及描绘中世纪后期基督教奇迹的1263年的《保尔塞那的弥撒》。在这些壁画中，时任教皇尤利乌斯二世及其继任者利奥十世都被描述成参与者和见证人，这实际上是在"强调对教会的挑战时至今日一直都持续着。不过最终教会战胜了这一系列的挑战，意味着太平盛世即将到来"[1]。

《伊利奥多罗被逐出圣殿》（图15）描绘了叙利亚将军伊利奥多罗受国王派遣前往耶路撒冷抢劫存在神殿中的本属于孤儿寡母的钱财。在此画的左下角处绘有坐在宝座上的教皇尤利乌斯二世，这无疑是在明喻教皇正在努力将"贪婪"逐出教廷。[2] 在《伊利奥多罗被逐出圣殿》中拉斐尔可以说运用了"时空错置"方法，在无形中将前基督教时代的耶路撒冷转化为当时治下的罗马。作为政治寓意画，此画的意涵可谓呼之欲出。《伊利奥多罗被逐出圣殿》的场景就是"在明白地指喻将入侵者法国人逐出意大利一事。伊利奥多罗的下场，大概也是在警告法王路易十二的盟

---

1 洛伦·帕特里奇：《文艺复兴在罗马：1400—1600》，邹毅译，中国建筑工业出版社，2004年，第148页。
2 乔尔乔·瓦萨里：《意大利艺苑名人传：巨人的时代》（上），刘耀春、毕玉、朱莉译，第88页。

邦和其他破坏教会者。在教皇尤利乌斯二世眼中，这些人全都是在企图掠夺依法本属于教皇的东西"[1]。正如布克哈特所评价的那样，尤利乌斯二世在一切主要方面都可以说是教皇政权的救星。他熟悉自其叔父西斯笃四世任教皇以来的事变过程，这使他对于教皇权威的根据和条件有着深刻的认识。当他即位时教皇国正处于全面崩解的险境，他却以不可动摇的气魄全力重整教廷。在天使堡中储藏的70万金币，他交代看守以后移交给下一任的教皇。他还使教廷成为一切在罗马身故的神职人员遗留下来的财产的继承人。[2]

图15 《伊利奥多罗被逐出圣殿》(1511—1512)

《保尔塞那的弥撒》(图16)的主题是1263年发生的一件"奇迹"，当时一名从波西米亚前往罗马的神父中途在保尔塞那停下，到教堂主持弥撒。他对于"圣餐变体论"一向心存疑虑，但在保尔塞那的弥撒中却

---

1 金恩：《米开朗琪罗与教皇的天花板》，黄中宪译，第240—241页。
2 雅各·布克哈特：《意大利文艺复兴时代的文化》，花亦芬译注，第154—156页。

赫然发现经过祝圣的面饼竟然显现十字形血迹。自此之后，他就对"圣餐变体论"深信不疑。[1] 保尔塞那的奇迹，对于尤利乌斯二世可谓意义非凡。1506年他御驾亲征攻打佩鲁贾和博罗尼亚时，曾特意要求军队在奥维耶托停下并在该城大教堂举行弥撒。一周后尤利乌斯二世就高唱凯歌，不战而胜地进入佩鲁贾；两个月后，他又兵不血刃地拿下博罗尼亚。他不禁回想起奥维耶托之行，觉得那是一次朝圣之旅，上帝以让他收服两座叛离的城市作为回报。在罗马教廷面临分崩离析的危急关头，教皇既然对保尔塞那奇迹如此深信不疑，要求拉斐尔作画予以阐释也颇合时局。[2] 曾追随这位一手握着剑、一手挥着圣彼得权杖的教皇亲征的马基雅维利，对于尤利乌斯二世的成功给予了高度的赞扬，"因为他的一切作为都是为着提高教廷的地位而不是提高任何私人的地位，因此使他更加光荣"[3]。当时的意大利可以说处于一个不为刀俎则为鱼肉的时代，个人因战功所塑造的领袖魅力显然比良法来得有效得多。因此，对这位被大家称为"武士教皇"或"雷公教皇"（Pontefice terribile）的尤利乌斯二世，率军亲征也就有不可避免的需要了。[4] 事实也确如教皇史权威兰克所言，尤利乌斯二世"所建立起来的权力是此前历任教皇都不曾拥有过的……他力图以解放者的形象示人，他在新的领地广施仁政，在获得了臣属的依附的同时也获得了他们的虔诚信仰"，因此，"他应被视为教皇国的奠基人"。[5]

---

1 乔尔乔·瓦萨里：《意大利艺苑名人传：巨人的时代》（上），刘耀春、毕玉、朱莉译，第87页。
2 金恩：《米开朗琪罗与教皇的天花板》，黄中宪译，第260—261页。
3 详见《马基雅维利全集：君主论、李维史论》，潘汉典、薛君译，吉林出版集团，2011年，第45、223—224页。
4 雅各·布克哈特：《意大利文艺复兴时代的文化》，花亦芬译注，第156页。
5 Leopode von Ranke, *The History of The Popes*, Vol.1, London: George Bell & Sons, 1908, pp.42-44.

图 16 《保尔塞那的弥撒》(1512 年)

如果说《伊利奥多罗被逐出圣殿》和《保尔塞那的弥撒》反映了尤利乌斯二世在武功方面的建树，《解救圣彼得》(图 17) 则体现了其所坚持的教皇至上论的胜利。尤利乌斯二世在当选教皇之前的 32 年里，因其在名义上主持"锁链中的圣彼得教堂"(San Piero ad Vincula) 而被称为"囚禁的枢机大主教圣彼得"。其实《解救圣彼得》是暗指 1511 年在法国国王路易十二的支持下分裂教会的比萨公会要求废黜尤利乌斯二世，而教皇则于次年在罗马召开第五届拉特兰公会应对之。[1] 在基督教传统中，长期存在着公会在教义上的权威和罗马教皇在司法上的权威之间的潜在矛盾。[2] 正如壁画中的圣彼得被天使解救一样，尤利乌斯二世最终也战胜了公会权力至上派，捍卫了教皇的权威。

---

[1] 洛伦·帕特里奇：《文艺复兴在罗马：1400—1600》，邬毅译，第 151 页。
[2] 教会公会运动之详情，参见伯恩斯主编：《剑桥中世纪政治思想史》，郭正东等译，生活·读书·新知三联书店，2009 年，第 774—792 页。

图 17 《解救圣彼得》(1513—1514)

1513年尤利乌斯二世去世，出身于美第奇家族的乔凡尼（Giovanni di Lorenzo）被选为教皇，是为利奥十世（Leo X，1513—1521年在位）。新教皇继位后继承了本家族热爱、奖掖艺术的传统，希望拉斐尔在梵蒂冈绘制壁画的工作能够继续下去。[1]伊利奥多罗厅内的《击退阿提拉》（图18），就是拉斐尔在利奥十世任内完成的首幅壁画。此画描绘了452年匈奴王阿提拉突袭罗马的情景，他与将罗马教会提升至西方教会最高地位并从罗马皇帝手中取得罗马主教合法地位的首位教皇利奥一世（Leo I，440—461年在位）在马里奥山脚下相遇，教皇用一句简单的祝词便将其驱走了。而空中，圣彼得和圣保罗正手持利剑前来保卫教廷。[2]利奥十世希望

---

[1] See John Edwin Sandys, *A History of Classical Scholarship*, Vol. II, Cambridge University Press, 1908, pp.107-122.

[2] 乔尔乔·瓦萨里:《意大利艺苑名人传: 巨人的时代》(上), 刘耀春、毕玉、朱莉译, 第89页。参见爱德华·吉本:《罗马帝国衰亡史 III》, 席代岳译, 吉林出版集团, 2011年, 第274—275页。

自己能在此画中显现,以便与对面壁画《伊利奥多罗被逐出圣殿》中的尤利乌斯二世相呼应,因此拉斐尔在画中将利奥一世画成了利奥十世的形象。[1] 事实上此画也确有所本,正如其伟大的先驱者利奥一世奇迹般地把罗马从匈奴的铁蹄下解救出来一样,利奥十世由于在诺瓦拉的胜利而把法国侵略者从意大利驱逐了出去。

在签署厅左侧的博尔戈火灾厅内,同样有四幅壁画《利奥三世的誓言》《查理曼大帝的加冕》《博尔戈火灾》《沃斯提亚战役》。[2] 在此厅的所有四幅壁画中,拉斐尔及其门徒都以利奥十世来扮演其前人利奥三世(Leo

图 18 《击退阿提拉》(1513—1514)

---

1 See Konrad Oberhuber, "Raphael and the State Portrait-I: The Portrait of Julius II", in *The Burlington Magazine*, Vol. 113, No. 816 (Mar, 1971), pp.124-131.Nelson H. Minnich, "Raphael's Portrait Leo X with Cardinals Giulio de 'Medici and Luigi de' Rossi: A Religious Interpretation", in *Renaissance Quarterly*, Vol. 56, No. 4 (Winter, 2003), pp.1005-1052.

2 关于此厅之详情参见 Arnold Nesselrath, "Art-Historical Findings during the Restoration of the Stanza dell'Incendio", in *Master Drawings*, Vol.30, No.1, Symposium: From Cartoon to Painting: Raphael and His Contemporaries (Spring, 1992), pp.31-60。

III，795—816 年在位）与利奥四世（Leo IV，847—855 年在位）的角色，以颂扬时任教皇的伟大。《利奥三世的誓言》（图 19）描绘的是公元 800 年 12 月 23 日利奥三世对其前任哈德良一世的侄子的指控所做的一次誓言，说明神职人员仅对上帝负责。《查理曼大帝的加冕》（图 20）画的是公元 800 年的圣诞节利奥三世给查理曼大帝加冕的场景，表现了罗马教廷的至高无上。《博尔戈火灾》（图 21）描绘的是 849 年罗马老城区博尔戈的火灾，在人民用尽一切办法仍无济于事的危急关头，利奥四世走到行宫的敞廊，用自己的祝福将火全部扑灭了。[1]《沃斯提亚战役》（图 22）画的是 849 年利奥四世战胜萨克森人的场景，歌颂了他无所不包的性格。由此可见，与伊利奥多罗厅内的壁画一样，在博尔戈火灾厅中拉斐

图 19 《利奥三世的誓言》（1516—1517）

---

[1] 乔尔乔·瓦萨里：《意大利艺苑名人传：巨人的时代》（上），刘耀春、毕玉、朱莉译，第 93 页。See Kurt Badt, "Raphael's 'Incendio del Borgo'", in *Journal of the Warburg and Courtauld Institutes*, Vol. 22, No. 1/2（Jan–Jun, 1959）, pp.35–59.

尔不仅借古代典故来歌颂时任教皇之功绩，而且每幅壁画都通过以一个事件表现另一个事件的方法，从而使整组壁画变成基督教会永恒伟大之象征。[1]

图 20 《查理曼大帝的加冕》(1516—1517)

图 21 《博尔戈火灾》(1514 年)

---

1 波特编：《新编剑桥世界近代史》第 1 卷，第 194 页。

图 22 《沃斯提亚战役》(1514—1515)

　　四个拉斐尔厅中最后、也是最大的一个君士坦丁厅的装饰，是拉斐尔去世后由其最出类拔萃的弟子朱利奥·罗马诺（Giulio Romano，1492—1546）和乔万尼·佛朗切斯科·彭尼（Giovanni Francesco Penni，1488—1528）根据他的创意和留下的草图完成的。[1] 在 16 世纪，此厅被用来召开秘密的或半公开的宗教会议，参拜教皇、任命和授权仪式也在这里进行。厅中八个真人尺寸的教皇像按顺时针顺序从圣彼得到格里高利排列着，教皇之间则是四幅拟态的挂毯壁画《十字架显圣》（图 23）、《米尔维安大桥战役》（312 年 10 月 28 日，图 24）、《君士坦丁的馈赠》（图 25）和《君士坦丁的洗礼》（图 26），描绘了罗马皇帝君士坦丁（306 至 337 年在位）的生平及其与基督教会的关系。这些场景使教皇现世的权

---

[1] 详见乔尔乔·瓦萨里：《意大利艺苑名人传：巨人的时代》（上），刘耀春、毕玉、朱莉译，第 168，389—391 页。Philipp P. Fehl, "Raphael as a Historian: Poetry and Historical Accuracy in the Sala di Costantino", in *Artibus et Historiae*, Vol. 14, No. 28（1993）, pp.9-76.

图 23 《十字架显圣》(1520—1524)

图 24 《米尔维安大桥战役》(1520—1524)

威和教会对帝国的无上权力有据可考。[1] 基督教在君士坦丁大帝时代最终被罗马帝国接受并取得了合法化的地位。[2] 君士坦丁大厅内的组画力图证明"基督教被高度的历史必然性带到世上,它作为句号结束古代,它作为断层与之决裂,但它又部分地将之保存并将之传给新的民族,这些民族要不然作为异教徒很可能会把一个纯粹异教的罗马帝国完全蛮化和彻

---

1 洛伦·帕特里奇:《文艺复兴在罗马:1400—1600》,邹毅译,第 152 页。
2 参见爱德华·吉本:《罗马帝国衰亡史》II,席代岳译,第 124—134 页。

底摧毁"[1]。1453年君斯坦丁堡沦陷到苏丹穆罕默德之手后,这些壁画的寓意就显得尤其明显了,意味着教会的权力最终从东罗马帝国的首都君士坦丁堡转移到了西方的罗马圣彼得大教堂。

这组壁画中题为《君士坦丁的馈赠》的那幅,表现了君士坦丁大帝将他的世俗的和帝国的权力移交给教皇的场面。对于"君士坦丁的馈赠",14世纪初但丁在《论世界帝国》中就已毫不留情地指出:"即使君士坦丁大帝把王权赠予教会,他还是无权这样做……那是不可能的;分裂帝国跟皇帝的职责相冲突,因为他的任务是使臣民服从于一个单一的意志。"[2] 到了15世纪三四十年代,经过尼古拉主教(Nicholas of Cusa, 1400—1464)、瓦拉(Lorenzo Valla, 1406—1457)等学者的考证,所谓的"君士坦丁的馈赠"已被完全证伪。[3] 虽然尤利乌斯二世任教皇后凭着他的文治武功使教廷一度恢复了往日的兴盛局面,但另一方面却如米开朗琪罗在《论教皇尤利乌斯二世时代的罗马》一诗中讥讽的那样,"这里圣餐杯被铸成盔与剑,基督的鲜血被按斤两出售;他的十字架和荆棘冠被铸成矛与盾;但基督的忍耐却一刻不停"[4]。伊拉斯谟在《愚人颂》(1511年)中同样大胆地指责教皇们把土地、城市、贡赋和封邑称为主的遗产,为了这些他们用火与剑互相争斗,流了许多基督徒的血。[5] 利奥十世主政后期,教廷再度遭到了内忧外患的威胁。1517年拉斐尔的门徒们开始在君士坦丁厅绘制壁画的几个月后,马丁·路德就发表了开启宗

---

1 布克哈特:《君士坦丁大帝时代》,宋立宏等译,上海三联书店,2006年,第97页。
2 但丁:《论世界帝国》,朱虹译,第74—77页。
3 详见吕大年:《瓦拉和"君士坦丁赠礼"》,《国外文学》2002年第4期,第36—45页。
4 米开朗琪罗:《我,米开朗琪罗,雕刻家:一部书信体自传》,初枢昊译,上海人民出版社,2007年,第65—66页。
5 详见伊拉斯谟:《愚人颂》,许崇信译,译林出版社,2011年,第86—88页。

图 25 《君士坦丁的馈赠》(1520—1524)

图 26 《君士坦丁的洗礼》(1520—1524)

教改革运动的《九十五条论纲》并宣称:"我手上握有洛伦佐·瓦拉的证据,它证明《君士坦丁惠赐书》系后人伪造。天哪,罗马该有多么黑暗和邪恶。这样一种毫无根据、粗俗无耻的谎言不仅存在,而且盛行几百年之久。这些谎言完全不符合宗教法规。"

君士坦丁厅的壁画对形象高大的教皇的描绘以及它表现教廷权威的

戏剧性场景，可以说是针对宗教和政治变迁所做出的咄咄逼人的、人为矫饰的和焦虑不安的反应。[1] 面对史无前例的针对教皇制度精神教义的猛烈攻击，君士坦丁厅内的组画无疑提供了一个服务于教廷利益的历史故事。在壁画《君士坦丁的馈赠》里，一个理想化了的、伪造的过去被用来巩固这个充满矛盾冲突的现实。也正是在君士坦丁厅内第一次出现了引起激烈争论的矫饰主义（Maniera）的设计样式，它暗示了向教皇权威和教会提出的更为激烈的挑战。不过，这种装饰风格也同时标志着必胜主义者丰富的美学开端，反映出教会的答复：面对抨击时更加自以为公正地维护其合法性、权威和胜利。[2]

四

综上所述，虽然四间拉斐尔厅的画题并不是作为一个整体预先设计出来的，但它们依然表现了某种连贯的思想。"签署厅的壁画可以说反映了教会与人类生活其他各种基本力量的关系，伊利奥多罗厅讴歌教会的胜利，博尔戈火灾厅宣传教会的信条，君士坦丁大厅则讲述教会起源的故事。"[3] 那么我们不禁要问，《雅典学园》作为四间拉斐尔厅中 16 幅歌颂基督教会的系列组画之一，到底在何种程度上、在哪些方面描绘了哪个时代的古典雅典？很显然，我们不能将之孤立地视为是对异教时代古典学术昌盛的百家争鸣场面的颂扬。正如彼得·伯克在《图像证史》中所

---

1 转引自布罗顿：《文艺复兴简史》，赵国新译，外语教学与研究出版社，2007 年，第 221 页。
2 详见洛伦·帕特里奇：《文艺复兴在罗马：1400—1600》，邹毅译，第 152，157—158 页。
3 波特编：《新编剑桥世界近代史》第 1 卷，第 195 页。

言,"图像提供的证词需要放在一系列文化的、政治的、物质的多元背景下考察",而"系列图像所提供的证词总会比单个图像提供的证词更为可信"。[1] 包括《雅典学园》在内的四间拉斐尔厅的装饰,连同拉斐尔绘制的西斯廷礼拜堂挂毯图稿[2],布拉曼特去世后由拉斐尔接手设计、监造的圣彼得大教堂[3],都是尤利乌斯二世和利奥十世任内重建罗马作为基督教世界中心的宏伟计划的重要组成部分。[4] 在拉斐尔致利奥十世的著名书信中,他就"迫切地感到,要尽绵薄之力,哪怕只是再现从前所有基督徒的祖国的影子"。他还呼吁教皇,"在保存那些仍然活在我们之中的古典世界的典范时,督促我们赶超古人,通过建造华美的建筑物,通过鼓励才俊,从而在基督教君主们当中播下富于成效的种子"[5]。只是17世纪末

---

1 彼得·伯克:《图像证史》,杨豫译,北京大学出版社,2008年,第269页。
2 1513年利奥十世继任教皇后,希望在重要庆典时于西斯廷礼拜堂悬挂织毯。受其委托,拉斐尔于1515至1516年间绘制了以圣彼得与圣保罗两位使徒行传为内容的十幅图稿。1516年图稿被送往布鲁塞尔纺织作坊,1521年据图稿制成挂毯后运回梵蒂冈。这些图像的内容"承继了既有的创世记、摩西与耶稣生平等壁画主题,进一步描绘了早期基督教会创立者圣彼得与圣保罗的重要事迹,将西斯廷礼拜堂透过壁画所传达的宗教信念,延伸至罗马教会的创立及其权威"。有关圣彼得的故事包括:捕鱼神迹、耶稣递钥匙予彼得、治愈瘸子、亚拿尼亚说谎而猝死;有关圣保罗的部分则是史蒂芬被投石、扫罗的皈依、罗马总督的皈依、保罗与巴拿巴在路司得、保罗在监狱中、保罗在雅典传道。详见乔尔乔·瓦萨里:《意大利艺苑名人传:巨人的时代》(上),刘耀春、毕玉、朱莉译,第97页;谢佳娟:《十八世纪英国"宗教艺术"重建的契机:从对拉斐尔图稿及二则宗教图像的论辩谈起》,《欧美研究》("中央研究院")第42卷第3期,第545—547页;傅雷:《世界美术名作二十讲》,第131—142页。
3 1506年4月尤利乌斯二世为新的圣彼得大教堂奠基,1514年4月布拉曼特去世后利奥十世任命拉斐尔接任首席建筑师之职。详见凯斯·米勒:《圣彼得大教堂》,郑明萱译,清华大学出版社,2012年。
4 See Nicholas Temple, *Renovatio urbis: Architecture, urbanism, and ceremony in the Rome of Julius II*, London: Routledge, 2011.
5 详见《文艺复兴书信集》,李瑜译,学林出版社,2002年,第14—17页。

以来，随着科学革命和启蒙运动的影响力越来越大，对《雅典学园》所做的那种基督教神学式的解读才被越来越认为是一种"误读"。事实上，在16世纪初拉斐尔厅内的这些壁画并不是供后世游客观赏的艺术品，而是被罗马教廷认可的符合基督教义的"宗教图像"典范。

图像学创始人潘诺夫斯基早就强调图像是整体文化的一个组成部分，如果对那一文化缺乏了解，便无法理解图像的真意。他曾生动地举例说："澳大利亚的土著居民不会辨认出《最后的晚餐》的主题内涵，对他们来说，这一画面表现的只不过是一顿令人激动的晚餐聚会而已。若要理解此画的图像志意义，就必须熟悉福音书的内容。"[1] 如果我们缺乏对古典文化和基督教神学的必要知识，今天大多数游客在面对包括《雅典学园》在内的拉斐尔厅内的壁画时，也很有可能发现自己变成了澳大利亚的土著居民。沃尔夫林就曾毫不留情地讥讽现代观众难以理解《雅典学园》这类历史壁画的内涵，"因此就在别的地方，即在画中人物的面部表情方面、在个别人物之间的关系等方面，寻找这些画的优点"[2]。

因此，无论是从"图像学"（Iconology）或"视觉阐释学"（Visual Hermeneutics）的角度来挖掘《雅典学园》的微言大义，还是从更为宏大的社会史和文化史的维度来探究这些拉斐尔厅壁画得以产生的宗教"情境"（Context），我们都更倾向于认同希腊学者雅克瓦基在其近著《欧洲由希腊走来》中所做的精辟解读。即从相关内容来看，《雅典学园》这幅壁画"让人们更多想到的是雅典这座典型的偶像崇拜城市的基督化时刻，而不是那个哲学流派精彩纷呈、鼎盛时期的雅典古城。在后人眼中，

---

[1] 欧文·潘诺夫斯基：《图像学研究：文艺复兴时期艺术的人文主题》，戚印平、范景中译，第9页。
[2] 海因里希·沃尔夫林：《古典艺术：意大利文艺复兴艺术导论》，潘耀昌、陈平译，第74页。

拉斐尔的雅典，还有梵蒂冈的雅典，呈现的是如此一副模样：它游移在'智慧'和'哲学'仍未显山露水的地平线上，游移在对使徒布道的认知中；总之，对于文艺复兴时期的基督教世界来讲，这样的雅典才更加可信，才更易于接受，因此它才能够登堂入室、装扮教廷"[1]。况且，在文艺复兴时期还没有按现代意义来讲的那种正确描绘过去事件的非宗教性历史画。

将文艺复兴看作是反对基督教传统和中世纪的观念，其实是在19世纪中叶以后才成为一种流行的观点的。颇具反讽意味的是，"文艺复兴"（Rinascimento）这一概念和名称却是通过耶稣的教导进入欧洲文明的语汇。"在《约翰福音》中耶稣对尼哥底母说：'人若不重生，就不能见上帝的国。'（《约翰福音》3：3）在《启示录》近末尾处，耶稣那座宝座说：'看哪，我将一切都更新了！'（《启示录》21：5）"[2] 最先将"文艺复兴"（Renaissance）界定为欧洲文化史上一个重要时期的，是法国著名的共和派史学家米什莱（Jules Michelet）。他的文艺复兴价值观与其所珍视的法国大革命理念有着惊人的相似，由于这些价值未能在他自己的时代实现，他就到文艺复兴时期去寻找了。[3] 米什莱在1855年出版的那卷专门论述法国文艺复兴的史书中声称："在热爱艺术的人看来，'文艺复兴'这个迷人的词的含义只是新艺术的到来；在学者看来，这个词的含义是研究古典文化之风的恢复；在法学家看来，它的含义是古代习惯法的结束。难道仅仅只有这些吗……这些专家忘记了两件小事：世界的发现和人的

---

1 娜希亚·雅克瓦基：《欧洲由希腊走来：欧洲自我意识的转折点17至18世纪》，刘瑞洪译，花城出版社，2012年，第90页。
2 帕利坎：《历代耶稣形象》，杨德友译，上海三联书店，1999年，第182页。
3 布罗顿：《文艺复兴简史》，赵国新译，第159—160页。

发现。"[1] 此后论述文艺复兴时代的著作罕有不提及人的发现的。贡布里希认为"人"这个词和文艺复兴混在一起，主要是由于"umanista"一词及其与进步论哲学混合的偶然性。其实，与"语文主义"不同的"人文主义"一词是19世纪的发明，而19世纪的人往往夸大文艺复兴与所谓的基督教世纪之间的对立。[2] 如今这样一种理解文艺复兴的方法，早已遭到空前的质疑。通过对15、16世纪强大的"中世纪残余"的重新审视，我们发现许多被视为过时的基督教的价值观，原来在现实中依然鲜活有力。正如权威的《新编剑桥世界近代史》所总结的那样："如果像人们往往所想的那样，以为文艺复兴产生了一种以世俗性为主的艺术，以为奥林匹斯山诸神代替了耶稣和一大群圣徒，那将是错误的。恰恰相反，文艺复兴艺术首先是，而且主要是一种宗教艺术。"[3]

最后，我们应当牢记布克哈特对19世纪以来那些过于自信的人文主义者所做的谆谆告诫，这对于现代人准确地理解《雅典学园》以及文艺复兴时代无疑能够起到十分有益的警示作用。

> 因受希腊罗马古典文化影响，不再怀有基督徒应有的敬虔之心，却没有吸收到古典文化的精髓里，另有一套敬天畏人的理想准则。面对宗教，这样的人文学者所持的态度大体上也是质疑与否定，因为要他们相信人之外还有"神"，那是不可能的。正因他们将希腊罗马古典文化绝对教条化，也就是说，将之视为所有思考与行为的准则，所以最后终要自食恶果。当然，过去一整个世纪，古典文化是

---

1 Jules Michelet，*Histoire de France*，VII，Paris，1855，pp.II–III.
2 详见贡布里希：《文艺复兴：西方艺术的伟大时代》，李本正、范景中编译，第8—9页。
3 波特编：《新编剑桥世界近代史》第1卷，第185页。

在这么片面的知见下被高举，被神化，这绝非某个人独力所能造成的；而是文明往更高层次发展的过程中，无巧不巧产生的结果。自此以降，所有高层次的文化教养都奠基于对希腊罗马古典文化如此片面的认知，并且认为生命的目标就是实现这些理想。[1]

---

[1] 雅各·布克哈特：《意大利文艺复兴时代的文化》，花亦芬译注，第333页。

高研院学术午餐会

"后9·11"中政治与文学的互读
——从"占领华尔街"到《抄写员巴特尔比》*

发 言 人：但汉松　　高研院驻院学者，外国语学院副教授
与会人员：从　丛　　高研院副院长，外国语学院教授
　　　　　张伯伟　　高研院特聘教授，文学院教授
　　　　　方小敏　　高研院驻院学者，法学院教授
　　　　　刘阳阳　　高研院驻院学者，社会学院副教授
　　　　　韩　剑　　高研院驻院学者，商学院副教授
　　　　　殷曼婷　　高研院驻院学者，哲学系副教授
　　　　　周嘉欣　　高研院驻院学者，哲学系副教授
驻院本科生：潘骁杨、于杏佳、陈研、廖卫一

---

* 本文为2015年9月17日高研院工作午餐会的讨论和发言，由驻院本科生陈研根据录音整理，陈勇校对修改。

发言部分

但汉松：非常高兴今天能够在高研院的午餐会上和各位老师一起交流，我希望今天不是一个讲座，因为确实还没有成熟到可以称之为讲座的程度，只是一个想法的分享，但是其中包含了我的一些研究和阅读。我希望在这么一个不太正式的场合，一个午餐会的场合，大家能随时打断我，或者大家有一些什么样的想法，什么样的提问，都可以随时加入进来，不管是老师，还是我们驻院的学生，这样活动才能达到意义。我会尽量用30分钟左右的时间来讲这个话题，就是："后9·11"中政治与文学的互读：从"占领华尔街"到《抄写员巴特尔比》。

一

首先，我想对我的标题中的概念做一个界定。因为我是做"9·11"文学的，所以我深感"后9·11"这个概念实际上特别值得我们加以反思。"9·11"到现在已经过去了14年，我记得我刚开始关注"9·11"文学大概是六七年前，那个时候"9·11"的历史性当然是不言而喻的，但是关于"9·11"对我们世界的影响，一切都还在生成和发酵当中。在我不断申请研究项目、教"9·11"、写"9·11"论文的时候，各种形式的恐怖主义在世界上如癌症一般泛滥，在全世界繁殖；另外一方面，我们也知道伊斯兰国（ISIS）在兴起，欧洲的难民潮也在不断地发酵升温。所以这个事件，它的重要性和诡异性就在于，我们需要在事件的生成与历史的推进当中，才能知道"后9·11"究竟是什么。

我的第二个看法就是，"后9·11"实际上可以从四个维度来说，最常见的维度是一个时间的维度,我们可以讲"9·11"后的这一段时间都是"后9·11",这当然是一种最简单、最方便的描述。作为一个概念,其中还有一些另外的意义有待澄清,比如说作为政治状态的"后9·11"。"9·11"之后,美国很快就成立了国土安全部(DHS)。美国又通过了非常令人诟病的"爱国者法案"(Patriot Act),发动了阿富汗战争,然后又入侵了伊拉克。这一系列的事情实际上就像一个多米诺骨牌,它触发了整个全球政治生态的不断变化,后来也出现了我们所熟知的——这里作为一个字串来向大家做一个提醒——"关塔那摩"(Guantanamo)。美军在第二年就在古巴建了这样一个"法外之国"。我们知道,阿甘本(Giorgio Agamben)在写《例外状态》(State of Exception)的时候,还有很多思想家利用阿甘本的《例外状态》的时候,实际上都是在引阿布格莱布(Abu Ghraib)和关塔那摩(Guantanamo)这两个监狱来做例子。为什么要在阿布格莱布和关塔那摩呢?因为美国的法律、美国的宪法保障的这些人权,在美国境内是没有办法很方便地去让如拉姆斯菲尔德这样的一些政客对俘虏进行水刑、进行审讯的。那么只有在这样一些法外之地,他们才能够成为阿甘本意义上的"牲人"(homo sacer),就可以对他们进行一些刑讯逼供。后来一些"虐囚门"的事件出现之后,美国也对它有很多的反思,之后"棱镜"事件出来,以及斯诺登的泄密,伊斯兰国的兴起,到现在从叙利亚到欧洲的移民潮。其实我们想一想,这样一个"后9·11"的政治状态,实际上就是我们现在所处的时代。我们很多时候已经忘记了,现在这个时代有很多的矛盾纠纷,其实就源自那四架被劫持的飞机在一个星期二的早晨所制造的恐怖的那一幕。

第三个就是思想语境的"后9·11",很多做政治、做历史研究的朋友都清楚,"9·11"事件不仅是一个历史事件,它还是一个思想事件,当时西方所有有思想活力的重要的思想家们都对"9·11"发出了重要的演说。"9·11"的时候,德里达(Jacques Derrida)正好在上海,他在看到了"9·11"实况的转播之后,就说这个世界会变得很不一样。后来他也不断地发表了对"9·11"的一些看法和反思。他的伦理转向和"9·11"有非常密切的关系。还有阿甘本、齐泽克(Slavoj Žižek)、鲍德里亚(Jean Baudrillard)等。鲍德里亚写了《恐怖主义的精神》(The Spirit of Terrorism),伊格尔顿(Terry Eagleton)写了一系列作品,从文学的角度来谈"9·11"和恐怖的关系。还有哈贝马斯(Jürgen Habermas),他也是一个非常重要的"后9·11"的评论者,他依然相信他的这种"对话交往"的理性在"后9·11"时代没有失败,依然是解决"后9·11"矛盾的一个出路。还有朱迪斯·巴特勒(Judith Butler)《脆弱不安的生命:哀悼与暴力的力量》(Precarious Life: The Powers of Mourning and Violence);乔姆斯基(Noam Chomsky),当时美国的一个大左派,他批评美国的霸权主义;耶鲁"四人帮"中的一个,重要的文学评论家J.希里斯·米勒(J. Hillis Miller),他写了一系列的"后9·11"的文学评论;桑塔格(Susan Sontag)《关于他人的痛苦》(Regarding the Pain of Others),等等。这样一些论述,它们实际上已经形成了论文集,形成了书本,它们已经成为"后9·11"思想语境里最最重要的文本。那么,它们当然和布什的修辞中的"9·11"完全不同。布什口中的"9·11"是非常简单的"9·11",即"我们这个自由民主的国家、我们这个上帝庇护的国家、我们神圣不可侵犯的制度受到了恶魔的袭击,你们要么站在我们这一边,要么站在魔鬼那一边,你们可以选择——但你不可以不选择,你不可以选择站在中间"。思想语境中的"后9·11",很显然是对政治事件中、媒体当中右翼的保守态度的批判。

文学想象中的"后9·11",实际上就是我正在研究的一个领域,因为有了思想语境的批判,那么文学还有没有必要重讲?如果齐泽克、德里达已经把"后9·11"批评得很清楚了,文学家还能做什么?文学家还能改变我们对它的想象吗?我在这里提到的几个关键词,首先一个就是所谓的"反叙事"(counter-narrative)。这个"反叙事"不是一个思想文本,它是一个故事文本,这实际上是德里罗(Don DeLillo)的一个提法,即"我们要去讲述那些在纽约的归零地,那些没有在电视媒体上出现的、更加阴暗的、个体的哭嚎和恐惧,把这种东西用幽微的文本展现出来"——这是所谓的"反叙事"。还有一种寓言化的写法,这样一种写法更多的是把"后9·11"或者"9·11"事件和更早的历史事件结合起来,让我们知道"9·11"并不是一个历史的断裂,它在美国的历史上可以说是一个不可避免的经验或者说教训,当然还有文学文本中很重要的对"创伤"(trauma)的叙事:在世贸中心的袭击中,活下来的人,他们该如何面对自己的生存,如何面对那些死去的人,这一系列的创伤叙事在美国文学史上也是非常多。还有一些关于极端他者的叙事,有美国作家想象那个驾着飞机去撞大楼的极端主义者,当时他脑子里在想什么,这不是一种心理学的研究,而是一种虚构,但这样一种虚构是建立在对主体坚信的基础之上的。它去想象作为一个信仰伊斯兰教的对现代性充满失望、充满愤怒的人,是怎么会走到这样一个境地,去做这样一件可怕的事情。比较有代表性的是厄普代克(John Updike)的《恐怖分子》(The Terrorist),还有德里罗的《下坠的人》(Falling Man)。大家如果对"后9·11"文学有兴趣的话,我可以向大家透露一个数字:从"9·11"到现在,被归于"9·11"小说的以及直接或间接指涉"9·11"事件的小说已经达到了170多本,这些仅是已经在美国出版的。还有一个蓬勃兴起的领域就是"后9·11"的"9·11"诗歌、"9·11"戏剧,它们已经不断地形成了一种作为文学想象的"后9·11"。

所以我们在谈"后9·11"的时候，应该把这样一些东西都放进去，我觉得"后9·11"（post-9/11）在一定程度上，是一个可以和"后现代"（postmodernism）相类比的概念。它不仅仅是说"现代"（modernism）之后有什么，这个"后"在英文中除了一个时间之后的意义之外，还暗含了一种超越性的尝试。我们对"9·11"的政治遗产和思想遗产去做清理、去做批判，同时试图去超越，试图去弥合它所带来的一种历史的创伤、历史的撕裂，在这一点上，"后现代"和"现代主义"的关系，是可以类比"后9·11"和"9·11"的关系的。

关于"9·11"存在两种著名的说法。一种非常经典的说法是，"9·11"之后，一切都变得不一样了，"9·11"是一个历史的断裂。"9·11"之后不久，有人在《时代》杂志上发表了一篇非常激烈的文章，说后现代主义里面那些反讽，那些将一切东西当作不严肃的东西，认为一切东西都是相对的，真理不存在，这种时代已经够了，你们已经可以结束了，因为两个大楼的倒塌，告诉我们这个世界必须变得严肃起来，我们应该能够真切地感受到那里的死难和那里的哀号。还有另外的说法：在"9·11"十周年的2011年，美国《纽约时报》上有一篇文章说，"9·11"之后，其实一切并没有变得太不一样，它只不过是我们用不同的眼光再去看那些差不多相同的事情。这和齐泽克的想法比较接近。齐泽克有一本书叫《欢迎来到真实的荒漠》（*Welcome to the Desert of the Real*）。他的意思就是说，美国人不要以为飞机撞大楼一下子失去了几千条生命，灰飞烟灭，这件事情有多么不可思议，有多么让历史去断裂。你可以去看看中东，看看非洲，这样的战乱，这样的屠杀，一直都在历史上发生，只不过它没有被电视媒体所覆盖。那么今天美国人终于从3D制造以及各种虚拟的迷梦中醒过来，你们终于看到，原来在曼哈顿，人也是可以这样去死的。只不过我们的视野变宽了，我们的视角转换了，其实我们接触的是真正的历史的真实。这两种思想,这两种对"9·11"的评判,一直在交锋,一直在争鸣,一直在不断地演进。

二

我题目中的第二个概念,叫"文学与政治的互读"。从读者反映批评(reader-response criticism)的角度来看,阅读不是说,而是从文本当中把什么东西读出来。我认为它其实也是一个过程,就是读者把自己的东西,把自己的前设,把自己的一些概念、意识形态、判断、价值标准读到文本当中去。同时,文本的意义也在这个阅读的试验当中不断地在生成,处于一种"成为"(becoming)的状态。也就是说,"读"是对"被读"的一种写入,是对它的一种激发(inspiration)。互读不仅仅是一种互文性。互文性是说两个文本之间的一种广泛的、相互的指涉,而我认为互读不仅仅停留在互文性的基础上,互读实际上更多是一种行动,是一种文学事件。在这种事件当中,我们在政治空间里面,可以采取一些行动,然后可以让文学去造成一些改变,让文学去令一些事发生,这是我们所说的"文学与政治的互读"。

我的第三个判断是,互读不是一种征候式阅读(symptomatic reading)。"征候式阅读"实际上是我们对于整个20世纪西方文学批评的一个重要的概指,其中包括心理分析流派(psychoanalysis)和马克思主义文论(Marxist criticism),包括福柯(Michel Foucault)的文学批评,也包括这样一些法国的结构主义(structuralism)、后结构主义(post-structuralism),它们都实际上或多或少是一种征候式阅读。什么叫征候式阅读呢?它认为,文本表面上说的东西其实并不重要,我们应该深入文本背后去窥察、去诊断它没有讲的东西。就像西方的一些思想家拿着文本说，你看这个文本，它讲的不是这个文本的故事，它背后是资本主义的意识形态，背后是人物的心理发育，是一种拉康式（Lacanian）的镜像……不断地把这样的一些思想话语作为深层结构去读出来，形成一种诊断（diagnosis）。而互读不是这样一种诊断，互读在21世纪，在"9·11"之后，它实际上是一种"浅层阅读"（surface reading）。浅层阅读是现在学术界更加流行的一种说法，它关注文本言说的表层，不再去指定一种认识的框架，一种意识形态的逻辑。因此，这样做的后果，显然是可以让我们的阅读更加自由，让我们不再拘泥于深层文本中的一些意识形态的促狭或者先入为主的偏见。

我还需要讲一下"占领华尔街"（Occupy Wall Street，OWS）运动。这个运动发生的时候已经进入微博时代了，因此我们实际上在中国的互联网空间当中都成为事件的见证者。但是在我的记忆中，占领华尔街运动更像是一帮无所事事的纽约白人青年的街头嘉年华，更多时候我认为是一种嘲讽，觉得他们是一种荒诞的闹剧：哥伦比亚大学的学生去搞一个帐篷，到公园里去露宿，还唱歌、弹吉他、读诗。在我看来，这是非常荒诞的。但在我最近的研究中，当我再重新去审视占领华尔街运动的时候，我获得了一些不一样的看法。

占领华尔街运动有这样几个重要的事实。它是2011年9月17日开始的，实际上是由西班牙的一个公民抗争运动诱发的，但它通过互联网传播，通过推特（Twitter）、脸书（Facebook）来传递信息："那一天，9月17日，带上你们的帐篷，我们去华尔街。"这个抗议活动获得了极大的反响，当时在祖科蒂公园（Zuccotti Park）聚集的人越来越多，盘亘不去，形成了非常浩大的场面，而且蔓延到了美国其他的州和高校，并演变成了一个国际性的事件。他们的口号非常简单："我们是99%。"我们是 99%，那 1% 是谁呢？就是华尔街搞债券、搞银行的那帮人。他们通过商业的运行控制了整个国家的生活，结果 2008 年搞糟了，事件不断地发酵，到 2011 年人们终于忍无可忍，把怒火发泄到华尔街身上，他们认为是美国的经济已经出现了根本的问题。与此同时，整个事件一直都处于 FBI 和国土安全部的监控之下。人群的表现在很大程度上是表达对以华尔街为代表的金融体制的不满，最后发酵成为对资本主义本身的不满。在这之中，大家有一些情绪的表达，除了对美国政府的反对以外，还呈现了对共产主义的支持，实际上这是对整个制度的嘲讽。

当然，有活力的思想家们不会放过这个重大的公民抗议事件。齐泽克先生就在人群中间，他发表了一个公开的演讲。他究竟说了什么呢？——我们最感兴趣的是他又提到了中国。他讲了一个段子和一个笑话，说中国禁播穿越剧，说穿越剧会让人们去想象一个不同的世界。他说在西方世界的我们多自由，我们就可以去想象另一个世界。但随后他话锋一转，你们以为我们生活在西方就是自由的吗？实际上不是，那个书写虚假的"红墨水"在市场上是买不到的。他说，这样一个体制就是在毁灭它自身，因为这种语言的操纵，这种意识形态的深层操纵，造成了我们生活在西方的个人主体，实际上是无法想象资本主义的灭亡的。有很多东西是你可以想象的，比如彗星撞地球，但你没有办法想象资本主义灭亡。大家能想象一下资本主义消失之后会被什么样的制度取代吗？一百年以前，我们可能会有很多浪漫的想象，比如共产主义，但美国到了后工业时代以后，看样子资本主义就会永远地在这儿生根发芽下去了。

齐泽克提醒那些街头的抗议者，美国的"9·11"和反恐战争，实际上破坏了美国公民的自由。他说，我们需要语言来说出我们的不自由。他还警告抗议者说，你们不要觉得在这儿搭帐篷很好玩，这个嘉年华确实很好玩，但重要的不是今天你们在这儿喝酒了、吃比萨了、唱歌了，重要的是你们回去以后会发生什么？你们回去以后还是原来的样子吗？如果是那样的话，我们就没有什么理由为我们今天的占领骄傲了。其实我觉得齐泽克是不幸言中了这个运动的真相。几个月后大家都作鸟兽散，"占领华尔街"运动现在已经烟消云散了，大家都只记得那个遥远的9月我们一起喝过、一起玩过，而资本主义呢？还是原来的老样子，华尔街依然坚挺，我们依然是他们的奴隶，我们依然是那99%，依然被那1%所操纵。

我想在此提出我的问题。齐泽克对这个运动的解读依然是阿尔都塞式（Althusserian）或者福柯式（Foucauldian）的路子，即我们作为个人的主体实际上是没有太多的自由意志的，意识形态通过召唤（recalling），对我们的思维方式实际上已经做了一种控制，我们并没有自由意志可言，我们实际上就生活在西方意识形态之下，无法反抗，我们就是它创造出来的东西。既然如此，既然我们的语言无法言说这个制度的替换物，那我们还怎么去想象？这是自相矛盾的，一方面说我们没有办法去说出你们的不自由，因为你们就生活在这制度之中，在这个意识形态之中你是被操纵的；另一方面他又说，我希望你们去想象这个制度的完结。

我想进一步提问：OWS的意义就是为了胆敢去想象资本主义制度的完结吗？因为大家对OWS最大的批评就是：你们这帮孩子到底想干什么？你们是不是想减免学生贷款？好的，国会可以讨论。你们是不是想对华尔街加大监控机制？可以，国会可以去研究。美国的媒体、政客都在问，你们的要求到底是什么？因为群众聚集在广场抗议，他们一定有一个诉求，有一个中心的言说。这些占领华尔街的人也在想："What is our one demand？"最后有人提议，我们起草一个宣言吧，可称"99%宣言"：美国的政客不再和华尔街的财团勾结在一起，金融制度更加透明更有效，避免再出现次贷危机，诸如此类。然而那些占领华尔街的学生不认可这个所谓的99%——这不是我们的诉求，我们的诉求就是巴特尔比的诉求。

三

巴特尔比是谁？这是1850年的华尔街，那时候的华尔街还没有现在这么高楼林立，巴特尔比正是华尔街上的一个法律抄写员。在OWS之后，大家不约而同地想到了巴特尔比，因为大家称巴特尔比是第一个占领华尔街的工人，《新共和》(The New Republic) 杂志则说："毫无疑问我们这些占领者是被谁所庇护的呢？我们是被这个国家公民不服从（civil disobedience）的保卫圣徒（patron saint）保护的。"保卫圣徒是最高的典范——"我们最经典的榜样实际上是巴特尔比"。巴特尔比是美国作家梅尔维尔（Herman Melville）笔下的人物，这个故事叫《抄写员巴特尔比》，它还有一个小标题叫"一个华尔街的故事"。

这是一个非常经典的短篇小说，以一个律师事务所的年长律师为视角。他雇用了巴特尔比做抄写员，巴特尔比非常沉默，每天非常勤快地抄写。那个时候没有复印机，就是夜以继日地抄写。这个雇主觉得自己捡了一个宝贝，后来又让他做校对工作，巴特尔比放下笔，他说"I would prefer not to"。这句话有的地方翻译成"我不愿意"，有人把它翻译成"我宁愿不去做"，我把它翻成"我宁愿不"。律师就感觉非常奇怪了，老板雇你干活、付你工资，你说"我宁愿不"。后来律师又觉得巴特尔比很了不起、很能干活，就忍他了。后来又过了几天，巴特尔比对他的领导说，我不仅不校对，我也不抄了。让他干什么都是"我宁愿不"，这个律师赶巴特尔比走，他还是说"我宁愿不"。不走怎么能行呢？什么也不干付你工资？你必须走。但巴特尔比说我不走，我就是不走，然后还住在那个律师事务所里。那个雇主非常抓狂，他也想对巴特尔比好，但是巴特尔比不停地沉默，对什么都说"我宁愿不"，就是不停地说"我宁愿不"。最后雇主忍无可忍搬走了，把他留给了下一个承租人。新的承租人说，这里有一个人很怪，怎么天天什么都不做，就说"我宁愿不"，于是报警了。巴特尔比以游手好闲罪被捕，最后饿死在了监狱中。最后时刻这个律师去看他，让他吃点儿吧，巴特尔比说"我宁愿不"。

我们看到这是一个非常简单的故事。巴特尔比的沉默、极端消极、极端不服从，实际上构成了一种对美国的 OWS 运动的巨大精神支援。西方关于巴特尔比的研究汗牛充栋，其中三个具有代表性的都是征候式阅读。第一个就是哈特（Michael Hardt）和奈格里（Antonio Negri），他们在《帝国》（*Empire*）里面就提到了巴特尔比，说他是西方的马克思主义者。他们认为"巴特尔比很了不起，敢于反抗华尔街，虽然身单力薄。他是自由政治的开端，但他仅仅是一个开端，因为他把自己饿死了"。言下之意，巴特尔比是一种空洞的拒绝，没有和工人兄弟结合起来以形成一种强有力的工人运动，去推翻腐朽的资本主义制度。他停留在空洞的拒绝上，但哈特说："做了总比没做强，还是值得歌颂一笔的。"另外两个都是欧洲的思想家，一个是德勒兹（Gilles Deleuze），一个是阿甘本。德勒兹和阿甘本认为绝对不是这样的，巴特尔比的拒绝本身就是一种极大的力量。德勒兹有一篇著名的论文收录在《批评与临床》（*Essays Critical and Clinical*）里，说这个"I would prefer not to"是一种非语法结构，其非语法性颠覆了整个人类的思想意识，创造了一种小众的文学，带来了爆炸性的、恐怖的影响。阿甘本则进一步推论说"I would prefer not to"，体现了他哲学上的一种概念——"潜能"。潜能就是介于发生和不发生之间，介于存在与不存在之间，"I would prefer not to"不是说巴特尔比不能写，而是他能写却不写，那么这一切就变成了一种隐而不发的状态；他可以继续往下写，也可以不写，他进入到一种暂时的状态，一种中间的状态。阿甘本认为这是有力量的，这是非常大的力量。

无独有偶，"9·11"后，巴特尔比被重新提起。这次是在媒体上，而不是在批评家或者小众的学院的圈子里。2003年阿富汗战争和伊拉克战争的时候，有一个叫亚当·科恩（Adam Cohen）的人写了一篇社论说："伊拉克的麻烦代表了两种看似不能接受的可能性，一种是留在那，让我们士兵每天不断地死掉，另一种就是我们离开，让伊拉克陷入混乱当中。巴特尔比提醒我们，当生活给了我们两个选项的时候，要么是白墙，要么是石墙——白墙是华尔街，石墙是监狱，白墙也不太好，石墙也不太好，我们要像巴特尔比一样不去选择吗？实际上我们应该去选择。巴特尔比代表了一种极端的个人主义——不负责任的个人主义，我们应该在A、B、C里面去选择一个，敢于选择一个比较不那么恶劣的选项，这其中就包括战争。我们要敢于选择战争，如果我们不选择战争，一切会变得更可怕。"这个解读显然把巴特尔比当作反面例子，在《纽约时报》引起轩然大波。很多读者给主编写信说："你说的那个巴特尔比不是我们的巴特尔比。"刚才我们说了齐泽克批评这些人把这个OWS变成了嘉年华，很多人批评他们没有一个集体诉求，在华尔街的街头抗议的群众也意识到了。他们如何克服这种群龙无首的混乱局面呢？他们搬出了巴特尔比，他们将阅读巴特尔比变成了一种行动。"在华尔街读巴特尔比"，这个句式效仿了《在德黑兰读洛丽塔》（Reading Lolita in Tehran），这实际上是文学与政治之间强烈的摩擦。

先是描写巴特尔比的小说被分发，这些书后来变成了海报。在11月10日下午3点，大家都去华尔街，在一个特定的地方进行一次马拉松式的接力阅读。这个地方好像是华尔街德意志银行的大厅，它实际上是属于德意志银行的私有财产，但又被政府要求改造成一个公共空间，从而变成了一个"私有的公共空间"，流浪汉或者是任何人都可以在这个地方停留过夜，这是美国的一个奇观。就像祖科蒂公园一样，它既属于私人，又是一个公共空间。在这样一个极富矛盾性的地方，大家围坐在一起，开始逐字逐句地阅读《巴特尔比》。在占领华尔街运动中，政治与文学的互动在这里得到了非常鲜明的体现。

这种占领实际上代表民众对政治运动的一种阐释。占领华尔街运动，是一种空白的、巴特尔比式的不可理解（的运动）。巴特尔比是不可理解的，就像我们这个占领运动一样是不可理喻的。在外人看来，民众是疯狂的、愚蠢的、没有任何政治意义的，因为他们根本不可能通过坐在祖科蒂公园而推翻资本主义制度。既然这样，为何还要坐在那里？他们说：我们就是要像巴特尔比一样傻，这种"不可理解性"就更成为我们运动的一种重要力量，亦即"我们拒绝去言说自己的政治要求，因为一旦去言说，就意味着要被资本主义制度所同化"。所有可能提出的改良制度，最后都指向一点，即如何让资本主义更好地生存下去，但我们不信任任何的资本主义内部开出的改良处方，但又不可能去推翻它，所以我们最好的策略、最大的力量就是像巴特尔比那样坚持说"不"，以一种奇怪的方式说"不"，并且停留在那个地方。

到这里，我们可以更深刻地理解"占领"（occupy）这个词。这是一个非常有趣的双关，可惜在中文语境下已经失去了它的趣味性。其词源来源于拉丁文的"occupo"，如果去查字典的话，会发现它代表了罗马法中的一个重要原则：如果一个东西是无主的，谁先发现它、占领它，就能得到它。言外之意，占领与占有两件事是合在一起的。在这里，一旦民众们占领了祖科蒂公园，就能把这个空间变成他们"99%的人"的空间；一旦他们占领了巴特尔比，就能用自己的方式去解释他。因此，这是一个重要的双关的用法。还有一个有趣的地方就是"职业"（occupation）这个词，它的词根也是"占领"，而占领往往也和职业联系在一起。"占领华尔街"运动要打破这样的一个修辞格：我们就是占着这个地方，什么也不做，我们就没有职业，也没有具体要干的一件事情。但这"游手好闲"本身，就已经成为他们所要表达的讯息——凭什么我们一定要工作呢？其实在 19 世纪美国有非常严苛的反流浪法，还有一个"游手好闲罪"（loitering），如果你在一个地方不工作光消耗资源的话，就会坐牢，或者被关进收容所。巴特尔比就被冠以这样一个罪名。所以他是在挑战"occupation"背后工作与职业的这样一个意义。由此看来，占领华尔街的"占领"实际上是大有深意的。事实上，这些人对巴特尔比的解读也未必就是准确的，因为巴特尔比实在是个非常另类的人。他可以代表我们 99% 吗？还是说只是一个另类的他者？这里面其实有着内在的矛盾。

四

总之，"巴特尔比"是个含混的故事，它永远停留在含混当中。但在我们的浅层阅读中，在"后 9·11"时代，如果"占领华尔街"运动的人需要去挪用，或者将巴特尔比占为己有，他就可以这样去做。因为只有这样去做了，他才可以开放新的阐释空间，才可以唤起更多的公民行动，带来他所想要的政治的影响。

在我看来，"占领华尔街"这个文本，也可以被用来解释美国的"9·11"事件，尤其是巴特尔比如何从 19 世纪的美国文学映射到了 21 世纪的"后 9·11"。首先，巴特尔比在很多地方可以跟恐怖分子做一个类比，比如他"极端他者"的形象，以及德勒兹在分析他的语言及句法时提到的其中暗藏的暴力。德勒兹说："巴特尔比的那句话说出来后，一切都寸草不生、荡然无存了。"还有一个巧合就是，巴特尔比也是自杀的，这是他与那些自杀式恐怖分子的一个相似点。按照鲍德里亚的说法，他"将自己的死亡变成最重要的一个象征式的武器"。我们没有办法去推翻资本主义制度或者占领白宫，但我们可以让自己走向死亡；我们可以选择一种方式，让自己的死去言说一种政治的纲领和行动。所以巴特尔比在华尔街的死，在纽约市的自我饿毙，实际上就构成了一种恐怖事件。

其次，在叙事者看来，双子塔的倒塌同样是一个文化事件。美国的深层社会文化其实是一种双生结构，与双子塔十分类似。包括布鲁克斯（Cleanth Brooks）、丹尼尔·贝尔（Daniel Bell）等在内的很多人认为，美国的文化包含了非常重要的两个部分：一个是实用主义，即美国是个非常讲实用主义的国家，它讲究有用性；另一个是清教的秉性，这种秉性暗示美国是特殊的、例外的、由选民组成的一种理想。两种思想构成了美国文化和思想的双生结构。在华尔街赚钱，走的是实用主义路线；当布什在电视上发表"9·11"讲话，他选择的是清教徒式的话语模式。亦即美国是例外的，是"山巅之城"（City upon a Hill），袭击美国，就相当于和全人类的文明宣战。这样就进入一种宗教的话语体系中，而美国一直就在这样类似于精神分裂的状态中发展。

我认为，巴特尔比所袭击的就是这两个"塔"。因为巴特尔比最"可恶"之处就在于，他在华尔街工作，却拒绝成为一个"有用的人"。在我们这个时代，如果你宣布自己"不想做一个有用的人"，这是一件极其不可思议的事情。资本主义制度，或者实用主义的精神，就是要把人们训练出这样一种语言思维，即人就是应该有用的。人如果不生产，就像巴特尔比一般进入一种非生产性的游手好闲当中，是一种极大的犯罪。与此同时，清教主义的精神也同样受到挑战。原著中的叙事者对巴特尔比说："既然你不想做有用的人，我就将你当作耶稣再世，这是你的天命，我将你当成一个弥赛亚。"后来发现这套话语也行不通，这个律师最后就搬走了，因为支撑他的两个思想体系都已经被巴特尔比打败。而在监狱中，叙事者的一句话"要么你做事情，要么事情做你"，我觉得它完美地概括了资本主义的精神。巴特尔比就是一个试金石，他把美国精神当中最重要的两个东西给检验和呈现了出来，通过他的拒绝，我们会发现这两种精神都是脆弱的。

最后，我想简单说一下"他者"与"9·11"之后的伦理行动。德里达曾给出过对"宽容"（tolerance）和"好客"（hospitality）两个概念的分析，他认为西方对于恐怖分子、伊斯兰世界或者第三世界这样一些他者，表面上是宽容的，但实际上却是一种主人施加在客人身上的宽容。这种宽容是有条件的：如果你乖乖地、好好地听话，你就是个良民，我会对你好；如果你像巴特尔比这样总是说不，你就要被逐出。这种宽容和慈善，实际上是虚伪的。所以德里达呼唤说，在"后9·11"，我们要解决"9·11"带来的冲突，就要拥抱一种不设限的"宽容"。比如现今发生的难民潮事件，很多人都对难民潮怀有一种敌意，这表明西方世界对于来自不同信仰或不同世界的人还是存有戒心的。所有的宽容都是有条件的，而这些条件正是导致"9·11"的一个重要因素，所以我们更高的一个伦理标准应该是"好客"。在"后9·11"时代，我们不应该满足于去读一本小说，知道一个戴头巾的女人有这样隐秘的想法；我们不应该满足于这样一种对于他者的凝视。我们应该把对他者的知识，转化为一种对他者的伦理行动，也就是在日常生活当中，我们的阅读经验能够转化成在政治空间中的一些积极行为。这可能才是"9·11"文学一个重要的意义，也是我所期望的一个政治与文学的互读。

讨论部分

张伯伟：我先请教但老师一个知识吧，"红墨水"和"蓝墨水"是一个什么意象？

但汉松：这是齐泽克的一个段子，他就说在某个时代的某个共产主义国家里，大家言论都不太自由。有人就和国外的朋友约定，以后我给你写信，如果是蓝墨水，我写的就是真话；红墨水的话，我写的就是假话，你按照字面意思反着理解。结果他的朋友有一天收到了一封信，用蓝墨水写着："我们这真好，天天过得可开心了，什么都不缺，缺的只有红墨水。"他由此引出另一个观点，我们在资本主义的体系当中，每个人的主体性实际上已经被意识形态先行转换了。你是不自由的，没办法想象一个体制的终结。

廖卫一：那我们在这个时代和体系里面，是否可以借助历史上其他时期的其他文明制度作为参照，来想象我们未来发展的道路？

但汉松：当然是可以的。这其实就是对"9·11"的一种非常重要的寓言式解读。美国很多小说家在写作的时候，不直接谈论"9·11"，他谈论"9·11"之前发生的事件，或者在其他国家的事件。比如1973年在智利发生的"9·11"政变——智利的"9·11"。通过这样一些文学的指涉，他们实际上在提醒我们：不要以为"9·11"真的是历史上一个孤立的事件，在历史上，在其他国家和其他地区，"9·11"也同样在发生。

另外还有一个重要的历史解读，就是将"9·11"文学和大屠杀文学联系在一起。做得比较好的是希利斯·米勒，他最近有一本书叫《社群的焚灭》(*The Conflagration of Community*)，其副标题就是"奥斯维辛之后的小说"。他的评论表面上是在研究大屠杀文学，比如不可再现性、再现的边界，等等，但其实更多的是在影射"9·11"文学，或者"后9·11"这样一个历史的状况。大屠杀文学中我们探讨的东西，实际上和"9·11"并没有特别大的区别，比如阿布格莱布的虐囚门事件。他无法想象，美国这样一个号称自由民主的国家，怎么可以发生这样的一个事情。关塔那摩监狱和奥斯维辛集中营真的差得那么远吗？

韩剑：谈一下我的感受。我们平时读文学作品，主要是用来休息的，但老师读文学作品，读出了很多关于伦理、关于政治的思考。从经济学科的角度来看，这个事件本身在经济学影响也是很大的，无论是对于"9·11"还是华尔街。2012年我到哥伦比亚大学访学一年，正好也见证了一些后续的学生"占领华尔街"运动，但规模远远低于我的估计，华尔街不大，站那边的学生也零零散散，其中包括很多哥大的学生。我们和他们有些交谈，他们的初衷本身和金融危机有关。很多纳税人觉得国家用他们的钱去补贴大公司，有很多不公平。但我也发现，美国的这一代人，他们已经感受到了"美国梦"的破灭。在现今的资本主义社会，你没办法再通过自己的努力、自己的工作去获得成功。于是他们就觉得没有梦了，大家变得颓废慵懒。事实上在20世纪70年代的美国危机当中，包括美国的嬉皮士文化，其实也是跟当时的经济背景有很大的关系。"I would prefer not to"可能是指他也没有什么好的选择，所以也就不选择。不像以前，美国人可以通过拓荒去成为淘金者，占有一片领地。

占领华尔街运动的影响可能直到现在还是会有。最近有一本经济学读物很热门，叫《21世纪资本论》(*Capital in the Twenty-First Century*)，是法国经济学家皮克提（Thomas Piketty）写的。这本书研究资本主义发展至今的一些不公平现象，比如贫富不均，以及为何每个人的选择余地越来越小，社会的流动性也越来越低。这次听了但老师的发言，我觉得很有启发，"9·11"带来的还是一个全球化的反思。因为特别是在"9·11"之前，大家都觉得全球化给全世界带来了很多福利，不管对于发达国家还是发展中国家，都是如此。但是现在看来，在世界范围内，发达国家还是那些国家，落后国家也还是那些国家，很多落后国家并没有通过全球化获得它们应有的福利,那么,全球化的效益到底有多少?

但汉松:您说得对,"占领华尔街"实际上是美国 2008 年经济危机后一个非常重要的公民抗命运动。我当时感觉到,中国也同处在一个隐性的、蠢蠢欲动的国家性经济危机当中。那么,在您看来有没有可能 2008 年的全球性经济危机折射出了整个体系中的贪婪和不负责任?在我们国家的体系和经济危机中,有没有什么可以吸取或者学习的?

韩剑:我觉得那个是一股风潮,整个 2008 年经济危机之后,整个社会的价值观可能都在向"左"倾,发达国家会更明显一点。包括中国这一任政府上台后针对腐败、贫富不均等问题,为什么看得如此重要?还是整个原有的体系中对金融资本,对经济的过度发展等问题过于关注,对效率、对实用主义过多关注,忽视了诸如公平等其他问题。

方小敏:我比较关注的问题,其一是对资本主义本身的思考,以后它会走向哪里去?会有一些什么样的可能性?另外一个就是生活在资本主义社会中,对人的关注。最近欧洲的移民潮给我的印象很深,有很大的冲击。讲到"他者"的时候,对资本主义来讲,可能"他者"并不是以你戴不戴头巾为标准的,而是看你内心所认可的价值和它的基本理念是不是相吻合:即使你戴头巾,但认可它的价值观,信仰它,把它作为自由之地,它当然要显示它的包容性和优越性,这也是欧洲开放门户的原因、基础和想法之一。为什么德国人这么大度?其实有这方面的原因。巴特尔比原先是他们当中的一员,是"我者",但后来成为一个典型的"他者",因为他不能够接受自己的文化,成了一个叛逆者。从法学的角度想,一个社会对"他者"的容忍度有多大呢?肯定是会有边界的。这个边界在哪里？法律是不是一个边界？法律肯定是一个边界，但我想它也只是一个底线：你不能违法，不能违背这个国家的法律，要不然就只好进监狱了。但是这个边界是不是仅仅是法律呢？肯定不是，因为法律最多把你关到监狱里，或者说，你虽然没有违反法律，但事实上也没有真正的自由。所以在法律的界限之外，确实有一个基本价值的认可问题。这也让我看到法律的有限性、保守性和"低端性"，但这也正是法律的特征——它只能守住底线，否则人就失去了自由。另外一方面，法律的条条框框是人定出来的，我们的国家在这个时刻和明天，法律也不会一样，我们需要更多真正的、有思想的法学家。

于杏佳：但老师，现在研究"后9·11"文学的群体是以哪个国家的学者比较多？他们的观点有无群体特征？

但汉松：我有一个非常有趣的观察。美国的"9·11"文学是很多的，但多集中于创伤叙事，即我们如何难以走出这个事件，它成为了一个恐怖之梦，如何回到家庭当中，去修复创伤的记忆，等等。早期的"9·11"小说以此类小说为主，但后来渐渐地就出现了一些具有国际背景的作家，他们从中东、法国来到美国，从全球化的、少数族裔的视角来反思"9·11"事件，包括《追风筝的人》(*The Kite Runner*)、《地之国》(*Netherland*)等。据我收集到的作品来说，对"9·11"文学的批评中，做得比较好的反而是一些欧洲学者，比如荷兰、英国等地涌现出了一流的"9·11"专著，而美国则不太多，尤其是具有批判性的作品非常缺乏。美国正统大学里的学院派教授如果写一本书来批评"9·11"事件背后的美国神话或者批判美国的保守主义，那是会有政治忌讳在其中的。

潘晓杨：作为一个中国人，您对"9·11"事件的立场是什么样的？

但汉松：如果你在四五年前问我这个问题，我可能不太能很好地回答你，因为我会觉得这是别的国家的事情。但是在最近几年的体验当中，我发现研究"9·11"对我们中国人来说，其实是一件非常切身的事情。另外还有波士顿的马拉松比赛事件，是车臣的恐怖分子策划的恐怖活动，行凶者也是受到极端伊斯兰思想影响的。他原本想做拳击手，来到美国之后，他的美国梦做不成了，送了一段时间比萨，后来去中东受到一些极端思想的影响，于是开始实施独狼式的袭击。所以，恐怖主义真的离我们那么远吗？发生在波士顿的袭击，其实就在我们普通人的身边。

最近还有一个事件：法国的火车上有一个恐怖分子，他手持枪弹，准备血洗这列火车。当时，我们在微博上就正好看到了一个中国网友，他就坐在后面，不停地拍摄，不停地说："你看，我今天看到了什么！"所以，你如果问我的立场，对全球性的"9·11"，我们已经很难置身其外了；关注它，就是关注我们作为一个人类共同体的命运；它会成为21世纪一个非常重要的话题，你是绕不过去的。这就是我的立场。

周嘉欣：我注意到，您提到巴特尔比和恐怖主义的时候，提到了"绝对他者"的概念，您用的是大写的"他者"。这是齐泽克借用拉康的定义，大写的"他者"实际上就是指我们今天生活的这个世界，而在拉康那里指的是实在界，在齐泽克那里则转译为全球化资本主义。这样，"他者"的概念实际上就有了两重不同的含义，第一种是齐泽克批评参加"占领华尔街"运动的青年学生摆脱不了资本主义束缚的"大他者"，即所谓消解了主体性，或者说虚假主体性的"大他者"的概念；另外一种则是既有的20世纪初以来西方主流文明中"我者"和"他者"对立的"other"的含义。那么，今天当代西方的左翼话语者，齐泽克、阿甘本、德里达等，对"他者"的理解发生了这样一种悄然的转译以后，到底体现了他们对于资本主义的什么样的判断？或者对资本主义的内在矛盾，是寄希望于什么呢？落实到今天的讨论，巴特尔比和恐怖主义在过去是完全不同的两类人，一类是西方主流文明边界之外的，另外一类是资本主义内部的，而到今天我们却发现，互读和互涉之后，他们的身份发生了互引和共振的感觉。在这样的过程中，从文学的角度来看，西方对于这个问题，对当下的判断又是怎样的？还有一个隐含的问题：您刚才讲到恐怖主义是我们周围的故事，那么在全球化资本主义中，我们中国人扮演的是恐怖主义者还是"被恐怖主义者"的身份？不知道您能不能给我们一些启发？

但汉松：您这个问题问得太好了，这确实是我最近两三年一直在思考的问题。您刚才提到齐泽克、西方马克思主义的"大他者"的概念，对我非常有启发。但我们在西方文学理论中的"他者"更多指的是列维纳斯（Emmanuel Levinas）以降的、主体之外的一个伦理概念，它在"9·11"批评中当然非常重要。我最近在读希利斯·米勒的一本书，这本书的名字就叫"*others*"，小写的"他者"。他专门提到了这个问题：一旦我们将"他者"大写，将其认作一个绝对的概念，我们就是在犯一个巨大的错误。我们会认为穆斯林、不同国家的人都是同样的。你会给他们一种同一性的想象，而这从认知论的角度看，是一个非常武断的想法。米勒受德里达的影响很大，他认为我们应该将大写的"他者"小写化，而且加上复数，因为只有这样我们才能充分承认，每一个异于我们个人主体的外在的东西，它们都有一种不可通约的所谓他异性或者奇异性，这是不可以被抹杀的。从某种意义上来讲，每一个穆斯林之间也是互为"他者"的，甚至每一个伊斯兰圣战士之间也是互为"他者"的。从这样一个概念来讲,我们仅仅将"他者"大写化,并不是一种很民主、很自由或者合乎伦理的对待"他者"的方式。所以他呼吁我们将"他者"小写化,看到其内在的不可通约、不可省略、非常特质化的东西。

当然,"极端他者"的概念是从德里达那里来的。米勒还有一个看法,文学有一个非常重要的贡献在于,在我们的叙事想象中,我们会发现,其实主体和他者的界限是可以被打破的。当你在读一个文学作品的时候,你会发现那个他者,不论是大写还是小写的他者,其实都是你自己的一部分。你刚才问:"中国人是不是恐怖分子?"我觉得这个问题可以换成另外一个问题:我们和恐怖分子真的有那么大的不一样吗?恐怖分子的爱和怕,难道不是我们自我中共通的地方吗?阅读小说的一个很重要的伦理教训就是打破自我和他者天然的边界,让我们知道,当你不断将别人他者化的时候,实际上是犯了伦理上的错误。因为我们自己实际上也有这种所谓的"他者性",英文叫"otherness"或者"alterity"。只有承认这一点,我们才能不断地与他者保持一种关系(engagement)——你不是去和他说话,而是真正地去相信他的一些东西是可以被你接受的,进入到一种交往对话的理性当中。

那么,解决方案是什么?现在从政治学上讲,无外乎两个:一个是多元文化主义(multiculturalism),一个是所谓的"世界主义"(cosmopolitanism)。德国总理默克尔说,多元文化主义在德国实际上已经失败了,因为它表面上让不同国家的人都住在一个地方,但其实最后大家还是分化的。穆斯林、犹太人、中国人、非洲人住在各自的地方,大家老死不相往来,同样是相互将对方他者化,没有任何的对话或者沟通。世界主义的理念则是,我们应该超越"民族国家"的概念,我们同样栖居在这个地球上,我们对于对方的、外在的、民族的他者性保持着理解,我们更加积极反应(responsive),更加愿意接受(receptive),在这个基础上构建我们更加和谐、更加世俗化、可以被持续发展的、民主的、所谓的共同体。但这只是一种理想，只是一种理念。因为哲学家可能会讲，"社群"本身就是一个错误的概念，我们这种"超越"本身就是不可能实现的。米勒又说："他者性是永远没有办法被认知的，无论我们怎么样想去理解一个他者，我们都没有办法抵达它的内在。它像黑洞一样，无法抵达。你只能望着它，你只能试图去接近它，但你没有办法去成为它。"这就是为什么我觉得这个问题很重要，但我也感到很困惑。因为我觉得有两种话语、两种相互矛盾的解读，既让我们感到希望，又让我们感到绝望。至少，我从思想家那里没有得到一个完满的解决方案，从政治家那里，从法律的角度上，也很难。因为现在欧盟的概念也遇到了很大的困难。超越了民族国家、超越了主权的概念之后，我们怎样建构一个新的国际秩序？这么多难民来了，我们按照国家来分，别人就不愿意接收了。所以这里面有很多东西很难实施，存在很大的争论，不同的思想家有不同的看法。我最近读的书就是哈贝马斯和德里达关于这个问题的对话，两个人的看法截然相反。德里达觉得是解构的，哈贝马斯则认为，我们还是应该民主，民主才是最后的出路。我想，这也许就是做学问的一个有趣的地方：你永远在追问当中。而且，我们也生活在这个时代，不断地观察着这个世界，我们也在思考当中。

陈研：我可不可以做点补充？刚才但老师提到了超越民族国家的设想，前段时间齐泽克也发表了一篇文章，叫《不存在的挪威》("The Nonexistence of Norway")，讲的是挪威的不存在性。实际上它里面也提到了需要对过去的"民族国家"的概念重新定义。他预言了这样一种翻天覆地的变化，他也预测了将来全球化的背景下，我们人与人、国家与国家之间会变得更加流动的这样一种趋势。但我觉得，确实如但老师所说，这还是一个预言的阶段。刚才但老师也提到了关于"他者"的概念，我就想到"占领华尔街"的这些人，对巴特尔比的纳用，实际上是我们对于他者排他性的一个反面：我们把他者的他者性消融了，我们把它吸纳到了我们的价值体系或理念里面。那些"占领华尔街"的人把巴特尔比奉为他们的先驱者，但实际上巴特尔比的意义和他们的意义并不是同一种意义，对吧？他们实际上是提取了他的某些部分，然后加以阐释。我们要建立一种多元的语境，建立多元的社会，构建一种大的概念，在所有人上空架构一种宏大结构，但实质上，与此同时，我们又忽视了每个个体的、社群的复杂性的可能。因为"多元""复杂"这些概念，本身就有大而化之的嫌疑。

刚才巴特尔比的故事还给我一个特别深刻的印象，让我在其中看到了一种消极自由的可能，即自由不仅仅是你做什么，同样重要的也是你不做什么。但我们会发现，权力的存在不仅仅体现在故事的最后巴特尔比被关进了监狱，权力对于人的侵蚀和影响还体现在之前他想要行使他坚持说不的权利是多么难。我们自由选择的权利也是预先划定好的一个空间，而当人想要拒绝的时候，我们就会发现，其实一个人生活在一个社会中，他需要顺应的东西有那么多，他需要理所当然地来默认某些东西，然后你才能够享有你所谓的自由。所以权力不仅仅是把你关押起来、监听你，或者对你施加某些类似手段，权力更多的是侵入一些生活中的领域，侵入一些看上去和权利毫无关系的领域中，然后通过这种侵入来让你觉得我是可以顺应的，最终在这种情境下完成服从。所以，巴特尔比的故事让我觉得特别感慨。

说到巴特尔比，我还想到另外一个故事就是欧·亨利的《警察和赞美诗》，其中也提到了但老师讲的"游手好闲罪"。当然，那个故事最后的戏剧化程度更大：主人公犯下了各种罪行，却逍遥法外；而当他什么都没有做，游手好闲的时候，反而成了警察监控的对象。我觉得这个情节也反映了什么也不做同样有巨大的、潜在的威胁。所以在这个故事的结尾警察才会将他关押。

但汉松：我补充一下，"游手好闲"在资本主义体系中就是一种恐怖，一种恐怖主义。一个最好的例子就是我们前面讲的，当那些学生占领华尔街，游手好闲的时候，监控他们的人是联邦调查局（FBI）和国土安全部（DHS）的专门负责反恐的特别行动组——这个事情是后来他们才知道的，之前人们并不知情。这不是很可笑吗？一帮和平的嬉皮士在那里吃比萨、弹吉他，还用反恐部门的人去监视？但这实际上也是刚才陈研说的，资本主义最怕的是人什么都不干，什么都不干就是反对他们的最根本的东西。

陈研：我也想举个我个人的例子。今年上半年的时候，我去了德国，在旅馆里碰到一个当地的居民，他穿越了大半个德国去参加当地一个反穆斯林、反默克尔政策的团体组织（PEGIDA）的游行。我问他你为什么要参加，他说："因为他们想告诉我们怎么过日子。"这也是据本地人预设的一种立场，就是说，首先我们要维护我们生活中的方方面面，虽然口头上可以说开放或接纳，当生活中的任一方面受到威胁的时候，都可能成为矛盾的导火索。所以齐泽克也提到了，对难民的接纳，不仅仅是一种简单的接受，也是双方都要做出的一种努力。

殷曼楟：但老师，我请教一个问题，"后9·11"文学的产生还是比较晚近的事情，我们之前的讨论基本上更多还是美国对这件事情的反应。我想知道美国的这些敌人、这些他者，从接受史的角度看，他们有没有一些反应和反馈？

但汉松：实际上这是全球化的一个现状，就是信息严重的不对等。如果一个美国学者写的东西，恐怕全世界的人不管哪个国家，大家都会买来去看；但是一个比如印度、巴基斯坦、巴勒斯坦的作家写的东西，除非你做到萨义德这样的程度，进入美国的体系当中，否则你的声音也是不会传出去的。我倒觉得第三世界国家或者那些传统意义上被认为"他者世界"的学者对"9·11"的批判值得期待，但目前看来这方面的声音还没听到。

值得一提的是，现在有关"9·11"研究方面，我唯一看到的华人学者的英文专著是专门讲南亚的恐怖局势，这可能是比较稀缺的一个视角。我最近在《外国文学动态》上写了一篇小的综述，讲现在"9·11"研究的一个趋势。它实际上是两种范式，其一就是强调美国受到的伤害，这种是创伤叙事；其二是说美国受到的伤害没有什么了不起——就像《通天塔》《巴别塔》这些电影表现的那样——它更加强调美国的方式是错的，凡是第三世界和少数族裔的，就更加具有伦理性。实际上，这两种看法都是非常极端的，我想加以纠正。美国白人在华尔街的死亡，实际上和巴勒斯坦、阿富汗或者任何一个被美军无人战机轰炸过的地方的生命流逝是一样的。当你厚此薄彼的时候，你的对象是谁？其实他们犯的错误是一样的。我也希望强调，"后9·11"文学不能以一种反美主义的姿态呈现，因为现在欧洲很多学者只要研究"9·11"，就说美国人是霸权主义，不知道反思，以自我为中心，等等。很多时候我们不能以为只要是少数族裔的观点和评论就一定更加可信，他们很多时候也是为了政治而政治，"9·11"文学其实应该更多地强调它美学的范畴。

刘阳阳：我平时很少读这些，属于读的书比较少。读了以后第一感觉，心理问题好多。从我们的角度来说，"9·11"听起来有很多暴力行为和攻击行为，抑郁、自杀全部都是源自心理问题。我在想，这样的文学，它对于改善我们的社会的心态真正能有多少帮助？如果这样的文学描述读多了，是会使得这样的行为越来越多，还是越来越少？

但汉松： 我认为，如果是好的文学，如果是有美的价值的文学，它一定是让这个社会变得更好。我不认为会像奥登（W. H. Auden）说的那样，"诗歌不会让任何事情发生"。我认为伟大的文学、好的"9·11"文学，会让好的东西发生。这个好的东西，想想我们对巴特尔比的阅读，我们可以由此及彼，将文学伦理的态度变成自我日常的一种行为或行动。当然，从另外一个角度来讲，我们做文学研究，是非常关注创伤的。这就是文学叙事被作为一种创伤的治疗机制，我们通过创伤叙事，通过阅读这种创伤叙事，从一些角度上可以修复我们在恐怖事件当中对他者的恐惧、对未来的迷失以及对自我的断裂。其实，文本也可以起到一种治疗的效果。关于心理学描写，对巴特尔比研究得最多的一个流派，专门从心理学的角度去看它。巴特尔比就是一个典型的心理疾病患者，他被定义为有好几种精神疾病，比如神经性厌食症。所以他不像反对资本主义那样，他就是吃不下，像很多模特一样，吃东西就恶心。还有，他得了一种叫"广场恐惧症"的病。他为什么要盘踞在华尔街的律师事务所不出去呢？因为他害怕广场，害怕人多的地方，害怕人。从这种反社会人格的角度出发，我们可以对他进行更多样的解读。

张伯伟： 我自己是做古典文学的，从但老师今天的报告中学到了很多，当然有很多引起了我兴趣的地方。刚才您讲到了文学和政治的互读。那么关于"文学和政治的互读"有没有学术上的定义？一种叫作"浅层阅读"，这是相对于过去的"征候式阅读"而言的。"征候式阅读"未必就是要找到什么病案，其实是更加深层的意义。那么这两者之间是否可以一分为二地截然切割开呢？两者之间实际上是否还是有一定联系的？

　　因为我是做古典文学的，中国古典文学中也有对作品的阐释，可以拿过来做一个比较的例子，可能有一点类似。比如在汉代，大家去解释《诗经》里"关关雎鸠，在河之洲，窈窕淑女，君子好逑"的时候，绝对不会说"这原来是一首情诗"，它背后一定是有伦理的、道德的、政治的讽喻意思在里面的。所以，不管具体意见如何，基本可以分成两类，一类是发扬正面的、道德的意思，就是"美"；另一类就是"刺"。可是这种"美"和"刺"都不是在字面上的，都是在文字背后的。而到魏晋往后，情况则突然发生了非常大的改变，不去讲字面以下的意思。为什么呢？不是说字面背后的深沉意思是不好的，而是因为背后的东西很难把握；即使你把握到了，一旦用言语说出来，也会走样了。这样的阅读方式可以用两句诗来概括，即"此中有真意，欲辩已忘言"。这里涉及当时思想上的一个争论，即"言"和"意"之间的关系问题。言是能够尽意的还是不能尽意的？表面上看，它是比较追求浅表式的，不去讲背后的东西了；可是不去讲背后的东西，恰恰不是去追求那个浅表，实际上还是追求更深的东西。据此我想请教，你对巴特尔比的这种阅读究竟是浅表式的阅读，还是另外一种阅读？两者之间，是不是就能一刀切得那么清楚？

但汉松：张老师的意见非常重要。我认为，"浅层阅读"现在实际上是在西方文学评论界一个比较时髦的说法。它基于这样几点认识：对20世纪，尤其是以马克思主义文论为代表的这种武断的、诊断式的、征候式的批评感觉到厌倦；另外一个就是像詹姆逊（Fredric Jameson）讲的，因为我们现在实际是处于后现代的状况当中，那么在后现代社会，实际上面临一个很重要的问题,就是深度的消失。深度消失以后,我们现在作为读者,能够阅读和接触到的大部分都是表层的东西。这个可能和中国古代的情形不太一样。在当下的后现代社会中,我们在微博和社交网络上看到的更多是图像,更多加载的是非常浅显的东西。在这种状况中,我们应该做浅层阅读,因为深度消失了,整个世界都是扁平化的。

此外,我不认为它们可以做一分为二的切割,因为不论是马克思主义文论,还是拉康式的镜像,或者其他后结构主义的理论,它们对意识形态、话语的辨析,都是非常具有智慧的。马克思主义对文化的分析,是所有的文学评论家所不得不佩服的,它是最具有阐释力的。那么,我们的这种浅层阅读,如果放弃了这些对文化的很重要的阐释,只流于浅层的东西,那实际上就成为一种非常肤浅的文学阅读。它虽然获得了自由,但它实际上走入了一种非常肤浅的状态。尤其对于学院式的文学批评而言,我们不可能放弃深层阅读,这是一种文学批判的武器、一种思想的工具。

我讲的这些并不排斥对意识形态的考察,它非常重要,但是不能以意识形态决定论来先行。我觉得奈格里或者哈特对巴特尔比的批评之所以失败,就在于他们太多地将马克思主义的一些原则或一些理论作为一种决定性的工具来使用了。他们已经先入为主地解读它,一旦它不符合某种革命理论或者社会批判的构架,他们就宣布说巴特尔比的这种拒绝是空洞的。我觉得不应该有这种意识形态的决定论作为一个前设,应该自由地去运用它们。为什么我们要提倡一种浅层阅读?因为如果想要在文学和政治当中发生这种摩擦和互动,学院里可做的东西非常之少。我们今天在高研院读巴特尔比,读得再好,也不可能影响到千百万的大众,但是"占领华尔街"的人,一旦他们形成了一种公共的景观,他们在公共空间去表演这种浅层的阅读,他们就能够获得大量同类的反馈。所以我的一个判断是，如果要实现这种政治与文学的互动，对于大众读者来说，浅层阅读可能是一个非常实用的策略。如果说我们走入深层阅读，就可能会用到一些思想、工具或者学术术语，这样就会吓退很多人。如此这样，文学批评就无法和政治、社会生活发生密切的摩擦和接触。所以我说它是一个策略，这是一个当时当下的选择。

从丛：特别感谢但老师。且不说但老师能不能影响千千万万的普通民众，但至少已经影响到了我们在座的年轻同学和学者。我想这几位年轻同学看出了但老师作为一位学者，从文学的阅读和研究推进到了对人类命运的思考与关怀，我想会对我们每位同学也有启发。另外，这也是同学们第一次参加高研院这样的活动，从方法论上可能也会受到一些启发，从跨学科的路径上也可以思考同一个问题。希望大家觉得是有收获的。谢谢！

重新发现传播学

——从海德格尔的技术哲学说起*

发 言 人：胡翼青　　高研院驻院学者，新闻传播学院教授
与会人员：从　丛　　高研院副院长、外国语学院教授
　　　　　吴桂兵　　高研院驻院学者，历史院副教授
　　　　　韩　剑　　高研院驻院学者，商学院副教授
　　　　　刘阳阳　　高研院驻院学者，社会学院副教授
　　　　　殷曼楟　　高研院驻院学者，哲学系副教授
驻院本科生：祁小苏、陈力、张帅欣、汤婷、王建一

---

* 本文为2015年10月22日高研院工作午餐会的讨论和发言，由驻院本科生祁小苏等根据录音整理。

发言部分

胡翼青：这个话题比较理论化，是本人基于最近一段时间学界对于传播学自身存在价值的一个考量。大家都知道，传播学有点像商学院市场营销学，它一旦开始进入应用学科的范围之后，我们就会发现一个很大的问题——它的哲学根基在哪里？它怎么能从既有的人文社会科学已经比较成熟的"矿脉"上寻找到自己的起点？

我们这一代传播学人和上一代不太一样的地方就在于，上一代学人的主要任务在移接西方传播学的 ABC 的这样一些东西到中国来，并且设法把它们与中国的现象连接起来。但是从我们"70 后"登上历史舞台以来，其实一直都在证成传播学的哲学基础。我们希望它不是一个无根的学科，并且希望传播学在哲学的框架上能和其他学科构成对话。如果没有这样的一种对话，那么传播学将永远成为类似于智库当中的"对策研究"的一门学科。当然，寻找与哲学之间的勾连有很多种方式，包括跟西方马克思主义以及实证主义的分析哲学等的勾连。但是今天我要讨论的，是要看看海德格尔这个路线能给我们什么样的启发。这样的一种启发并不是说要替代其他传播学的路径，而是要看看从他的身上能否看到传播学存在的独一无二的品质。这就是我今天讨论这个话题的源起：第一，我们要重新发现传播学自己存在的独特价值；第二，探寻最为合理的一个哲学视角，也就是海德格尔的存在主义哲学。那么，在这二者之间去寻找它们之间的关联，这就是今天我们讨论这个话题的由来。

我大概会简短地谈几个问题：第一，有关海德格尔技术哲学的一些内容，希望从中提炼一些对于传播学有启发的思想；第二，在阅读海德格尔之后，本人在最近处理的两个学术个案中借助于海德格尔的思想所获得的启发；第三，我试图回答，以往两种传播学研究的路径为什么看起来前途不太乐观，在这两种情形下，我们该如何考量去设计出一套新的路径来。

一

海德格尔所有技术哲学的起点就是从批判雅斯贝尔斯的技术哲学观点开始。他把雅斯贝尔斯的观点大致总结为两点，而后者可能是我们现在对技术最常见的认识：首先，技术是达成自身目标的手段。这是雅斯贝尔斯明确指出的，即我们可能会有一个终极目标，而技术是帮助我们达到那个终极目标的手段。这是我们在日常生活中关于认识技术的常识。其次，技术实际上是人在行动，所以不是技术决定人，而是反过来，是人在使用技术。他认为既然技术是一种手段，那么技术就是中性的，所以技术的合理应用对人类的生活会有推动，而不合理的应用对人类的生活就会有妨碍。这基本上就是海德格尔所认为的雅斯贝尔斯所代表的这一类技术哲学观点的特征。

所以，在我们的日常生活中，每次当我们想要去否定技术决定论的时候，一定会把雅斯贝尔斯的观点抬出来，然后说技术是中性的，我们使用技术完全是因为使用的人，因此合理地应用技术，它就是有利于人类的，反之就是不利于人类的。但我个人认为这其中就已经暗含了或多或少的功利主义的观点，而这种功利主义观点一定是建立在自启蒙运动以后把人当作主客体二元论当中能动的那一方之上，就是作为主体的那个先在的前提奠定了之后我们才会产生"技术是为人服务"的观点。

海德格尔对雅斯贝尔斯这个观点，尤其是第一点的评价是：这是一句完全正确的废话。海德格尔在这里做了一个类比——你说"技术是达成自身目标的手段",这句话就好比是说"诗是一堆词汇的集合"。也就是说,"你说的是对的,你描述的也没有什么问题,但是并没有道出技术的本质是什么",或者说它在人类存在当中的意义到底体现在哪里。问题的关键是,这句话没有意义,因为它没有突出技术的独一无二性。因此他做了一个历史态的分析,他认为,如果按雅斯贝尔斯的观点,当技术被看作一种手段,那么世界就在主客体二元论中陷入一种物化、对象化的境地。我们会发现,我们把包括大自然在内的一切东西都看作被人类征服的对象,那么大自然或者物对于我们来说就不是和我们共同存在着的,而是说它们的存在只是为我们服务的。我们对这种服务的阐释是,"它对我们有什么功能"。另外,由于它是一种对象,对于人类来说它的意义就没有本质的差别。因此,无论是一张桌子、一个杯子还是地头出产的土豆,对于人来说它们实际上只是对应着某种经济指标,意味着被消费的物,所以它们的内涵其实已经被抽空,抽空后它们就被转化为一种标准化的、齐一化的、功能性的存在。于是世界对我们来说就可以任意标画,因为它们只是一些数量、经济需要、满足指标的对象,然后标准化地生产。甚至连人也被纳入到了功能化、标准化、齐一化的范畴,因为对于主体而言,其他客体的存在只有一种功能化的意义。这就是从传统社会一直到现代社会的转型当中,如海德格尔提出的,如果我们以雅斯贝尔斯式的技术观来看待这个世界,我们就会把我们与世界的关系简化为功能的关系。

但是,这还不是最坏的情况。当我们的对立面——就是这个物——被对象化了,或者其他的人被对象化了,人本身就被异化了;当所有的东西都被异化了,我们存在的那个丰富的意义也就被消解了。于是,海德格尔说,当这个世界陷入对象化的世界之后,人本身也变成了一种空洞的存在，或者叫作空洞的主体，所以这种主体的意义也就不存在了。说到底，把技术当成达成目的的手段这种功能主义的说法，在他看来实际上是对技术的最大的曲解。

如果这样下去的话，会出现什么样的结果呢？当人成为一个空洞的主体，主客体二元论被抛弃，而物陷入一种功能化的境地。在这种情况下，物和技术决定了人与物之间的关系。因此，雅斯贝尔斯的观点表面是讲技术是人能动的一个对象，人可以使用技术，但实际上反过来，技术界定了人与物之间功能主义的存在关系，而这使得这个社会变成了技术决定的一个后果，于是，他从支持"反技术决定论"走向了"技术决定论"的那一面。

接着，雅斯贝尔斯认为"技术是人的行动的判断"是有问题的。海德格尔说，其实技术是先于人的存在的，这里他用了"座架"一词来形容技术。这个词在德语里和"连绵不断的山脉""书桌上的笔架"是一样的，所以海德格尔的"技术的座架"，是指技术和围绕技术的一系列的制度、文化所构成的绵延不断的整体。这样的"技术的座架"在很大程度上已经嵌入到人存在的前提之中了。举一个例子，当互联网技术登陆中国后，大家会发现，过来的不仅仅是技术，还有和这种技术相关联的秩序、制度和文化。因为互联网技术的背后有互联网思维，有一系列与之配套的商业逻辑作为支架，因此它必然会改变中国人的存在方式；而一旦改变，那么原来的那一套大众传播技术的座架就会被抛弃或者替代。海德格尔说，从技术的角度来说，怎么可以这么乐观地认为技术就是一种客观存在的东西呢？它无所谓好，无所谓坏，就可以主动地使用吗？它首先是先于你的，每个人要去适应这种"技术的座架"，你的使用表面上看是主观目的的结果，但在很大程度及某一个潜在的层面上，是它胁迫你在使用技术，它胁迫你承认、适应它的观念、逻辑和文化。因此，他反对把技术和人分隔开,其实技术的存在和人的存在是一体的,本身就是不能分割的。我们在考察技术时,实际上就是在考量人的存在,所以把两者分开来考量的话,就很容易陷入机械的技术决定论,或者机械的技术观。以上是我对海德格尔技术哲学观一个非常简单的描述。

二

所以按海德格尔的说法,一旦技术陷入功能化的境地,我们的理解就会出现偏差。由此往后顺延一步,传播实际上是技术的领域,或者说传播引发人类最多关注的地方,是在于它的技术不断地改革。传播技术的爆炸是我们这个时代能观察到的最为日新月异的一个现象。在这种情况下,如果用海德格尔的技术哲学观反思传播学当中对于技术的看法,我们就会发现,传播学长期以来对技术就是一种雅斯贝尔斯的观点——非常功能化的观点。而这种观点给传播学带来了灭顶之灾。

我首先提到的一个例子,是在看海德格尔技术哲学相关的文章和评论性著作时,我同时也在关注某大学的两位学者一起做的有关新媒体和社会弱势群体关系的研究。因为我们师出同门,我非常关注他们的研究。该研究的成果之一是一本名为《流动的家园》的专著,讲的是湖北攸县的数千位出租车司机去深圳打工的经历。到了深圳以后,他们并没有找到合适的职业,就住在了一个城中村当中,他们在深圳主要的经营活动就是出租车行业。他们从一个传统社会中转变到现代社会中去,就面临着一个现代性转型的问题,于是研究者就通过常年在城中村的考察,试图去阐释出租车司机们使用新媒体的情况,也就是"ICT实践",即互联网和手机把他们连成的一个虚拟网络在多大程度上改变了他们的生活。

这本专著在很大程度上代表了今天在中国做农村社会学、农村传播学的一批学者的相似的路径，这是一种传统的发展传播学的路径。他们认为，因为ICT实践的介入，使得传统社会在走向现代社会的过程当中获得了巨大的推动力，主要表现在人的现代性、人的现代行为、人的现代功能在这些出租车司机们身上得以体现。因此他们把这样的结果归结为大众传媒，或者新媒体对于这个群体的启蒙，对这个群体的生活进行的改造。

而我所想的是，传媒在一个传统社会的个体向现代社会的个体的角色转变过程中，真的扮演了这么重要的角色吗？为什么我们总是认为如果有人持这样的观点，他就是一个媒介决定论者，或者媒介中心论者？这是一个非常有趣的话题。问题到底出在哪？为什么别的学科会认为他做的这项研究是有媒介中心主义和技术决定论的内涵在里面的？这本书在叙事方面的杂乱并不是我所关注的，问题在于我始终没有能够找到一个批判的角度去证成我为什么认为他们的研究有所欠缺，他们陷入了媒介中心主义的观念，那么我又"高明"在哪里？这个案例凸显出了传播学的困境，就是在若干重大问题上，传播学都没有办法与政治学、社会学、经济学等强势学科形成对话的态势。或者说，传播学在很多事情上没有话语权。传播媒介似乎总想向世界宣示自己的角色非常重要，而这种直接的、赤裸裸的态度反而决定了自身的理论非常幼稚，从而就更没有办法达到去跟社会学、政治学展开对话的目的。

到这里，我们遇到了传播学的第一重困境，即当它想要解释媒介与人的行为之间的直接因果关系的时候，它遇到了很大的问题。因为媒介（尤其是像我们现在用的这种新媒介）是我们日常生活当中的一种存在方式，它对我们的影响甚至是非功能的，你很难观察到它的功能以什么样的方式表达出来，它是你存在的一个组成部分。所以谈到这样的一个问题的时候，如果你生硬地说，这个媒介对你产生了什么因果影响，那么你一定会陷入一个牵强的陷阱当中。

下面我将提到第二个例子。在前一次的发言中，我涉及"哥伦比亚学派学术工业"的探讨，我的主要观点就是当学术已经变成了一个由课题主持人做成的大的学术工厂以后，搞学术变成了流水线生产，这种流水线生产的结果就是生产出了大量的没有创造力的学术作品。我当时的判断是根据社会科学自 20 世纪 40 年代以后拉扎斯菲尔德创立哥伦比亚应用社会研究局，确立了我们所说的课题制这样一种美国式的社会生产方式之后发生的现象。但它并没有在学理上证成这样的一个问题，就是那为什么工业化的学术大生产就一定不能产生有创造力的学术作品？当文化变成了一种工业以后，批量复制使得艺术品当中的灵韵就此消失，那么大家使用的是千篇一律的东西，于是创造力被扼杀了，而文化工业生产者的创造力也被扼杀了。但是为什么我们批量生产的社会工业化运作就一点都没有办法"偶然地"创造出一些有创造力的学术作品？还有一个问题就是，它也没有办法证成为什么在学术工业化的大背景下，仍然有一些课题生产做出了有创造力的学术作品？比如说拉扎斯菲尔德自己做的一些研究。现在看来，这个问题就很有意思。

如果回到海德格尔的思路，大家就会发现，那是因为所有的学术都被当作了物——一种对象化、功能化和标准化的东西，我们做学术的目的是因为它对我们有用；而且为了最大程度发挥它的有用性，就一定是要做那些大家公认的、规范的、惯例的、标准化、模式化的东西，它才会对我们有最大的用处。所以，大家会看到今天我们这个世界正在不断地向学术施加压力，逼迫着学术的主体把我们所说的研究对象变成在流水线上生产的产品，让它们标准化、统一化，为某一种政策学或决策学的目的去服务。海德格尔的那套思路，也就是我们所说的对于这个世界的物的对象化和功能化的技术可能带来的后果；他谈的是自然生产——自然界的产品，而西方马克思主义谈的是文化工业。那么我就觉得，如果我的学术工业当中有浓墨重彩的关于海德格尔的技术哲学思想的一笔，我就可以填平我们在微观上的讨论和宏观上的经济学批判之间的鸿沟。这就是为什么在这里我又进一步地以海德格尔的思路对自己做了一个更多的修正和启发。

从这两例个案当中，我开始意识到，有这样一条路径——它与我们以往传播学的路径都不太一样——它并不注重功能主义，而是设法把人的存在和物的存在统一为一个存在的共同体，并从这个共同体当中去思考它们之间相互是如何建构的，进而通过这样的一种技术与主体的相互建构、相互形塑的方式，重新思考我们的生存状态：我们的时空观、社会关系以及我们的观念（我们的观念当中什么东西是重要的，什么东西是次要的）。所以，海德格尔说，技术生产使得这个世界变得井然有序和功能化、标准化。因此，在这种情况下，你会发现，当我们今天的学术研究也变成了技术生产的逻辑的时候，它们的共同特点就是井然有序、有用、数量极其惊人以及长得都差不多。从这个意义上讲，我对海德格尔的思路为什么能够帮我进一步在细节上证成，做了一点补充，也是回应我第一次关于学术工业的讨论。

那么功能主义传播学对我们今天的传播学到底意味着什么？今天的传播学研究基本上就是新媒体研究，我们需要对它的路径进行一些讨论。新媒体的路径无非就两类：第一是讨论互联网技术的特征与功能。因为互联网技术层出不穷，有很多新出现的互联网技术以及新出现的由互联网技术而产生的节目，比如"奇葩说"，然后大家就开始描述这个东西——它有什么样的特点、它有什么样的功能、它在我们社会中扮演的角色跟我们日常生活之间的关系。这是一种研究。而第二种研究路径就是互联网在社会或文化当中到底起到什么样的作用？这跟第一种路径不一样的地方在于，前一种是宏大叙事，是对一切社会而言；而后一种则是一种网络社群，比如说在一个新闻实践或公共领域的概念当中互联网技术到底起到什么样的作用，它怎么建构我们所说的文化社群等。这两类研究，归根到底，在今天看来都是有问题的。

第一种研究路径，就像海德格尔批判雅斯贝尔斯时说的一样，"这种研究就是绝对正确的废话"。你随便找一个不是学传播学的人，你让他谈谈互联网跟传统媒体相比有什么样的特征和功能，他说不定谈得比你好——为什么呢？原因很简单，这些东西都是一些经验性的、常识性的讨论，你想深入进去是很难的，它大而无当，虽然描述都是正确的。第二种研究路径中有很多课题也很有意思，比如像弱势群体研究。这些研究当然是必要的，但这里面同样不能够忽略的就是，如果你换一个社会学、政治学的人来做这样一个这方面的研究，是不是有可能比做传播学的人做得更生动、有意义呢？而如果传播研究这么研究下去的话，比如说研究互联网与同性恋社群、互联网与失独老人社群、互联网与美剧粉丝群之间的关联，这怎么能凸显传播学自身的价值呢？也许你有可能在某一两个点的研究上比政治学或社会学更深一些，或者可以提供一个比较新的角度，但问题是你怎么说明自己就一定比这些人研究得深入，或者说怎么让人感觉到有一种传播学的视角和新奇感？如果没有这种东西，你靠什么去跟别人对话？所以，学界对于这个问题的焦虑就在于，以上两种路径都构不成传播学研究的合法性。

传播学的集大成者威尔伯·施拉姆曾说："传播学是所有学者匆匆路过的一个十字路口，很多其他学科的学者在这个十字路口稍稍驻足观赏一下风景，然后他们就马不停蹄地赶向其他领域去了。"从这句话中，一方面我们认为传播学这个开放的研究领域很好，但另一方面，对于政治学、历史学、经济学或者其他学科的人来说，传播学是一块富矿，他们在这里驻足一下，就可能挖出一些新的东西。比如，历史学界也有一些人从媒介史的角度介入,去谈晚清、民国时期的历史,能谈得很棒。但问题是,他挖完了这块富矿之后并不会停留在这,因为他还要继续去做民国史或晚清史里的东西。那么,传播学就构成他自己研究的一个块面。但我要问的是,对于要以这个学科为业的人来说,这个十字路口就是你居住的地方、你驻足的地方,在这里你要在哪里搭你的帐篷、在哪里宣示它的合法性?这是每一个真正要做传播学的人所不能逃避的问题。所以,对传播学合法性的焦虑,实际上十多年来一直是传播学科里那些为传播学前途忧虑的学者们所关心的一个命题。

  在传播学里,所有的东西解释到最后就是两个理论:一个叫作创新的扩散,另一个叫使用与满足。一解释到媒介,我们就会说媒介是为了满足消费者即媒介用户的需求的,在这种情况下,因为它满足了消费者的需求,所以大家会使用媒介。这个东西是放诸四海而皆准的,所有东西都可以被叫作使用与满足。这些都是典型的功能主义理论。所以如果这样说下去,受众有多少种使用目的,我们就可以回答出多少种满足其目的的功能,那么在这种情况下,媒介和受众的关系就被简化为需求——尽量满足需求的关系。那么这怎么上升到理论的高度?这样做的东西又是什么学术呢?所谓"创新的扩散",就是当媒介进入社会,它一步一步不断地创造出一些新的功能来,这个技术就在这个社区里不断地扩散。我强调这一个话题主要就是为了告诉大家,从创新的扩散到使用与满足,这两个东西垄断着今天传播学所有关于效果和媒介与社会关系的阐释。但这种阐释的最大的问题就是它只能给我们提供一种知识,没有办法形成一种理论,也没有办法形成思想;它只能变成一些操作的套路,或者说是技术。说完这些东西以后,我们就会发现,真正的学问家其实不应该满足去生产知识,而是应该考虑怎么去生产思想。任何一个伟大的学科,应该同样有这样一个野心。

三

最后的一个部分，我是想谈谈怎样去寻找传播学的存在感。实际上，我个人认为，海德格尔给我们最大的启示就是：如果传播学是一门真正的理论的话，它就应该去研究一切媒介技术中介化的社会存在的意义到底是什么。因为你会发现，一切人的生活方式都会因为媒介的嵌入而发生重构，正像文字语言替代口语、印刷术替代文字、广播电视这些电子媒介替代平面广播等纸质媒介，然后新媒体今天不惜一切重塑互联网思维。因为媒介，人们一切的生活方式都在变化，比如他们的时空观、社会关系的建构和重构，他们的观念、头脑中关于重要观念的排序等诸如此类的一些东西，都在因为媒介的嵌入而发生变化。所以传播学的探索，应该在媒介嵌入人类的生活方式之后，看它到底在什么程度上改变了人的存在方式。比如人的时空观、人的关系的建构以及我们的观念，因为一代人和另一代人之间不同的媒介介质，他们的生活方式和观念都是不一样的。如果是这样的话，那么我想传播学是一种中介哲学、建构主义的思想；所谓新媒体研究，它就不应该仅仅指互联网研究。比如说1870年《申报》进入上海市民社会也是一种新媒体研究，因为我们可以用今天互联网是怎样侵入我们生活的一种思维方式，去重书这段历史。这就是说，在1870年《申报》作为一种新媒介、一种市民报纸，嵌入上海市民的生活中，它从此改变了上海市民的时空观、生活观。这么说来，从来没有哪一种媒体不能被称为新媒体，也从来没有哪一时刻的所谓受众研究就是完全不变的受众；因此变与不变，这种时间向度上的东西，始终都可以被统合到新的研究当中来。所以，我要强调的是，这种新媒体研究，它既是现实的又是历史的，可以打通时间观念。传播学也能很好地打破其理论与哲学当中的一段没有被人证成的路径。当然我还要强调的是，如果我们在谈人的存在方式的重构的时候，我们仍然要记住海德格尔给我们的提醒；这不是一种使用功能上的重构，我们不能把互联网对我们生活的重构局限在它延伸了我们的器官、重塑了某些功能，我们要意识到它重塑了我们的存在。以上就是我要跟大家分享的内容，谢谢大家！

讨论部分

从丛：关于技术哲学，最早是源自亚里士多德，我想胡老师的这个话题对很多学科都有启发，可以引发众多学科的重新思考，就像胡老师刚才用的词"重塑""呈现"和"塑造"。怎么能让人在这个物欲的社会都能"有诗意地栖居"，这可能就是胡老师所说的每个学科的野心。每个学者在做学问的同时怎么对人、对大众有人性的提升？

吴桂兵：我的专业是考古学，我们做考古的都是利用实物资料和文献资料，哲学的思考比较有限。胡老师借国外学者的一个很诗意的"十字路口"的说法，来说传播学的宝藏暗藏在什么地方，那我听了之后深以为然。我感觉，传播学领域仍有很多地方有待攻破，比如说传播学的合法性，传播学如何能成为像史学、文学这样的学科，等等。我的问题是：您用哲学的思辨对传播学进行解释，我们知道海德格尔是德国很早之前的哲学家，虽然他比较经典，但我不知道现在的西方哲学里面有关技术哲学的方面，有没有比较新的理念和解释体系来面对现在的新媒体？我觉得其中可能有断层。

胡翼青：技术哲学是我最近一直在关注的点，我并不排斥其他路径，只是这个路径一下子启发了我，海德格尔的观点帮我澄清了很多没有想到的东西。传播学一直在研究传播信息产生的效果，这个建立在大众传播的基础上，比如研究政令出来后的下情上达、上情下达的效果和受众的心理。但问题是现在这套模式不存在了，传播学原来的架构已经终结了，于是传播与社会融在了一起。但社会学与传播学的边界究竟在哪里？前面提到的出租车司机之所以融入城市不是因为媒介，而是日常生活的实践，但如果我们单方面突出手机的重要性，甚至强加因果关系，那技术观就出了问题。

海德格尔的技术观说的是潜在于人类社会的一种基础，因此在谈互联网技术时并不是指其硬件，真正谈的是其带来的观念、制度、人与人之间关系的总和。作为中介化的一种技术以及它构成的制度和文化，应该被看作研究传播学的一个座架。它之前跟应用联系得非常紧密，比如应用"使用与满足理论"，但这一中层理论与人类宏大的哲学理论没有联系，它是悬在半空中的，它没有下半段，所以只能是其他学科引用的案例，而不能与其他学科对话。所以我更多地想在哲学意义上把这一段补起来。

殷曼楟：关于"十字路口"的困境在美学学科也有，因为美学会涉及很多哲学、政治学的内容，尤其在法国传统里很多美学的基本问题会被淘汰或解构，如何生发它的新生命就变得很困难。在全球化和跨学科的情况下这种焦虑很多人都有。当我们说技术融入甚至重塑了我们的日常生活的时候，在这样的建构论里，会不会有可能变成海德格尔的沉沦的状态？其实海德格尔很悲观，他想让我们改造我们存在的本真。最后导致我产生了一种厌倦，就是很讨厌建构论，因为这种批判思维导致了一种无所适从的生活体验，那么我们又从何开始呢？

胡翼青：我刚才的发言中把有一些不成熟的地方略去了，这对于传播学来说是第三条道路，即讨论关于存在的话题。也就是更多地去考虑"人的存在方式是怎样被技术建构的"，而这个恰恰是其他学科无法取代传播学的地方。我一点也不觉得悲观，传播学还什么都没有建立起来。我们经常讲跨学科研究，但如果我们之间没有哲学上的基础，根本就无法对话。传播学还没有自己的哲学立场，所以没法进行跨学科交流，所有人都不会怀疑美学的合法性，只是需要考虑如何进一步拓展。而如果按媒介社会学理论，媒介就是功能主义的，就可以取代传播学。

韩剑：管理学偏向于工具式，很多是经验主义；但经济学本身很抽象，建立在哲学的基础上。人文学科要思考精神和物质、世界观、思维和存在，这些都是最根本的问题，经济学回到最基本的问题是，人感知世界是理性的。

胡翼青：再往下，我会谈媒介传播学和存在主义的东西，媒介是构成我们周围的拟态环境：我们并不是感到热才穿短袖，而是因为看了明天的温度——皮肤对温度的感知被信息取代。这是从内容上来说的，海德格尔认为内容还要放在一边，技术本身规定的关系已经在很大程度上改变了人们的世界。

殷曼楟：我觉得那个是很可怕的，现在谷歌（Google）一系列的拟态设计都在做这个。

胡翼青：现在这方面恐怕还是在理工科那个地方的话语权更大一些。有老师说他发明了一个装置可以实现这种感知，通过拟态层接到一个芯片上，就可以获取需要的信息。但是其中的机理对我们来说还是太深奥了。

从丛：话说回来，这个问题也是现在人的异化问题；传播学对人的异化，又怎么加重了它，然后它的另外一个任务就是怎么能够解放一点点。

王建一：胡老师，您觉得这种"传播帝国主义"的东西是否会通过不同的媒介来多元地消解这个帝国主义的强势力量？比如说有人既看《人民日报》，也看《南方日报》，他还看《环球时报》，等等，这种多元的信息渠道能消解传播对我们的一元化控制或者虚假建构吗？

胡翼青：我觉得现在基本上已经没有什么一元化控制了吧，当然你提到的现象确实存在。我刚才说一切的媒介都是新媒介，它们都是在人与人之间的社会关系中扮演中介的作用，从最原始的口语，甚至是结绳记事，一直到现在都是这样，所以新媒体研究完全没有必要说非研究互联网不可。但是我要说的是，今天还有人看《南方周末》吗？还有人看《南都周刊》吗？——这些东西正在慢慢消失，原因就是一个巨无霸正在这个地平线上升起。而这个升起的游戏规则是"看新闻不要钱"，与此同时又会给广告商带来很大的传播效应。在这种情况之下，一切的传统媒体都无法与之抗衡，因此这个巨无霸消解了一切原有的新闻传媒的运营模式。当它兴起以后，现在我们看到的状况就是，它是一种民粹主义，就是全民狂欢的一个舆论场，所以它最大的特点就是精英统治的一元化的思想，在这一点上它一定会遭到攻击、调侃和解构。

所以我觉得现在是二元，但不是多元的。当然你可以说媒介里面的观点是多元的，但是在每一个具体事件上我们通常看到的要么是"黑"要么是"粉"，这是一种二元的对立。大概在十年前我们还津津乐道谈南方报系,现在我们在谈它什么时候关门。今年中国已经有70家市民报关门了,上海就关了3家,明年估计这个数量还要翻番。原因其实很简单,效益决定生存。

殷曼婷:那各大报纸如果开发电子报刊能否挽回局面?

胡翼青:没用,新媒体的最大特点就是它把报纸原有的运营模式解构了,但它也没有固定的运营模式。能玩得起新媒体的比如像这个"彭博社"(bloomberg),它挣钱就是靠在互联网上卖财经软件,而其下属的电视台、通讯社是为吸引那些老板们对财经数据库产生兴趣,然后花钱租用其软件。所以靠在全球各地卖数据库它每年有50亿美元净利润。然后,它拿出5亿美元纯投入,完全亏本来做彭博电视和财经通讯社。它不指望从这里面拿到一分钱,只是为了吸引粉丝,这就是新媒体的一种运营模式。相比之下,如果一个报社要做新媒体的话只能加速自身的灭亡,它额外投入在新媒体上的几千万成本基本上都没办法给它带来广告收入。本来自身的纸媒受众就有限,开了网站后又分流掉了一波,而电媒的广告需要集聚效应,没有读者就更没有人愿意在你这里投放广告,因此是一种恶性循环。另一方面,网站每年需要大量的技术、资金投入,很多纸媒的网站能收回的效益连投入的十分之一都不到,就是"烧钱"。

殷曼婷:您刚才提到了一个网络节目叫"奇葩说",这是个怎么样的节目?

胡翼青:是一档电视谈话节目,学生们特别喜欢,觉得观点很犀利。但是我觉得非要说"媒体建构知识分子",这个还有待于进一步研究。

刘阳阳：我还是想回到心理的那个部分。对人的影响就是对心理的影响，心理上的问题更多地还是通过环境来呈现，而社会环境就包括对个体的影响和对总体的影响。而且许多问题越研究越复杂，这和我们理科的研究越简单越好有点不同。

胡翼青：其实这两种方式做文科研究的都需要，就是当你要表达的时候，你可以把一个问题表达得特别简单，或者是你要做一个时政研究的时候，你可以把数据呈现得特别简单，但与此同时，需要思辨的时候，你也必须要把那个逻辑的多重可能性一一推演出来。

刘阳阳：在这个问题上，把结论如何呈现清楚，让读你这篇文章的人轻松理解它，甚至可以去复制你的结论，将会使得这个结论很友好。

从丛：胡老师说"证成"（justify）这个词，就是我们要能够从多种的视角理论来证明这件事。说回来，其实还是人文主义的重要性。无论什么公共知识分子，作为社会的良心，一定要有这种最根本的人文关怀，关注到人的重要性。今天这几位同学在我们这儿受到的熏染就是无用之用，如果你们认为还是有点儿用，那就没白在这里听课。谢谢大家。

学人伉俪说学术

书斋名的变迁与进德修业[*]

南京大学文学院　张伯伟　曹　虹

童岭（南京大学文学院副教授）：今年是我们南京大学人文社会科学高级研究院十年庆，其中一项活动是举办学术伉俪系列讲座。今天第一讲，非常荣幸邀请到了南京大学文学院的张伯伟老师和曹虹老师。张老师和曹老师都是南京大学77级的本科。77级出了很多人才，仅就中文学科来看，当时北京大学有葛兆光、戴燕两位老师，有中山大学的陈平原老师以及也在北京大学的夏晓虹老师，现在他们正好也是分别在复旦大学和北京大学的学术夫妇。

今天的主题是张老师和曹老师定的，"从书斋名的变迁看进德修业"。我们都知道，中国古代的文人，许多都喜欢用一些书斋名来表达自己治

---

[*] 本文为南京大学文学院张伯伟、曹虹教授夫妇在"南京大学高研院十年庆之学术伉俪讲座"第一讲，本次活动由南京大学高研院驻院学者、文学院童岭副教授主持，文字由南京大学文学院郑宏宇、杨杜菲整理。

学的志趣和理想。南大中文系已故的程千帆先生用的是"闲堂",卞孝萱先生用的是"冬青书屋"。张老师、曹老师最早用的室名是什么?

张伯伟(南京大学文学院教授):怎么开始有室名呢?读大学时爱古代文学,就染上了古代文人的这种习气。其实哪有什么斋、什么轩,就是住在集体宿舍嘛。当时开始学习写诗填词,有了一定的篇幅后要做一个小小的结集,总得有一个名称,就非常随意地取了个名字,我的叫"陋室",曹虹的是"北窗",两本油印本的小诗集分别叫《陋室诗存》和《北窗诗存》。当时教我们写诗的是许永璋先生,他为两个集子题词,像"北窗容啸傲,陋室亦芳馨"。集子编了以后,我自己用文言写了一篇序,现在看起来真是拙俚不堪。但曹虹自己写的一篇题记倒是不错,可以欣赏一下。

曹虹(南京大学文学院教授):我的这篇也真的是少作,我当时正跟王气中先生学古文。因为住的宿舍是朝北的,所以很自然就取了"北窗",写了"课诗诵文于北窗之下",当时是三四年级时候。然后简单描绘一下窗外的景致,"有一树丁香,数行梧桐,相映成荫"。我中小学时在一个小地方,好像很容易就领先,但到了大学以后有各路高手,就觉得"资质愚木,治学无方,倍事之,半功之",常常有"沮丧之心",所以写诗的时候也"强作壮语以自持"。另外也有点青春年华的感伤吧,就是"花开花落,岁月惊心"和"恨此身不为须眉,绵绵之思,无计回避"。诗的内容是励志和抒情,但是归结为夫子的话,就是"不患人之不己知,患其不能也"。当时是"辛酉孟冬",就是1981年。

童岭:下面我们看一副很珍贵的、张老师刚刚提到的许永璋先生的笔墨。请当事人来念一下,会有不一样的感觉。

张伯伟："瑶池绮户北窗开，陋室雕龙气象回。鱼水欢情天地阔，文心双照凤皇台。"第二首是："昔年吟咏缔交情，欢愈深时学愈精。海外有人传信息，汉诗春汛在东京。"当时我们结婚送喜糖给许先生，他就写了这两首诗贺婚，"陋室""北窗"这两个斋名的使用到这地方也就结束了。

童岭：这次两位老师联袂讲座，题目里有三个斋名。看到第一个斋名"日不知斋"的时候，读文史哲的同学应该都知道，清代顾炎武有一本非常著名的书《日知录》，那这里为什么叫"日不知斋"？

张伯伟："日不知"是我有意识地起斋名的开始，那时候在读硕士，有一天读黄季刚先生的一本书，上面说到"学者当日日有所知，日日有所不知"。当时我想，"日日有所知"，其"所知"并不一定是"真知"，"日日有所不知"，其"不知"就是其所知，这才是真正的"日日有所知"。所以我就取了斋名叫"日不知斋"，写"日不知斋"日记，还请朋友给我刻了一方印。我觉得自己当时的作为也还当得上这个斋名，那就是非常的努力，我在使用这个斋名的时候还在读硕士，就是从1982年到1984年毕业。

这里有一份当时的写作清单，1982年的春天写了《李义山诗的心态》，《锺嵘〈诗品〉谢灵运条疏证》是1982年7月，《李白的时间意识与游仙诗》是1983年3月，《金代诗风与王若虚诗论》是1983年4月，《杜甫江村诗心说》是1983年7月，《应璩诗论略》是1983年11月，1984年大半年写硕士论文《以意逆志论》。1985年10月写了《锺嵘〈诗品〉的批评方法论》。总之，用这样一个斋名就是逼自己非常努力，必须"日日有所不知"。如果讲斋名和进德修业的关系，这个斋名大概就是这样。

童岭：谢谢张老师对第一个斋名"日不知斋"做了一个精彩的解剖。第二个斋名是"适其适轩"，我们请曹老师跟大家分享一下。

曹虹：说到"适其适轩"，这取意于《庄子》，庄子特别强调不要"适人之适"，而要"自适其适"。我读硕士的时候，跟王气中先生专门精读《庄子》，理解到庄子的思想其实有一个特点，是贵在持守真性，要摆脱世俗之累。《庄子·骈拇》中有这样一个比喻："凫胫虽短，续之则忧；鹤胫虽长，断之则悲。"如果非要把短腿野鸭用鹤的胫截下来补的话，用郭象的话来说就是"违失本性"。我自己因为读庄子的原因，不知其然而然地就喜欢庄子的这种境界。庄子说过什么叫"适"："忘足，履之适也。忘腰，带之适也。忘是非，心之适也。不内变，不外从，事会之适也。"我的理解是，人能凝神淡定，才能遇事找到自然的契机，才能有遇事之安适。还有一句是"始乎适而未尝不适者，忘适之适也"，就是说最本真、最高级的"适"，就是把"适"也忘了，可见我起这个"适其适"的时候还不是最高的"适"。我觉得作为学者，如果把庄子的思想视为过于与世无争和不思进取，这样就落于一边，消极化了。实际上作为学者可以把它转化为一种"笃于学"。

我最近在整理韩国人的辞赋，韩国16世纪的一位赋家有这样的句子，正好能说明这样一个意思："心已驰于外物，业何望于内笃。"其实庄子也是教我们凝神，要"澡雪精神"，"疏瀹五脏"，这样我们才能不辜负自己天赋的才华，就像刘勰在《文心雕龙·神思篇》中说的，能"陶钧文思"，写出真正有见解的学术文章。

童岭：我自己关注六朝，曹老师早年有一篇关于魏晋王弼的文章《从老子的"观"到王弼的"忘"》，收在程千帆先生八十寿诞的纪念文集里，我自己很喜欢这一篇。请曹老师谈谈这篇文章当时的写作背景。

曹虹：刚刚谈"适其适"的时候也说到道家的"忘"的范畴。我跟随程千帆先生读博士的时候，读道家的书，特别是读玄学的，恰好是在1986、1987年。读老子、庄子，特别是王弼的著述，于是就写了这一篇。当时我正好怀孕，希望这也能成为一种胎教，希望孩子也能够"陶钧文思"，"澡雪精神"。

童岭：我大学时代抄过一本半南大老师的书，一本是上古版的《唐代进士行卷与文学》，半本就是浙江版的《禅与诗学》，因为抄到一半时，张老师送了我，于是就不抄了。我注意到此书的后记里张老师题的一个斋名——"粒粟斋"，并没有出现在本次讲座的这三个斋名里面。这个斋名请张老师介绍一下？

张伯伟：刚刚讲的"日不知斋"，精神意态是比较偏重于儒家的，"适其适轩"当然是道家的，"粒粟斋"就是佛教的。从1986年开始，我开始读《大藏经》，因为特殊的机缘得到一套《大藏经》，就在禅宗典籍中读到了这样的话，比如"一粒粟中藏世界"，粒粟很小，但它藏着无限大的世界。还有"天在一粒粟中"，等等。我们的房子很小，当然是"粒粟"，可是我这么小的房子里有《大藏经》，深入经藏，智慧如海，那可就不小了。所以我就起斋名"粒粟斋"。当然从学习的角度来讲呢，那个时候我读了很多的佛教的东西，结果就写了这么一本书《禅与诗学》。但是写完那本书以后，我还是觉得有问题，就是泛览太多，没有专精做一部基本典籍，所以后来又做了一个弥补，把禅宗语录当中最重要的《临济录》做了注释与翻译，稍稍弥补了一些缺憾，这就是与粒粟斋相关的学习故事。

童岭：刚刚张老师提到的《临济录》是在台湾出版的吧？很可惜现在大陆还没有。前两天为了准备这个讲座，我斗胆请曹老师把家里压箱底的照片翻出来，包括家书。翻的过程中，看到两张很有意思的便笺。其中一张写着"东西方视野里的中国"，我特别扫描了一下。

曹虹：应该是2001年张老师从日本回国的时候，有一个信封里面收了记事本上撕下来的几页纸，写着一些研究课题的想法，比如"东西方视野里的中国"和"中国视野里的东方与西方"。

童岭：我为什么会扫描这一张呢，刚刚曹老师介绍，这是2000年前后。最近南开大学的孙卫国教授针对域外汉学界的情况写过一篇综论的文章《东亚汉籍与中国史研究》，开头第一段就谈道：最近十余年来，中国学术界在复旦大学葛兆光和南京大学张伯伟等先生的倡导下，掀起了一股新的学术热潮，这就是葛先生所倡导的"从周边看中国"与张先生所提倡的"异域之眼"。史学方面是葛兆光教授，即刚提到的同为77级的大名人，文学领域便是张伯伟老师。其实，在将近15年甚至更早的时候，张老师就有这个想法了——"东西方视野里的中国"，所以这张笔记我特别扫描出来。

曹虹：后来张老师就逐一实现这些构想。还有一些课题更加专门，比如说涉及诗学交流的"日本诗话与中国诗话"，比如"唐人书论与六朝文论"，这是文学和艺术的结合。张老师喜好跨领域的研究，方法上也是会有一些综合的特征。

童岭：下面请张老师和曹老师继续介绍共用的斋名。

曹虹：这也是我们的一种荣幸，我们的老师程千帆先生赐了斋名"静好轩"。先生题记是这么写的："伯伟、曹虹贤俪习于诗教，因取《鸡鸣》语为作斋榜。丙寅春分闲堂并记。"《诗经》原句是"琴瑟在御，莫不静好"，其实更加宝贵的是，这原来是沈祖棻先生的斋名，她的学生卢兆显刻的印——"静好轩中长物"。因为沈先生是著名的词人，跟程先生是40年患难夫妻、文章知己，先生把这样的斋名和藏书印赠予我们，是寄予了美好的祝福，我们非常感戴。

其实我们一家人读书的快乐不在于书斋的大小，当我们在南秀村的居所里面把最大的一个房间作三个人合读书用，大概也就是十四五平方米吧，其他的房间都很小。

童岭：提及程千帆先生，我来提一本曹老师的著作吧，中华书局英汉对照的《洛阳伽蓝记》。这是个合璧本，里面附了曹老师的中文全译本，以及王伊同先生的英译本。王伊同先生跟程千帆先生是20世纪金陵大学的校友，这堪称是南大两代学者中英文的《洛阳伽蓝记》的合璧本。

接下来谈谈张老师的一封家书，也是为这次讲座翻出来的，署的是1997年，里面提到鲍照的《拟古诗》。

曹虹：这是1997年我在韩国任教的时候，张老师的来信。当时他觉得到了一年中的11月下旬，真有点岁月惊心的感觉。信中有一种要惜时的感觉，我们就是20年前高考的，所以联想到了鲍照的《拟古诗》，诗中说"幼壮重寸阴，衰暮反轻年"，所以要惜时。信中又提到周二给学生讲鲍照的《芜城赋》，张老师说："物质上的芜城易于为人所感受，古人每多吊古伤今之作，但是精神上的芜城、文化上的芜城，唯大作家、大诗人方能了解感受，并以笔括写之。陶渊明在六朝文人中，似可当之，评价文学作品的深度,此似亦可考虑之一角度。"现在距离这封信又过了十几年,我觉得张老师的话放到今天看,大家可能会觉得物质上越来越完足,可是如何保留精神上、文化上的一种完足感,可能还需要付出一些努力吧。

童岭:下面进入新世纪,2004 年的"二庵文库",请张老师给我们介绍一下。

张伯伟:"二庵"不是斋名,是号,为什么号"二庵"呢?我在 2004 年的时候,突然想起了龚定庵、王静庵他们两个人各自的一句诗,我觉得用来描写我的状况非常相似。龚定庵的诗是"狂胪文献耗中年",当然我把它抽出来,已经没有龚定庵那种愤世的意思在里面了。我在 2000—2001 年在日本京都大学客座,有一次花园大学的衣川贤次教授请我去参观禅文化研究所,花园大学是一个非常小的大学,可是禅文化研究所却是一个影响很大的机构。最让我感动的是,它的藏书是以柳田圣山的个人藏书为基础建立起来的,我当时看了心里就发愿,要以我的个人藏书为基础,为南京大学域外汉籍研究所建立这么一个书库,所以就有了"狂胪文献耗中年"。

可是接下来一句也是实情,"但解购书那计读",这是王静安的诗句。就是只知道买啊、复制啊,可没时间去读。所以呢,书买来以后,放到研究所里面,我就是给大家来读的,有人愿意来读,我就最高兴。我们的资料都是公开的,让大家都来使用。所以这方印刻了一个"二庵文库",请我们美术学院的方小壮刻了这么一方印。在这个过程中,得到了曹老师很多的帮助,她刚讲到 1997 年的时候在韩国工作,回国前用她的薪水购买了第一批《韩国文集丛刊》,总有 100 多本,现在有 500 本了。

童岭：张老师提到《韩国文集丛刊》，现在这套书就放在南京大学文学院域外汉籍研究所里，张老师是"私书公用"，而且我们域外所是什么人都可以进去看。我们域外所的集刊，也已经出版到第十辑了。此外，张老师编纂的《朝鲜时代书目丛刊》，一共9本，编这个书的时候我还是研究生，非常荣幸，张老师指导我编过书目索引，当时像老辈学者说的那样，在鼓楼中文系二楼，张老师指导我不用电脑，就用剪刀浆糊，剪啊、贴啊，编了一个大夏天，学到了很多。这本书几乎是做这个领域的韩国学者的必读书目。

张伯伟：我记得大概出到300多本的时候，有一次韩国古典翻译院的院长来参观，听说是我自己买了放在研究所里面给大家来用，他很感动，他就说"以后我们翻译院出版的书就是你们研究所的书"，所以后续的大概有100多本就是他们送的。但是最开始的引子还是曹老师，所以盖在那套书上的印是"静好轩中长物"，是属于两个人的。

童岭：刚刚是2004年，现在要进入"百一砚斋"。

张伯伟：这个斋名一直用到现在，怎样起这个斋名，我写了一个题记，说应休琏以"百一"名诗，陶贞白以"百一"名方，我用"百一"命名的意思有三："则效前贤者一也，反躬自儆者二也，藏砚之数暗合者三也。"有个朋友看了以后，觉得我这个题记写得无趣，本来是好玩的事情，搞得那么严肃，还要"反躬自儆"，没有必要，可以轻松一点。下面用一句比较有趣的话来解释，是纪晓岚的，其实这句话更符合我的意愿："文人之爱砚，如美人之爱镜。"好像有一部美国的好莱坞电影就是写一个美人迟暮以后，把屋里所有的镜子通通砸掉，但是美的时候她爱镜子。

我一直认为自然界中的精华是石头，人世间的精华应该是人的才华。

我 50 岁时在台大客座，我记得是 2008 年 1 月份，做了个梦，梦见了自己藏的一方砚台。梦境之中，这砚台后的砚铭叫作"曾文正以'求阙'名斋，余得此阙砚，名曰'宝阙'，以定石交，并希先哲"，后面有比较大的字"不求齐全，以保天年"，这原来是陈曼生的紫砂壶铭，然后他拿这个来铭砚。其实我们人生中很多时候都是在求全，求全往往是求最后的功德圆满的结果，可是就算求到了那个结果，接下来就是走下坡路，何况你即便付出了无限的努力，也不一定就能求得到。所以，"不求其全"破除了"求全"的痴妄，但还是没有达到曾文正公的"求阙"境界。有 95 分成绩，但眼里却是那 5 分的不足，这便是求阙，所以人生更重在过程，我想这就是为什么曾文正很喜欢说"只问耕耘，不问收获"，在耕耘的过程中，不可能是全的，但是人生就在这样一个求阙、补阙的过程中不断地前行、不断地向上。这是我在 50 岁时候得到的启示。